Massengeil
Dienstehändler im Markt

GABLER EDITION WISSENSCHAFT

Sven W. Massengeil

Dienstehändler im Markt für festnetzbasierte Telefondienste

Eine empirisch fundierte wettbewerbsstrategische Analyse

Mit einem Geleitwort
von Prof. Dr. Torsten J. Gerpott

Deutscher Universitäts-Verlag

Die Deutsche Bibliothek - CIP-Einheitsaufnahme

Massengeil, Sven W.:
Dienstehändler im Markt für festnetzbasierte Telefondienste : eine empirisch fundierte wettbewerbsstrategische Analyse / Sven W. Massengeil.
Mit einem Geleitw. von Torsten J. Gerpott. - 1. Aufl..
- Wiesbaden : Dt. Univ.-Verl., 2001
(Gabler Edition Wissenschaft)
Zugl.: Duisburg, Univ., Diss., 2001
ISBN-13:978-3-8244-7480-6 e-ISBN-13:978-3-322-83468-3
DOI: 10.1007/ 978-3-322-83468-3

1. Auflage Oktober 2001

Lektorat: Brigitte Siegel / Sabine Schöller

Der Deutsche Universitäts-Verlag ist ein Unternehmen der Fachverlagsgruppe BertelsmannSpringer.

www.duv.de

ISBN-13:978-3-8244-7480-6

Meinen Eltern

Geleitwort

Seit dem vollständigen Inkrafttreten des Telekommunikationsgesetzes (TKG) zum 1. Januar 1998 besteht auch in Deutschland für Unternehmen die Möglichkeit, festnetzgestützte Telefondienste für die Öffentlichkeit in Konkurrenz zum ehemaligen Monopolinhaber *Deutsche Telekom* und weiteren Anbietern zu vermarkten. In Wissenschaft und Praxis hat sich die bisherige Diskussion von wettbewerbsstrategischen Positionierungs- und Entwicklungsmöglichkeiten von neu in Telekommunikations-(TK-)Dienstemärkte eintretenden Unternehmen auf Anbieter beschränkt, die eigene TK-Übertragungswege und -vermittlungsknoten (= TK-Netze) als Basis für ihr Leistungsportfolio betreiben. Neben solchen *Netzbetreibern* sind aber in der Praxis auch Unternehmen zu beobachten, die festnetzbasierte Telefondienste als Wiederverkäufer offerieren, ohne ein vollständiges eigenes TK-Netz zu betreiben. Speziell in Deutschland haben Telefondiensteanbieter ohne komplettes eigenes TK-Festnetz in den Jahren 1998–2000 wesentlich zur Erhöhung der Wettbewerbsintensität und zu Preisverringerungen bei nationalen und internationalen Telefonverbindungen beigetragen. Die Analyse wettbewerbsstrategischer Positionierungsmöglichkeiten dieser Gruppe von TK-Unternehmen, die auch als (Festnetz-) *Dienstehändler* (englisch: Reseller, Rebiller) bezeichnet werden, wurde bislang von der betriebswirtschaftlichen Forschung weitgehend vernachlässigt. Derartige Positionierungsoptionen für Telefondienstehändler sind deshalb das Thema der vorliegenden Untersuchung von *Sven Massengeil*, die im Rahmen eines Projektes des von mir geleiteten Lehrstuhls Planung & Organisation, Schwerpunkt Telekommunikationswirtschaft an der Gerhard-Mercator-Universität Duisburg entstanden ist.

Sven Massengeil arbeitet in seiner Schrift auf Basis empirischer und theoretischer Überlegungen wichtige Erkenntnisse für TK-Diensteanbieter dahingehend heraus, daß

- Telefondienstehändler mit selbst betriebenen Vermittlungsknoten (= „switch-based reseller“) durch eine Hybridstrategie der Diensteausweitung von Festnetzverbindungen hin zu verwandten TK-Diensten bei gleichzeitiger Realisierung von größenbedingten Kostensenkungsvorteilen ihre Erfolgschancen verbessern können.

- Telefondienstehändler ohne selbst betriebene Vermittlungsknoten (= „switchless reseller“) durch eine Wettbewerbsstrategie der Konzentration auf Marktnischen/Zielkundengruppen, die von anderen TK-Diensteanbietern nicht differenziert adressiert werden, ihre Überlebenschancen erhöhen können.

Ich hoffe deshalb, daß die vorliegende Arbeit gleichermaßen von Strategieentwicklern in TK-Unternehmen sowie von Wirtschaftswissenschaftlern, die sich mit Fragen des Managements von TK-Diensteanbietern auseinandersetzen, gelesen wird. Beide Zielgruppen werden aus der von *Sven Massengeil* erstellten Studie vielfältige Anregungen für Entscheidungen in der Praxis und weiterführende Untersuchungen in der Wissenschaft gewinnen.

Univ.-Prof. Dr. Torsten J. Gerpott

Vorwort

Die vorliegende Arbeit ist während meines Promotionsstudiums an der Gerhard-Mercator-Universität Duisburg und meines vom DAAD geförderten Forschungsaufenthaltes bei der US-amerikanischen Regulierungsbehörde für Telekommunikation Federal Communications Commission (FCC) in Washington DC entstanden. Der Entschluß, erfolgversprechende wettbewerbsstrategische Verhaltensoptionen für Dienstehändler im Markt für festnetzbasierte Telefondienste zu untersuchen, reifte zuvor während meiner ersten Berufsjahre in der Unternehmensberatung zeitgleich zur Liberalisierung des Telekommunikationsmarktes in Deutschland.

Mein herzlicher Dank gilt in fachlicher Hinsicht meinem Doktorvater Herrn Prof. Dr. Torsten Gerpott. Er hat mein Forschungsvorhaben als erfahrener Telekommunikationsexperte und anspruchsvoller Universitätsprofessor mit großem Einsatz unterstützt, sich jederzeit als hilfsbereiter Diskussionspartner zur Verfügung gestellt und mir wertvolle Anregungen für die Ausarbeitung der Arbeit gegeben. Frau Prof. Dr. Margret Wehling bin ich für die schnelle Erstellung des Zweitgutachtens zu besonderem Dank verpflichtet.

Eine große Stütze während der Erarbeitung der Promotion waren im privaten Umfeld vor allem meine Eltern, die mir durch ihr Vertrauen und ihre finanziellen Zuwendungen das Promotionsstudium erst ermöglicht haben. Unter meinen Freunden, die mein Tun und Lassen immer neugierig und wohlwollend begleitet haben, möchte ich besonders Dieter Veit, Philipp Breloh und Heidi Hellwig erwähnen. Sie waren mit ihrem Fachwissen sowie ihrer guten Laune und ausgleichenden Art ohne Zweifel meine wichtigsten Diskussionspartner und engsten Freunde während der Promotionszeit.

Sven W. Massengeil

Inhaltverzeichnis

Abbildungsverzeichnis

Tabellenverzeichnis

Abkürzungsverzeichnis

$	US-Dollar
a.	Auch
Abs.	Absatz
AT&T	American Telephone and Telegraph Company
Aufl.	Auflage
bspw.	beispielsweise
bzw.	beziehungsweise
CA	California
ca.	circa
CIC	Carrier Identification Code
CPI	Consumer Price Index
CTI	Computer Telephone Integration
d.h.	das heißt
DC	District of Columbia
DIN	Deutsches Institut für Normung
DM	Deutsche Mark
DV	Datenverarbeitung
EN	Europäische Normung
et al.	Et alii
etc.	Et cetera
ETSI	European Telecommunications Standards Institute
f.	folgend
FCC	Federal Communications Commission
FL	Florida
FMI	Fixed Mobile Integration
GPRS	Global Positioning Radio System
GSM	Global System for Mobile Communication
GTE	General Telephone and Electronics
HHI	Herfindahl-Hirschman-Index
Hrsg.	Herausgeber
HSCSD	High Speed Circuit Switched Data
i.d.R.	In der Regel
IA	Iowa
ILEC	Incumbent Local Exchange Carrier
IMT	International Mobile Telecommunications
IMTS	Internationals Message Telecommunications Service

IN	Intelligent Network
IP	Internet Protocol
IPO	Initial Public Offering
ISDN	Integrated Services Digital Network
ISO	International Standards Organization
IT	Information Technology
IXC	Interexchange Carrier
k.A.	keine Angaben
Kbit/s	Kilobit pro Sekunde
LATA	Local Access and Transport Area
LCR	Least Cost Routing
Lit.	Literatur
MA	Massachusetts
MAN	Metropolitan Area Network
Mbit/s	Megabit pro Sekunde
MCI	Microwave Communications Inc.
MFJ	Modification of Final Judgement
MFS	Multifunction Peripherals
MHz	Megahertz
MTS	Message Telecommunications Service
NANPA	North American Numbering Plan Administration
NBK	Netzbetreiberkennzahl
NECA	National Exchange Carrier Association
NJ	New Jersey
No.	Number
Nr.	Nummer
NTT	Nippon Telephone and Telegraph
NY	State of New York
NZV	Netzzugangsverordnung
OECD	Organisation für Economic Cooperation and Development
OTC	Over the Counter
PA	Pennsylvania
PC	Personal Computer
PCN	Personal Communications Network
PIMS	Profit Impact of Market Strategy
PIN	Personal Identity Number
PLS	Private Line Service
PSTN	Public Switched Telephone Network

RBOC	Regional Bell Operating Company
RegTP	Regulierungsbehörde für Telekommunikation und Post
Rn.	Randnummer
S.	Seite
s.	siehe
SCE	Service Creation Environment
SCP	Service Control Point
SIC	Standard Industrial Code
SME	Small and Medium Sized Enterprise
SMP	Service Management Point
sog.	sogenannte(r)
SoHo	Small-office/Home-office
SPCC	Southern Pacific Communications Company
SS7	Signaling System No. 7
SSP	Service Switching Point
Tab.	Tabelle
TDSV	Telekommunikations-Datenschutzverordnung
TK	Telekommunikation
TKG	Telekommunikationsgesetz
TKLGebV	Telekommunikations-Gebührenverordnung
TKM	Telekommunikationsmanagement
TKV	Telekommunikations-Kundenschutzverordnung
TRA	Telecommunications Resellers Association
TRS	Telecommunications Relay Service
Tsd.	Tausend
TV	Television
TX	Texas
u.	und
u.a.	unter anderem
u.U.	unter Umständen
UMTS	Universal Mobile Telecommunications Systems
US/U.S.	United States
USA	United States of America
USTA	United States Telephone Association
USTS	United States Transmissions System
VA	Virginia
vgl.	vergleiche
VPN	Virtual Private Network

vs.	versus
WATS	Wide Area Telecommunications Service
WU	Western Union
z.B.	zum Beispiel
z.T.	zum Teil

1. Einleitung

1.1 Problemstellung

Mit der Freigabe von festnetzbasierten Telefondiensten für den Wettbewerb zu Beginn des Jahres 1998 ist der Telekommunikationsmarkt (TK-Markt) in Deutschland vollständig liberalisiert worden. Privat- und Geschäftskunden des ehemaligen Monopolisten *Deutsche Telekom* ist es seitdem möglich, ihren Telefondiensteanbieter unter einer Vielzahl neu in den Markt drängender Telefongesellschaften frei auszuwählen. Die Tarife vor allem bei Ferngesprächen sind seither in der dynamischen Marktentwicklung weit unter das Niveau des monopolistisch strukturierten Marktes vor 1998 gefallen und haben Mitte des Jahres 2000[1] einen Punkt erreicht, bei dem zwischen Endkundenpreisen und denen für Vorleistungen wie für besondere Netzzugangsleistungen (= Interconnection) und/oder für Bandbreiten auf bestimmten Fernverbindungsstrecken kaum noch Differenzen bestehen. Im zunehmendem Wettbewerb positionieren sich dabei neben verschiedenen *Netzbetreibern* mit eigenem Telefondiensteangebot auch diverse *Dienstehändler*, die über keine eigenen Netzinfrastrukturen zur Übertragung von Sprach- und Dateninformationen verfügen. Sie kaufen die nicht abgedeckte Wertschöpfung auf der ihnen vorgelagerten Wertschöpfungsstufe ein, veredeln die Vorprodukte mit Hilfe eigenständig betriebener Vermittlungsstellen zu Telefondiensten und vermarkten diese dann unter eigenem Namen und auf eigene Rechnung an Endverbraucher (sogenannte *Switch-based* Dienstehändler). Alternativ kommen Dienstehändler auch ohne den Betrieb von Vermittlungsstellen aus, indem sie lediglich das Verkehrsaufkommen vieler Endverbraucher im Netz eines Netzbetreibers bündeln, der ihnen in ihrer Funktion als alleiniger Gesamtschuldner vergleichsweise günstige, in der Regel mengenrabattierte Verbindungsentgelte einräumt (sogenannte *Switchless* Dienstehändler). In jedem Fall investieren Dienstehändler anders als Netzbetreiber nicht in ein eigenständig betriebenes TK-Netz von festverlegten Übertragungsleitungen. Die wettbewerbsstrategische Positionierung der Unternehmen dieser institutionellen Anbietergruppe im kommerziellen Markt für Telefondienste auf Festnetzbasis, für die sich in der Literatur auch diverse, in der Regel undifferenziert genutzte Synonyme wie z.B. Service Provider, Reseller, Rebiller, Wiederverkäufer oder Vermittlungsnetzbetreiber finden, ist der Untersuchungsgegenstand dieser Arbeit.

Dienstehändler waren vor allem in der Startphase des Wettbewerbs durch die Gewährung erheblicher Preisabschläge für Festnetztelefonie in den Varianten Call-by-Call- und Pre-Selection gegenüber den Tarifen der *Deutschen Telekom* maßgeblich an dem Preisverfall zugunsten der Endverbraucher beteiligt. Unternehmen wie *MobilCom, TelDaFax, Tele 2, Mox Telecom* u.a. boten nach ihrem Markteintritt Ferngesprächsverbindungen teilweise bis zu 70% günstiger an als die *Deutsche*

---

[1] Der Zeitpunkt markiert die Zeitgrenze für alle wettbewerbs- und regulierungsrelevanten Informationen in dieser Arbeit.

Telekom. Sie konnten dabei dem Ex-Monopolisten schnell Marktanteile abringen, der im Verlauf des Jahres 1998 rund 6% und im Jahr 1999 rund 18% des in verkauften Verbindungsminuten gemessenen Marktvolumens verlor.[2] Schon im zweiten Wettbewerbsjahr wurde allerdings deutlich, daß die Dienstehändler ihren Preisvorteil gegenüber einer leistungseffizienter gewordenen *Deutschen Telekom* und anderen alternativen Netzbetreibern mit eigenem Telefondiensteangebot zunehmend einbüßten und ihr rascher Unternehmenserfolg infolgedessen möglicherweise nicht von Dauer sein könnte. So erwartete beispielsweise die Monopolkommission in ihrem Sondergutachten zur Funktionsfähigkeit des Wettbewerbs im deutschen TK-Markt von 1999, daß in einer ersten Konsolidierungsphase zur Jahrtausendwende unter den in Deutschland tätigen Telefongesellschaften insbesondere die Unternehmen ohne eigene Netzinfrastrukturen, also vornehmlich Switch-based und Switchless Dienstehändler aus dem Markt gedrängt würden.[3] Ihre schnellen Marktanteilsgewinne infolge der günstigen Ferngesprächstarife seien lediglich eine Folge des hohen Ausgangsniveaus der Preise, wobei mittel- bis langfristig aufgrund von voraussichtlich gleichbleibend hohen Vorleistungspreisen keine weiteren nennenswerten Preissenkungen mehr gegenüber den Endverbrauchern wirtschaftlich realisierbar seien. Telefongesellschaften ohne eine Vielzahl enger Kundenbindungen, die vor allem bei dem für Dienstehändler typischen Telefondienstegeschäft von Call-by-Call-Selection ohne Vertragsbindung der Endverbraucher an den jeweiligen Telefondiensteanbieter kaum zustande kommen, würden in dieser Marktkonstellation nach Einschätzung der Monopolkommission unter zunehmenden Rentabilitätsdruck geraten.

Der Eindruck einer mittel- bis langfristig mangelnden Wettbewerbsfähigkeit von Dienstehändlern im Markt für Festnetztelefonie verfestigte sich auch in der Wirtschaftspresse, wo in einschlägigen Berichten Mitte des Jahres 1999 unter Titeln wie „Wer bietet weniger? Die Preisbrecher der ersten Stunde sind die Übernahmekandidaten von morgen" oder „Preisbrecher in Panik – Telefon-Aldis (...) immer stärker unter Druck" dem Geschäftsmodell des Dienstehandels keine nachhaltigen Wettbewerbschancen mehr eingeräumt wurden. Untermauert sind diese Auffassungen mit fallenden Aktienkursentwicklungen ausgewählter Unternehmen und mit (vagen) Zitaten von Managementberatern. Dementsprechend kann man hier eher von einer spekulativen als von einer systematisch fundierten Diskussion über die wettbewerbsstrategischen Erfolgsaussichten von Dienstehändlern im Markt für festnetzbasierte Telefondienste sprechen.[4]

Befragt man neben der Wirtschaftspresse die wissenschaftliche Literatur zum wettbewerbsstrategischen Erfolg oder auch Mißerfolg von Dienstehändlern in Deutschland, dann trifft man auf eine weitgehende Forschungslücke. Zwar findet die institutionelle Gruppe der Dienstehändler und ihr

---

2 Vgl. RegTP 1999a: 112.

3 Vgl. Monopolkommission 1999: 42-44 u. 52f.

4 Die genannten Überschriften findet man bei Müller 1999: 182 und bei Canibol/Schmortte 1999: 200. S. a. den Marktreport CIT 1999: 31, in dem es lapidar heißt: „The day of the reseller is over. Or at least it soon will be."

strategisches Verhalten in einigen einschlägigen Publikationen Erwähnung, ohne jedoch einer tiefgreifenden Darstellung oder Analyse unterzogen zu werden. Vielmehr wird diese Anbietergruppe zumeist bewußt ausgeklammert. Als Begründung heißt es dazu beispielsweise, daß Dienstehändler „(...) eindeutig dem Randmarkt der Telekommunikation zugeordnet sind“[5], oder die Unternehmen aufgrund ihrer Abhängigkeit von Vorproduktlieferanten und ihrer geringen produktiven Wertschöpfung per se „(...) nur begrenzte Möglichkeiten zur Entwicklung eigenständiger Wettbewerbsstrategien“[6] besitzen. Einige im Vorfeld der deutschen Marktliberalisierung verfaßte, eher kürzere Abhandlungen argumentieren zudem analog, daß „ein auf Reselling ausgerichtetes Vermarktungskonzept wie für die GSM- und PCN-Netze im Festnetz nicht erfolgreich sein (wird)“[7], oder Dienstehändler „(...) kaum überlebensfähig (sein werden) und rasch wieder aus dem Markt ausscheiden.“[8]

Im Vordergrund des Interesses der wissenschaftlichen Literatur standen bis jetzt vor allem betriebswirtschaftliche Fragen der produktiven Leistungseffizienz im Netzbetrieb, der Besonderheiten des Marketing in der TK-Industrie oder des Erfolges von internationalen Unternehmensallianzen.[9] Aufgrund der komplexen Umsetzung der Deregulierung in der TK-Industrie wurden auch Fragestellungen der Privatisierung von ehemals monopolistischen TK-Unternehmen, der Gewährleistung eines flächendeckenden Universaldienstes oder der Systematisierung von Netzzugangs-/ Interconnection-Varianten mit entsprechenden Regelungseckpunkten in der Ordnungspolitik erörtert.[10] Der Bezug der einschlägigen Arbeiten ist jedoch – wie aus den im vorangegangenen Abschnitt zitierten Anmerkungen unschwer abzulesen ist – fast immer auf Fest- und Mobilfunknetzbetreiber beschränkt, von denen im Unterschied zu Dienstehändlern ein langfristiger Verbleib im jeweiligen Marktumfeld erwartet wird. Lediglich zwei Themenstellungen wurden bislang auch in

---

5 Wichert-Nick 1999: 73.

6 Gerpott 1998: 14. S. ähnlich a. Späth 1995: 51.

7 Kaack 1996: 4.

8 Gerpott 1996a: 51.

9 S. für viele in bezug auf Fragen der produktiven Leistungeffizienz im Netzbetrieb Waverman 1989: 72-95; Heuermann 1989: 232-304; Elixmann 1990: 11-24; Davies 1994: 19-29 u. 203-216; Krüger et al. 1995: 33-37 u. 46-52; Sueyoshi 1996: 1329-1331; Agarwal/Goodstadt 1997: 166f.; Neumann 1999: 77-81. Zu Aspekten eines spezifischen Marketings in der TK-Industrie s. u.a. Kühnapfel 1995: 121-221; Wolf 1995: 204-279; Greupner 1996: 310-362; Gerpott 1998: 287-325; Gerpott 2001: 41-44 u. 51-60. Mit Blick auf internationale TK-Allianzen vgl. z.B. Elixmann 1996: 61-63; Gerpott 1997b: 34-44; Hungenberg 1998: 489-496; Gerpott 2000b: 23-37. Eine detaillierte Übersicht zu speziell empirisch geprägten Arbeiten, die sich in besonderem Maße mit der Analyse von Erfolgsbestimmungsgrößen in der TK-Industrie beschäftigen, findet man detailliert weiter unten in Kapitel 5.1.

10 Vgl. exemplarisch zum Aspekt der Privatisierung Gerpott 1998: 94-103 und Sondhof/Hofmann 1999: 148-163. Zum Universaldienst s. u.a. Vogelsang 1996: 137-149; Kubicek 1997: 1-11; Picot/Burr 1996: 180-183; Ehrmann/Mellewigt 1997: 261-263; Maxwell 1998: 62-64; Prieger 1998: 57-69. Regulierungsbedingte Fragen zu Interconnection erkunden stellvertretend für viele Walker/Solomon 1993: 257-280; Picot/Burr 1996: 183-186; Nolte 1996: 2629-2636; Ehrmann/Mellewigt 1997: 256-258; Bock/Völcker 1998: 473-483; Gerpott 1998: 76-91; Badura/Schneider 2000: 161-168.

einigen wenigen Arbeiten der wissenschaftlichen Literatur in bezug auf Dienstehändler diskutiert, die aber aufgrund ihres *ordnungspolitischen* Hintergrundes weder unmittelbare Erklärungen für den Erfolg oder Mißerfolg von Dienstehändlern noch konkrete Handlungsanweisungen für eine Verbesserung des Unternehmenserfolges im Dienstehandel bereithalten. Die Themen betreffen einerseits die Frage, inwieweit Dienstehändler speziell im Mobilfunkmarkt in Konkurrenz zu den jeweiligen Direktvertrieben der Netzbetreiber für eine beschleunigte und obendrein preisgünstige Dienstepenetration verantwortlich sind, wobei den Unternehmen im Ergebnis eine stark wettbewerbsfördernde Rolle zugeschrieben wird.[11] Andererseits beschäftigt sich ein Teil der Interconnection-Literatur im Festnetzmarkt angesichts andauernder ordnungspolitischer Meinungsverschiedenheiten zum Anspruch von Dienstehändlern mit Vermittlungsstellen auf einen besonderen Netzzugang zum Universalnetz des Ex-Monopolisten mit der Begriffsabgrenzung eines rechtlich-politisch akzeptierten Netzbetreibers in Abhängigkeit von seiner eigenständig betriebenen Netzinfrastruktur.[12]

Insgesamt läßt sich also festhalten, daß Dienstehändlern im Markt für festnetzbasierte Telefondienste kaum langfristige Erfolgschancen eingeräumt werden. Zugleich wurde aber eine konzeptionell und empirisch detaillierte Analyse der Wettbewerbsparameter, welche dem Dienstehandel für eine mögliche langfristige Positionierung im Markt zur Verfügung stehen, und der Korrelationen solcher Wettbewerbsparameter mit betriebswirtschaftlichen Erfolgsindikatoren bislang nicht vorgelegt.

1.2 Zielsetzung und wissenschaftliche Einordnung der Arbeit

Angesichts dieses Defizits ist es das Hauptziel dieser Arbeit, einen ersten wissenschaftlich fundierten Beitrag zur Identifikation von wettbewerbsstrategischen Verhaltensmöglichkeiten zu leisten, die dem Management von Dienstehändlern im Markt für festnetzbasierte Telefondienste als Orientierungshilfen zur Verbesserung ihres wirtschaftlichen Unternehmenserfolges dienen. Zur Erlangung entsprechender Orientierungshilfen werden in der vorliegenden Arbeit sowohl theoretische als auch empirische Analysen durchgeführt.

Die verfolgten Zielsetzungen der *theoretischen* Analysen sind

1. die *deskriptive* Abgrenzung und Präzisierung der zentralen Begriffe des Dienstehandels, seiner wertschaffenden Aktivitäten und seiner ordnungspolitischen Rahmenbedingunen im deutschen Festnetzmarkt;
2. die Erkundung der *umweltbezogenen* Einflüsse, die auf den Erfolg des unternehmerischen Handelns von Dienstehändlern im Markt für kommerzielle festnetzbasierte Telefondienste einwir-

---

11 Vgl. die gesamte Arbeit von Kruse 1995, Beard et al. 1998: 315-326 sowie Burton et al. 1999: 14-41.

12 S. u.a. Bock/Völcker 1998: 479f.; Maxwell 1998: 64-73; Berger 1999: 223-228; Badura/Schneider 2000: 166f.

ken, und die Ableitung von erfolgversprechenden, speziell *marktorientierten* Handlungsoptionen zur Erlangung von kosten- und/oder differenzierungsorientierten Wettbewerbsvorteilen;

3. die Erforschung der *ressourcenbedingten* Besonderheiten des Geschäftsmodells eines Dienstehändlers, der von den TK-Unternehmen prinzipiell erreichbaren *Kernkompetenzen* im Telefondienstegeschäft über die Bündelung einzelner Ressourcen und der kanalisierenden Wirkung der spezifischen Ressourcen- und Kompetenzausstattung für strategische Entscheidungen in bezug auf unterschiedliche *Diversifikationsmaßnahmen*.

Um sich im Rahmen dieser theoriegeleiteten Zielsetzungen den kennzeichnenden Merkmalen des Dienstehandels in der TK-Industrie zu nähern, liegt es von der Semantik des Wortes her nahe, die *Handelsbetriebslehre* heranzuziehen. Dort heißt es: „Handel im *weitesten* Sinne ist der Austausch von Waren und Diensten zwischen Wirtschaftspartnern“[13], was zweifellos auch für den Dienstehandel in der TK-Industrie gilt. Trotzdem wäre der methodische Versuch, wettbewerbsstrategische Erfolgsdeterminanten von Dienstehändlern im Markt für Telefondienste auf Basis des erlangten Wissens der Handelsbetriebslehre zu erarbeiten, von Problemen begleitet. Der Grund dafür liegt in dem von dieser betriebswirtschaftlichen Forschungsrichtung geprägten *funktionalen* Handelsbegriff (Handel im *engeren* Sinne), nach dem speziell der Austausch von *materiellen* Gütern (o. Sachgütern) den Handel kennzeichnet und alle derart funktional tätigen Wirtschaftsbetriebe schließlich den *institutionellen* Handel ausmachen. Die in dieser Arbeit untersuchten Dienstehändler handeln jedoch mit *immateriellen* Gütern: Ihre Handelsobjekte, Telefondienste auf Festnetzbasis, sind nicht lagerfähige Güter, deren Produktion und Konsum zeitlich und räumlich zusammenfallen. Der Charakter von Dienstehändlern im Markt für Telefondienste unterscheidet sich somit grundlegend von dem solcher Wirtschaftsbetriebe, die von der traditionellen Handelsbetriebslehre erfaßt werden, was als Konsequenz abweichende Fragestellungen bei einer jeweiligen wettbewerbsstrategischen Erfolgsdeterminantenanalyse nach sich zieht.[14]

Der Hinweis auf die Immaterialität der von Dienstehändlern im Markt für kommerzielle festnetzbasierte Telefondienste gehandelten Güter wirft die Frage auf, inwieweit sich die vorliegende Arbeit in ihren theoriegeleiteten Abschnitten schwerpunktmäßig an Argumentationslinien des *Dienstleistungsmarketing* orientieren kann. Diese betriebswirtschaftliche Forschungsrichtung setzt sich mit der Überführung der ursprünglich im Konsumgüterbereich geprägten Marketingprinzipien und -methoden auf das Marketing speziell von Dienstleistungsunternehmen auseinander. Dabei werden als konstitutive Merkmale einer Dienstleistung die bereits genannten Aspekte der Immaterialität und der Gleichzeitigkeit der Leistungserstellung und -erbringung sowie außerdem die Integration eines

---

[13] Tietz 1993: 4. S. ferner z.B. Barth 1999: 1.

[14] Die Handelsbetriebslehre stellt bei wettbewerbsstrategischen Aspekten vor allem auf Spannungen zwischen Herstellern von Konsumgüterartikeln auf der einen und dem (Lebensmittel-)Einzelhandel auf der anderen Seite ab. Die mangelnde Relevanz der Handelsbetriebslehre für Problemstellungen der TK-Industrie erkennt auch Kühnapfel 1995: 107f.

externen Faktors (bezieht sich in der Regel auf die Mitarbeit, das Wissen oder die Bedürfnisse der nachfragenden Kunden) verstanden. Diese drei Merkmale treffen zwar prinzipiell auch auf die Handelsobjekte der hier untersuchten Dienstehändler in der TK-Industrie zu.[15] Die Tatsache, daß die vorliegende Arbeit dennoch nicht uneingeschränkt dem Dienstleistungsmarketing zuzuordnen ist, beruht darauf, daß in bezug auf Dienstehändler im Markt für festnetzbasierte Telefondienste Fragen einer erfolgversprechenden Unternehmens- und Geschäftsfeldstrategie nachfolgend im Vordergrund des Erkenntnisinteresses stehen, das Dienstleistungsmarketing demgegenüber aber vorzugsweise Handlungsimplikationen auf der Gestaltungsebene einer zielgerichteten und harmonischen Koordination der verschiedenen *operativen* Marketinginstrumente bereithält.[16] Die Formulierung dieser und anderer Funktionsbereichstrategien, wie z.B. einer Finanz- oder Personalstrategie, ist jedoch kein expliziter Bestandteil der Überlegungen in dieser Arbeit.

Die vorliegende Arbeit kann also weder vorbehaltlos der Forschungstradition der Handelsbetriebslehre noch der des Dienstleistungsmarketing zugeordnet werden. Sie läßt sich in wissenschaftlich-theoretischer Hinsicht zunächst der *Telekommunikationsmanagementlehre* zuordnen, die in ihrer institutionellen Perspektive das Management von Unternehmen der traditionellen TK-Industrie aufgreift.[17] Diese Industrie „(...) umfasst alle öffentlichen und privaten Unternehmen, die Produkte und Leistungen bereitstellen, welche einen Transport von Zeichen (Sprache/Ton, Text, Daten, Bilder) zwischen einem Sender (Person oder technische Einrichtung wie ein Computer) und einem Empfänger (Person oder technische Einrichtung) unter Rückgriff auf nachrichtentechnische Verbindungsverfahren weitgehend unabhängig von der physischen Entfernung der Kommunikationspartner möglich machen, also Telekommunikation erlauben."[18]

Als theoretische Grundlage zur Entwicklung strategischer Handlungsoptionen für Dienstehändler im Sinne eines deduktiven Vorgehens wird die *strategische Managementforschung* herangezogen. Diese betriebswirtschaftliche Disziplin beinhaltet zwei konzeptionelle Bezugsrahmen zur Gestal-

---

15 Genaugenommen stellen Telefondienste in der Systematik von Wirtschaftsgütern im Dienstleistungsmarketing aufgrund der Einbeziehung von diversen rechnerbasierten Systemen im Erstellungsprozeß sogenannte *automatisierte Dienstleistungen* dar, die *an einem Menschen* (und nicht an einem Objekt) mit dem Bedürfnis der Kommunikation *prozeßorientiert* (und nicht ergebnisorientiert) erbracht werden. Vgl. dazu Meffert/Bruhn 2000: 31-33, die auch detailliert den Gegenstand und die Besonderheiten des Dienstleistungsmarketings erläutern (s. Meffert/Bruhn 2000: 15-58), sowie eher sekundär Kühnapfel 1995: 21-33.

16 Eine Ausnahme besteht darin, daß Inhalte des von Porter (1980) geprägten und weiter unten noch zu erläuternden marktorientierten Konzeptansatzes der strategischen Managementforschung ansatzweise auch Einzug in das Dienstleistungsmarketing gefunden haben (s. Meffert/Bruhn 2000: 164-187) und die vorliegende Arbeit in ihrem starken Bezug zur strategischen Managementforschung deshalb nicht ganz vom Dienstleistungsmarketing zu trennen ist (wenngleich keine entsprechende Thematisierung vorgenommen wird).

17 Der Vorschlag zur Etablierung einer thematisch eigenständigen Telekommunikationsmanagementlehre entstammt Szyperski/Loebbecke 1999: 483. Die Disziplin repräsentiert neben der hier einschlägigen *institutionellen* Perspektive auch eine *funktionale*, die Nutzung von TK-Diensten betreffende Sichtweise.

18 Gerpott 1998 : 4 und 1999a : 50.

tung der zukünftigen Entwicklung des Unternehmensgeschehens zwecks Schaffung und Erhaltung von Erfolgspotentialen und zwecks Minimierung des Risikos von strategischen Fehlentscheidungen. Zum einen handelt es sich um den marktorientierten Ansatz, der auf dem von Bain (1954, 1968) geprägten „Structure-conduct-performance"-Paradigma der Industrieökonomie basiert und von Porter (1980) in die strategische Managementforschung eingeführt wurde. Zum anderen geht es um einen ressourcenbasierten Ansatz, der auf der von Penrose (1959) entwickelten „Theory of the growth of the firm" aufbaut und in der strategischen Managementforschung ursprünglich auf Wernerfelt (1984) zurückgeht sowie von Prahalad and Hamel (1990, 1994) um die Perspektive der Kernkompetenzen erweitert wurde. Während der zuerst genannte Strategieansatz die Ursache von Rentabilitätsunterschieden einzelner Unternehmen in ihren Umweltbedingungen sucht und somit die Aufmerksamkeit auf absatzmarktbezogene Erfolgskorrelate lenkt, bilden bei dem an zweiter Stelle genannten Strategieansatz die individuellen Ressourcenausstattungen von Unternehmen die Grundlage für überdurchschnittlichen Erfolg. Dabei ist der Ressourcenansatz als der jüngere konzeptionelle Strategieansatz nicht als exklusive Gegenposition zum industrieökonomischen Ansatz zu verstehen, sondern bietet vielmehr einen komplementären Beitrag zur Herkunftserklärung von strategischen Wettbewerbsvorteilen.[19] Beide Bezugsrahmen erlauben die Ableitung von Hinweisen für die strategische Unternehmensführung und gelangen dementsprechend auch in dieser Arbeit in bezug auf Dienstehändler im deutschen Markt für festnetzbasierte Telefondienste gemeinsam zur Anwendung. Eine prüfende Analyse oder etwaige Weiterentwicklung einzelner konzeptioneller Aspekte der herrschenden Theorie ist nicht vorgesehen.

Die *empirischen* Analysen in der vorliegenden Arbeit zielen im einzelnen darauf ab,

4. die *Wettbewerbsrolle* von Dienstehändlern in einer zeitlich dynamischen Betrachtung eines seit längerem liberalisierten Festnetzmarktes detailliert zu beschreiben und die entsprechende *Marktein- und -austrittsdynamik* der Unternehmen zur Klärung der Rolle ihres Geschäftsmodells im Lebenszyklus eines TK-Unternehmens kennenzulernen;

5. *Zusammenhänge* zwischen jahresabschlussorientierten und/oder kapitalmarktorientierten *Indikatoren des Erfolges* der Vermarktungsanstrengungen von Dienstehändlern im Markt für festnetzbasierte Telefondienste einerseits und absatzmarktbezogenen und/oder unternehmensinternen *Erfolgsfaktoren* des strategischen Managements im Dienstehandel andererseits zur Ableitung von empirisch fundierten handlungsempfehlenden Aussagen und zur Überprüfung der Haltbarkeit der theoretisch entwickelten Erkenntnisse aufzudecken.

Detaillierte, auf die geschäftsmodellspezifischen Besonderheiten von Dienstehändlern zugeschnittene empirische Untersuchungen zu erfolgswirksamen strategischen Verhaltensweisen bei der Vermarktung von kommerziellen Telefondiensten auf Festnetzbasis fehlen bislang. Deshalb ist zur

---

[19] Vgl. u.a. Porter 1991: 108; Mahoney/Pandian 1992: 371; Knyphausen 1993: 783f.; Eschenbach/Kunesch 1996: 7; Henderson/Mitchell 1997: 6-11; Hahn 1998: 565; Hinterhuber/Friedrich 1999: 1001-1003; Macharzina 1999: 58f.; Hoskisson et al. 1999: 418-444.

Überprüfung der auf Basis der strategischen Managementforschung theoretisch zu erarbeitenden Aussagen – in Anlehnung an die zweite Zielformulierung der empirischen Analysen – eine eigene empirische Untersuchung erforderlich. Dabei wird ein Vorgehen angewandt, das durch die sogenannte *Erfolgsfaktorenforschung* entwickelt wurde. Diese empirische Forschungsrichtung ist u.a. auf Buzzell/Gale (1989) zurückzuführen. Sie geht davon aus, daß es wenige grundlegende Einflußgrößen gibt, die für den Erfolg oder auch Mißerfolg unternehmerischen Handelns maßgeblich entscheidend sind. Der Begriff des Erfolgsfaktors im Sinne eines Gestaltungsparameters der strategischen Unternehmensführung wurde dabei ursprünglich von Leidecker/Bruno (1984) in die Betriebswirtschaftslehre eingeführt. Hinsichtlich des Dienstehandels von festnetzbasierten Telefondiensten wird zur empirischen Identifikation solcher Erfolgsfaktoren der bereits seit längerem liberalisierte US-amerikanische Markt für „Long Distance Telephony" herangezogen. Die Unternehmensdaten von 12 Dienstehändlern werden hier unter Verwendung von statistischen Analyseverfahren auf möglicherweise erfolgbestimmende strategische Verhaltensmuster hin untersucht. Letztlich sollen aus den Ergebnissen, bei wechselseitiger Prüfung mit den theoretisch erarbeiteten Erkenntnissen, Analogieschlüsse für in Deutschland tätige Dienstehändler und für sie erfolgsfördernde wettbewerbsstrategische Verhaltensweisen abgeleitet werden. Obwohl es – wie oben bereits betont – kein erklärtes Ziel der vorliegenden Arbeit ist, die in den theoretischen Analysen herangezogene strategische Managementforschung kritisch zu prüfen und zu kommentieren, können aus den Ergebnissen der empirischen Erfolgsfaktorenanalyse für Dienstehändler auch Rückschlüsse auf die Haltbarkeit der erwähnten Komplementarität des markt- und ressourcenorientierten Bezugsrahmen in der strategischen Managementforschung abgeleitet werden. Dafür müssen die zu untersuchenden Erfolgsfaktoren in ihrer Zusammenstellung direkt oder indirekt einer quantitativen Unterlegung der beiden konzeptionellen Bezugsrahmen genügen, um die Verkettung der theoretischen, hauptsächlich der strategischen Managementforschung zuzuordnenden und der empirischen, vornehmlich der Erfolgsfaktorenforschung zuzuordnenden Analysen in dieser Arbeit zu gewährleisten.

1.3 Gang der Untersuchung

Der Gang der Untersuchung ergibt sich aus der Reihenfolge der im vorangegangenen Kapitel genannten Zielformulierungen. Die theoretischen Ziele 1 bis 3 und die sich daraus ableitenden Arbeitsschritte werden in Kapitel 2 und 3 behandelt. Die empirischen Zielformulierungen 4 und 5 mit den entsprechenden durchzuführenden Arbeitsschritten sind Gegenstand der Kapitel 4 und 5. Die Arbeit gliedert sich somit in einen hauptsächlich *theoretisch* geprägten (= Kapitel 2 und 3) und in einen schwerpunktmäßig *empirischen* Teil (= Kapitel 4 und 5). Ihr Aufbau wird im folgenden grob erläutert.

Im 2. *Kapitel* werden aufgrund einer äußerst uneinheitlich verwendeten Terminologie für Dienstehändler im Markt für Telefondienste auf Festnetzbasis die Grundlagen für ein einheitliches Verständnis des Untersuchungsgegenstandes gelegt. Einer wertschöpfungsorientierten Differenzierung des Marktgefüges zwischen einem Teilmarkt auf Netzebene und einem auf Dienste- und Vertriebsebene folgt eine entsprechende Einordnung des Dienstehandels unter Berücksichtigung der zwei in der Unternehmenspraxis üblicherweise anzutreffenden Geschäftsmodellvarianten mit und ohne eigenständig betriebene Vermittlungsstellen. Für das Verständnis und die Bewertung von wettbewerbsstrategischen „Stellschrauben" von Dienstehändlern ist im voraus eine genaue Kenntnis der von ihnen abgedeckten wertschaffenden Tätigkeiten erforderlich. Daher schließt sich in Kapitel 2.2 eine Analyse der Wertkette aus Primär- und Unterstützungsaktivitäten der Dienstehändler an. Ein Blick auf die ordnungspolitischen Hintergründe ihres Geschäftsmodells, sowohl im Mobilfunk- als auch im Festnetzmarkt, sowie auf ihre Marktetablierung in der Startphase des Wettbewerbs im noch jungen deutschen Markt für festnetzbasierte Telefondienste zur Klärung der wettbewerbsfördernden Rolle des Dienstehandels bei der Marktöffnung und zur Unterstreichung der praktischen Relevanz einer (Neu-)Gestaltung der Wettbewerbsstrategien von Dienstehändlern zur Jahrtausendwende schließt das 2. Kapitel ab.

Das *3. Kapitel* befaßt sich mit einer theoretisch fundierten Ableitung von Aussagen zu erfolgsfördernden strategischen Verhaltensoptionen für Dienstehändler in Deutschland. Das erfordert zuerst einige knappe Ausführungen zum Inhalt und zu grundlegenden Begriffen der strategischen Managementforschung, in welche die zwei zur Anwendung gelangenden Bezugsrahmen des markt- und ressourcenorientierten Strategieansatzes einzuordnen sind. In Kapitel 3.2 wird dann speziell der *„Market-based View"* konkretisiert und entsprechend seiner darzulegenden theoretisch-konzeptionellen Inhalte eine aktuelle Bestandsaufnahme der Branchenumwelt der Dienstehändler in Deutschland unternommen. Sie dient als Ausgangspunkt für die darauffolgende Vorteilhaftigkeitsbewertung verschiedener umweltbezogener Stoßrichtungen im Wettbewerbsumfeld als mögliche Verhaltensweisen für das strategische Management von Dienstehändlern zur Rentabilitätsverbesserung ihrer Geschäftstätigkeit. Die Bewertung erfolgt dabei unter Bezugnahme auf die von Porter (1980) populär gemachten generischen Wettbewerbsstrategien einer Kostenführerschaft und einer Differenzierung, jeweils bezogen auf den Gesamtmarkt oder eine Nische.

Daran schließt sich in Kapitel 3.3 im Rahmen der dienstehändlerspezifischen Anwendung des *„Resource-based View"* eine Überprüfung der Ressourcenausstattung von Dienstehändlern auf etwaige Bedeutsamkeiten zur Erlangung strategischer Wettbewerbsvorteile an. Gemäß der herrschenden Auffassung in der strategischen Managementforschung, daß neben physischen, immateriellen, organisatorischen und finanziellen Ressourcen auch sogenannte Kernkompetenzen spezifische Fähigkeitsaspekte eines Unternehmens bei der Marktbearbeitung umreißen, wird gleichfalls die Frage beantwortet, inwieweit die Bündelung einzelner Ressourcen zu internen Kernkompetenzen führt, die im Abgleich mit den Kundenanforderungen auf der Nachfrageseite als Quelle dauerhafter Wettbewerbsvorteile dienen können. Auch wenn der ressourcenorientierte Strategieansatz allgemein *nicht* zur Verfolgung bestimmter generischer Strategien auffordert, so wird er dennoch in der Literatur regelmäßig mit Formen der Produkt- und Marktdiversifikation in Verbindung gebracht. Entsprechende Strategieoptionen sind folglich auch für Dienstehändler im Kontext ihrer Ressourcen- und Kompetenzausstattung zu diskutieren, ehe schließlich in Kapitel 3.4 die auf Basis der zunächst einzeln aufgegriffenen Strategieansätze gewonnenen Erkenntnisse in einem integrativen Zwischenfazit zusammengeführt werden.

Die Ausführungen im *4. Kapitel* verlassen die theoriegeleitete Untersuchungsebene und wenden sich den empirischen US-spezifischen Analysen zu. Die Wahl des US-amerikanischen TK-Marktes als Referenzmarkt für die empirischen Analysen beruht dabei auf seiner bereits lang zurückreichenden Historie der sukzessiven Wettbewerbsöffnung. Diese eröffnet die Möglichkeit, ausgehend vom US-Markt sowohl ordnungspolitische als auch wettbewerbsstrategische Analogieschlüsse für die Regulierungspolitik und das strategische Management von TK-Unternehmen in anderen, noch jüngeren nationalen TK-Märkten aufzustellen. Vor diesem Hintergrund beschäftigt sich Kapitel 4.1 zunächst einleitend mit einer deskriptiven Marktanalyse und zeichnet die Historie des US-amerikanischen Marktes für Festnetztelefonie nach, die man grob in einen ersten Abschnitt bis zur Entflechtung des Quasi-Monopolisten *AT&T* infolge der sogenannten „Modification of final judgement" von 1984 und in eine zweite Periode bis zur vollständigen Wettbewerbsfreigabe des Marktes über alle Produktsegmente hinweg durch den „Telecommunications Act" von 1996 einteilen kann. Daran schließt sich in Kapitel 4.2 eine Beschreibung speziell der rechtlich-politischen Behandlung des Dienstehandels in den USA an. Die Analyse der Wettbewerbsrolle von Dienstehändlern und ihrer Marktein- und -austrittsdynamik in Kapitel 4.3 belegt, daß es die entsprechende Ordnungspolitik in ihrer darzulegenden Ausgestaltung seit Anfang der 80er Jahre ermöglicht hat, daß sich Dienstehändler insbesondere im Marktsegment für Festnetztelefonie im Fernnetzbereich erfolgreich etablieren und einen Beitrag zur Wettbewerbsintensivierung in den USA leisten konnten. Das 4. Kapitel endet mit einem Regulierungs- und Marktstrukturvergleich zwischen den USA und Deutschland, der Gemeinsamkeiten und Unterschiede in der TK-Marktstrukturentwicklung beider Länder aufdecken soll. Die genaue Reflexion des Ähnlichkeitsgrades beider Märkte ist Voraussetzung dafür, daß abgeschätzt werden kann, inwieweit Analogieschlüsse vom US-amerikanischen Markt auf den deutschen Telefondienstemarkt und die hier tätigen Dienstehändler zulässig sind.

Gegenstand des *5. Kapitels* ist nach Klärung der grundsätzlichen Zulässigkeit einer Übertragung von US-spezifischen Befunden auf wettbewerbsstrategische Fragestellungen des Dienstehandels in Deutschland die empirische Erfolgsfaktorenanalyse von 12 „Toll Resellers" in den USA zwischen 1992 und 1997. Diese Analyse soll die Grundlage für eine Ableitung von empirisch fundierten Handlungsempfehlungen für Dienstehändler im deutschen Markt für Telefondienste im Fernnetzbereich und für eine Überprüfung der Haltbarkeit der in Kapitel 3 erarbeiteten theoretischen Erkenntnisse schaffen. Hierzu wird in Kapitel 5.1 die Literatur mit direktem oder indirektem Bezug zu

Erfolgsfaktoren im Telefondienstegeschäft auf eventuelle Implikationen für Dienstehändler untersucht. In Kapitel 5.2 schließt sich eine Einführung in das Design der eigenen empirischen Untersuchung an, deren erster Analyseschritt in Kapitel 5.3 aus einem Vergleich des wirtschaftlichen Erfolges der Dienstehändler in der Stichprobe anhand von ausgewählten Erfolgsindikatoren besteht. Um wettbewerbsstrategische Verhaltensunterschiede zwischen den eher erfolgreichen im Unterschied zu den eher weniger erfolgreichen Dienstehändlern zu erkunden, werden dann in Kapitel 5.4 nach einer Erörterung von 15 verschiedenen Strategievariablen als mögliche kritische Erfolgsfaktoren t-Tests auf signifikante Mittelwertunterschiede der Variablen im Untersuchungszeitraum unter den Dienstehändlern mit unterschiedlichem Erfolgsniveau durchgeführt. Ergänzend bieten eine bivariate Korrelationsanalyse und eine schrittweise multivariate Regressionsanalyse Aufschluß über Erfolgskorrelate zwischen den Strategievariablen und den beim Vergleich des wirtschaftlichen Erfolges der Dienstehändler genutzten Erfolgsindikatoren, wobei hier jeweils die Daten aller 12 Unternehmen der Grundgesamtheit berücksichtigt werden, während beim vorherigen Mittelwertvergleich ausschließlich die Daten der zwei Teilgruppen von extrem erfolgreichen und extrem erfolglosen Dienstehändlern (= jeweils 3 Unternehmen) herangezogen werden. Eine praxisbezogene Ergebnisdiskussion unter Einbeziehung des theoriegeleiteten Zwischenfazits aus Kapitel 3 beschließt das 5. Kapitel.

Die Ausführungen im *6. Kapitel* fassen die wesentliche Aussagen der Arbeit kapitelweise zusammen (Kapitel 6.1) und regen zu weiterführenden Untersuchungen noch offener Forschungsfragen an (Kapitel 6.2).

Die dargelegte Struktur der Arbeit und die den einzelnen Abschnitten zugrundeliegenden Leitfragen sind in Abbildung 1-1 noch einmal zusammenfassend dargestellt.

Abbildung 1-1: Struktur der Arbeit mit zugrundeliegenden Leitfragen der einzelnen Kapitel

1. Kapitel: Einleitung

- Warum besitzt die Untersuchung von wettbewerbsstrategischen Verhaltensoptionen für Dienstehändler praktische und wissenschaftliche Relevanz? (Kap. 1.1)
- Welche Zielsetzung verfolgt die Arbeit und wie ist sie aufgebaut? (Kap. 1.2 u. 1.3)

Theoriegeleitete Analysen

2. Kapitel: Dienstehändler im Markt für festnetzbasierte Telefondienste im Fernstreckennetz

- Welche charakteristischen Merkmale zeichnen den Unternehmenstyp der Dienstehändler im Markt für Telefondienste auf Festnetzbasis aus? (Kap. 2.1)
- Welche wertschaffenden Tätigkeiten erbringen Dienstehändler? (Kap. 2.2)
- Welche Wettbewerbsrolle nehmen Dienstehändler mit welchem Erfolg im deutschen Festnetzmarkt bis Mitte des Jahres 2000 ein? (Kap. 2.3)

3. Kapitel: Wettbewerbsstrategische Ausrichtung von Dienstehändlern

- Wie sind die in dieser Arbeit benutzten Begriffe und Konzeptansätze des strategischen Managements definiert und voneinander abgegrenzt? (Kap. 3.1)
- Welche marktorientierten Handlungsoptionen bieten sich Dienstehändlern zur Erlangung von kosten- und/oder differenzierungsorientierten Wettbewerbsvorteilen? (Kap. 3.2)
- Inwieweit eröffnet die Ressourcen- und Kompetenzausstattung von Dienstehändlern strategische Optionen zur Verbesserung des Unternehmenserfolges? (Kap. 3.3)
- Welche theoriegeleiteten Schlußfolgerungen ergeben sich aus den zuvor auf Basis des markt- und ressourcenorientierten Strategieansatzes gewonnenen Erkenntnissen für eine erfolgversprechende wettbewerbsstrategische Ausrichtung von Dienstehändlern? (Kap. 3.4)

Empirische Analysen

4. Kapitel: Dienstehändler im US-amerikanischen TK-Markt für Fernverbindungsdienste

- Wie und mit welchen Auswirkungen auf die Wettbewerbsentwicklung ist die Liberalisierung des US-amerikanischen TK-Marktes für Festnetztelefonie vonstatten gegangen? (Kap. 4.1)
- Wie wurde der Dienstehandel zum Wettbewerb zugelassen und gefördert? (Kap. 4.2)
- Welche Wettbewerbsrolle spielten Dienstehändler mit welcher Marktein- und -austrittsdynamik im US-amerikanischen Markt? (Kap. 4.3)
- Inwieweit ist ein Erkenntnistransfer vom US-amerikanischen Markt in den deutschen Markt für wettbewerbsstrategische Fragestellungen von Dienstehändlern zulässig? (Kap. 4.4)

5. Kapitel: Empirische Untersuchung strategischer Erfolgsfaktoren

- Wie ist die Aussagekraft der bislang vorliegenden empirischen Studien mit Bezug zu Erfolgsfaktoren der Telefondienstevermarktung zu bewerten? (Kap. 5.1)
- Wie sieht das Design der eigenen empirischen Untersuchung aus? (Kap. 5.2)
- Mit welchen jahresabschluß-/kapitalmarktorientierten Indikatoren läßt sich der Unternehmenserfolg der Dienstehändler der Grundgesamtheit mit welchem Resultat abbilden? (Kap. 5.3)
- Die Gestaltung welcher absatzmarktbezogenen/unternehmensinternen Erfolgsfaktoren ist für den Dienstehandel zur Verbesserung seines Unternehmenserfolges entscheidend? (Kap. 5.4)
- Welche Schlußfolgerungen lassen sich für US-amerikanische und deutsche Dienstehändler mit Ursprung im Festnetzmarkt aus den empirischen Befunden ableiten? (Kap. 5.5)

6. Kapitel: Fazit

- Was sind die wesentlichen Ergebnisse der Arbeit? (Kap. 6.1)
- Welche Ansatzpunkte für die weitere Forschung ergeben sich? (Kap. 6.2)

2. Dienstehändler im Markt für festnetzbasierte Telefondienste im Fernstreckennetz

„Firms that specialize in resale are, in fact, a necessary component of the production/distribution chain whenever upstream producers choose not to vertically integrate forward (...) into the final retail stage. (...) It is really nothing more than a separation of ownership between the wholesale and retail stages of production."[20] Diese noch zu präzisierende Begriffsdefinition des Dienstehandels läßt anklingen, daß sich Dienstehändler im Markt für Telefondienste auf Festnetzbasis[21] gegenüber anderen Gruppen von Marktteilnehmern über ihre Wertschöpfungstiefe abgrenzen. Ihr Geschäftsmodell ist dabei gegenüber vor- und nachgelagerten Marktteilnehmern in zwei Richtungen entlang der Wertschöpfungskette geöffnet („wholesale and retail"). Die nachfolgenden Ausführungen analysieren als Ansatzpunkt für ein Verständnis des Geschäftsmodells von Dienstehändlern in Kapitel 2.1 zunächst die Eingliederung des Dienstehandels in das Marktgefüge. Dazu wird eine wertschöpfungsorientierte Separierung des Marktes für festnetzbasierte Telefondienste in den Teilmarkt auf Netzebene und den auf Dienste- und Vertriebsebene samt Erläuterung der zwei Segmente vorgenommen (Kapitel 2.1.1). Anschließend erfolgt die eigentliche Einordnung der Dienstehändler in das Marktgefüge, wobei zwei Gruppen von Dienstehändlern mit variierenden Wertschöpfungstiefen zu unterscheiden sind: Dienstehändler mit und ohne eigene Vermittlungsstellen (Kapitel 2.1.2). Deren präzise Wertkette steht nachfolgend in Kapitel 2.2 im Vordergrund des Interesses. Die diesbezüglichen Erörterungen verlassen die Ebene der institutionellen Einordnung des Dienstehandels in bezug zu anderen Marktteilnehmern und präzisieren das Geschäftsmodell auf einzelwirtschaftlicher Untersuchungsebene. Abschließend werden in Kapitel 2.3 die ordnungspolitischen Hintergründe der Zulassung des Dienstehandels und dessen Etablierung im deutschen Markt für Telefondienste auf Festnetzbasis nach der Marktöffnung 1998 beleuchtet. Zu bemerken ist dabei, daß eine Bezugnahme insbesondere auf regulierungsbedingte Besonderheiten des deutschen Marktes für festnetzbasierte Telefondienste nicht erst an dieser Stelle stattfindet, sondern in vielfacher Weise über alle Ausführungen des 2. Kapitels hinweg erfolgt.

2.1 Einordnung des Dienstehandels in das institutionelle Gefüge zweier Teilmärkte

Die Leistungserstellung und Vermarktung von Sprach- und Datendiensten in der TK-Industrie vollzog sich weltweit über lange Jahrzehnte hinweg in staatlich geschützten und regulierten Märkten. Die Anbieterstruktur in einem national vom Wettbewerb abgeschirmten TK-Markt stellte sich dabei

---

[20] Burton et al. 1999: 14.

[21] Hierbei handelt es sich um Telefondienste auf Basis eines Netzes, das (überwiegend) aus fest verlegten Kabelleitungen und stationären Endgeräten besteht. Typen solcher Telefonfestnetze sind das PSTN („Public Switched Telephone Network"), das analoge Übertragungen von Sprache ermöglicht, und das ISDN („Integrated Services Digital Network"), das digitale Übertragungen von Sprache, Daten und Bildern ermöglicht; s. Gerpott 1998: 6. Neben solchen klassischen *leitungsvermittelnden* Telefonfestnetzen existieren weitere leitergebundene *paketvermittelnde* Datennetze sowie *Mietleitungen*, die ebenfalls zur Abwicklung von Telefondiensten eingesetzt werden; s. dazu unten Kapitel 2.1.1.1.

klassischerweise in Form einer Trennung zwischen einigen wenigen Herstellern von TK-Netzausrüstung und -Endgeräten auf der einen Seite und dem monopolistischen Netzbetreiber[22] („Incumbent"), der exklusiv die Dienstevermarktung gegenüber den Endkunden übernahm, auf der anderen Seite dar.[23] Infolge der weit verbreiteten Deregulierungsanstrengungen seit dem ausgehenden 20. Jahrhundert brechen die Monopole jedoch zunehmend auf.[24] Mit der Öffnung der Märkte stoßen zu den Herstellern und den monopolistischen Netzbetreibern neue Anbietergruppen wie die der Dienstehändler hinzu, deren Geschäftsmodelle mehr oder weniger auf einzelne, ausgewählte Wertschöpfungsstufen fokussiert sind. Sie lassen sich somit über ihre divergierenden Wertschöpfungstiefen begrifflich definieren und voneinander abgrenzen, was gleichwohl die Kenntnis der Wertschöpfungskette zur Erbringung von TK-Diensten voraussetzt.

2.1.1 Wertschöpfungsorientierte Gliederung des Marktes für Telefondienste im Festnetz

Der Begriff der Wertschöpfung ist in der Betriebswirtschaftslehre als ein Prozeß der Werterhöhung definiert, bei dem aus Wirtschaftsgütern niedrigen Wertes (Inputgüter) Wirtschaftsgüter höheren Wertes (Outputgüter) erstellt werden. Die *Wertschöpfungskette* („Value Added Chain") veranschaulicht die Aneinanderreihung verschiedener Wertschöpfungsstufen, die bei der Leistungserstellung eines Produktes oder einer Dienstleistung unter Einsatz von Produktionsfaktoren von den Marktakteuren zu durchlaufen sind. Sie ist demnach ein Systematisierungskonzept zur gedanklichen Erfassung eines Produktionsprozesses, dessen Gliederung in einzelne Wertschöpfungsstufen *frei* definierbar ist.[25] In der TK-Industrie wird die funktionale Wertschöpfungskette im Markt für Telefondienste auf Festnetzbasis, dem Referenzmarkt für die Untersuchungen dieser Arbeit, typischerweise wie folgt gegliedert:[26]

---

22 *Netzbetreiber* („Carrier") unterhalten Übertragungswege für den Transport von Sprach- und Dateninformationen; zu einer darüber hinausgehenden, dieser Arbeit zugrundegelegten Begriffsdefinition eines Netzbetreibers s. weiter unten in Kapitel 2.1.2.

23 S. Mecklinger 1997: 32.

24 Nach einer Einschätzung von ITU 1999: 3 steigt der Anteil der Länder mit liberalisierten TK-Märkten weltweit von 35 % im Jahr 1995 auf 85 % im Jahr 2005.

25 Einen Einblick in die Begriffsdefinitionen von *Wertschöpfung* und *Wertschöpfungskette* findet man z.B. bei Schusser 1999: 9.

26 Vgl. ähnlich Hermann 1998: 7f.; Hungenberg 1998: 487; Dehmer 1999: 63; Ehrmann 1999: 35. Diese grundlegende Wertschöpfungskette läßt sich auch in anderen Märkten der TK-Industrie, die auf jeweils einen Dienst oder eine Gruppe von Dienstevarianten fokussiert sind, in leicht differenzierten, funktionalen und/oder institutionellen Variationen wiederfinden. Bezüglich Mobilfunktelefonie s. z.B. Kaack 1992: 28f. u. 42f.; Bartholomew 1997: 33-35; Tewes 1997: 14-23. Dazu analog für den Markt für Multimedia z.B. Gerpott 1996b: 18; Mecklinger 1997: 32.

Abbildung 2-1: Funktionale Wertschöpfungskette im Markt für Telefondienste auf Festnetzbasis [a]

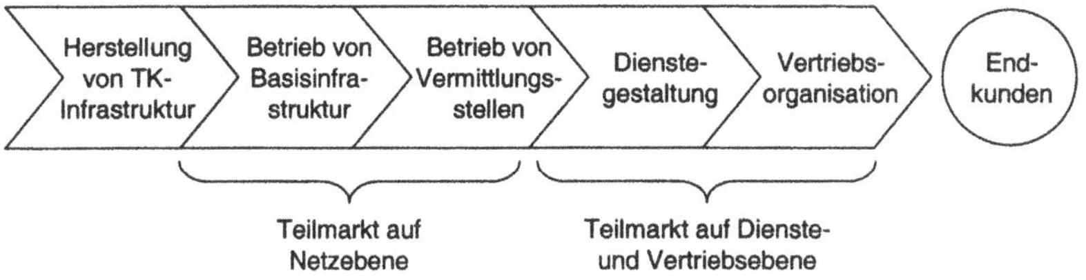

a) Eine institutionelle, auf Gruppen von Marktteilnehmern bezogene Interpretation der hier gezeigten funktionalen Wertschöpfungskette erfolgt unten in Abbildung 2-5.

Quelle: In leichter Anlehnung an Hermann 1998: 8; Hungenberg 1998: 487; Dehmer 1999: 63; Ehrmann 1999: 35.

- Bei der *Herstellung von TK-Infrastruktur* geht es um die Entwicklung, Produktion und Vermarktung aller Einrichtungen und Systeme, die Telekommunikation ermöglichen, also sowohl von TK-Netzausrüstung (insbesondere von Basisinfrastruktur- und Vermittlungseinrichtungen) als auch von Endgeräten.[27]

- Der *Betrieb von Basisinfrastruktur* umfaßt die Planung, Errichtung und den Betrieb von Übertragungswegen wie Glasfaser- und Kupferkabelstrecken auf dem Festland, Tiefseekabel, Funkstrecken und Satellitenverbindungen, jedoch nicht von Vermittlungsstellen.

- Der *Betrieb von Vermittlungsstellen* („Switches") impliziert die Planung, Errichtung und den Betrieb von Netzknoten, welche über die verlegte Basisinfrastruktur mit anderen Vermittlungsstellen/Netzknoten verbunden sind und/oder an denen die Kunden mit ihren Endgeräten „(...) auf das Netz geschaltet werden."[28] Dazu gehören auch besondere Systeme zur zentralen Steuerung und Verwaltung von Diensten, sogenannte *Intelligente Netzknoten* (IN).[29]

- Im Rahmen der *Dienstegestaltung* findet unter Verwendung der Instrumente des Marketing-Mix die Ausgestaltung eines Telefondienstes statt. Hierzu zählt auch die technische Spezifikation von Telefondiensten mit Hilfe von netzexternen Softwareprogrammen.

- Die Wertschöpfungsstufe der *Vertriebsorganisation* beschreibt schließlich die Schnittstelle zu den Endkunden und beinhaltet Aktivitäten der Kundenakquisition.

Im Rahmen dieser Wertschöpfungskette müssen sich die Marktakteure hinsichtlich ihres Leistungsspektrums nicht zwangsweise auf die spezifische Wertschöpfung nur einer Stufe beschränken, sondern können mehrere Wertschöpfungsstufen vertikal integrieren. Der ehemalige Monopolist im deutschen TK-Markt, die *Deutsche Telekom*, gilt in diesem Kontext z.B. als integriertes Unterneh-

[27] Vgl. zu Hard- und Softwarebausteinen, die auf dieser Wertschöpfungsstufe hergestellt werden, Gerpott 1998: 4.

[28] Ehrmann 1999: 35. *Vermittlungsstellen* der zuerst genannten Art, die Verbindungen untereinander herstellen, bezeichnet man als Fern- oder Durchgangsvermittlungsstellen, und solche der zweiten Art, an die die Endkunden über bestehende Übertragungswege herangeführt werden, als Orts- oder Teilnehmervermittlungsstellen; s. dazu Siegmund 1999a: 19 u. 132.

[29] *Intelligente Netzknoten* stellen „(...) als Ergänzung zu den herkömmlichen Telekommunikationsnetzen eine Plattform dar, auf der die eigentlichen Dienste aufsetzen." Siegmund 1999b: 31.

men über die vier Wertschöpfungsstufen des Betriebs von Basisinfrastruktur und Vermittlungsstellen sowie der Dienstegestaltung und der Vertriebsorganisation hinweg. Deckt ein Marktakteur hingegen nur einzelne Wertschöpfungsstufen ab, so unterhält er Geschäftsbeziehungen zu Unternehmen auf den vor- und nachgelagerten Wertschöpfungsstufen, die nicht zu seiner Wertschöpfungstiefe gehören. Prinzipiell ergeben sich aus solchen wechselseitigen Geschäftsbeziehungen bestimmte Abhängigkeits- und Machtverhältnisse, welche das wettbewerbsstrategische Verhalten der einzelnen Marktakteure beeinflussen.[30]

Klammert man fortan die Wertschöpfungsstufe der Herstellung von TK-Infrastruktur aus und betrachtet nur noch die verbleibenden vier grob skizzierten Wertschöpfungsstufen Basisinfrastruktur, Vermittlungsstellen, Dienstegestaltung und Vertriebsorganisation, dann kann man in dieser verkürzten Wertschöpfungskette eine Zweiteilung des Marktes für Telefondienste auf Festnetzbasis ausmachen (s. Abbildung 2-1). Sie besteht zwischen dem *Teilmarkt auf Netzebene* (= Betrieb von Basisinfrastruktur und Vermittlungsstellen) sowie dem *auf Dienste- und Vertriebsebene* (= Dienstegestaltung und Vertriebsorganisation).[31] Die beiden Teilmärkte werden zunächst einer getrennten Betrachtung unterzogen, ehe die Einordnung von Dienstehändlern in das duale Marktgefüge erfolgt.

2.1.1.1 Teilmarkt auf Netzebene

Das konstitutive Merkmal des Teilmarktes auf Netzebene, welcher die zwei funktionalen Wertschöpfungsstufen des Betriebs von Basisinfrastruktur und von Vermittlungsstellen vereint, ist die zielgerichtete Übertragung von Informationen über ein festverlegtes TK-Kommunikationsnetz sowie die entsprechende Vermarktung von Leistungen der Informationsübertragung auf Basis eines selbst betriebenen TK-Kommunikationsnetzes an andere TK-Unternehmen. Die Struktur eines TK-Kommunikationsnetzes und die Variationsbreite der im Teilmarkt auf Netzebene ge- und verkauften TK-Übertragungsleistungen lassen sich mit Hilfe der schematischen Betrachtung der Verkehrslenkung einer festnetzgebundenen Telefonverbindung ordnen.[32]

---

30 Vgl. Wolf 1995: 100f.; Ehrmann 1999: 34.

31 Synonyme für *Teilmarkt auf Netzebene* sind Carriermarkt, Produktionssegment oder, in Anlehnung an die knappe Begriffsdefinition des Dienstehandels am Anfang von Kapitel 2, Großhandelssegment bzw. „Wholesale Market". Analog für den *Teilmarkt auf Dienste- und Vertriebsebene* sind die Bezeichnungen Endkundenmarkt, Distributionssegment, Einzelhandel oder „Retail Market" anzutreffen. Vgl. zu der prinzipiellen Unterscheidung beider Teilmärkte (unter Verwendung der verschiedenen Bezeichnungen) insbesondere das von der Monopolkommission alle zwei Jahre zu erstellende Gutachten zu Fragen eines funktionsfähigen Wettbewerbs in der deutschen TK-Industrie, Monopolkommission 1999: 12. Außerdem z.B. Krüger et al. 1995: 33; Greupner 1996: 49; Hermann 1998: 8; Stumpf/Schwarz-Schilling 1999: VII.

32 Die *Verkehrslenkung* bezeichnet die Suche nach dem optimalen Weg eines Informationsflusses durch ein TK-Kommunikationsnetz unter Beachtung der Zielkriterien eines kurzen Weges, der Beanspruchung weniger Vermittlungsstellen und einer effizienten Nutzung der bestehenden Übertragungswege; vgl. Siegmund 1999a: 13.

Abbildung 2-2: TK-Kommunikationsnetz aus den Komponenten Orts- und Fernstreckennetz

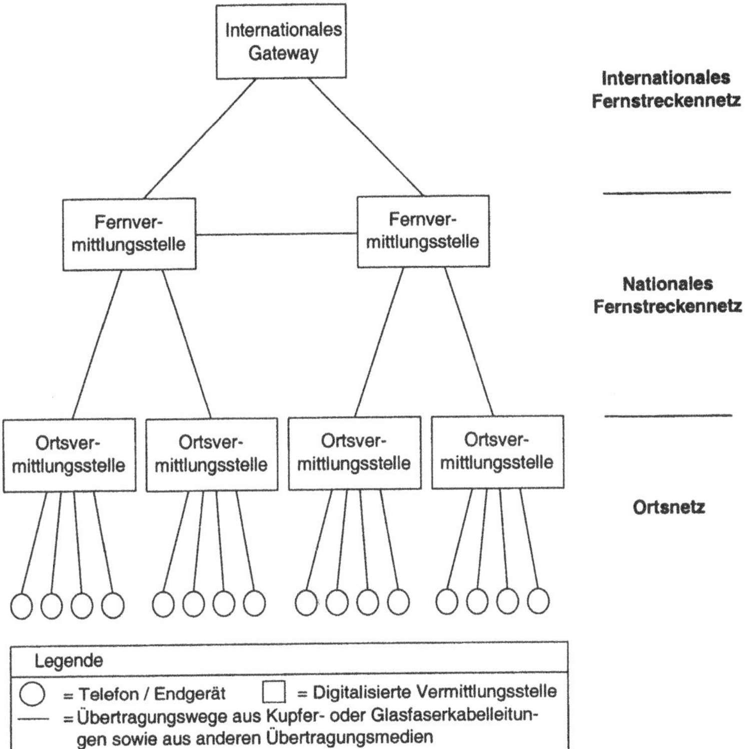

Quelle: Davies 1994: 22; s. ähnlich Siegmund 1999: 129.

Möchte ein Netzteilnehmer A einen Anruf tätigen, um mit Netzteilnehmer B zu kommunizieren, so wird sein Gespräch nach der Wahl der Telefonnummer zuerst von seinem Endgerät bzw. seinem Telefon über den kabelverlegten Hausanschluß zu der nächstgelegenen örtlichen Vermittlungsstelle geführt. Gesetzt den Fall, daß es sich bei dem Anruf um ein Ferngespräch (= inländische Festnetztelefonate außerhalb des Nahbereichs von < 20 Kilometer und internationale Festnetztelefonate)[33] handelt, erfolgt die Weiterleitung des Anrufs von der Ortsvermittlungsstelle zu einer Fernvermittlungsstelle, welche die Verbindung im Fernstreckennetz zu einer dem Empfänger naheliegenden Fernvermittlungsstelle schaltet. Von hier verläuft der Informationsfluß zu der örtlichen Vermittlungsstelle im Einzugsgebiet des Empfängers, die schließlich die Terminierung des Anrufs über die dortige Anschlußleitung zu dessen Endgerät leistet. Sollte es sich bei dem Ferngespräch um ein

[33] Vgl. zu der Definition RegTP 1999a: 132.

grenzüberschreitendes Telefonat handeln, dann erfolgt der Informationsfluß noch vor der Zuführung zu einer dem Empfänger nahe liegenden Fernvermittlungsstelle über ein internationales „Gateway"[34], wodurch der Transport der Sprachinformationen netz-/grenzübergreifend gewährleistet ist. Insgesamt wird deutlich, daß der Informationsfluß bei einem Ferngespräch über zwei voneinander getrennte Netzebenen erfolgt, über das *Orts-* und das *Fernstreckennetz* (s. Abbildung 2-2). Beide Netzebenen zusammen bilden das Übertragungssystem eines TK-Kommunikationsnetzes, das durch Endgeräte bzw. Benutzerstationen vervollständigt wird.[35] Analog zu dieser Strukturierung können auch die im Teilmarkt auf Netzebene erbrachten und vermarkteten TK-Übertragungsleistungen zwischen denen des Orts- und Fernstreckennetzes unterschieden werden.

Im *Ortsnetz* (auch Anschlußleitungsnetz, Ortsvermittlungsnetz oder Lokalverbindungsnetz) erfolgt, wie in der vorangegangenen Darstellung gezeigt, der Anschluß der Endgeräte der Netzteilnehmer an das TK-Kommunikationsnetz und somit die Zuführung bzw. die Terminierung ihres Verkehrsaufkommens zur bzw. von der nächstgelegenen Ortsvermittlungsstelle rund um den Kundenanschluß. Die in diesem Umfeld von einem Ortsnetzbetreiber gegenüber anderen Carriern vermarktbaren TK-Übertragungsleistungen betreffen zum einen *besondere Netzzugangs-/Zusammenschaltungsleistungen*, also „Interconnection"-Vereinbarungen über die physische und logische Verbindung der lokal verlegten Übertragungswege eines Ortsnetzbetreibers und dem Fernstreckennetz eines den Netzzugang auf Ortsebene ersuchenden Carriers[36], und zum anderen das *Überlassen von Anschlußleitungen*, also die Übertragung der Vermarktungsrechte eines bestimmten Teilnehmerzugangs von einem Ortsnetzbetreiber an einen anderen.[37] Speziell in Deutschland existiert allerdings noch kein deutlich sichtbarer Wettbewerb um diese beiden Leistungen.[38] Als ein Indiz dafür läßt sich der Sachverhalt werten, daß erst wenige Netzbetreiber parallel zu den bestehenden Ortsnetzen des ehemaligen Monopolisten *Deutsche Telekom* Kabelleitungen auf der „letzen Meile" zum Endkunden hin verlegen: Ende des Jahres 1999 waren erst 1% der deutschlandweit 48,5 Millionen verlegten Anschlußleitungen im Besitz von alternativen Netzbetreibern.[39] Selbst bei den wenigen alternativen Ortsnetzbetreibern ist zudem noch keine Entkoppelung der Bereitstellung von lokal verlegten Anschlußlei-

---

[34] Vgl. zu *Gateways* unten Kapitel 2.2.2 und die in Fußnote 96 angegebenen Quellen.

[35] Vgl. zu der Unterscheidung und Erläuterung der Netzebenen des Orts- und Fernstreckennetzes z.B. Davies 1994: 20-22; Späth 1995: 44f.; Gerpott 1998: 7; Siegmund 1999a: 129f.; Walke 1999: 23-25; Winzer 2000: 15-18.

[36] Vgl. zu dem Begriff des *besonderen Netzzugangs* Gerpott 1998: 76; Winzer 2000: 21.

[37] Die i.d.R. aus einer Kupferdoppelader bestehende *Anschlußleitung* verbindet die Teilnehmerschaltung in der Ortsvermittlungsstelle mit der TAE-Steckdose des Endkundens; s. Siegmund 1999a: 216.

[38] Zu der schwachen Wettbewerbsintensität im deutschen Markt für die Bereitstellung von Teilnehmeranschlüssen und für Ortsgespräche s. Monopolkommission 1999: 19-26 sowie Gerpott 2000a: 192f.

[39] Vgl. RegTP 1999a: 110. Zudem stehen der Möglichkeit, zur Überbrückung der letzten Meile alternative Anschlußtechnologien wie Funkverbindungen, Stromleitungen und Breitbandkabel zu nutzen und so für eine Wettbewerbsbelebung zu sorgen, derzeit noch erhebliche technische Probleme entgegen; vgl. dazu RegTP 1999a: 29 u. 132; Monopolkommission 1999: 24-26.

tungen von dem Angebot kommerzieller Ortsnetzgespräche für Endkunden zu erkennen: Der Ortsnetzbetreiber, der die Anschlußleitung verlegt, ist auch dasjenige Unternehmen, das Gesprächsverbindungen im Ortsnetz abwickelt.[40] Infolgedessen muß man gegenwärtig noch von einem einheitlichen Markt für Anschlußleitungen *und* kommerzielle Ortsnetzgespräche sprechen, in dem die wertschöpfungsmäßige Trennung zwischen Netz- sowie Dienste- und Vertriebsebene nicht erkennbar ist. Wettbewerbsstrategische Fragestellungen eines möglichen Dienstehandels, für den die besagte Trennung in Anlehnung an die eingangs von Kapitel 2 zitierte erste grobe Begriffsdefinition eines Dienstehandels konstitutiv ist, spielen im Bereich der Ortsnetze vor diesem Hintergrund keine weitere Rolle mehr in den Untersuchungen dieser Arbeit.[41]

In einem *Fernstreckennetz* (auch Fernverbindungsnetz, Vermittlungsleitungsnetz, „Backbone" oder „Long Distance Network"), das die Fernvermittlungsstellen und die Übertragungswege zwischen den Fernvermittlungsstellen umfaßt, erfolgt die Schaltung von Verbindungen jenseits der Grenzen eines Ortsnetzes. Die TK-Übertragungsleistungen, die in diesem Umfeld von einem Fernstreckennetzbetreiber an andere TK-Unternehmen vermarktet werden, betreffen zwei Geschäftsfelder:[42]

(1) *Angebot besonderer Netzzugangs-/Zusammenschaltungsleistungen*:
Dabei handelt es sich im *nationalen* Kontext – analog zu den denkbaren Netzzugangs-/Zusammenschaltungsleistungen auf der Ebene der Ortsnetze – um Interconnection-Vereinbarungen, die auf der Ebene der Fernstreckennetze folgerichtig zwischen Fernstreckennetzbetreibern bestehen. Ge- und verkauft werden Mitbenutzungsrechte der Übertragungswege eines Netzbetreibers, wofür regelmäßige Verbindungsentgelte pro Minuteneinheit und fixe Anschlußentgelte zu zahlen sind. Nachfragende Unternehmen erhalten auf diese Weise Zugang zu den Übertragungswegen zwischen sämtlichen Fernvermittlungseinrichtungen des anbietenden Fernstreckennetzbetreibers und somit eine geographisch großflächige „any-to-any connectivity"[43] zum Angebot festnetzgebundener Sprachübermittlung. Prinzipiell können solche Interconnection-Vereinbarungen individuell zwischen zwei Unternehmen ausgehandelt werden. Um neuen Wettbewerbern den Markteintritt zu fairen Bedingungen zu gewährleisten, ist jedoch in den meisten liberalisierten TK-Märkten insbesondere der Incumbent per Anordnung verpflichtet, seinen Wettbewerbern diskriminierungsfrei und unter Aufsicht der jeweiligen nationalen Regu-

---

[40] Vgl. Stumpf/Schwarz-Schilling 1999: 3; Monopolkommission 1999: 12f. Diese gegenwärtige Konstellation ist nicht in allen länderspezifischen Märkten anzutreffen, wie das Beispiel der USA zeigt, in dem die wertschöpfungsmäßige Entkoppelung von Anschlußleitungen und Ortsgesprächen Bestand hat.

[41] S. weiterführend zu Fragen eines Dienstehandels speziell im US-amerikanischen Ortsnetzbereich z.B. Fontenay et al. 1987 und Beard et al. 1998, sowie allgemein zu Wettbewerbsfragen im Ortsnetzbereich z.B. Baumol/Sidak 1994, Wichert-Nick 1999 und Walke 1999.

[42] S. a. Monopolkommission 1999: 15.

[43] Hurley/Rogerson 1997: 65.

lierungsbehörde entbündelte Netzzugänge anzubieten.[44] Die von der deutschen Regulierungsbehörde für Telekommunikation und Post (RegTP) vorgeschriebenen Zusammenschaltungsentgelte pro vermittelter Verbindungsminute zwischen dem nationalen, festnetzbasierten TK-Kommunikationsnetz der *Deutschen Telekom* und anderen nationalen Festnetzen betragen ihrer Höhe nach im Jahr 2000 durchschnittlich über Entfernung und Zeitpunkt einer Verbindung 2,04 Pfennig pro Minute (Regelung gültig bis 01.06.01).[45] Dabei läßt sich die Höhe dieser Entgelte für festnetzbasierte Telefondienste Mitte des Jahres 2000 noch nicht unter Einführung von Mindestvertragsdauern oder Mindestverkehrsmengen bilateral aushandeln, wie das z.B. aus dem US-amerikanischen TK-Markt bekannt ist.[46]

Besondere Netzzugangs-/Zusammenschaltungsvereinbarungen auf der *internationalen* Fernstreckennetzebene sind von sogenannten zwischenstaatlichen „Accounting Rates“ geprägt. Dabei handelt es sich um das Entgelt, das dem Fernstreckennetzbetreiber im Bestimmungsland eines Telefongesprächs von dem Carrier im Senderland für die Terminierung einer Verbindung gezahlt werden muß. Die entsprechenden „Accounting Rate Agreements“ über solche Verrechnungspreise zum Zwecke der zwischenstaatlichen Kostenkompensation und über die Errichtung einer Netzverbindung zur Übergabe des internationalen Telefonverkehrs werden bilateral ausgehandelt.[47]

(2) *Veräußerung von TK-Übertragungsleistungen auf spezifizierten Fernverbindungsstrecken*:
Bei diesem sogenannten „Carriers'Carrier-Geschäft“[48] vermarkten Netzbetreiber zeitlich befristet streng definierte Teile von Transportkapazitäten ihrer Fernstreckennetze an andere Netzbetreiber, wobei drei Klassen von TK-Übertragungsleistungen unterschieden werden:[49]

- *Glasfasern ohne Übertragungstechnik*: Hierbei handelt es sich um einzelne Glasfasern/-faserpaare innerhalb eines (z.Zt. häufig 90-180 Fasern umfassenden) Lichtwellenleiterkabels zwischen zwei definierten Orten. Die Glasfasern werden vom Anbieter ohne Übertragungstech-

[44] Eine Systematisierung von Netzzugangs-/Interconnection-Varianten und der entsprechenden Regelungseckpunkte in Deutschland findet man bei Gerpott 1998: 76-91. Eine rechtswissenschaftliche Diskussion des Anspruchs auf Netzzugang nach dem deutschen TKG bieten z.B. Nolte 1996, Bock/Völcker 1998 und Berger 1999.

[45] S. zu der detaillierten Aufschlüsselung der Entgelte RegTP 2000a. Der per Anordnung geregelte Netzzugang alternativer Carrier zu dem TK-Kommunikationsnetz der *Deutschen Telekom* schließt entgegen der hier allgemein vorgenommenen Trennung zwischen Orts- und Fernstreckennetz die Terminierung und Zuführung von Fernverbindungen in Ortsnetzen des Incumbents mit ein.

[46] Die entsprechende Regulierungssituation erläutern Badura/Schneider 2000: 167, die die ablehnende Haltung der RegTP gegenüber Mindestverkehrsmengen und -vertragsdauern mit Unverständnis kommentieren.

[47] Vgl. zur Begriffserklärung z.B. Schwandt 1996: 28f. o. Langenfurth 2000: 145-147. Vergleiche von Accounting Rates mit den tatsächlichen Kosten des internationalen Telefonverkehrs zeigen merkliche Diskrepanzen, die in ihrer Konsequenz zu überhöhten Endverbraucherpreisen führen; s. dazu FCC 1996a: 4 (Rn. 7); OECD 1997: 17; Cave/Waverman 1999: 22.

[48] Vgl. dazu Self 1988: 1-8; Gerpott 1998: 55f.

[49] Die Darstellung lehnt sich an Gerpott/Massengeil 2001.

nik, welche eine kontrollierte Signalübertragung ermöglicht, „unbeleuchtet" („Dark Fiber") bereitgestellt. Die Transportkapazität pro Zeiteinheit (= Bandbreite) solcher unbeleuchteten Glasfasern legt der nachfragende Carrier erst durch die von ihm installierte Übertragungstechnik fest.

- *Bandbreite*: Beim Überlassen von Bandbreite wird nachfragenden Unternehmen innerhalb eines definierten Zeitraums der dauerhaft angelegte Zugang zu einer bestimmten „Point-to-Point"-Verbindungsstrecke zwischen zwei Anschlußpunkten im Netz des anbietenden Carriers garantiert. Wichtige Merkmale dieser Leistung, die auch als (digitale) Festverbindung oder Mietleitung bezeichnet wird, sind die Übertragungsgeschwindigkeit (derzeit zumeist 2, 34, 155 oder n x 155 Mbit/s), die Lage und Entfernung der beiden Endpunkte der Übertragungsstrecken sowie die Qualität der Verbindung (Ausfallquote, Bitfehlerrate, Signallaufzeitschwankungen etc.). Nach der Lage der Festverbindungsendpunkte unterscheidet man insbesondere *nationale und internationale Bandbreitenangebote*. Ein Carrier, der Bandbreite einkauft, kann - je nach der von ihm eingesetzten Übertragungs- und Vermittlungstechnik - diese Leistung sowohl für Telefonverbindungen als auch für andere TK-Dienste wie z.B. den Transport von Internet-Verkehr oder Dienste der Datenübertragung wie X.25 und Frame Relay nutzen.

- *Telefonminuten*: Die Leistung umfaßt die Übertragung von Telefongesprächen zwischen spezifizierten Verkehrsübergabepunkten in dem Fernstreckennetz des anbietenden Carriers. In leitungsvermittelnden digitalen TK-Netzen wird ein Telefonat häufig durch Schaltung eines Nutzkanals mit einer Übertragungsrate von 64 Kbit/s zwischen den Netzübergabepunkten während der *gesamten* Dauer des Telefonats realisiert. Deshalb wird die Übertragung von Telefonverkehr explizit *zeitbezogen* in Minuteneinheiten („Switched Minutes") angeboten und nachgefragt. Allerdings lassen sich durch Einsatz von Kompressionsverfahren auch mehrere Telefonverbindungen über einen Nutzkanal übertragen.

  Neben dieser „klassischen" Technik zur Abwicklung von Telefonaten setzen Carrier auch zunehmend paketvermittelnde TK-Netze auf Basis des „Internet Protocol" (IP) ein.[50] Obwohl in solchen IP-Netzen während eines Telefonates nicht jeweils ein Kanal(anteil) exklusiv genutzt wird, sondern zu übertragende Informationen in Pakete zerlegt werden, die dann u.U. auf verschiedenen Wegen zwischen den beiden Verkehrsübergabepunkten transportiert werden, wird bislang in der Praxis als Leistungseinheit *nicht* etwa das übertragene Zeichenvolumen, sondern ebenfalls die Zeitspanne vom Beginn bis zum Ende von Telefonaten verwendet. Diese Variante von TK-Übertragungsleistungen wird deshalb auch als „IP Minutes" bezeichnet. Unabhängig von der technischen Realisierung der Informationsübertragung wird schließlich nach der geographischen Lage der genutzten Verkehrsübergabepunkte zwischen *nationalen und internationalen Telefonminuten* unterschieden.

Im Sprachgebrauch dieser Arbeit wird nachfolgend nicht mehr fortwährend zwischen den verschiedenen Arten von TK-Übertragungsleistungen unterschieden, sondern auch allgemein von *Übertragungsleistungen* gesprochen.

---

50 Vgl. z.B. Decina et al. 1996: 311-316.

2.1.1.2 Teilmarkt auf Dienste- und Vertriebsebene

Das konstitutive Merkmal des Teilmarktes auf Dienste- und Vertriebsebene, welcher die Wertschöpfungsstufen der Dienstegestaltung und der Vertriebsorganisation umfaßt, ist die Spezifikation und marketingspezifische Ausgestaltung eines mehr oder weniger umfangreichen Portfolios kommerzieller Telefondienste (s. Abbildung 2-3) und deren Distribution gegenüber den *Endkunden.*

Abbildung 2-3: Übersicht über kommerzielle festnetzbasierte Telefondienste

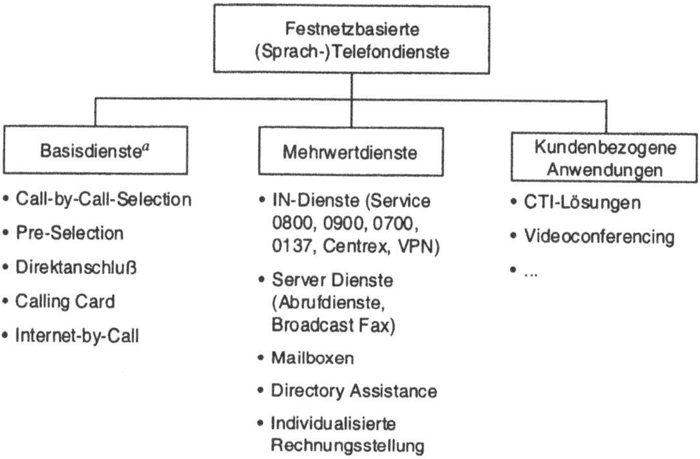

a) Die aufgeführten Dienste sind Varianten des Basisdienstes der Festnetztelefonie, welche (gemäß der thematischen Beschränkung der Arbeit in Kapitel 2.1.1.1) vornehmlich den Entfernungsbereich der Fernstreckennetze betreffen.

Quelle: Eigene Darstellung; s. weiter gefaßt Gerpott 1998: 250.

Der sogenannte *Basisdienst*[51] unter den kommerziellen Telefondiensten auf Basis von Fernstreckennetzen umfaßt das einfache Vermitteln von Ferngesprächsverbindungen, oder aus dem Blickwinkel der Endkunden gesprochen, Telefonieren mit stationären Endgeräten (Sprachtelefondienst oder Festnetztelefonie, inklusive Fax). Dabei ist es aus der Perspektive des Endkunden irrelevant, wie eine Verbindung auf technischer Ebene funktioniert und welchen exakten Weg sie in der physikalischen Netzinfrastruktur einnimmt. Von Bedeutung ist vielmehr der Zugangsmodus zu dem Basisdienst, nach dem folgende Varianten des Basistelefondienstes zu unterscheiden sind.[52]

---

51 Zum Begriff des Basisdienstes s. Steinbach 1993: 27; Späth 1995: 48; Greupner 1996: 66-69; Gerpott 1998: 10.

52 Speziell zu Call-by-Call- und Pre-Selection s. beispielsweise bei Nett 1998: 5f.; Gerpott 1998: 87f.; Pesch 1998: 12-15; WestLB Panmure 1998: 32. Alle vier genannten Varianten des Basistelefondienstes erörtert RegTP 1999a: 29. Speziell zu Calling Cards s. a. Briere 1990: 123-125.

- *Call-by-Call-Selection*: Ein Kunde wählt von seinem Endgerät aus *fallweise* vor einem Ferngespräch die fünf- oder sechsstellige Netzbetreiberkennzahl eines gewünschten Anbieters für Fernverbindungen, so daß seine Gespräche jenseits des Ortsnetzes über das von dem Anbieter selbst oder fremd betriebene Fernstreckennetz weitervermittelt werden, und nicht über das Fernstreckennetz desjenigen Netzbetreibers, der die Anschlußleitung des betroffenen Endgerätes kontrolliert (gegenwärtig i.d.R. noch der Ex-Monopolist). Letzterer rechnet allerdings die Call-by-Call-Gespräche gegenüber den Endkunden durch Ausweis in den ausgestellten Verbindungsnachweisen ab, es sei denn, der Kunde ist bei dem Call-by-Call-Anbieter vor der erstmaligen Nutzung des Basisdienstes registriert.
- *Pre-Selection*: Ein Kunde entscheidet sich für eine *dauerhafte* Voreinstellung seines Telefonanschlusses zugunsten eines bestimmten Anbieters von Fernverbindungen, so daß er nicht – wie im Falle von Call-by-Call-Selection – vor jedem Gespräch die Netzbetreiberkennzahl des präferierten Anbieters vorwählen muß. Auf diese Weise werden alle seine Telefongespräche automatisch in das selbst oder fremd betriebene Fernstreckennetz des ausgewählten Anbieters umgeleitet, an den er sich fest bindet.
- *Direktanschluß*: Ein (Groß-)Kunde erhält eine dauerhaft bestehende separate Zugangsleitung zu einer Fernvermittlungsstelle des Anbieters seiner Wahl, so daß alle abgehenden Ferngesprächsverbindungen nicht mehr über die nächstliegende Ortsvermittlungsstelle geleitet werden, sondern daran vorbei umgehend in das selbst oder fremd betriebene Fernstreckennetz des gewählten Anbieters.
- *Calling Card*: Ein Endkunde kauft von einem Anbieter für Ferngespräche eine Karte mit einer aufgedruckten PIN-Nummer. Damit kann sich der Karteninhaber nach der Wahl einer gebührenfreien Netzeinwahlnummer von einem beliebigen Endgerät aus (z.B. Münz- oder Hoteltelefon) bei der Informationsansage des die Telefonkarte ausgebenden Anbieters als berechtigter Kunde ausweisen. Im Anschluß daran wird die gewünschte Fernverbindung über das selbst oder fremd betriebene Fernstreckennetz aufgebaut und die Gebühren dafür automatisch von dem Guthaben des Karteninhabers abgezogen.

Als Sonderform eines weiteren Basistelefondienstes ist *Internet-by-Call* anzusehen. Es handelt sich um einen Zugangsdienst zum Internet, bei dem sich ein Endkunde von seinem Computer aus mit Hilfe eines Modems über seinen festverlegten Telefonanschluß gegen Zahlung eines nutzungsabhängigen Minutenentgelts an eine Vermittlungseinrichtung bzw. einen Router des Anbieters seiner Wahl vermitteln läßt und sich auf diesem Weg in das Internet einwählt. Strenggenommen wäre dieser Dienst also eher als ein Datendienst zum Weiterleiten von Internetverkehr als ein Telefondienst zur festnetzgebundenen Sprachvermittlung zu klassifizieren. Da er aber analog zu dem obengenannten Call-by-Call-Basisdienst konzipiert ist, wird er an dieser Stelle zu der Gruppe der Basistelefondienste auf der Ebene von Fernstreckennetzen hinzugerechnet.[53]

Einfache Dienstleistungen wie die Gebührenabrechnung und das Zusammenstellen eines Teilnehmerverzeichnisses gehören zum Basisdienst dazu. Sobald allerdings technische Zusatzleistungen wie eine auf Rechnerintelligenz basierende Zwischenspeicherung und/oder Weiterverarbeitung der

---

[53] Auch RegTP 1999b: 8 zählt Internet-by-Call zu (Sprach-)Telefondiensten. S. ferner Meyer 2000: 36.

zu übertragenen Informationen hinzukommen, welche über die Funktion des reinen Vermittelns einer Fernverbindung hinausgehen, spricht man von *Mehrwertdiensten.*[54] Solche Dienste betreffen beispielsweise neben der automatischen Gebührenabrechnung gesonderte Auswertungen von Rechnungsdaten der Endkunden im Sinne einer *individualisierten Rechnungsstellung*, *Fax-Abruf-* und *-Vervielfältigungsdienste* („Broadcast Fax")[55], *Mailboxen* mit zwischengespeicherten, gesprochenen Nachrichten sowie *Telefonauskunfts-* und *-nummernverwaltungsdienste* mit Direktvermittlungsoption („Directory Assistance"). Von *IN-Diensten* („Intelligent Network") wie Service 0800 („Freephone"), Service 0900 („Premium Rate"), Service 0700 (persönliche Universal-Rufnummer), Service 0137 („Televoting"), Centrex („Central Office Exchange", virtuelle Nebenstellenanlage) oder VPN („Virtual Private Network", virtuell geschaltetes Telefonnetz je Kunde) spricht man, wenn der Mehrwert des Telefondienstes in der intelligenten Steuerung und Kontrolle von Fernverbindungen nach kundenindividuell vereinbarten Szenarien besteht, wozu auf Netzebene Erweiterungsinvestitionen in die Rechnerintelligenz der Vermittlungsstellen über den Anschluß von IN-Plattformen notwendig werden.[56]

Kundenbezogene Anwendungen oder Telefondienste erfordern zusätzlich Investitionen auf der Seite der (Groß-)Kunden in spezifische Endgeräte.[57] Für *CTI-Lösungen* („Computer-Telephone-Integration", z.B. Call Center-Lösungen oder Buchungssysteme), bei denen eine Verbindung zwischen den Bereichen Sprachtelefonie und Datenverarbeitung ermöglicht wird, bzw. anders ausgedrückt, bei denen durch Erkennen der Quell- und Zielrufnummern bestimmte Aktionen in einem Computer ausgeführt werden oder durch Aktionen im Computer das Telefon gesteuert wird, sind beispielsweise besondere Modems, Softwareprogramme und Telefonendgeräte beim Kunden zu installieren. Gleiches gilt für *Videoconferencing* als weiteren kundenbezogenen Telefondienst (insbesondere Bildschirmtelefone, Videoaufnahmegeräte). Aus der Perspektive eines Anbieters von kundenbezogenen Anwendungen sind Systemintegrationskenntnisse vonnöten, um technische Analysen von kundenspezifischen Diensteanforderungen durchführen und die betriebstechnische Integration von Telefon und Computer vor Ort beim Kunden herstellen zu können. Solche Kenntnisse sind üblicherweise aus dem IT-Markt von Beratungsfirmen und Systemhäusern bekannt.

Im Sprachgebrauch dieser Arbeit wird nachfolgend gesamthaft von *Telefondiensten* gesprochen, solange nicht an einzelnen Stellen eine Unterscheidung nach den drei Grundtypen notwendig wird.

---

54 Vgl. zu Mehrwertdiensten Steinbach 1993: 27; Späth 1995: 48-50; Greupner 1996: 70-74; Gerpott 1998: 11-13.

55 Erörterungen speziell zu dieser Art von Mehrwertdiensten findet man u.a. bei Briere 1990: 137-144.

56 Zu der Funktionsweise einer IN-Plattform und zu entsprechenden IN-Diensten s. unten Kapitel 2.2.2 und die in Fußnote 97 aufgeführten Quellen.

57 Vgl. zu kundenbezogenen Lösungen mit einem Schwerpunkt auf CTI-Anwendungen z.B. Hoffmann 1999: B 14.

2.1.2 Dienstehändler in dem zweigeteilten Marktgefüge

Die Einordnung von Dienstehändlern festnetzbasierter Telefondienste in das Marktgefüge aus dem Teilmarkt auf Netzebene und dem auf Dienste- und Vertriebsebene, welche zunächst als Geschäftssegmente mit Übertragungsleistungen und mit kommerziellen Telefondiensten voneinander losgelöst betrachtet wurden, läßt sich nun anhand der gesamthaften Darstellung des zweigeteilten Marktgefüges und seiner Marktteilnehmer (s. Abbildung 2-4) erläutern.

Abbildung 2-4: Zusammenspiel der Teilmärkte auf Netz- sowie Dienste- und Vertriebsebene

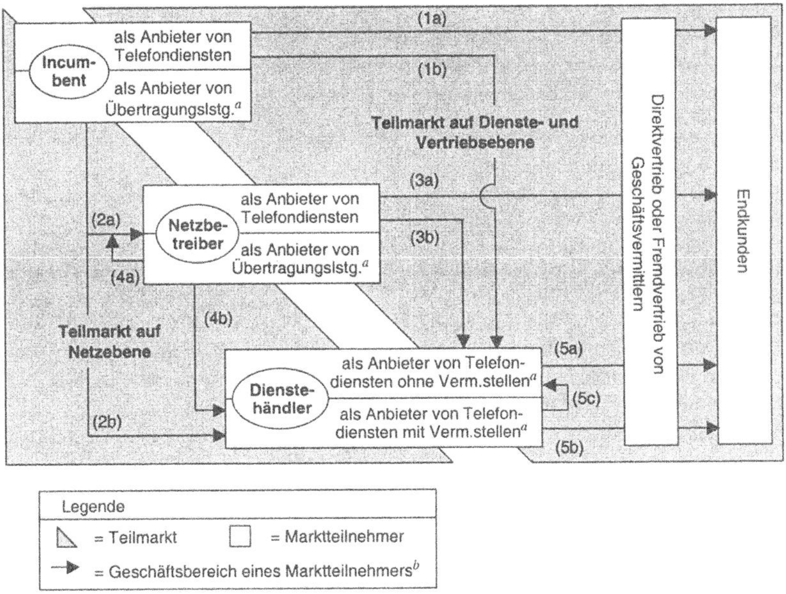

a) Lstg. = Leistungen; Verm. = Vermittlungs(stellen).

b) Die Lage eines von einem Marktteilnehmer abgehenden Pfeils in einem bestimmten Teilmarkt bestimmt die Zugehörigkeit des betroffenen Marktteilnehmers zu dem entsprechenden Teilmarkt.

Im Zusammenspiel der Unternehmen in beiden Teilmärkten entstehen folgende in Abbildung 2-4 visualisierte Geschäftsbereiche:

(1) *Telefondienstegeschäft des Incumbents*: Kommerzielle Vermarktung von Telefondiensten auf Basis der selbst betriebenen Basisinfrastruktur und Vermittlungsstellen an Endkunden über einen

(1a) Direktvertrieb und/oder Fremdvertrieb von geschäftsvermittelnden Vertriebspartnern,

(1b) Quasi-Fremdvertrieb von Dienstehändlern ohne Vermittlungsstellen.

(2) *Übertragungsleistungsgeschäft des Incumbents*: Vermarktung von Übertragungsleistungen an

(2a) alternative Netzbetreiber,

(2b) Dienstehändler mit Vermittlungsstellen.

(3) *Telefondienstegeschäft alternativer Netzbetreiber*: Kommerzielle Vermarktung von Telefondiensten auf Basis der selbst betriebenen Basisinfrastruktur und Vermittlungsstellen sowie der ergänzend eingekauften Übertragungsleistungen an Endkunden über einen

(3a) Direktvertrieb und/oder Fremdvertrieb von geschäftsvermittelnden Vertriebspartnern,

(3b) Quasi-Fremdvertrieb von Dienstehändlern ohne Vermittlungsstellen.

(4) *Übertragungsleistungsgeschäft alternativer Netzbetreiber*: Vermarktung von Übertragungsleistungen an

(4a) andere alternative Netzbetreiber,

(4b) Dienstehändler mit Vermittlungsstellen.

(5) *Telefondienstegeschäft der Dienstehändler*: Kommerzielle Vermarktung von Telefondiensten, wobei

(5a) Dienstehändler *ohne* Vermittlungsstellen die Telefondienste des Incumbents, alternativer Netzbetreiber oder von Dienstehändlern mit Vermittlungsstellen unter eigenem Namen und auf eigene Rechnung über einen Direktvertrieb und/oder Fremdvertrieb von geschäftsvermittelnden Vertriebspartnern wiederverkaufen,

(5b+5c) Dienstehändler *mit* Vermittlungsstellen eigenständig bereitgestellte Telefondienste auf Basis der eingekauften Übertragungsleistungen des Incumbents und/oder alternativer Netzbetreiber unter eigenem Namen und auf eigene Rechnung über einen

(5b) Direktvertrieb und/oder Fremdvertrieb von geschäftsvermittelnden Vertriebspartnern,

(5c) Quasi-Fremdvertrieb von Dienstehändlern ohne Vermittlungsstellen

verkaufen.

Dienstehändler vermarkten also einerseits Telefondienste an Endkunden im Teilmarkt auf Dienste- und Vertriebsebene (abgehende Pfeile (5a), (5b) u. (5c) im rechten Feld in Abbildung 2-4)[58], verkaufen aber andererseits *keine* für den Transport von Sprachinformationen notwendige Übertragungsleistungen im Teilmarkt auf Netzebene (keine abgehenden Pfeile im linken Feld in Abbildung

[58] Die Tatsache, daß auch die in Pfeil (5c) veranschaulichte Vermarktung festnetzbasierter Telefondienste von Switch-based Dienstehändler an Switchless Dienstehändler dem Endkundengeschäft zugeordnet wird, obwohl Switchless Dienstehändler die bezogenen Telefondienste nicht wie Endkunden selber nutzen, steht mit dem Rechtsgrundsatz der RegTP in Einklang, daß ein Angebot von festnetzbasierten Telefondiensten an Wiederverkäufer ohne Vermittlungsstellen im Teilmarkt auf Dienste- und Vertriebsebene prinzipiell einem Angebot für die Öffentlichkeit gleichzusetzen ist. Vgl. dazu Wuermeling 2000: 243-245. Dieser Rechtsgrundsatz betrifft natürlich auch die oben in Abbildung 2-4 veranschaulichten Geschäftsbereiche der Pfeile (1b) und (3b).

2-4).[59] Der für ihre Einordnung in das Marktgefüge sachlich relevante Teilmarkt ist somit der auf Dienste- und Vertriebsebene, oder mit anderen Worten, der der Anbieter von Telefondiensten. Dennoch sind Dienstehändler und ihre Geschäftsaktivitäten nicht vollkommen losgelöst von dem Teilmarkt auf Netzebene und den dort ansässigen Marktteilnehmern zu betrachten, so, wie das möglicherweise auch die am Anfang von Kapitel 2 zitierte einfache Definition eines Dienstehandels nahelegen könnte. Dieser Gesichtspunkt läßt sich in anschaulicher Weise anhand der Spruchpraxis der RegTP in bezug auf die Regulierung der besonderen Netzzugangs-/Zusammenschaltungsleistungen (s. Kapitel 2.1.1.1) der *Deutschen Telekom* im deutschen Markt für festnetzbasierte Telefondienste darlegen. Die Regulierungsbehörde legt die Mindestanforderungen an eine rechtmäßig akzeptierte Definition eines öffentlichen TK-Kommunikationsnetzes, dessen Betreiber ein Anrecht auf Interconnection seiner Basisinfrastruktur und seiner Vermittlungseinrichtungen mit dem TK-Kommunikationsnetz des Incumbents besitzt, gegenwärtig mit einer Fernvermittlungsstelle und drei in unterschiedlichen Ortsnetzen endenden, angemieteten oder selbst betriebenen Übertragungswegen fest.[60] Das Abgrenzungskriterium eines Netzbetreibers nach herrschender Rechtsauffassung ist also in bezug auf eine selbst erbrachte Wertschöpfung die Fernvermittlung von Gesprächen über mindestens eine eigenständig betriebene Vermittlungseinrichtung, was zwar zu den Produktionsaktivitäten im Teilmarkt auf Netzebene zählt, aber losgelöst von dem Betrieb einer Basisinfrastruktur bzw. von festverlegten Übertragungswegen erfolgen kann. Es entsteht etwas zwitterhaft die Anbietergruppe der *Dienstehändler mit selbst betriebenen Vermittlungsstellen* („Switch-based" Dienstehändler), die durch die Vermittlung von Verbindungen in Eigenregie ansatzweise die Wertschöpfung der im Teilmarkt auf Netzebene ansässigen Marktteilnehmer vertikal integrieren und demnach unter die rechtlich-politische Definition von Netzbetreibern fallen. Ansonsten gehören sie aber von dem Schwerpunkt ihrer Geschäftstätigkeit her genauso wie *Dienstehändler ohne Vermittlungsstellen* („Switchless" Dienstehändler) zu der Gruppe der im Teilmarkt auf Dienste- und Vertriebsebene angesiedelten Unternehmen. Demzufolge wird in dieser Arbeit die in Abbildung 2-5 veranschaulichte institutionelle Klassifizierung von Dienstehändlern in Abgrenzung zu anderen Marktteilnehmern anhand ihrer Position in der funktionalen Wertschöpfungskette vertreten.

---

[59] Ausgeklammert werden soll an dieser Stelle der tendenziell vom Industriegütermarketing geprägte „Business-to-Business"-Dienstehandel mit Bandbreiten bzw. Mietleitungen (s. zur Erläuterung oben Kapitel 2.1.1.1), der in Abbildung 2-4 über abgehende Pfeile im linken Feld visualisiert werden müßte. Die Ausführungen in dieser Arbeit beschränken sich demgegenüber ausschließlich auf den „Business-to-Consumer"-Wiederverkauf von kommerziellen Telefondiensten, mit Ausnahme einer knappen Erläuterung des sogenannten „Simple Resale" von internationalen Mietleitungen unten in Kapitel 4.2.

[60] S. Monopolkommission 1999: 31f.; Badura/Schneider 2000: 167. Vgl. zur kontroversen Diskussion über diese rechtlich-politische Festlegung unter dem Stichwort „Atypischer Verkehr" das nachfolgende Kapitel 2.1.2.1 und die dort in Fußnote 66 angegebene Literatur.

Abbildung 2-5: Abgrenzung von Dienstehändlern gegenüber Netzbetreibern und Geschäftsvermittlern anhand ihrer Wertschöpfungstiefe[a]

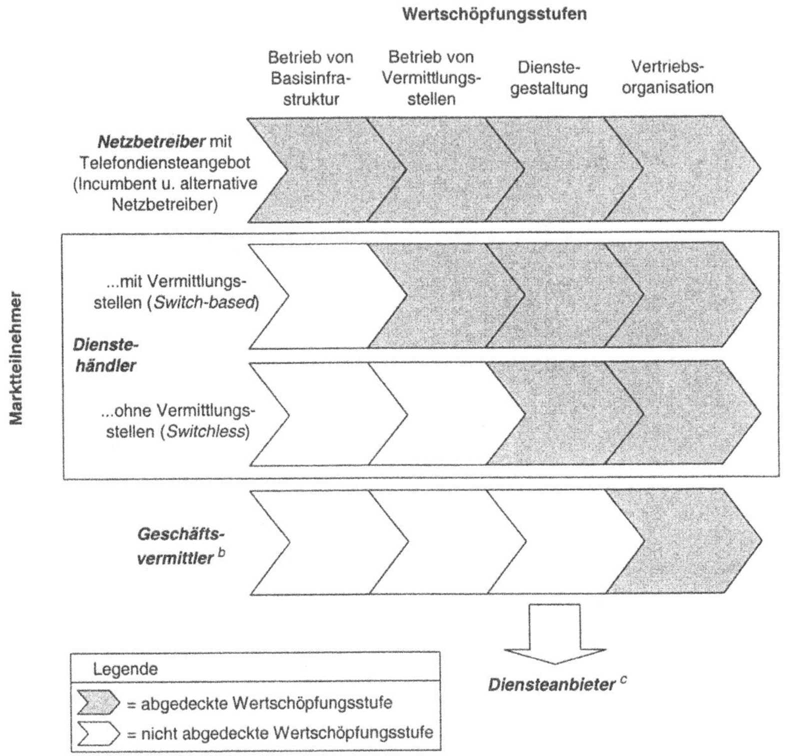

a) Die Darstellung knüpft an die in Abbildung 2-1 gezeigte Wertschöpfungskette an.
b) Geschäftsvermittler gehören in Abbildung 2-4 zum Fremdvertrieb im Teilmarkt auf Dienste- und Vertriebsebene.
c) Der Terminus *Diensteanbieter* ist ein Sammelbegriff für diejenigen Unternehmen, welche mindestens die Wertschöpfungsstufe der Dienstegestaltung abdecken, also für Netzbetreiber *und* Dienstehändler.

Quelle: In leichter Anlehung an Arvig 1996: 2 u. Ehrmann 1999: 36.

Netzbetreiber mit eigenem Telefondiensteangebot (Incumbent und alternative Netzbetreiber) decken alle vier Stufen der um die Herstellung von TK-Netzausrüstung und -Endgeräten verkürzten Wertschöpfungskette (s. Abbildung 2-1) ab und sind sowohl im Teilmarkt auf Netzebene als auch im Teilmarkt auf Dienste- und Vertriebsebene geschäftstätig. Solange keine andere Anmerkung erfolgt, wird im Sprachgebrauch dieser Arbeit nachfolgend nur noch von Netzbetreibern gesprochen und auf den Zusatz des eigenen Telefondiensteangebotes verzichtet.[61] Nähere Erläuterungen zu *Switch-based* und *Switchless Dienstehändlern* enthalten die zwei nachfolgenden Kapitel. Speziell die Erläuterungen zu Switchless Dienstehändlern beinhalten auch eine Erörterung der *Geschäftsvermittler*. Die Bezeichnung eines *Diensteanbieters*, der schließlich ebenfalls in dieser Arbeit Verwendung findet, ist als Sammelbegriff für solche Unternehmen zu verstehen, welche unabhängig sonstiger Wertschöpfungstätigkeiten in jedem Fall auf der Wertschöpfungsstufe der Dienstegestaltung tätig sind (also Netzbetreiber sowie Dienstehändler mit und ohne Vermittlungsstellen).

2.1.2.1 Dienstehändler mit Vermittlungsstellen (Switch-based)

Dienstehändler, die eine oder mehrere Vermittlungsstellen betreiben, werden im Schrifttum sehr vielfältig auch als Infrastruktur-Veredler, netzunabhängige Telefongesellschaften, „Switch-based Resellers", „Switched Resellers", „Service Providers", „Light Carriers" oder „Leased facilities Carriers" bezeichnet.[62] Ihr Geschäftsmodell beruht darauf, Übertragungsleistungen von Netzbetreibern zu günstigen Konditionen zu beziehen, sie mit Hilfe der selbst betriebenen Vermittlungsstellen zu Telefondiensten zu veredeln und diese dann auf eigene Rechnung und unter dem eigenen Markennamen an Endkunden zu vermarkten. Die Zahl der in Eigenregie betriebenen und mit angemieteten Festverbindungen regelmäßig verbundenen Vermittlungseinrichtungen schwankt dabei beachtlich. Zu unterscheiden sind im deutschen Markt für festnetzbasierte Telefondienste solche Switch-based Dienstehändler, die entsprechend der bereits in Kapitel 2.1.2 erwähnten politisch-rechtlichen Minimalkonfiguration an ein öffentliches TK-Netz über lediglich eine Fernvermittlungsstelle und drei angemietete Übertragungswege einschließlich dazugehörender Zusammenschaltungspunkte mit dem Netz des Incumbents auf Ortsnetzebene verfügen (z.B. *Facilicom Telekommunikation*), von solchen Unternehmen, die bis zu 10 Fernvermittlungsstellen und mehr als 20 Zusammenschaltungspunkte besitzen (z.B. *TelDaFax*). Alle Switch-based Dienstehändler benötigen dennoch unabhängig von der Anzahl ihrer errichteten Vermittlungsstellen für das kommerzielle Angebot von Telefondiensten für die Öffentlichkeit eine TKG-Lizenz der Klasse 4.[63]

Obwohl das Übertragungsleistungsgeschäft also nicht zu den wertschaffenden Aktivitäten von Switch-based Dienstehändlern gehört, ist die dort gehandelte Basisinfrastruktur ein wesentlicher

---

[61] Dabei darf nicht übersehen werden, daß es durchaus auch Netzbetreiber ohne ein eigenes Telefondiensteangebot gibt, die ausschließlich ihre Basisinfrastruktur vermarkten und somit lediglich die Wertschöpfung des Betriebs der Basisinfrastruktur abdecken. Ihre Ausklammerung in Abbildung 2-4 und Abbildung 2-5 sowie in den dazugehörenden Erläuterungen erfolgte aus rein pragmatischen Gründen, um die Komplexität der Begriffsvielfalt zu reduzieren.

[62] Vgl. z.B. Self 1988: 1–9; Briere 1990: 14f.; Stehmann 1995: 87f.; Standard & Poors 1997: 13; Gerpott 1998: 278f.; Stanossek 1998: 34; Pesch 1998: 11; Wichert-Nick 1999: 72; Ehrmann 1999: 38; Walke 1999: 282.

[63] Legaldefinition nach § 6 Abs. 2 Nr. 2 TKG: „Lizenzen für Sprachtelefondienst auf der Basis selbst betriebener Telekommunikationsnetze (Lizenzklasse 4). Diese Lizenzklasse schließt nicht das Recht zum Betreiben von Übertragungswegen ein."

Inputfaktor für ihr Diensteangebot (ankommende Pfeile (2b) u. (4b) im linken Feld in Abbildung 2-4). Daraus ergibt sich, daß die Preissetzung für den Bezug von Übertragungsleistungen der im Teilmarkt auf Netzebene tätigen Netzbetreiber zu einem großen Teil die Gewinnmarge bzw. die Rentabilität der Switch-based Dienstehändler im kommerziellen Telefondienstegeschäft bestimmt. Die Bedeutung der zu zahlenden Bezugspreise für Übertragungsleistungen läßt sich in Abbildung 2-6 erkennen, die die Zusammensetzung der Kosten zur Bereitstellung festnetzbasierter Telefondienste am Beispiel des Switch-based Dienstehändlers *TelDaFax* zeigt.

Abbildung 2-6: Kostenstruktur eines Switch-based Dienstehändlers am Beispiel des Telefondienstegeschäfts des Unternehmens TelDaFax für die Jahre 1998 bis 2000

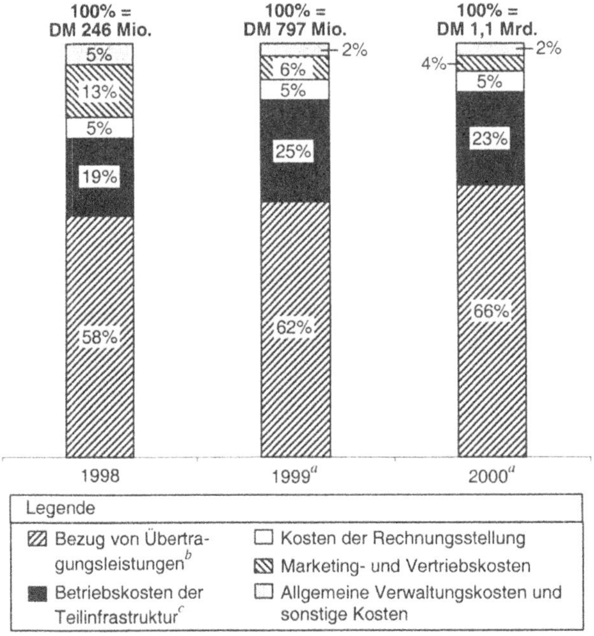

a) Schätzwerte von *Bank Julius Bär*, weshalb die angegebenen Zahlen nicht den tatsächlich entstandenen Kosten von *TelDaFax* im Geschäft mit festnetzbasierten Telefondiensten entsprechen müssen.

b) Enthalten sind Zahlungen für besondere Netzzugangs-/Zusammenschaltungsleistungen, primär an die *Deutsche Telekom*, und Kosten für die Anmietung von Festverbindungen zwischen einzelnen Fernvermittlungsstellen. Eine exakte Anteilsverteilung der zwei getrennten Kostenblöcke ist aus der Datenbasis nicht herzuleiten

c) Betrifft den Betrieb von Vermittlungseinrichtungen, wobei als Grundlage der kalkulierten Zahlenbasis lediglich die Anzahl von Zusammensschaltungspunkten angegeben wird: In 1998 geht man von durchschnittlich 12 Zusammenschaltungspunkten mit dem Netz der *Deutschen Telekom* aus, in 1999 von durchschnittlich 18, und im Jahr 2000 schließlich schätzt man 26 Zusammenschaltungspunkte.

Quelle: Bank Julius Bär 1999: 92-100; eigene Analysen.

Hauptkostentreiber sind demnach in den Jahren 1998 bis 2000 zweifellos die Entgelte für besondere Netzzugangs-/Zusammenschaltungsleistungen und für die Anmietung von Bandbreiten bzw. Festverbindungen zur Verbindung der Vermittlungsstellen (zwischen 58% und 66% der Gesamtkosten).[64] Kleinere Anteile der Kosten entfallen auf die Unterhaltung der selbst betriebenen Fernvermittlungsstellen (zwischen 19% und 25%), auf die Rechnungserstellung (in allen Jahren 5%), auf Marketing & Vertrieb (zwischen 4% und 13%) und auf allgemeine Verwaltungskosten sowie sonstige Kosten (zwischen 2% und 5%). Aus der Dominanz der Bezugskosten für Übertragungsleistungen in der gesamthaften Kostenstruktur ergibt sich unweigerlich die Schlußfolgerung eines nicht unerheblichen Einflusses von Netzbetreibern auf die Rentabilität der Switch-based Dienstehändler über die Steuerung der entsprechenden Bezugspreise. Im Extremfall können die Netzbetreiber die Preise für Übertragungsleistungen so hoch ansetzen, daß die Gewinnmarge von Switch-based Dienstehändlern bei der kommerziellen Dienstevermarktung negativ wird und sie somit aus dem Markt gedrängt werden (vorausgesetzt, daß Switch-based Dienstehändlern überhaupt der Zugang zu Übertragungsleistungen gewährt wird).

Trotz dieses, die Geschäftsexistenz potentiell gefährdenden Abhängigkeitsverhältnisses vertrauen Switch-based Dienstehändler mit ihrer selektiven Investitionsstrategie in Teilinfrastrukturen und unter Ablehnung eines Aufbaus flächendeckender Übertragungswege darauf, daß Übertragungsleistungen in Fernstreckennetzen dauerhaft zugänglich und in ausreichendem Maße günstig im Teilmarkt auf Netzebene von Netzbetreibern zu beziehen sind. Dieses Vertrauen beruht vornehmlich auf der Marktverhaltensregulierung[65] an der Schnittstelle zwischen dem Teilmarkt auf Netz- und dem auf Dienste- und Vertriebsebene, deren Auslegung zugunsten oder zuungunsten von Switch-based Dienstehändlern in erheblichem Maße den Erfolg oder Mißerfolg ihres Geschäftsmodells bedingt. Prinzipiell gilt, daß ohne die verpflichtenden Zusammenschaltungsvorschriften des TKG das Geschäftsmodell der Switch-based Dienstehändler, die zum Zwecke der Bereitstellung von flächendeckenden Ferngesprächsverbindungen zwingend auf einen Netzanschluß ihrer Fernvermittlungsstellen insbesondere an die bestehenden Übertragungswege des Incumbents angewiesen sind, nicht denkbar ist. Die Tatsache, daß Switch-based Dienstehändler dabei auch in bezug auf die Ausführungsbestimmungen des Gesetzes durchaus von einer zu ihrem Vorteil ausgelegten Regulierungspolitik ausgehen dürfen (gilt zumindest für die ersten 2 ½ Jahre nach Öffnung des Festnetzmarktes

---

64 Vgl. a. Beobachtungen von Ehrmann/Mellewigt 1997: 258; WestLB Panmure 1998: 29; Neumann 1999: 85, der den Kostenanteil allein für die besonderen Netzzugangs-/Zusammenschaltungsleistungen zwischen 20% und 45% sieht; Winzer 2000: 32-35, der das hohe Kostengewicht von Ausgaben für besondere Netzzugangs-/Zusammenschaltungsleistungen speziell für Netzbetreiber in Großbritannien darlegt.

65 Regulatorische Maßnahmen im Hinblick auf das Marktverhalten knüpfen an der Preispolitik des Incumbents und anderer etablierter Netzbetreiber sowie der Gewährleistung eines Zugangs zu bestehenden TK-Kommunikationsnetzen für alternative Diensteanbieter mit selbst oder fremd betriebenen TK-Übertragungswegen an. Über die sich daraus ergebenden Regulierungskonzepte *Interconnection-Regulierung*, *Open Network Provision* und *Price Cap-Regulierung* referieren z.B. Picot/Burr 1996: 183-190; Ehrmann/Mellewigt 1997: 256-261; Graack 1997: 115-145; Picot/Burr 1997: 267-270. Speziell zu Interconnection s. a. die oben in Fußnote 44 angegebenen Quellen.

bis Mitte 2000), zeigt sich beispielhaft anhand des Entgeltantrages „Atypischer Verkehr" der *Deutschen Telekom* vom März 1999, der von der Regulierungsbehörde abgelehnt wurde.[66] Der Incumbent beantragte darin eine Genehmigung von Zuschlägen auf die eingeführten Zusammenschaltungsentgelte, die er von solchen Switch-based Dienstehändlern einfordern wollte, die mit dem Betrieb von i.d.R. nur einer Fernvermittlungsstelle atypische Verkehrsströme im Fernstreckennetz der *Deutschen Telekom* verursachen und somit (vordergründig) die Integrität des Netzes gefährden. Ein positiver Entscheid dieses Antrages hätte für Switch-based Dienstehändler mit vergleichsweise geringen Netzinvestitionen zur Folge gehabt, daß sie keinen Zugang mehr zu den besonderen Netzzugangs-/Zusammenschaltungsleistungen der *Deutschen Telekom* unter Anwendung der günstigen Zusammenschaltungsentgelte (s. Kapitel 2.1.1.1) erhalten hätten. Ihre Gewinnmargen wären dementsprechend aller Voraussicht nach deutlich gesunken.

Die den dargelegten Kosten gegenüberstehenden Leistungen der Switch-based Dienstehändler umfassen die für Privat- und Geschäftskunden bereitgestellten Telefondienste. Eine Beschränkung in bezug auf das angebotene Diensteportfolio ist dabei auf den ersten Blick nicht zu erkennen. Switch-based Dienstehändler sind mit Hilfe ihrer in Eigenregie betriebenen Vermittlungseinrichtungen in der Lage, Gesprächsverbindungen in Fernstreckennetzen selbständig zu vermitteln und können dementsprechend sowohl Basistelefondienste als auch diverse, über die Steuerungs- und Kontrollsoftware der Vermittlungsstellen direkt abrufbare Mehrwertdienste anbieten (s. zu Telefondiensten Kapitel 2.1.1.2). Investieren die Unternehmen zudem in eigene IN-Plattformen, dann sind sie imstande, primär für Geschäftskunden bestimmte IN-Mehrwertdienste bereitzustellen. Switch-based Dienstehändler mit intern aufgebauten oder extern in Anspruch genommenen Beratungs- und Systemintegrations-Know-how können schließlich auch kundenbezogene Telefondienste in ihr Diensteportfolio aufnehmen. Welche Telefondienste aber tatsächlich in der geläufigen Marktpraxis von Switch-based Dienstehändlern angeboten werden, läßt sich mit endgültiger Gewißheit nicht sagen. Mit hoher Wahrscheinlichkeit ist allerdings davon auszugehen, daß ein Schwerpunkt bei Basistelefondiensten liegt und insbesondere kundenbezogene Telefondienste, welche einen hohen Anpassungsaufwand pro Kunde bei der Dienstekonfiguration erwarten lassen, eher von Marktspezialisten (z.B. *Siemens Systemhaus* oder *CTI Solutions Group*) oder von Tochtergesellschaften

---

66 *Atypische Verkehrsströme* entstehen, wenn z.B. eine Ferngesprächsverbindung zwischen Passau und München bei Nutzung eines Switch-based Dienstehändlers, der lediglich eine, mit dem Fernstreckennetz der *Deutschen Telekom* in Hamburg zusammengeschaltete Fernvermittlungsstelle betreibt, nicht auf direktem Wege hergestellt wird, sondern durch eine Verkehrslenkung über Hamburg. Zu dem diesbezüglichen Antrag der *Deutschen Telekom* s. RegTP 1999a: 53. Vgl. ebenfalls Bock/Völcker 1998: 479f., Berger 1999: 223-228 sowie Badura/Schneider 2000: 165-167, die jeweils neben dem Problem des atypischen Verkehrs auch die damit verknüpfte Frage von bestimmten Mindestvoraussetzungen erörtern, unter denen Switch-based Dienstehändler prinzipiell als Betreiber öffentlicher TK-Kommunikationsnetze gelten. Stellungnahmen im Rahmen einer entsprechenden Anhörung zu diesem Thema kann man bei RegTP 1999c nachlesen, oder verkürzt bei RegTP 1999a: 56-58. Analog für den französischen TK-Markt diskutiert Maxwell 1998: 64f. die Frage, ab welchem Investitionsumfang ein Diensteanbieter als Netzbetreiber im rechtlich-politischen Sinne zu klassifizieren ist.

großer Netzbetreiber (z.B. *DeTeSystem* als Tochtergesellschaft der *Deutschen Telekom*) angeboten werden.[67]

2.1.2.2 Dienstehändler ohne Vermittlungsstellen (Switchless)

Von Dienstehändlern mit Vermittlungsstellen zu trennen sind solche Dienstehändler, die keine technischen Investitionen in Teilinfrastrukturen tätigen und nicht in Besitz einer TKG-Lizenz der Klasse 4 sind. Sie werden als sogenannte „Switchless Reseller" oder „Rebiller" bezeichnet.[68] Ein Dienstehändler dieser Art bündelt für das Angebot festnetzbasierter Telefondienste bei Übernahme des Risikos von Forderungsausfällen bei der Fakturierung das telefonische Verkehrsaufkommen vieler Endkunden bei einem ihm vorgelagerten Diensteanbieter, aus dessen Perspektive der Switchless Dienstehändler als alleiniger Gesamtschuldner auftritt. Im Gegenzug erhält der Switchless Dienstehändler von dem Diensteanbieter für das massenhafte Generieren von Verkehrsaufkommen (gemessen in Bandbreitenkapazitäten oder vermittelten Telefonminuten) in dessen eigenständig oder fremd betriebenen Fernstreckennetz vergleichsweise günstige Verbindungsentgelte eingeräumt. Deren Höhe richtet sich nach einem regelmäßig zu wiederholendem Prognoseverfahren über das im jeweiligen Prognosezeitraum zu erwartende Verkehrsvolumen und kann dementsprechend in bestimmten Zeitabständen korrigiert werden. Die günstigen Einkaufskonditionen reicht der Switchless Dienstehändler im Rahmen seiner Preisgestaltung nach Einbehalt einer Marge an seine Endkunden weiter, welche nach Maßgabe der Höhe ihrer Einzelrechnungen nicht in den Vorteil derlei Vergünstigungen gelangt wären. Dienstehändler dieser Art benötigen im Gegensatz zu Switch-based Dienstehändlern keine Vermittlungstechnik, da sie lediglich die Rechnungsstellung von gebündelten Verkehrsvolumen bieten. Ihre Kunden befinden sich zudem weiterhin im selbst oder fremd betriebenen Fernstreckennetz des vorgeschalteten Diensteanbieters, über dessen Netzbetreiberkennzahl auch alle Telefonverbindungen im Falle eines Angebots von Call-by-Call-Selection abgewickelt werden.[69]

Bei einem Vergleich der Kostenstrukturen von Dienstehändlern mit und ohne eigene Vermittlungsstellen fällt auf, daß die Fremdbezugskosten eines Switchless Dienstehändlers für den Einkauf von Telefondiensten in Relation zu seinen anderen anfallenden Kosten (Rechnungsstellung, Marketing & Vertrieb, Verwaltung und sonstige Kosten) eine noch größere Dominanz haben, als die vergleichbaren Fremdbezugskosten eines Switch-based Dienstehändlers für den Einkauf von Übertragungsleistungen im Verhältnis zu dessen übrigen Kosten. Für das Festnetzgeschäft des Switchless

---

[67] Vgl. für einen dementsprechenden repräsentativen, zeitpunktbezogenen Überblick Mitte 2000 unten Tabelle 2-2.

[68] Vgl. z.B. Briere 1990: 15; Stehmann 1995: 88; Gerpott 1998: 279; Stanossek 1998: 34; Wichert-Nick 1999: 72; Stumpf/Schwarz-Schilling 1999: 10-12; Ehrmann 1999: 38f.; Walke 1999: 281.

[69] Dabei erfolgt die Nutzung der Netzbetreiberkennzahl allein im Innenverhältnis zwischen dem Telefondienstelieferanten und dem Switchless Dienstehändler: Letzterer darf mit der Netzbetreiberkennzahl nicht werben oder bei der Werbung für seinen eigenen Markennamen den Namen des vorgelagerten Diensteanbieters bekanntgeben.

Dienstehändlers *debitel* wird beispielsweise für das Jahr 1998 mit einem Anteil der Fremdbezugskosten von 67% und für 1999 sogar von 86% kalkuliert (s. Abbildung 2-7). Die Folge ist gegenüber einem Dienstehändler mit eigenen Vermittlungsstellen eine nochmals gesteigerte Abhängigkeit der Gewinnmarge von der Höhe der Bezugspreise für Vorprodukte durch die Telefondienstelieferanten.

Abbildung 2-7: Kostenstruktur eines Switchless Dienstehändlers am Beispiel des Telefondienstegeschäfts des Unternehmens debitel für die Jahre 1998 und 1999[a]

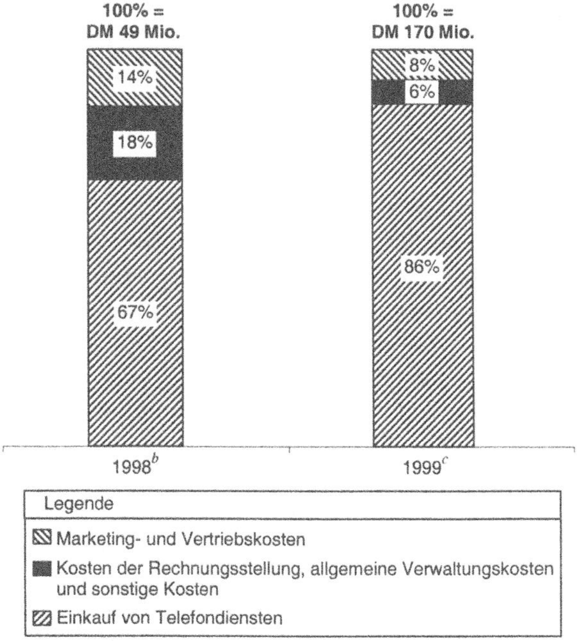

a) Die Abbildung knüpft bei Nutzung derselben Datenquelle an die in Abbildung 2-6 gezeigte Kostenstruktur des Switch-based Dienstehändlers TelDaFax an, wobei hier für den Switchless Dienstehändler debitel abweichend davon keine Kosten für das Jahr 2000 aufgeführt sind, weil den entsprechenden Jahresangaben in der Datenquelle (unzutreffenderweise) das Geschäftsmodell eines Switch-based Dienstehändlers zugrundeliegt.

b) Die genauen Anteile für *Kosten der Rechnungstellung, allgemeine Verwaltungskosten und sonstige Kosten* sowie für *Marketing- und Vertriebskosten* sind auf Basis der absoluten Angaben von *Bank Julius Bär* für 1999 und 2000 zurückgerechnet.

a) Schätzwerte von *Bank Julius Bär*, weshalb die angegebenen Zahlen nicht den tatsächlich entstandenen Kosten von *debitel* im Geschäft mit festnetzbasierten Telefondiensten entsprechen müssen.

Quelle: Bank Julius Bär 1999: 75f.; eigene Analysen.

Diese starke Abhängigkeit ist (analog zu den Überlegungen bei Switch-based Dienstehändlern) negativ zu werten, zumal ein Switchless Dienstehändler nicht auf eine vorteilhafte Marktverhaltensregulierung hoffen darf: Das TKG zwingt Diensteanbieter bei der kommerziellen Vermarktung ihrer Telefondienste zu keiner Zusammenarbeit mit unabhängigen Switchless Dienstehändlern in einer Art, wie das z.B. aus dem Markt für Mobilfunkdienste bekannt ist.[70] Positiv hingegen für das Geschäftsmodell eines Switchless Dienstehändlers wiegt, neben dem Wegfall von Betriebskosten für Vermittlungsstellen und IN-Plattformen sowie anderer Herstellungskosten für die Bereitstellung festnetzbasierter Telefondienste, die Tatsache, daß ein Unternehmen dieses Typus` vergleichsweise wenige irreversible Anlaufinvestitionen für die Aufnahme des Telefondienstegeschäfts zu tätigen hat, da es insbesondere weder in die Errichtung von Vermittlungsstellen noch in den Erwerb einer TKG-Lizenz der Klasse 4 investieren muß.[71] Die möglicherweise geschäftsgefährdende Abhängigkeit von Zulieferern wird also über die vorteilhafte Flexibilität eines jederzeit möglichen Marktein- und -austritts „gekauft". In diesem Kontext ist auch der Grund dafür zu suchen, daß Unternehmen, die als Dienstehändler im Markt für Festnetztelefonie operieren wollen, zum Zeitpunkt ihres Markteintritts oftmals als reine Rebiller starten. Von ihrer Unternehmensgröße sind es dann typischerweise eher kleine bis mittelgroße Unternehmen, welche mit einer vergleichsweise geringen Kapitaldecke den Markt betreten. Sobald sie sich eine ausreichend breite Kundenbasis und Markenbekanntheit erarbeitet haben, entwickeln sich einige von ihnen über entsprechende Teilinvestitionen in die Netzkomponente der Vermittlungstechnik und den Erwerb einer Telefondienstelizenz zu Dienstehändlern mit eigenen Vermittlungsstellen weiter, wodurch gleichfalls, wie anhand der aufgezeigten Kostenstrukturen sichtbar wurde, die Abhängigkeit von Telefondienstelieferanten abnimmt.[72]

Das wesentliche Merkmal der Abgrenzung eines Dienstehändlers ohne Vermittlungsstellen zu *Geschäftsvermittlern* (s. Abbildung 2-5), wie Makler, Distributoren oder Fachhändler[73], liegt in einem langfristigen Kundenkontakt und entsprechendem Kundendienst. Sicherlich sind auch Switchless Dienstehändler aus Sicht anderer, ihnen vertikal vorgelagerter Diensteanbieter genauso wie die Geschäftsvermittler eine von vielen Möglichkeiten des Fremdvertriebs (ankommende Pfeile (1b), (3b) und (5c) im rechten Feld in Abbildung 2-4). Dienstehändler ohne eigene Vermittlungs-

---

70 Vgl. zu der Verpflichtung einer Zusammenarbeit im Mobilfunkmarkt unten Kapitel 2.3.1.

71 Vgl. ausführlicher zu irreversiblen Investitionen i.S.v. Markteintrittsbarrieren, wie dem hier angesprochenen Aufbau von Vermittlungseinrichtungen oder dem Erwerb einer TKG-Lizenz der Klasse 4, unten Kapitel 3.2.2.2.

72 Vgl. Beard et al. 1998: 317f.; Wichert-Nick 1999: 73. Auf die skizzierte Weise trat z.B. 1997 das Unternehmen *ACC Telekommunikation* (1999 von *WorldxChange* übernommen) in den deutschen Markt für Festnetztelefonie noch *vor* der Marktliberalisierung ein und schloß einen Vertrag mit der *Deutschen Telekom* über Großkundenrabatte ab. Diese wurden nach dem Geschäftsmodell eines Switchless Dienstehändlers in Teilen von bis zu 25% an die eigenen Kunden weitergegeben. Im Jahr 1998 entwickelte sich *ACC Telekommunikation* dann mit dem Erhalt einer TKG-Lizenz der Klasse 4 zu einem Switch-based Dienstehändler weiter. S. dazu Stanossek 1998: 34 u. Walke 1999: 281.

73 Vgl. zu verschiedenen Vertriebskanälen unten Abbildung 2-11 sowie Kapitel 3.3.2.3.

stellen bieten Telefondienste jedoch auf eigenen Namen und eigene Rechnung an. Sie halten den dauerhaften Kontakt zum Endkunden, was Aktivitäten der Kundenpflege nach sich zieht. Unternehmen aller anderen Vertriebskanäle übernehmen hingegen lediglich die Vermittlung von Endkunden bzw. Geschäftsabschlüssen (Pfeile (1a), (3a), (5a) u. (5b) im rechten Feld in Abbildung 2-4). Dafür erhalten sie von den Diensteanbietern, denen die Endkunden vermittelt wurden, einmalige oder laufende Provisionszahlungen sowie eine grundlegende Akquisitionsunterstützung. Dauerhafte Kundenkontakte nach der Geschäftsvermittlung bestehen jedoch keine mehr, da der Diensteanbieter neben der Bereitstellung des Telefondienstes auch die Rechnungsstellung und den Kundendienst übernimmt.

Neben dem „klassischen" vorangegangenen Geschäftsmodell eines Dienstehändlers ohne Vermittlungsstellen sind in der Marktpraxis drei weitere Anbietergruppen zu beobachten, die im weitesten Sinne auch zu Switchless Dienstehändlern zählen und sich jeweils durch ein besonderes Dienstеangebot auszeichnen. Sie werden der Vollständigkeit halber an dieser Stelle kurz vorgestellt, ohne daß sie jedoch in den weiteren Ausführungen dieser Arbeit noch Berücksichtigung finden:

- *Call Back-Diensteanbieter*: Um ein Gespräch über einen Call Back-Diensteanbieter („Call Back Operator") führen zu können, wählt ein Endkunde eine ihm zugeteilte Rufnummer eines nach CTI-Standards (s. Kapitel 2.1.1.2) konfigurierten Computers an. Nach dem ersten Klingeln legt der Anrufer auf und der Computer, der den Anruf registriert hat, ruft binnen weniger Sekunden zurück. Jetzt wird der Kunde aufgefordert, seine anzuwählende Telefonnummer einzugeben, so daß der eigentlich gewünschte Verbindungsaufbau erfolgen kann. Fernverbindungen dieser Art betreffen vornehmlich international geführte Gespräche und werden oftmals über die USA geschaltet, weshalb Call Back-Diensteabieter als *die* typischen Wiederverkäufer internationaler Festnetztelefonie gelten.[74] Zu Switchless Dienstehändlern zählen sie insofern, als daß sie das Verkehrsvolumen ihrer Kunden in einem fremd betriebenen Fernstreckennetz bündeln, mit dessen Betreibern („Call Back Facility Provider") sie Großkundenrabatte aushandeln.[75]
- *Call Through-Diensteanbieter*: Ähnlich wie bei Call Back-Diensteanbietern wählen die Kunden solcher Unternehmen eine kostenlose Zugangsnummer zu einem computer- oder sprachgesteuerten „Operator" an. Von dort wird ihr Anruf nach erfolgter Kundenregistrierung an einen, dem Call Through-Diensteanbieter vorgelagerten Diensteanbieter zum eigentlichen Fernverbindungsaufbau weitergereicht. Das typische Telefondiensteangebot solcher Art Dienstehändler sind vorbezahlte Calling Cards, wobei sich auch zunehmend Call Through-Diensteanbieter im Markt positionieren, die den Basistelefondienst nach der angegebenen technischen Konfiguration als Call-by-Call-Selection vermarkten: Als kommunizierte quasi-Netzbetreiberkennzahl dient dann die kostenlose 0800-Zugangsnummer, und nicht, wie normalerweise üblich, eine offiziell vergebene 010(0)xx-Netzbetreiberkennzahl. Aufgrund der Tatsache, daß der Endkundenkontakt beim

[74] Vgl. Wichert-Nick 1999: 72.

[75] Zu berücksichtigen ist bei Call Back-Diensten, daß nach RegTP 1999e: 2933 weltweit etwa 100 Länder sowohl das Angebot als auch die Nutzung der Dienste von Rechts wegen verbieten, so daß die entsprechenden Anbieter erheblichen Marktzugangsbeschränkungen unterliegen. Ausführlich zu Call Back-Diensteanbietern s. Keuter 1994: 13-16; OECD 1997: 24-32. Ein namhaftes Unternehmen ist z.B. *Rapid Link Telecommunications*.

Call Through-Diensteanbieter verbleibt und dieser seine Gewinnmarge aus Großkundenrabatten zieht, sind solche Unternehmen im weiteren Sinne zu Switchless Dienstehändlern zu zählen.[76]

- *Anbieter von LCR-tauglichen Nebenstellenanlagen*: Unternehmen dieser Art handeln mit Diensteanbietern von Festnetztelefonie Großkundenrabatte für die Käufer ihrer Nebenstellenanlagen aus. Letztere wählen unter den Verhandlungspartnern des Nebenstellenanlagenanbieters einen bestimmten Diensteanbieter aus, wobei die Entscheidung auf einer Beratungsleistung über Kosteneinsparungspotentiale aufbauen kann und jederzeit zu revidieren ist. Die getroffene Wahl einer bestimmten Anbieters von Festnetztelefonie wird dann über ein zentral verwaltetes Least-Cost-Routing-System (LCR-Technik) in die „Front-End-Module" der Nebenstellenanlagen bei den Kunden per Ferneinstellung programmiert, so daß letztere ihr Ferngesprächsaufkommen automatisch immer über den Diensteanbieter ihrer Wahl abwickeln (s. Abbildung 2-8). Die Rechnungsstellung und den Kundendienst übernimmt der Nebenstellenanlagenanbieter, weshalb er nicht als Geschäftsvermittler, sondern als Switchless Dienstehändler zu klassifizieren ist.[77]

Abbildung 2-8: Geschäftsmodell eines Anbieters von LCR-tauglichen Nebenstellenanlagen als Switchless Dienstehändler

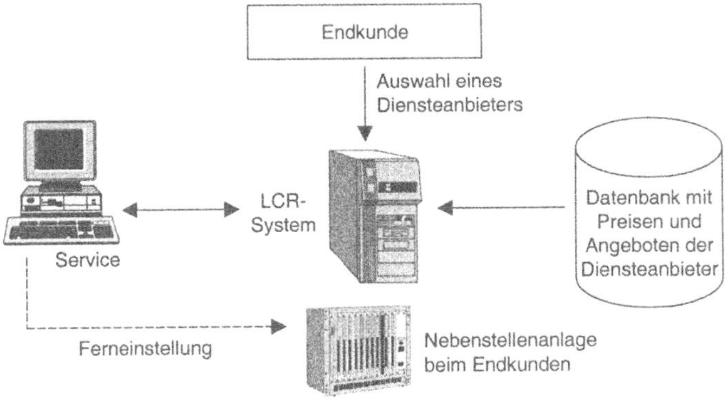

Quelle: Siemens 1998: 5.

[76] Call Through-Diensteanbieter in Deutschland sind z.B. *Ecotel, KomServ* oder *kp-telecom*.

[77] Solche Switchless Dienstehändler dürfen nicht mit Anbietern von LCR-Systemen verwechselt werden, die zwar auch eine permanente Ferneinstellung ihrer bei Endkunden installierten Geräte vornehmen können, aber im Vorfeld mit Diensteanbietern keine Sonderkonditionen für ihre Kunden aushandeln und obendrein weder die Fakturierung noch die Kundenpflege übernehmen. Pläne, sich über das Angebot von Nebenstellenanlagen hinaus als Switchless Dienstehändler in der oben skizzierten Weise zu betätigen, existieren z.B. bei *Siemens*. Tatsächlich aktiv ist allerdings Mitte 2000 nur das Unternehmen *NETnet Deutschland* (ehemals *TELEversa NETnet Kommunikationssysteme*), das mit *Colt Telecom, KDD Conos, Star Telecom* und *VIAG Interkom* kooperiert.

Schwerpunktmäßg vermarktete Telefondienste von Switchless Dienstehändlern sind auf jeden Fall der reine Basisdienst sowie eventuell zusätzlich IN-Mehrwertdienste wie der Service 0800.[78] Dabei können die Unternehmen in Abstimmung mit ihrem(n) vorgelagerten Telefondienstelieferant(en) prinzipiell auch eigenständig Mehrwertdienste von der Idee bis zur Kundenfreigabe technisch realisieren.[79] Eher unwahrscheinlich dürfte das Auftreten von Switchless Dienstehändlern sein, die kundenbezogene Telefondienste anbieten wollen. Ein Wiederverkauf dieser Art Dienste scheint in Anbetracht der Tatsache, daß ein wesentlicher Produktbestandteil eine beim Kunden individuell zu erbringende Dienstleistung ist, welche sich für einen mehr oder weniger standardisierten Handel, wie ihn das Geschäftsmodell eines Switchless Dienstehändlers vorsieht, kaum eignet.

2.2 Wertkette der Dienstehändler

Nachdem die institutionelle Einordnung von Dienstehändlern in das Marktgefüge erläutert und die zwei grundlegenden Geschäftsmodelle vorgestellt wurden, sind nachfolgend die einzelnen wertschaffenden Aktivitäten eines Dienstehändlers zu differenzieren. Ihre Kenntnis ist für die Identifikation von strategischen Wettbewerbsvorteilen und zukünftig vorteilhafter Strategieoptionen für Dienstehändler in den nachfolgenden Kapiteln von grundlegender Bedeutung. Zum Zweck der Tätigkeitsanalyse eines Unternehmens allgemein und der Präzisierung der Geschäftsaktivitäten von Dienstehändlern im besonderen kann das von Porter entwickelte *Wertkettenkonzept* („Value Chain") herangezogen werden.[80] Danach präsentiert sich ein Unternehmen als eine definierte Aneinanderreihung von werterhöhenden Aktivitäten, bestehend aus fünf primären Aktivitäten, „(...) involved in the physical creation of the product and its sale and transfer to the buyer as well as aftersale assistance"[81], und aus vier die Ausführung der Primäraktivitäten gewährleistenden Unterstützungsaktivitäten, „(...) providing purchased inputs, technology, human resources, and various firmwide functions".[82] Der Unterschied dieses Konzepts zur der Wert*schöpfungs*kette (s. oben Abbildung 2-1) liegt darin, daß letztere nur die auf die Erstellung eines Produktes oder einer Gruppe von Produktvarianten fokussierten Tätigkeiten umschließt. Es werden lediglich Stufen der Wertentstehung einer Leistung und somit der Wertschöpfung pro Stück betrachtet. Die Wertkette hingegen

---

[78] Einen Beleg für diese Annahme bietet die Übersicht unten in Tabelle 2-1.

[79] Solche Dienstehändler bezeichnet Gerpott 1998: 23 als „IN-Service Operators" bzw. IN-Diensteanbieter. Zu der Möglichkeit einer technischen Spezifikation von Telefondiensten durch Switchless Dienstehändler im Rahmen der Dienstegestaltung s. unten Kapitel 2.2.2.

[80] Shankar 1997: 43 empfiehlt die Wertkettenanalyse als nützliche Managementtechnik für Diensteanbieter in der TK-Industrie zur Identifikation vorteilhafter Geschäftsaktivitäten, ohne jedoch detailliert auf Fragen der Umsetzung einzugehen. Das Konzept ist bei Porter 1985: 33-61 nachzulesen. Eine knappe Einführung findet man z.B. bei Eschenbach/Kunesch 1996: 236-237 o. Volck 1997: 14-18.

[81] Porter 1985: 38. Die fünf Primäraktivitäten sind Eingangslogistik, Operationen, Marketing & Vertrieb, Ausgangslogistik und Kundendienst.

[82] Porter 1985: 38. Die vier Unterstützungsaktivitäten sind Beschaffung, Technologieentwicklung, Personalwirtschaft und Unternehmensinfrastruktur.

löst sich von einzelnen Produkten und beinhaltet alle auf ein strategisches Geschäftsfeld fokussierten Tätigkeiten, also auch diejenigen, die nicht direkt zu der Wertschöpfung pro Stück beitragen.[83]

Die für Dienstehändler relevanten Primäraktivitäten, welche im einzelnen den (a) Einkauf von Vorprodukten, (b) die Spezifikation und Bereitstellung von Diensten, (c) Marketing & Vertrieb und (d) Rechnungsstellung & Kundendienst betreffen, sowie jeweils dazugehörende, signifikant wichtige rechnergestützte Ressourcen und Informationssysteme auf der Ebene der Unterstützungsaktivitäten sind in Abbildung 2-9 visualisiert.

Abbildung 2-9: Wertkette eines Dienstehändlers

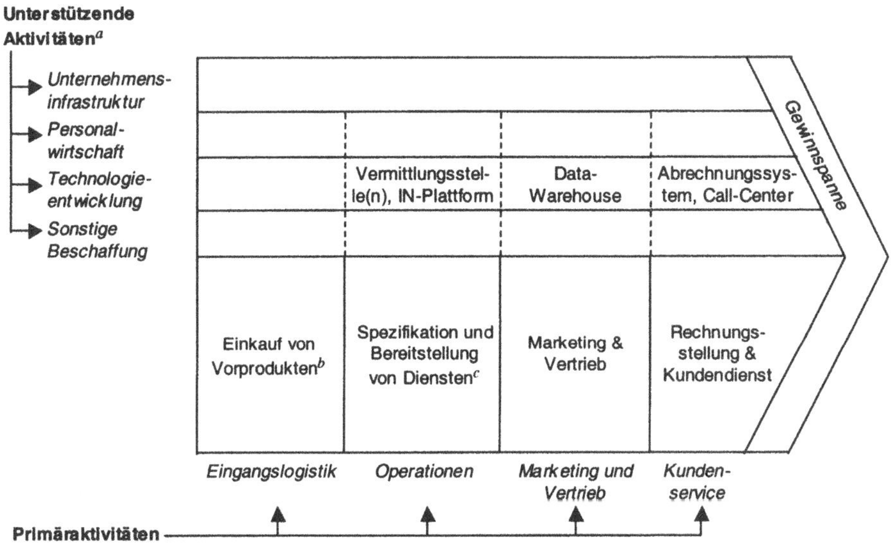

a) An den Stellen, an denen in der Wertkette auf der Ebene der Unterstützungsaktivitäten keine Eintragungen gemacht sind, lassen sich auch keine Aufgaben bzw. Ressourcen im Geschäftsmodell eines Dienstehändlers erkennen, welche jenseits der für jedes Unternehmen notwendigen Aufgaben bei der Leitung eines Geschäftsbetriebes eine besonders beachtenswerte Bedeutung besitzen. Das betrifft insbesondere die unterstützenden Aktivitäten *Unternehmensinfrastruktur, Personalwirtschaft* und *sonstige Beschaffung*.

b) Vorprodukte sind bei Switch-based Dienstehändlern Übertragungsleistungen und bei Switchless Dienstehändlern fertige Telefondienste.

c) Diese Primäraktivität hat für Switchless Dienstehändler nur in bezug auf die Spezifikation von Telefondiensten Relevanz.

Quelle: In Anlehnung an Porter 1985: 37.

[83] Die Unvereinbarkeit der Wertkette mit dem Wertschöpfungsbegriff betont Porter 1985: 39 selbst. Volck 1997: 18-21 erläutert detailliert die Abgrenzung der Wertkette zur Wertschöpfungskette.

In der dargestellten Wertkette von Dienstehändlern fehlt die allgemeine primäre Aktivität der *Ausgangslogistik*, welche Porter normalerweise in der Reihenfolge der Wertaktivitäten zwischen *Operationen* und *Marketing und Vertrieb* ansiedelt. Für sie läßt sich im Markt für Telefondienste auf Festnetzbasis keine entsprechende Tätigkeit finden. Die Primäraktivität spielt nur in Märkten eine Rolle, in denen physisch greifbare Güter erstellt und vermarktet werden. Festnetztelefonie und andere höherwertige Telefondienste entsprechen jedoch ihrem Wesen nach nicht lagerfähigen Produkten, bei denen ein Leistungsversprechen vermarktet wird.[84] Ein Endkunde erwirbt zunächst einen vertraglichen Anspruch auf die Nutzung eines Telefondienstes (mit Ausnahme von Call-by-Call-Selection), um ihn dann bei Bedarf einzulösen. Aus diesem Grund müßte in der obigen Wertkette zudem der Vertrieb richtigerweise vor der Bereitstellung von Telefondiensten, also der eigentlichen Leistungserstellung angesiedelt sein. Für die Überlegungen in dieser Arbeit ist dies jedoch nicht weiter von Bedeutung.

Weiterhin ist zu betonen, daß in Abbildung 2-9 die Primäraktivität *Einkauf von Vorprodukten* nicht mit der unterstützenden Aktivität der *sonstigen Beschaffung* verwechselt werden darf. Trotz augenscheinlich vergleichbarer Bezeichnungen ist mit dem spezifischen Einkauf von Vorprodukten sowohl bei Switch-based als auch bei Switchless Dienstehändlern – in Anbetracht des jeweils großen dazugehörenden, die Kostenstruktur zweifelsfrei dominierenden Kostenblocks (s. oben Abbildung 2-6 u. Abbildung 2-7) – eine für die Geschäftsrentabilität gewichtige Tätigkeit mit unmittelbarem Bezug zum eigentlichen Betriebszweck verbunden. Sie ist deshalb auf jeden Fall an Stelle der von Porter definierten *Eingangslogistik* unter den Primäraktivitäten einzuordnen. Sonstige einmalige oder wiederkehrende Beschaffungstätigkeiten hinsichtlich des Einkaufs von Büromaterial, Soft- und Hardwarebausteinen und anderem Input sind vergleichsweise weniger kostenintensiv und können als unterstützende, den Betriebszweck nur mittelbar tangierende Aktivitäten klassifiziert werden.

2.2.1 Einkauf von Vorprodukten

Zuallererst ist der *Einkauf von Vorprodukten* zu nennen, der in Porters Wertkettenkonzept der primären Aktivität der *Eingangslogistik* entspricht. Es handelt sich im Fall von Dienstehändlern mit Vermittlungsstellen um die vorausschauende Beschaffung von Übertragungsleistungen im Teilmarkt auf Netzebene, welche zur Erbringung festnetzgebundener Sprachübermittlung grundlegende Inputfaktoren sind. Nach den zwei Geschäftsfeldern auf der Ebene von Fernstreckennetzen (s. Kapitel 2.1.1.1), nämlich der Einheit für Vereinbarungen über besondere Netzzugangs-/Zusammenschaltungsleistungen (insbesondere mit dem Incumbent) und der für die Anmietung und Abnahme von Bandbreite und Telefonminuten auf spezifizierten Fernverkehrsstrecken im Carriers´Carrier-

---

[84] Vgl. zur Abgrenzung von TK-Diensten gegenüber (physischen) Sachgütern für viele Kühnapfel 1995: 21-33; Gerpott 1998: 311.

Geschäft[85], sind analog zwei Einkaufsaktivitäten von Switch-based Dienstehändlern zu differenzieren.

(1) *Vereinbarungen über besondere Netzzugangs-/Zusammenschaltungsleistungen*: Inhalte solcher Vereinbarungen, die zu Anfang einer neu ins Leben gerufenen Geschäftsbeziehung zwischen einem Switch-based Dienstehändler und einem Netzbetreiber eine überdurchschnittliche Bedeutung haben, umschließen zunächst Aspekte der *technischen Realisierung* der Interconnection-Anschlüsse. Festzulegen und einzurichten sind bestimmte Zusammenschaltungspunkte („Points of Interconnection") zwischen den Vermittlungsstellen eines den besonderen Netzzugang ersuchenden Switch-based Dienstehändlers und der national und/oder international ausgelegten Basisinfrastruktur des den Netzzugang gewährenden Netzbetreibers. Darüber hinaus sind gegebenenfalls Vereinbarungen über Anzahl und Route von anzumietenden Festverbindungen als Netzzugangsleitungen zwischen den Vermittlungsstellen und den Punkten der Netzzusammenschaltung sowie über eine Unterbringung der für die Zusammenschaltung vorgesehenen Vermittlungseinrichtungen in unmittelbarer Nähe der Netzknoten (Kollokation)[86] abzuschließen. Die neben den technischen Aspekten abzumachenden *Geschäftsbedingungen* betreffen sowohl die Kosten der Zusammenschaltung der Infrastrukturen als auch die der Schaltung einzelner Fernverbindungen. Die nachfragende Vertragspartei entrichtet an den anbietenden Netzbetreiber für erstere ein in der Regel einmaliges Entgelt und für letztere regelmäßige, pro Minuteneinheit kalkulierte Verbindungsentgelte. Dabei sind die festgesetzten variablen Preise üblicherweise Gegenstand einer Anpassungsklausel und werden entsprechend der Vertragsdauer in wiederkehrenden Zeitabständen neu verhandelt, während Entgelte für technische Arbeiten der einmal durchzuführenden Zusammenschaltung verständlicherweise keinen regelmäßigen Rückverhandlungen unterliegen. Neben den genannten Aspekten der technische Realisierung und der Zahlungsbedingungen spielen außerdem allgemein vertragsrechtliche Bedingungen der Haftung, Gewährleistung, Störungsbeseitigung und Verfügbarkeitsgarantien in den Vereinbarungen eine Rolle.[87]

Im besonderen Fall des deutschen Marktes für festnetzbasierte Telefondienste kommen Zusammenschaltungsvereinbarungen speziell mit dem marktbeherrschenden Ex-Monopolisten *Deut-*

---

[85] Glasfasern ohne Übertragungstechnik als dritte Klasse der in Kapitel 2.1.1.1 beschriebenen Übertragungsleistungen im Carriers'Carrier-Geschäft sind keine für Switch-based Dienstehändler relevanten Vorprodukte, weil diese Übertragungsleistung erst noch die Installation einer Übertragungstechnik verlangt und somit als unfertiges Vorprodukt zu erachten ist.

[86] Vgl. zur *Kollokation* Mudd/Starkey 1992: 515f.; Nolte 1996: 2635; CompTel 1999: 6-12.

[87] Über Struktur und Inhalte von bilateralen Zusammenschaltungsvereinbarungen referieren Nolte 1996: 2633; Märkl 1997: 59-66; Bock/Völcker 1998: 475-479; Badura/Schneider 2000: 164f. Vgl. zudem die Anlage der deutschen Netzzugangsverordnung (NZV), in der vertragsrechtliche Inhaltspunkte aufgelistet sind, die jede Vereinbarung über eine besondere Netzzugangs-/Zusammenschaltungsleistung beinhalten sollte.

sche Telekom derzeit noch häufig aufgrund einer Anordnung zustande, und nicht, wie es der Gesetzgeber eigentlich als Regelfall vorsieht, aufgrund bilateraler Verhandlungen, deren Gestaltungsparameter individuelle Mindestvertragsdauern und -verkehrsmengen oder z.B. die Garantie von Exklusivrechten bei der Netzzusammenschaltung sein könnten. Bei dem derzeitigen Anordnungsverfahren definiert die Regulierungsbehörde das sogenannte Grundangebot, das als fester Bestandteil in alle Zusammenschaltungsvereinbarungen der *Deutschen Telekom* aufzunehmen ist und die allgemeinverbindlichen Zusammenschaltungsentgelte regelt.[88] Trotz dieser, die Verhandlungen um einen besonderen Netzzugang zwischen einem Switch-based Dienstehändler und dem Incumbent eher vereinfachenden Regelung kann man bezüglich der Frage nach der Zeitdauer von Anbeginn der Verhandlungsgespräche bis zum Abschluß einer konsensfähigen Vertragsvereinbarung tendenziell von einer langen Zeitspanne (mehrere Monate) ausgehen. Der Sachverhalt, daß während der ersten 1 ½ Jahre nach Marktöffnung aufgenommene bilaterale Verhandlungen mit der *Deutschen Telekom* bei nahezu jedem zweiten neu in den Markt einsteigenden Switch-based Dienstehändler und/oder alternativen Netzbetreiber scheiterten und eine Vereinbarung über eine Netzzusammenschaltung im Anschluß an die fehlgeschlagenen Gespräche jeweils erst nach Durchführung eines Anordnungsverfahrens der RegTP zustandekam, kann hierfür als indizienhafter Beleg gewertet werden.[89]

(2) *Anmietung bzw. Abnahme von Bandbreite und Telefonminuten*: Die beim Einkauf von Übertragungsleistungen auf definierten Fernverkehrsstrecken zu führenden Verhandlungen sind in bezug auf den technischen Inhalt zunächst weitgehend analog zu den Vertragsverhandlungen über besondere Netzzugangs-/Zusammenschaltungsleistungen zu betrachten. Das betrifft die einmalige Festlegung und technische Einrichtung einer Schnittstelle der zu verbindenden Infrastrukturen, was dem eigentlichen Überlassen von Bandbreite und Telefonminuten vorgelagert ist. Besteht eine Netzverbindung der Vermittlungseinrichtungen eines Switch-based Dienstehändlers, dann ist zumindest bei Telefonminuten nur noch der Preis Gegenstand der weiteren Einkaufsverhandlungen, weil es sich beim Überlassen dieser Leistung um ein in hohem Maße fungibles Produkt handelt, bei dem sowohl erprobte und definierte Bereitstellungsverfahren als auch präzise und von allen Marktteilnehmern akzeptierte Dienstespezifikationen und Qualitätskennwerte bestehen. Das gilt in abgeschwächter Form auch für Bandbreiten, deren Anmietung zwar nicht unter alleiniger Verhandlung eines Preises erfolgen kann, jedoch bei Zuhilfenahme eines Vektors marktüblicher Qualitätskennwerte wie der Ausfallquote oder der Bitfehlerrate und gängiger Informationsstandards wie der Übertragungsgeschwindigkeit einer fortgeschrittenen

---

88 Vgl. Badura/Schneider 2000: 163. Zu der Höhe der Zusammenschaltungsentgelte pro vermittelter Verbindungsminute s. oben in Kapitel 2.1.1.1 und die in Fußnote 45 angegebene Quelle.

89 Nach RegTP 1999a: 55 wurden von Anfang 1998 bis Mitte 1999 35 Anordnungsverfahren vom Regulierer eingeleitet oder abgeschlossen. Demgegenüber standen zeitgleich im Juni 1999 nur wenig mehr als doppelt so viele (= 84) Switch-based Dienstehändler und alternative Netzbetreiber als Vertragspartner der *Deutschen Telekom* für Zusammenschaltungen; s. RegTP 1999d.

Standardisierung unterliegt.[90] Daneben bestehen aus der Perspektive der anbietenden Netzbetreiber im Carriers'Carrier-Geschäft keine regulativen Beschränkungen der Preisgestaltung, so daß nachfragende Switch-based Dienstehändler beim Bezug von Bandbreiten und Telefonminuten prinzipiell von einer flexiblen Einführung individueller Rabatte profitieren können. Allerdings unterliegen die Preise für Festverbindungen des Incumbents *Deutsche Telekom*, der nur im Segment „größer 2 Mbit/s" erste signifikant hohe Marktanteile an Wettbewerber verloren hat[91], genauso wie bei der Veräußerung der besonderen Netzzugangs-/Zusammenschaltungsleistungen der ex-ante Regulierung der RegTP und sind demnach nicht frei auszuhandeln. Die Umsetzungsdauer bei der Bereitstellung oder Erweiterung einer eingekauften Festverbindung beläuft sich schließlich auf eine Zeitspanne zwischen zwei und 20 Arbeitstagen, solange die zu verbindenden Lokationen bereits an das TK-Kommunikationsnetz des anbietenden Netzbetreibers angeschlossen sind.[92]

Bei Dienstehändlern ohne Vermittlungsstellen betrifft die Primäraktivität des Einkaufs von Vorprodukten den Bezug von Telefondiensten im Teilmarkt auf Dienste- und Vertriebsebene. Entsprechende Bezugsverhandlungen eines Switchless Dienstehändlers mit einem vorgelagerten Diensteanbieter, welcher die Abwicklung des Telefonverkehrs bzw. die Bereitstellung der Telefondienste für die Kunden des Switchless Dienstehändlers ohne Aufnahme einer Rechtsbeziehung mit diesen Kunden erbringen soll, verlaufen weitgehend standardisiert. Dafür halten diejenigen Netzbetreiber und Switch-based Dienstehändler, die eine Vermarktung ihrer Telefondienste über den Quasi-Fremdvertrieb von Switchless Dienstehändlern anstreben, einheitliche und nur in geringem Maße auf individuelle Leistungsbeziehungen anzupassende Verträge bereit. Die wenigen individuellen Anpassungen können insbesondere eine Exklusivvereinbarung sein, die es dem Switchless Dienstehändler verbietet, parallel mit mehreren Telefondienstelieferanten zu kooperieren. Außerdem sind besondere Absprachen über eine eventuell einzurichtenden Benutzerschnittstelle an der IN-Plattform des Telefondienstelieferanten und/oder über die Häufigkeit einer Übergabe der beim Telefondienstelieferanten auflaufenden Telefonverbindungsdaten der Kunden des Switchless Dienstehändlers nicht ausgeschlossen.[93] Prinzipiell enthalten die Standardverträge eine Beschreibung des Leistungsumfangs der Vertragsbeziehung und der bereitgestellten Telefondienste, die

---

90 *Fungibilität* (oder *Vertretbarkeit*) definiert sich nach § 91 BGB wie folgt: „Vertretbare Sachen im Sinne des Gesetzes sind bewegliche Sachen, die im Verkehre nach Zahl, Maß oder Gewicht bestimmt zu werden pflegen." Vgl. zur Fungibilität von Bandbreiten und Telefonminuten PWC 1999: 20f.; Gerpott/Massengeil 2001.

91 S. zu der Marktentwicklung im Carriers'Carrier-Markt unten Kapitel 3.2.2.5.

92 Die Zeitangaben basieren auf Produktinformationen der *Deutschen Telekom* zu dem Bandbreitenangebot „City-InterConnect", bei dem der Ex-Monopolist für das nachfragende Unternehmen eine Festverbindung zwischen zwei Lokationen mit Übertragungsgeschwindigkeiten zwischen 2 und 155 Mbit/s permanent vorhält, und auf Produktinformationen des Netzbetreibers *Colt Telecom* zu dessen gleichartigen Bandbreitenangebot „CityLink".

93 S. zum externen Zugriff auf eine IN-Plattform bei der Dienstespezifikation nachfolgend Kapitel 2.2.2, und zu der Übergabe von Telefonverbindungsdaten im Prozeß der Rechnungsstellung eines Switchless Dienstehändlers unten Kapitel 2.2.4.

Festlegung einer Vertragslaufzeit sowie die gegenseitige Klärung der Preis- und Zahlungsmodalitäten.[94]

Mit Abschluß eines solchen Kooperationsvertrages geht keine der beiden Vertragsparteien eine zwingende Verpflichtung ein, welche aus Sicht des Telefondienstelieferantens eine etwaige Mindestmenge an zur Verfügung zu stellender Bandbreitenkapazität und aus Sicht des nachfragenden Switchless Dienstehändlers eine etwaige Mindestmenge an zugesichertem Verkehrsvolumen wäre. Insbesondere der an zweiter Stelle genannte Aspekt führt dazu, daß trotz eines laufenden Vertrages das Geschäftsverhältnis jederzeit ruhen kann. Eine Vertragslaufzeit, die z.B. bei Verträgen über die Lieferung der Basistelefondienste Call-by-Call- und Pre-Selection sowie des Service 0800 von *Star Telecom* nach Auskunft des Netzbetreibers 12 Monate mit vierteljähriger Fristverlängerung bei ausbleibender Kündigung beträgt, verliert damit de facto ihre Bedeutung. Das daraus resultierende geringe Geschäftsrisiko, das beide Vertragsparteien bei Unterzeichnung eines Vertrages eingehen, läßt auf kurze Verhandlungszeiten bis zum Abschluß eines Vertrages schließen.

2.2.2 Spezifikation und Bereitstellung von Diensten

Die zweite Primäraktivität, mit Relevanz vornehmlich für Switch-based Dienstehändler, ist die *Spezifikation und Bereitstellung von Diensten*, welche in der Analogie der Porter'schen Wertkette den *Operationen* entspricht. Sie betrifft die Produktion im Sinne einer Veredelung der Übertragungsleistungen, bei der die erlangten Netzanbindungen und überlassenen Bandbreiten und Telefonminuten für Endkunden nutzbar gemacht werden.

Speziell die Bereitstellung von Telefondiensten ist mit der Vermittlung von Fernverbindungen gleichzusetzen, wozu es des eigenständigen Betriebs von *Vermittlungseinrichtungen* bedarf. Als unterstützende Tätigkeit auf der Ebene der Technologieentwicklung investieren Switch-based Dienstehändler deshalb, wie bereits mehrfach betont, in die Technik einer oder mehrerer der rechnergestützten Systeme, die in der Regel über angemietete Festverbindungen vernetzt werden und deren Aufgabe die elektronische Schaltung von Fernverbindungen ist. Außerdem ist die Funktion des Netzwerkmanagements eng an den Betrieb der Vermittlungsstellen angelehnt. Darüber kann der störungsfreie Betrieb der eigenen Vermittlungstechnik und der angemieteten Festverbindungen und somit des quasi-eigenen Fernstreckennetzes kontrolliert werden, so daß Überlastungen oder Defekte

[94] Das geht aus den Inhaltspunkten eines entsprechenden Standardvertrages von *Star Telecom* hervor (vgl. Star Telecom 2000). Das Unternehmen gilt in Deutschland als Netzbetreiber, der seine Basisinfrastruktur und Vermittlungseinrichtungen stark sowohl für die Vermarktung von Telefondiensten an Switchless Dienstehändler als auch für die Vermarktung von Übertragungsleistungen an Switch-based Dienstehändler einsetzt. Nach Angaben von Herrn Frech (Director Wholesale bei *Star Telecom*, persönliches Interview am 30.6.00) beläuft sich das wöchentliche Volumen der von Dienstehändlern generierten Telefonminuten im Fernstreckennetz von *Star Telecom* auf bis zu 35 Millionen gegenüber einem Gesamtvolumen von ca. 70 Millionen Minuten.

einzelner Leitungen sowie Störungen in den Vermittlungseinrichtungen selbst jederzeit zu erkennen und oftmals per Fernwartung umgehend zu beheben sind.[95] In dem Fall, daß ein Switch-based Dienstehändler bei mehr als einem Netzbetreiber einen Netzanschluß erlangt, fungieren seine Vermittlungsstellen zudem als Netzknoten in der Weise, daß sie möglicherweise existente Inkompatibilitäten zwischen den Netzwelten der Vertragspartner überwinden helfen. Solche Inkompatibilitäten beruhen auf unterschiedlichen Übertragungsprotokollen der Netzwerke der einzelnen Netzbetreiber, was deren Interoperabilität einschränkt. Moderne digitale Vermittlungsstellen sind allerdings technisch so konfiguriert, daß sie für jedes Übertragungsprotokoll und jede damit verbundene Informationssignalisierung ein eigenes Vermittlungsmodul bereithalten und so eine Vielzahl unterschiedlicher Protokollarten verknüpfen können.[96]

Switch-based Dienstehändler, die über das reine Vermitteln von Fernverbindungen hinaus die eingekauften Übertragungsleistungen zu Mehrwertdiensten (s. Kapitel 2.1.1.2) veredeln wollen, werden im Rahmen der Technologieentwicklung der hier dargelegten Primäraktivität zusätzlich in den Aufbau und Betrieb einer intelligenten Netzplattform (*„IN-Plattform“*) investieren. Diese ermöglicht die Trennung zwischen dem eigentlichen Vermitteln einer Verbindung mit Hilfe einer Vermittlungsstelle und der intelligenten Steuerung der Verbindung mit Hilfe einer Rechnerintelligenz in der außerhalb der Vermittlungseinrichtung(en) liegenden IN-Plattform, was in Abbildung 2-10 anhand des Beispiels einer Rufumleitung beim Wählen einer 0800-Nummer veranschaulicht wird. Auf diese Weise ist es bei Einführung neuer Telefondienste und Dienstemerkmale nicht mehr notwendig, die Steuerungssoftware sämtlicher Vermittlungsstellen neu zu konfigurieren. Es genügt eine einmalige Installation neuer Telefondienste an einem zentralen Rechnersystem, dem sogenannten „Service Management Point“ (SMP), von dem die Dienste in das TK-Kommunikationsnetz eingespeist und verwaltet werden.[97]

Die technische Trennung der Diensteverwaltung und des Betriebs von Vermittlungsstellen ermöglicht auch Switchless Dienstehändlern eine zwar nur begrenzte, aber grundsätzlich mögliche Beteiligung an der hier beschriebenen Wertaktivität. Die Beteiligung bezieht sich auf den Spezifikationsprozeß eines IN-Mehrwertdienstes mit Hilfe eines Software-Tools („Service Creation Environment“, SCE), das mit dem zentralen SMP verbunden ist (s. Abbildung 2-10) und die grundlegenden Arbeitsschritte einer Dienstespezifikation ermöglicht:[98]

---

95 Vgl. Bugla 1999: 13-15.

96 Ressourcen, die technische Inkompatibilitäten überwinden helfen, nennt man „Gateway-Technologien“; vgl. Gabel 1991: 5; Steinbach 1993: 25; Decina et al. 1996: 300-302, die allerdings von „Multifunctional Switches“ sprechen.

97 Vgl. Davies 1994: 211f.; Decina et al. 1996: 319-325; Tewes 1997: 60-65; Gerpott 1998: 20-23; Hermann 1998: 16; Siegmund 1999b: 31-34. S. a. oben Kapitel 2.1.1 und dort speziell Fußnote 29.

98 Siegmund 1999b: 134f.; s. a. Wienands 1999: 20.

- Entwicklung des Dienstskripts.
- Überprüfung des funktionalen Dienstverhaltens durch Simulation.
- Spezifizieren der Zielnetzkonfiguration (SCP und SMP).
- Testen des Dienstes durch Emulation.
- Produktion der Anwendungssoftware für den Diensteanbieter und für den Dienstkunden.
- Produktion der SMP- und SCP-Software für die Übertragung an den SMP zur Dienstinstallation.

Insbesondere für den zuletzt genannten Arbeitsschritt muß der Telefondienstelieferant zwischen dem von ihm betriebenen SMP und dem Rechner, auf dem das Software-Tool SCE beim Switchless Dienstehändler zum Zwecke der Dienstespezifikation installiert ist, eine Benutzerschnittstelle für die Datenfernübertragung einrichten.[99]

Abbildung 2-10: IN-Architektur am Beispiel einer Rufumleitung beim Service 0800

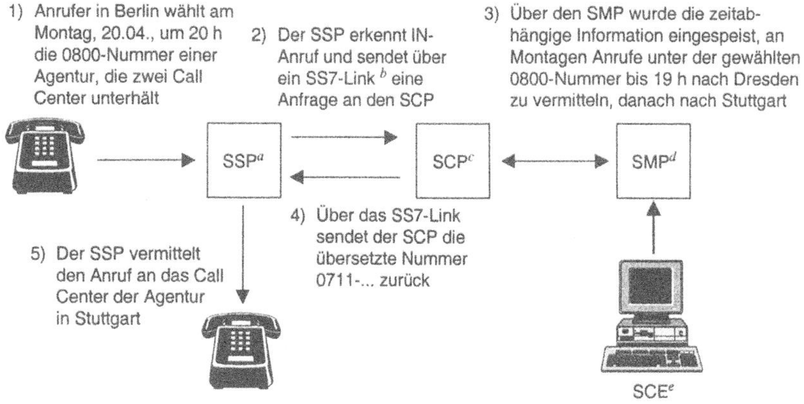

a) SSP = Service Switching Point (Vermittlungsstelle).
b) SS7 = Signaling System No. 7 (digitaler Standard für Steuerungssignale).
c) SCP = Service Control Point ("Real Time"-Rechnersystem zur Dienstesteuerung).
d) SMP = Service Management Point (Verwaltung der Dienste).
e) SCE = Service Creation Environment (Spezifizierung von Diensten und Dienstemerkmalen).

Quelle: In Anlehnung an Siegmund 1999b: 35.

---

99 Detailliert auf die Möglichkeit der externen Dienstespezifikation mit Hilfe einer Benutzerschnittstelle am SMP und des Software-Tools SCE gehen Siegmund 1999b: 43f. u. 129-145 und Wienands 1999 ein.

2.2.3 Marketing & Vertrieb

Marketing & Vertrieb als dritte Primäraktivität in der Wertkette von Dienstehändlern umfaßt die Gestaltung sämtlicher auf die Endkunden fokussierten Vermarktungsanstrengungen eines Dienstehändlers und beinhaltet als planerische Größen sowohl die Marktanalyse (mit der besonderen Aufgabe der Kundensegmentierung) als auch die Gestaltungsaufgaben des konventionellen Marketing-Mix. An dieser Stelle kann nur eine knappe Übersicht über die einzelnen Marketing- und Vertriebsaufgaben geboten werden.[100]

Zur Sicherstellung einer möglichst hohen Orientierung aller Tätigkeiten in Marketing und Vertrieb an den unterschiedlichen Bedürfnissen der Zielgruppen und an den Wettbewerbsverhältnissen kommt der *Marktanalyse* eine mehr übergeordnete Rolle zu. Die Forschungsaufgaben eines Dienstehändlers im Rahmen der Marktanalyse umschließen sowohl die Erkundung der Nachfrageseite, bei der die Segmentierung der Endverbraucher in Zielgruppen nach differenzierten Kundenwünschen im Vordergrund des Interesses steht, als auch die Erkundung der Angebotsseite, bei der akuelle und potentielle Konkurrenten auf ihre Pläne, Stärken und Schwächen hin analysiert werden.[101] Über die Erfassung und Auswertung der Telefondienstenutzungsdaten der Kunden im Einklang mit der bestehenden Datenschutzverordnung[102] können hinsichtlich der zuerst genannten Aufgabe hilfreiche Erkenntnisse über die Nutzerprofile der Endkunden und ihre entsprechenden Anforderungen an Telefondienste gewonnen werden. Dies kann speziell von Switch-based Dienstehändlern mit Hilfe von Investitionen in ein analyseorientiertes Informationssystem mit Schnittstellen zu den die Verbindungsdaten generierenden Vermittlungsstellen, aber auch zu anderen operativen Datenbanken wie z.B. dem Abrechnungssystem (s. nachfolgende Primäraktivität), geleistet werden. In der Terminologie der Informationstechnologie spricht man in bezug auf die Realisierung eines solchen Informationssystems vom Konzept des *„Data-Warehouse“*, das „(...) als logisch zentraler Speicher eine einheitliche und konsistente Datenbasis für die vielfältigen Anwendungen zur Managementunterstützung bietet und losgelöst von den operativen Datenbanken betrieben

---

[100] Besondere Aspekte des Marketing bei der TK-Dienstevermarktung diskutieren u.a. Kühnapfel 1995: 121-221; Wolf 1995: 204-279; Gerpott 2001: 41-44 u. 51-60. Einen Überblick der zu treffenden Entscheidungen gewinnt man bei Greupner 1996: 346-362; Gerpott 1998: 249-251; MCN 1998: 12-23.

[101] Vgl. Gerpott 1998: 238-240.

[102] Die Vorgaben nach der deutschen Telekommunikations-Datenschutzverordnung (TDSV) schreiben vor, daß die Auswertung von personenbezogenen *Verbindungsdaten* zum Zweck der Erstellung von Nutzerprofilen und Verkehrsstromanalysen im Rahmen einer bedarfsgerechten Gestaltung von TK-Diensten nur mit Einwilligung der Kunden und bei Anonymisierung der Daten zulässig ist. *Bestandsdaten* dürfen ebenfalls nur nach Einwilligung der Kunden genutzt werden, und zwar ausschließlich für *eigene* Werbe-, Kundenberatungs- oder Marktforschungszwecke. Die *Daten der Entgeltabrechnung* müssen schließlich 6 Monate nach Beendigung der Verbindung gelöscht werden. Vgl. zu den inhaltlichen Vorgaben der im Mai 2000 in Kraft getretenen neuen TDSV Königshofen 1999: 141-144, der speziell in bezug auf die Auswertung von Verbindungsdaten einen internationalen Wettbewerbsnachteil deutscher Diensteanbieter erkennt, jedoch auch betont, daß für generelle Verkehrsstromanalysen prinzipiell keine personenbezogenen Verbindungsdaten notwendig sind.

wird."[103] Die mit entsprechend notwendigen Datenbankverknüpfungen und Softwareentwicklungen periodisch gesammelte, nutzungsbezogen aufbereitete und bedarfsgerecht zur Verfügung gestellte *integrierte Datenbasis* hilft bei der vertiefenden Analyse der Zielgruppensegmente, wobei Endkunden in der TK-Industrie üblicherweise in einem ersten Schritt in vier Segmente eingeteilt werden, welche diensteübergreifend den Geschäftskunden- und den Privatkundenbereich abdecken:[104]

- *Großunternehmen („Corporate Customers")* sind Geschäftskunden mit mehr als 500 Mitarbeitern. Viele dieser Unternehmen haben mehr als einen Firmenstandort, weshalb die Sprach- und Datenkommunikation zwischen den einzelnen Standorten für die Kunden oftmals von besonderer Bedeutung ist.
- *Mittelständische Unternehmen („Small and Medium Enterprises", SMEs)* sind kleine bis mittelgroße Geschäftskunden mit einer Betriebsgröße von 10-500 Mitarbeitern. Aufgrund dieser großen Spannweite bestehen eher branchenspezifische als einheitliche Anforderungen an die Ausstattung mit TK-Diensten innerhalb dieser Gruppe.
- *Kleinunternehmen ("Small-offices/Home-offices", SoHo`s)* sind Einzelunternehmer oder sehr kleine Unternehmen mit max. 9 Mitarbeitern. Ihre Anforderungen ähneln eher denen von privaten Haushalten als denen von Geschäftskunden.
- *Privatkundensegment („Residentials")* sind Einzelpersonen und private Haushalte mit 1-5 Personen.

Im Rahmen der *Produktpolitik* sind unter Berücksichtigung der vorab ermittelten Bedürfnisse der Zielgruppen in erster Linie Sortimentsentscheidungen zu treffen und zu überwachen. In einer einfachen Überlegung stellt sich die Frage, inwieweit sich das angebotene Diensteportfolio entweder umfangreich aus Basis-, Mehrwert- und kundenbezogenen Telefondiensten gemeinsam zusammensetzen soll, oder fokussiert aus nur einer bzw. zwei der Dienstegruppen (breites vs. enges Portfolio). Der Sortimentszuschnitt läßt sich zudem über die Anzahl einzelner Dienstevarianten in einer dem Portfolio zugehörigen Gruppe von Telefondiensten kennzeichnen (tiefes vs. flaches Portfolio). Anzutreffen ist in der TK-Industrie in der Regel entweder ein breites, jedoch flaches, oder ein enges, aber zugleich tiefes Portfolio eines Diensteanbieters.[105]

Die eigentliche Telefondienstegestaltung im Rahmen der Produktpolitik markiert bei Dienstehändlern den Übergang zu preispolitischen Maßnahmen, mit folgenden Ausnahmen. Erstens ist es so-

---

103 Gabriel et al. 2000: 76; s. a. Mucksch 1996: 86. Das Sammeln und Auswerten von datenbankbasierten Informationen über Kunden und deren Nutzung bei der Steuerung von Marketing- und Vertriebsaufgaben bezeichnet man auch als „Database Marketing"; vgl. dazu Mentzl/Ludwig 1996: 385-387; Gabriel et al. 2000: 88f.

104 Vgl. MCN 1998: 8; Gerpott 1999a: 57f.; Gerpott 2001: 43f.

105 Vgl. Greupner 1996: 356f.

wohl für Switch-based Dienstehändler mit einer selbständig betriebenen IN-Plattform als auch für Switchless Dienstehändler mit einem Benutzerzugang zu einer von ihrem Telefondienstelieferanten betriebenen IN-Plattform denkbar, innovative Mehrwertdienste zu entwickeln. Zweitens können Dienstehändler über ihr Abrechnungssystem individualisierte Rechnungsstellungen bieten. Drittens steht den Dienstehändlern die oft genannte Möglichkeit der Bildung von Produktpaketen bzw. der Produktbündelung offen, wie z.B. der Ausgabe von Calling Cards mit integrierter Kreditkartenfunktion.[106] Ansonsten umfaßt der Innovationsspielraum von Dienstehändlern bei der Gestaltung von Telefondienstevarianten vorwiegend die *Preispolitik* (oder Tarifpolitik), bei der die Tarifstrukturen für die Telefondienste nach Art und Höhe zu bestimmen sind. Das betrifft diverse Einzelbestandteile wie Grundgebühr, nutzungsabhängige Preise nach Parametern wie Verbindungsentfernungen und Tageszeiten, Einmalpreise für Diensteaktivierungen und -deaktivierungen, gestaffelte Volumen- und Treuerabatte, Sondervergünstigungen wie z.B. „Family & Friends"-Angebote etc. Daneben besteht auch hier die Möglichkeit der Bündelung von Diensten, und zwar in der Art, daß mehrere Dienste (z.B. Pre-Selection-Vertrag und Calling Card) gemeinsam zu einem vorteilhafteren Preis angeboten werden, als die Summe der Einzelpreise.[107]

Im *Vertrieb* muß aus dem Spektrum unterschiedlicher Vertriebsformen und -aktivitäten die jeweils einem Telefondienst und einem Zielgruppensegment angemessene Verfahrensweise ausgewählt werden. Traditionellerweise stehen einem Dienstehändler sowohl direkte, in Eigenregie organisierte als auch indirekte, in Fremdvergabe aufgezogene Vertriebskanäle offen, die in Abbildung 2-11 überblicksartig aufgeführt sind.[108]

Soweit sich ein Dienstehändler zum Zwecke der Kundenakquisition für eine Nutzung von Kanälen des Fremdvertriebs entschieden hat, gewinnt die Aufgabe der Vertriebspartnerbetreuung an Bedeutung. Ausgehend von der Auswahl der richtigen externen Vertriebskanäle werden hier von der Klassifizierung geeigneter Vertriebspartner bis hin zu einer permanenten Unterstützung und Kontrolle der in der Geschäftsvermittlung aktiven Partner alle Maßnahmen für eine Steuerung und Unterstützung der Vertriebspartner erarbeitet und umgesetzt. Das Verhindern von Vertriebskanalkonflikten bei Überschneidungen in der Zielgruppenansprache der einzelnen Kanäle in der Vertriebsorganisation ist dabei eine wesentliche Steuerungsaufgabe des Vertriebsmanagements.[109]

---

106 S. dazu Gerpott 1998: 250; MCN 1998: 15. Generell über Aspekte der Dienstegestaltung referiert Greupner 1996: 354-356.

107 Zu Elementen der Preisgestaltung im Markt für Telefondienste s. z.B. Mitchell/Vogelsang 1991: 23-75; Späth 1995: 32-41; Cracknell 1995: 98-108: Nett 1998: 7-16; Gerpott 1998: 289-310; WestLB Panmure 1998: 31; Gerpott 2001: 55-57.

108 Weitere Erläuterungen zu den Vertriebskanälen erfolgen unten in Kapitel 3.3.2.3.

109 Zur Steuerung der Vertriebskanäle vgl. MCN 1998: 33-35.

Abbildung 2-11: Überblick von Vertriebskanälen im Markt für Telefondienste

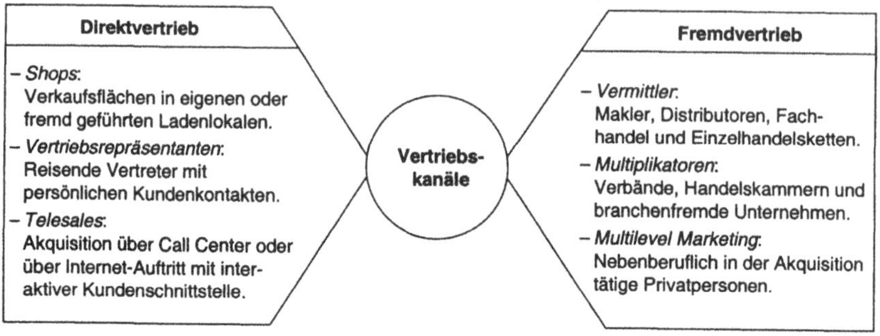

Quelle: In Anlehnung an MCN 1998: 27-32; Gerpott 1998: 313f.

Es bleibt das Erarbeiten von *Werbemaßnahmen und verkaufsunterstützenden Aktionen*. Im Mittelpunkt der kommunikationspolitischen Maßnahmen steht die informative Aufklärung der Kunden über angebotene Telefondienste und ihre Preise sowie die Wahrnehmung bei potentiellen Kunden durch den Aufbau einer Markenidentität.[110]

2.2.4 Rechnungsstellung & Kundendienst

Die letzte Primäraktivität der Wertkette besteht aus *Rechnungsstellung & Kundendienst* und beinhaltet die der Kundenakquisition nachgelagerten, laufend zu erbringenden Leistungen der Dienstehändler im Rahmen der Vertragsverpflichtungen gegenüber den gewonnen Endkunden.

Die *Rechnungsstellung* („Billing") der Dienstehändler kann in zwei möglichen Konstellationen verlaufen. Wenn sich ein Privatkunde unter Angabe seiner persönlichen Daten bzw. ein Geschäftskunde unter Angabe seiner Firmendaten bei einem Dienstehändler registrieren lassen hat, dann stellt ihm letzterer eine Rechnung über die in Anspruch genommenen Telefondienste aus und übernimmt das Inkasso. Eine Ausnahme von dieser als Normalfall zu erachtenden Konstellation der Rechnungsstellung liegt hingegen bei den Basistelefondiensten Call-by-Call-Selection und Internet-by-Call jeweils *ohne* Voranmeldung des Kunden bei dem entsprechenden Dienstehändler vor (sog. *offenes* Call-by-Call). In diesem Fall ist im deutschen Markt für Telefondienste der Netzbetreiber, der dem Kunden den lokalen Telefonanschluß ermöglicht, verpflichtet, in den Verbindungsnachweisen seiner ausgestellten Telefonrechnungen auch diejenigen Entgelte für Fernverbindungen auszuweisen, die über andere Diensteanbieter zustande kamen. In der Marktpraxis betrifft diese Regelung bislang den Ex-Monopolisten, der neben der einheitlichen Fakturierung auch für das Inkasso

---

[110] S. Gerpott 1998: 251.

der Fremdposten in den Telefonrechnungen zu sorgen hat. Ein Dienstehändler erhält schließlich seine, von dem Incumbent kassierten Rechnungsbeträge für die Summe aller von ihm selbst oder fremd vermittelten Ferngespräche gegen Ausstellen einer „Clearing“-Rechnung. Der Incumbent wiederum darf dem Dienstehändler für die Übernahme des Inkassos einen festen Prozentsatz vom Rechnungsbetrag berechnen, der nach der bis Januar 2001 gültigen Regulierungssituation 4,5% beträgt, zuzüglich 0,7 Pfennig pro Abrechnungsposten.[111]

Für *beide* Konstellationen der Rechnungsstellung ist auf jeden Fall die Verarbeitung der in den Vermittlungsstellen generierten Telefonverbindungsdaten („Call Data Records“) der Kunden notwendig, und zwar das eine Mal aus Gründen der Rechnungsstellung gegenüber den eigenen Kunden und das andere Mal zum Zwecke der kontrollierten Verrechnung der von dem Incumbent fremd eingezogenen Rechnungsposten. Die Daten müssen mit den tagesaktuell gültigen Preisen zusammengeführt werden, um aus ihnen Rechnungsdaten zu gewinnen. Dies wird auf der Ebene der Technologieentwicklung in der obigen Wertkette mit dem Betrieb eines *Abrechnungssystems* geleistet. Das die Primäraktivität unterstützende DV-System ist in der Lage, die in der Vermittlungsstelle aufgezeichneten Call Data Records mit den aktuellen Tarifstrukturen abzugleichen und elektronisch Rechnungen auszustellen.[112] In dem besonderen Fall eines Switchless Dienstehändlers, welcher keine eigene Vermittlungsstellen betreibt und somit auch keinen direkten Zugriff auf die dort auflaufenden Call Data Records seiner Kunden besitzt, richtet der ihm vorgelagerte Diensteanbieter eine Schnittstelle in seinen Vermittlungseinrichtungen ein, über die der Switchless Dienstehändler die zum Zwecke der eigenen Rechnungsstellung benötigten Call Data Records per Datenfernübertragung beliebig häufig oder zu fest vereinbarten Zeitpunkten abrufen und in das eigene Abrechnungssystem einspeisen kann.

Im Rahmen des *Kundendienstes*, der dem rechnungsstellenden Dienstehändler als Vertragspartner des Endkunden zufällt, lassen sich die Aufgaben der Kundenbetreuung mittels des Betriebs von *„Call Centern“* bei entsprechenden technischen Investitionen durchführen. Über die Schaltung von „Service-Hotlines“ können Endkunden im Falle von Beschwerden und Informationsauskünften mit den Kundenbetreuern ihres Dienstehändlers im Call Center in Kontakt treten.[113] Typische Anfragen beziehen sich dabei z.B. auf einen Wechsel von Tarifen, Beschwerden wegen ungenügender Netz-

---

[111] Vgl. Dehmer 1999: 71; Monopolkommission 1999: 37f.; Varadinek 2000: 20. Die Anschlußregelung der RegTP ab Februar 2001 sieht keine Zahlung in Abhängigkeit vom Rechnungsbetrag mehr vor, sondern pro Abrechnungsposten 2,8 Pfennig zuzüglich 9 Pfennig pro Rechnung und ab März 2003 2,5 Pfennig pro Abrechnungsposten zuzüglich 8 Pfennig pro Rechnung.

[112] Vgl. zum *Billing* Ward 1998: 110f.; Siegmund 1999a: 645.

[113] Vgl. Raphael/Pascale 1994: 205-207, die am Beispiel von *AT&T* über den Einsatz von Call Centern (sie sprechen von „Service Centers“) zwecks Kundenbetreuung referieren; Bartholomew 1997: 165-167; Dreyer 1999: 98, der über die Bearbeitung von telefonischen und schriftlichen Kundenanfragen durch Kundenbetreuer in den Call Centern des Dienstehändlers *debitel* berichtet.

qualität oder Erklärungsbedarf zu Telefonrechnungen.[114] Dem Dienstehändler dient die Kommunikation mit seinen Endkunden primär zur Problemlösung und der Beantwortung von Fragen, jedoch nachrangig auch der Sammlung von geschäftsrelevanten Kundeninformationen. Auf der Grundlage dieser Informationen, ergänzt um Informationen aus dem Abrechnungssystem und anderen internen und externen Dateninformationsquellen, lassen sich Kundenwertanalysen durchführen und wechselwilligen, nach der Analyse als lukrativ einzustufenden Kunden individuelle Angebote zum Verbleib offerieren. Über den Versuch einer solchen Art der Kundenbindung kann möglicherweise der „Churn", also die Rate der abgewanderten Kunden, deutlich reduziert werden.[115] Die Bindung von wechselwilligen und die Rückgewinnung von abgesprungenen Kunden gehört somit ebenfalls zur der Primäraktivität des Kundendienstes von Dienstehändlern („Retention Management").

2.3 Rolle des Dienstehandels in Deutschland

2.3.1 Ordnungspolitischer Hintergrund der Zulassung von Dienstehändlern

Die ordnungspolitische Historie des Dienstehandels im deutschen Markt für festnetzbasierte Telefondienste nach 1998 ist eng mit entsprechenden Richtungsentscheidungen in dem bereits länger liberalisierten Mobilfunkmarkt verknüpft. Der ordnungspolitische Hintergrund des Dienstehandels in Deutschland ist demzufolge als zeitliche Abfolge rechtlich-politischer Entscheidungen in beiden TK-Märkten nachfolgend zu erörtern.

2.3.1.1 Ursprünge im Mobilfunkmarkt

Im Verlauf der Liberalisierung der TK-Industrie in Deutschland traten im Markt für Mobilfunkdienste bei der Lizenzierung der zellularen, digitalen D-Netze im Jahr 1990 zum ersten Mal Dienstehändler in Erscheinung. Ihrer funktionalen Bestimmung nach sind es Unternehmen, „(...) die die Mobilfunkdienste der verschiedenen Netzbetreiber, eigene Mehrwertdienste sowie Endgeräte über eigene Vertriebsorganisationen auf eigene Rechnung an die Mobilfunkkunden vermarkten"[116], was weitgehend der Funktion der Dienstehändler im Markt für Telefondienste auf Basis terrestrischer TK-Kommunikationsnetze entspricht. Gleichwohl ist anzumerken, daß speziell die Konzeption eines Switch-based Dienstehändlers, also eines Dienstehändlers mit eingeschränktem Zugriff auf die Produktionsressourcen im Teilmarkt auf Netzebene, im Mobilfunkmarkt nicht existiert. Hier ist der Zugriff auf Vermittlungseinrichtungen ausschließlich den Netzbetreibern vorbehalten, so daß für Mobilfunkdienstehändler keine Möglichkeit einer eigenen Bereitstellung von Diensten mittels selbständig betriebener Vermittlungsstellen besteht. Die Trennung von Übertragung und intelligen-

---

114 S. MCN 1998: 38.

115 Vgl. Gerpott 1998: 213; MCN 1998: 39.

116 Kruse 1995: 1.

ter Vermittlung in einem Mobilfunknetzsystem wird jedoch im „Universal Mobile Telecommunications System" (UMTS), das ab 2002/2003 die zukünftige dritte Mobilfunkgeneration repräsentiert, realisierbar. Hier werden Dienstehändler einzelne Netzbausteine mit einer außerhalb der Netzinfrastruktur liegenden Rechnerintelligenz – ähnlich der oben in Kapitel 2.2.2 beschriebenen intelligenten Netzplattform in Festnetzen – selbständig betreiben können, um auf diesem Weg innovative mobile (Breitband-)Dienste zu entwickeln und zu steuern.[117]

Die Erwartungen, die von ordnungspolitischer Seite an die Zulassung der „Switchless" Dienstehändler im Mobilfunkmarkt Anfang der 90er Jahre geknüpft wurden, bezogen sich auf eine beschleunigte Marktdurchdringung digitalen Mobilfunks und somit auf eine forcierte Marktentwicklung.[118] Dem anfänglich genehmigten Duopol der Netzbetreiber *DeTeMobil* (heute *T-Mobil*) und *Mannesmann Mobilfunk* (heute *D2 Vodafone*) traute man einen ausreichend schnellen Aufbau von Vertriebswegen zur Umsetzung dieses Ziels allein nicht zu. Deshalb führte man eine vertikale Desintegration des Mobilfunkmarktes herbei und implementierte losgelöst vom Netzbetrieb auf der gesonderten Dienste- und Vertriebsebene parallel zu dem Direktvertrieb der Netzbetreiber den Vertrieb über Dienstehändler. Umgesetzt wurde diese ordnungspolitische Maßnahme einer Separierung der Wertschöpfungsstufen mit gleichzeitiger Installation von horizontalen Wettbewerbsstrukturen im Teilmarkt auf Dienste- und Vertriebsebene, indem man die zwei Betreiber der D-Netze und ab 1994 auch den Betreiber des ersten E-Netzes *E-Plus* in ihrem jeweiligen Lizenzvertrag zum Errichten und Betreiben eines Mobilfunknetzes zur vertrieblichen Zusammenarbeit mit Mobilfunkdienstehändlern (es ist wie in allen deutschen Gesetzes- und Verordnungstexten die Rede von „Diensteanbietern") von Rechts wegen verpflichtete.[119] *VIAG Interkom* als Betreiber des zweiten E-Netzes wurde hingegen im Jahr 1997 bei der Lizenzerteilung kein vergleichbarer Kontrahierungszwang auferlegt. Das ist damit begründet, daß man dem Unternehmen als vierten Mobilfunknetzbetreiber bei der Gestaltung seiner Geschäftsbeziehungen zu Dienstehändlern aufgrund seiner erheblichen Wettbewerbsnachteile gegenüber den anderen Netzbetreibern, die 1997 bereits eine gefestigte Marktposition mit einer jeweils stark angewachsenen Kundenbasis und (weitgehend) flächendeckend ausgebauten Mobilfunknetzen besaßen, größtmöglichen Freiraum gewähren wollte.[120]

Erstaunlich ist allerdings, daß auch in den Lizenzen für UMTS keine Wiederaufnahme eines Kontrahierungszwangs wie in den Lizenzen der Mobilfunknetze D 1, D 2 und E 1 erfolgt ist. Dabei

---

117 Vgl. Tewes 1997: 2 u. 62; Heilbock 1999: 37; Ladeur 1999: 70f.; Pelzel 2001: 145f. Zur rechtlich-politischen Erörterung von entsprechend notwendigen Vereinbarungen über besondere Netzzugänge zwischen UMTS-Netzbetreibern und Dienstehändlern s. die UMTS-Lizenzierungsanhörung in RegTP 1999g: 3053.

118 Vgl. Bosshart 1995: 65; Kruse 1995: 2; Mestmäcker 1998: 8.

119 S. als Primärquellen jeweils Ziff. 17 der drei Lizenzen in BMPT 1993: 232 sowie BMPT 1994: 409f. u. 419. Sekundär s. a. Kruse 1993: 259; Kruse 1995: 14-17; Gerpott 1996a: 42; Dreyer 1999: 95.

120 Den Inhalt der E 2-Lizenz kann man in BMPT 1997 nachlesen.

argumentiert die RegTP, daß ein Anspruch auf Netzzugang grundsätzlich nur bei einer marktbeherrschenden Stellung eines Netzbetreibers gegeben sei. Es wird u.a. auf § 4 der Telekommunikations-Kundenschutzverordnung (TKV) von 1997 verwiesen, nach dem gemäß des Grundsatzes der Nichtdiskriminierung von Dienstehändlern zwar an der Aufrechterhaltung der Lizenzauflagen für die Netzbetreiber im derzeitigen Mobilfunkmarkt festgehalten wird, ansonsten aber – wie im Fall von *VIAG Interkom* – der grundsätzliche Kontrahierungszwang genau dann auszuschließen ist, wenn im Anwendungsfall sachliche Rechtfertigungsgründe seitens des verpflichtenden Netzbetreibers entgegenstehen. Das können z.B. unzumutbare Belastungen für neu in einen Markt eintretende Netzbetreiber sein, wobei der entstehende UMTS-Markt von der RegTP in diesem Kontext sowohl als insgesamt sachlich neuer als auch im Vergleich zum bisherigen Mobilfunkmarkt als sachlich anderer Markt eingestuft wird und somit alle lizenzierten UMTS-Netzbetreiber per definitionem als „Neulinge" ohne marktbeherrschende oder marktmächtige Stellung eingestuft werden. Das trifft aber in der Marktpraxis insbesondere auf die bereits lang im Mobilfunkmarkt etablierten Netzbetreiber *T-Mobil*, *D2 Vodafone* und *E-Plus*, die auch eine Lizenz der dritten Mobilfunkgeneration ersteigert haben, nicht zu, weil diese Unternehmen im Sinne eines Wettbewerbsvorsprungs ihre großen Kundenstämme und umfangreichen Vermarktungserfahrungen vergleichsweise leicht in den Mobilfunkmarkt der dritten Generation überführen können. Lizenzauflagen bezüglich eines verbindlichen Wiederverkaufsangebotes im zukünftigen UMTS-Markt wären zumindest für diese Netzbetreiber eine logische Konsequenz.[121]

Kommt man zurück auf die wettbewerbsfördernden Erwartungen an den Dienstehandel bei Vergabe der Lizenzen für die D-Netze Anfang der 90er Jahre, dann ist festzuhalten, daß sich tatsächlich in den ersten Jahren nach der Marktöffnung vor allem die Teilnehmerzahlen im internationalen Vergleich überproportional schnell entwickelten. Während 1991 in Deutschland auf 1.000 Einwohner nur wenig mehr als 6 Mobilfunkteilnehmer kamen, lag der Wert im Jahr 1994 vor der Vergabe der dritten Mobilfunklizenz an *E-Plus* mit etwa 30 Teilnehmern bereits um das fünffache höher. Infolgedessen konnte die Penetrationsrate in Deutschland die anderer europäischer Länder wie z.B. Frankreich, Niederlande und Irland, die 1991 noch eine höhere Mobilfunkpenetration als Deutschland aufwiesen, 1994 bereits übertreffen, was u.a. auf die forcierten Vermarktungsbemühungen der in den Markt drängenden Dienstehändler zurückzuführen ist. Mit Blick auf die Preisentwicklung in den D-Netzen läßt sich allerdings kein nennenswerter parallel verlaufender Preiskampf beobachten. Nach anfänglichen Preissenkungen Ende 1992 blieben die Mobilfunkpreise vier Jahre lang nahezu unverändert, bevor im Herbst 1996 weitere, jedoch geringe Preisnachlässe einsetzten. Hier gelang

---

[121] Zur Frage eines Kontrahierungszwangs in den UMTS-Lizenzen s. RegTP 1999f: 1527-1530. Eine Erörterung speziell von § 4 TKV findet man bei Grote 2000: 10-12.

es den Dienstehändlern trotz eigenständiger Preispolitik offensichtlich nicht, das Preisniveau nachhaltig zu senken, das stark von den Mobilfunknetzbetreibern beeinflußt wurde (und wird).[122]

2.3.1.2 Veränderter Schwerpunkt der Ordnungspolitik im Festnetzmarkt

Analog zum Mobilfunkmarkt spielen Aspekte einer Wettbewerbsbelebung auch bei der Unternehmenskonzeption der Dienstehändler im Markt für festnetzbasierte Telefondienste eine gewichtige Rolle. Allerdings können Dienstehändler, anders als im Mobilfunkmarkt, hier zum Zeitpunkt der Aufhebung des Telefondienstemonopols zum 1.1.1998 (= Inkrafttreten des TKG`s) nicht als institutionelle Mittel zum Zweck einer beschleunigten Dienstepenetration verstanden werden. Eine solche den Dienstehändlern angedachte Rolle war im Mobilfunkmarkt einleuchtend, weil dieser Markt 1990 (abgesehen von dem wenig erfolgreichen analogen C-Netz) ein vollkommen neuer Markt mit einer Penetrationsrate nahe Null war. Der Markt für Telefondienste auf Festnetzbasis war hingegen Ende 1997 auf Basisdiensteebene mit einer durchschnittlichen Penetrationsrate in bezug auf unterschiedlich große Haushaltstypen von 98,7% (95,9%) in den alten (neuen) Bundesländern bereits entwickelt, wenn auch nur von einem Monopolisten.[123] Dementsprechend

(1) läßt sich der Wunsch nach Belebung des Wettbewerbs hier eher weniger als Ausdruck einer forcierten Telefondienstepenetration interpretieren oder messen, und

(2) findet sich im TKG keine bindende Verpflichtung einer vertrieblichen Zusammenarbeit von lizenzierten Netzbetreibern mit Switchless Dienstehändlern wie im Mobilfunkmarkt.

Die grundlegende Zielsetzung der Liberalisierung des deutschen Marktes für festnetzbasierte Telefondienste hat gemäß der rechtlich-politischen Begründung zum Erlaß des TKG`s die Erweiterung der „(...) Wahlmöglichkeiten der Nachfrager nach Telekommunikationsdienstleistungen hinsichtlich Art, Qualität und Preis (...)“[124] zum Inhalt. Es ist tautologischer Natur, daß es bei der Markttransformation vom Monopol hin zum Wettbewerb des Markteintritts einer Vielzahl konkurrierender Diensteanbieter bedarf, welche die gewünschte Vielfalt qualitativer Telefondienste bereitstellen und den erhofften Preiskampf auch tatsächlich initiieren. Sollte allerdings ein Markteintritt nur über eine, mit dem Incumbent gleichzusetzende Positionierung als Diensteanbieter mit einem eigens zu verlegenden, flächendeckenden Netzwerk von Übertragungswegen möglich sein, so ist er für den Groß-

[122] Weiterführende Darstellungen über den Wettbewerb im Mobilfunkmarkt würden zu weit von der eigentlichen Themenstellung dieser Arbeit, dem Dienstehandel im Festnetzmarkt, wegführen. Einige ergänzende knappe Darstellungen der Marktentwicklung im Mobilfunkmarkt finden sich unten in den Kapiteln 3.2.2.3 u. 3.2.2.5. Zu der Beschreibung der Marktentwicklung und ihrer Interpretation in Zusammenhang mit dem Dienstehandel an dieser Stelle s. insbesondere Kruse 1995: 4-7 u. 35-53 sowie Mestmäcker 1998: 6-10 und Pelzel 2001: 135-141. Namen von Mobilfunknetzbetreibern Anfang der 90er Jahre, welche größtenteils später auch im deutschen Festnetzmarkt geschäftstätig wurden, sind im nächsten Kapitel aufgeführt.

[123] S. Stat. Bundesamt 1999: 553f. (Tab. 21.1).

[124] Dt. Bundestag 1996: 36. S. zur Zielsetzung des TKG`s z.B. auch Picot/Burr 1996: 173f.; Graack 1997: 291 u. 293; Gerpott 1998: 58.

teil der potentiellen Wettbewerber betriebswirtschaftlich unattraktiv und die erwarteten Markteintritte bleiben aus. Diese Befürchtung gründet auf der Tatsache, daß der Aufbau eigener Übertragungswege hoher Investitionen bedarf, die tendenziell nur von wenigen finanzstarken Unternehmen geleistet werden können, jedoch für mittelständische Unternehmen und Unternehmensneugründungen unüberwindbare Marktbarrieren im Sinne von irreversiblen Kosten („Sunk Costs") darstellen.[125] Die Positionierung potentieller Wettbewerber als Switch-based Dienstehändler mit einer geringeren Wertschöpfungstiefe als die der Netzbetreiber ist in diesem Kontext mit weitaus weniger finanziellem Engagement möglich. Die damit verbundene Möglichkeit zum Markteintritt einer Vielzahl auch kleiner und mittelgroßer Diensteanbieter kann zur Verwirklichung der Zielsetzung einer Wettbewerbsintensivierung beitragen. Dabei können die Switch-based Dienstehändler nicht nur potentiell an einem Preisrückgang zugunsten der Endkunden mitwirken, sondern aufgrund ihrer Verfügungsmacht über Vermittlungsstellen als eine wesentliche Produktionsressource auf Netzebene auch eigenständig Telefondienste gestalten und bereitstellen. Die drei regulatorischen Maßnahmen, daß

(1) der Ex-Monopolist *Deutsche Telekom* jedem neu in den Markt eintretenden Switch-based Dienstehändler (und Netzbetreiber) einen besonderen Netzzugang zu seinem Festnetz bieten muß (s. oben Kapitel 2.1.1.1 und 2.2.1),

(2) die Minimalkonfiguration von Netzinvestitionen für eine rechtsverbindliche Einstufung eines Unternehmens als Netzbetreiber, welcher Zugang zu den günstigen, verordneten Interconnection-Tarifen bei einer Netzzusammenschaltung mit der *Deutschen Telekom* erhält, eher niedrig angesetzt ist (s. oben Kapitel 2.1.2.1), und

(3) die Anzahl der vom Regulierer zu vergebenden Sprachtelefondienstelizenzen der Klasse 4 keiner Beschränkung unterliegt,

können in diesem Zusammenhang als *bewußte* Ordnungspolitik zur Zulassung und Förderung des Geschäftsmodells von Switch-based Dienstehändlern verstanden werden.[126]

Es bleibt festzuhalten, daß die Ordnungspolitik von der alleinigen Zulassung eines Telefondienstewettbewerbs unter Netzbetreibern keine Initialzündung in der Art erwartete, wie es der Freisetzung aller Mechanismen eines funktionsfähigen Wettbewerbs im Zuge der Öffnung eines monopolistischen Marktes für neue Wettbewerber bedarf. Für eine solche Initialzündung im Markt für festnetzbasierte Telefondienste sollte der Wettbewerb auf Dienste- und Vertriebsebene über die Zulassung von Dienstehändlern als Ergänzung sorgen, und zwar vorzugsweise mit Hilfe einer aktiven Förderung des Markteintritts speziell von Dienstehändlern mit Vermittlungsstellen. Dienstehändler ohne Vermittlungsstellen, die per se mit nur geringen finanziellen Marktbarrieren konfrontiert sind (s. Kapitel 2.1.2.2), unterliegen im Markt für festnetzbasierte Telefondienste hingegen nur insoweit einer ordnungspolitischen Schutzmaßnahme, als daß nach dem bereits genannten § 4 TKV „Betrei-

---

[125] Vgl. Krüger et al. 1995: 37 u. 54f.; Kaserman/Mayo 1995: 310-312; Beard et al. 1998: 319; Wichert-Nick 1999: 95-97; Burton et al. 1999: 20-23.

[126] Vgl. a. Dehmer 1999: 63.

ber öffentlicher Telekommunikationsnetze ihr Leistungsangebot so zu gestalten (haben), daß Anbieter von Telekommunikationsdienstleistungen für die Öffentlichkeit diese Leistungen im eigenen Namen und auf eigene Rechnung vertreiben und ihren Kunden anbieten können.“ Eine daraus für Switchless Dienstehändler abzuleitende Entgeltregulierung in bezug auf die Bezugskonditionen für vermittelte Telefonminuten bzw. fertige Telefondienste existiert jedoch nicht. Außerdem entsprechen die Unternehmen nicht der rechtmäßig akzeptierten Definition eines Betreibers eines öffentlichen TK-Netzes (s. oben Kapitel 2.1.2) und haben demzufolge auch keinen Anspruch auf die günstigen Interconnection-Tarife für den besonderen Netzzugang nach § 35 TKG. Die RegTP hat lediglich klargestellt, daß es sich bei einem etwaigen Wiederverkaufsangebot des Incumbents für Switchless Dienstehändler grundsätzlich um ein Angebot für die Öffentlichkeit handelt, dessen Preis nach § 25 TKG der besonderen Genehmigung durch den Regulierer bedarf.[127] Ein solches Wiederverkaufsangebot der *Deutschen Telekom* lag allerdings bis Mitte des Jahres 2000 den als Switchless Dienstehändler geschäftstätigen Unternehmen nicht vor.

2.3.2 Marktetablierung in der Startphase des Wettbewerbs

Die ungleichmäßige rechtlich-politische Behandlung des Dienstehandels im Markt für festnetzbasierte Telefondienste zugunsten der Switch-based Dienstehändler hat dazu geführt, daß sich 2 ½ Jahre nach Inkrafttreten des TKG`s noch kein Switchless Dienstehändler im Wettbewerb positioniert hat, der günstige Einkaufskonditionen für den massenhaften Wiederverkauf von Telefondiensten unmittelbar mit der *Deutschen Telekom* aushandelt. Offenbar ist es im Fall eines Einkaufs von Vorprodukten speziell bei dem Ex-Monopolisten tatsächlich vorteilhafter, sich mit wenigen Netzinvestitionen direkt als Switch-based Dienstehändler und somit als rechtlich-politisch anerkannter Netzbetreiber aufzustellen, um auf diesem Wege einen Anspruch auf die Interconnection-Tarife zwecks Zugang zu dem Universalnetz der *Deutschen Telekom* zu erhalten.[128] Die Zahl derjenigen Switchless Dienstehändler, die als vorgelagerten Telefondienstelieferanten einen *alternativen* Netzbetreiber ausgewählt haben, dessen Netzbetreiberkennzahl sie bei einem fallweisen Angebot von Call-by-Call-Selection nutzen, wächst hingegen. Bis Mitte 2000 betrug ihre Zahl nach eigenen Recherchen 25 Unternehmen (s. Tabelle 2-1), wobei keine Unternehmen einer der drei in Kapitel 2.1.2.2 erörterten Sonderformen eines Switchless Dienstehändlers mitgezählt sind.[129]

---

[127] S. dazu oben Fußnote 58 und die dort angegebene Literaturquelle.

[128] S. a. Stumpf/Schwarz-Schilling 1999: 10. Selbst der oben in Fußnote 72 vorgestellte Switchless Dienstehändler *ACC Telekommunikation* entwickelte sich nach Inkrafttreten des TKG`s umgehend zu einem Switch-based Dienstehändler.

[129] Eine gesicherte Schätzung über die Anzahl solcher Unternehmen ist auch kaum möglich, weil Informationen über die Vielzahl kleiner Unternehmen nicht erhältlich sind, und sich ferner die Übergänge zu reinen Geschäftsvermittlern in der Marktpraxis oft fließend darstellen. Ein vages Indiz zumindest für die Marktpräsenz von Call Back-Diensteanbietern wäre die Anzahl aller von der RegTP genannten Diensteanbieter in Höhe von 43 Unternehmen, welche *unter anderem* Call-Back-Dienste anbieten (Stand: 12.07.00); vgl. RegTP 2000b.

Tabelle 2-1: Switchless Dienstehändler im deutschen Markt für Telefondienste auf Festnetzbasis[a]

Switchless Dienstehändler	Telefondienste-lieferant(en)	Telefondiensteangebot im Festnetz
• ***Alpha Telecom***	*MCI Worldcom, Star Telecom*	Geschlossenes Call-by-Call (*MCI Worldcom*: 01088; *Star Telecom*: 01098), Pre-Selection, Calling Card, Service 0800
• ***A-TEL***	*MCI Worldcom*	Pre-Selection
• ***Cellway Kommunikationsdienste***	*MobilCom*[b]	Pre-Selection
• ***Citrus – cs network***	*Star Telecom*	Pre-Selection
• ***COMCEPT***	*Star Telecom*	Geschlossenes Call-by-Call (*Star Telecom*: 01098), Pre-Selection, Service 0800, Service 0900, kundenbezogene Lösungen
• ***CS-Telecom***	*Star Telecom*	Geschlossenes Call-by-Call (*Star Telecom*: 01098), Pre-Selection, Calling Card
• ***debitel***[c]	*MCI Worldcom, o.tel.o*	Geschlossenes Call-by-Call (*MCI Worldcom*: 01088)[d], Pre-Selection (u.a. original *o.tel.o*-Tarife), Calling Card
• ***D-Plus***	*Star Telecom*	Geschlossenes Call-by-Call (*Star Telecom*: 01098), Pre-Selection, Calling Card, Service 0800
• ***German Business Net***	*Star Telecom, Colt Telecom*	Pre-Selection, Service 0800
• ***Gigabell***[e]	*Star Telecom*	Geschlossenes Call-by-Call (*Star Telecom*: 01098), Pre-Selection, Calling Card, Internet-by-Call (*Star Telecom*: 01090-0194300)
• ***Global Communications***[f]	*Colt Telecom*	Pre-Selection, Service 0800
• ***HerbaTel***	*PTI*	Geschlossenes Call-by-Call (*PTI*: 01069)[g], Pre-Selection
• ***HFO HochFranken Online***[h]	*VIAG Interkom, Star Telecom*	Pre-Selection, Service 0800, Service 0900, Internet-by-Call (Einwahl über 0800-Nummer)
• ***Mistral Telecom***[i]	*Star Telecom*	Pre-Selection
• ***Mox Telecom***	*Star Telecom*	Geschlossenes Call-by-Call (*Star Telecom*: 01098)[j], Pre-Selection[j], Calling Card
• ***NewTel Communications***	*GTS Deutschland, Star Telecom*	Geschlossenes Call-by-Call (*GTS Deutschland*: 01040), Pre-Selection, Service 0800
• ***NIKOMA MediaWorks***	*Colt Telecom*	Geschlossenes Call-by-Call (*Colt Telecom*: 01028)[k], Pre-Selection, Internet-by-Call (*Colt Telecom*: 01028-0193033)
• ***One.Tel***	*Star Telecom*	Geschlossenes Call-by-Call (*Star Telecom*: 01098), Calling Card
• ***Planet 33***	*Star Telecom*	Pre-Selection, Service 0800
• ***ProNet-Telecom***	*Star Telecom*	Geschlossenes Call-by-Call (*Star Telecom*: 01098), Pre-Selection
• ***Super 24***	*TelePassport*	Offenes Call-by-Call (*TelePassport*: 01024)[l]
• ***Tangens***	*Star Telecom*	Geschlossenes Call-by-Call (*Star Telecom*: 01098), Pre-Selection

(Fortsetzung auf der nächsten Seite)

• ***TelePart*** [m]	*Colt Telecom, RSLCom*	Geschlossenes Call-by-Call (*Colt Telecom*: 01028; *RSLCom*: 01015), Pre-Selection, Calling Card
• ***UPX Deutschland***	*Colt Telecom*	Geschlossenes Call-by-Call (*Colt Telecom*: 01028), Pre-Selection
• ***Victor Vox***	*o.tel.o*	Pre-Selection (original *o.tel.o* Tarife)

a) Stand: Juli 2000.
b) Switchless Dienstehändler ist zu 100% Tochtergesellschaft des Telefondienstelieferanten.
c) Verfügt über eine ruhende TKG-Lizenz der Klasse 4 und eine nicht genutzte Netzbetreiberkennzahl (01018).
d) Offenes Call-by-Call über *RSLCom* (01015) lief im August 1999 aus und wird seitdem von dem Telefondienstelieferanten zu gleichbleibenden Tarifen fortgeführt.
e) Verfügt über ruhende Lizenzen der Klasse 3 und 4 und eine nicht genutzte Netzbetreiberkennzahl (01036). Der Aufbau eigener Basisinfrastrukturen - ergänzt um Mietleitungen von *Deutsche Telekom, Colt Telecom, MCI Worldcom* und *VIAG Interkom* - ist allerdings gegenwärtig in der Startphase, vorwiegend zum Zwecke eines Internetdiensteangebotes.
f) Bietet Telefondienste unter dem Produktnamen "Euro CityNet" an.
g) Nur als Übergangslösung bei Abschluß eines Vertrages über Pre-Selection bis zur Freischaltung.
h) Bietet Telefondienste unter dem Produktnamen "Telepool" an.
i) Gehört als Produktabteilung zu *Tele-Service*.
j) Aufgabe des Dienstes im Januar 2000 und Verkauf des Bereichs an *Gigabell*.
k) Geschlossenes Call-by-Call über *Star Telecom* (01098) lief im April 2000 aus.
l) Nur möglich, wenn der Kunde nicht über das geschlossene Call-by-Call von *TelePassport* (alleinige Muttergesellschaft des Dienstehändlers) freigeschaltet ist.
m) Bietet Telefondienste unter dem Produktnamen "TeleBridge" an.

Quelle: Stumpf/Schwarz-Schilling 1999: 12; Auswertung von Unternehmensangaben.

Um die Anzahl der Switch-based Dienstehändler in Deutschland in Erfahrung zu bringen, bietet es sich an, alle Diensteanbieter mit einer Sprachtelefondienstelizenz (TKG-Lizenzklasse 4), jedoch ohne eine für Netzbetreiber notwendige Übertragungswegelizenz (TKG-Lizenzklasse 3)[130] zu erfassen (Erhebungsstand: 27.06.2000). In einem zweiten Schritt lassen sich aus dieser Schnittmenge von 55 potentiellen Switch-based Dienstehändlern dann noch alle diejenigen Unternehmen ausschließen, die ihre erhaltene Sprachtelefondienstelizenz bislang nicht für ein Angebot kommerzieller Telefondienste genutzt und dementsprechend weder die Aufnahme einer diesbezüglichen Geschäftstätigkeit bei der RegTP angezeigt (Verpflichtung nach § 4 TKG, Erhebungsstand 23.08.2000) noch eine Netzzusammenschaltungsvereinbarung mit der *Deutschen Telekom* abgeschlossen haben (Erhebungsstand: 12.07.2000). Es verbleibt eine Zahl von 20 geschäftstätigen Dienstehändlern mit Vermittlungsstellen, die in Tabelle 2-2 aufgezählt sind.[131]

---

130 Legaldefinition nach § 6 Abs. 2 Nr. 1c TKG: „Lizenzen zum Betreiben von Übertragungswegen für Telekommunikationsdienstleistungen für die Öffentlichkeit durch den Lizenznehmer oder andere, für deren Angebot nicht die Lizenzklasse 1 (Mobilfunklizenz) oder 2 (Satellitenfunklizenz) bestimmt ist (Lizenzklasse 3)."

131 Der Tabelle wurden zwei Unternehmen nicht zugeordnet, obwohl sie nach dem beschriebenen Vorgehen zum Zwecke der Erhebung aller aktiven Switch-based Dienstehändler hinzuzurechnen wären: *Star Telecom* (gilt als Netzbetreiber) und *Telegate* (gilt als Betreiber einer Telefonauskunft). Umgekehrt wurden fünf Unternehmen in die Tabelle eingearbeitet, die der Erhebung nach nicht hinzuzurechnen wären, aber allgemein lange Zeit als Switch-based Dienstehändler galten oder noch als solche angesehen werden: *dtms, MobilCom, PTI, Talkline* und *Tele 2*.

Tabelle 2-2: Switch-based Dienstehändler im deutschen Markt für festnetzbasierte Telefondienste[a]

Switch-based Dienstehändler	NBK[b]	Verm.-stellen	Telefondiensteangebot im Festnetz
• ***01051 Telecom***	01051	k.A.	Offenes Call-by-Call
• ***Axxon Telecom***	01073	8	Pre-Selection, Calling Card
• ***Drillisch***[c]	010050	10	Offenes und geschlossenes Call-by-Call, Pre-Selection, Internet-by-Call, Service 0800
• ***Dtms - Deutsche Telefon und Marketing Services***	010070	9	Service 0800, Service 0900
• ***ECONOphone***	01099	k.A.	Geschlossenes Call-by-Call, Pre-Selection, Calling Card, Service 0800
• ***ETS - European Telecom Services***	01037	k.A.	Pre-Selection
• ***Facilicom Telekommunikation***[d]	010080	1	Calling Card
• ***Hutchison Telecom***[e]	01036	k.A.	Geschlossenes Call-by-Call (*MCI Worldcom*: 01088)[f], Pre-Selection (u.a. original *o.tel.o*-Tarife)
• ***Interoute Telecom***	01066	6	Offenes Call-by-Call, Pre-Selection, Calling Card, Service 0800
• ***KDD-Conos***	01063	k.A.	Offenes Call-by-Call[g], Pre-Selection, Service 0800
• ***MCN tele.com***	010066	2	Pre-Selection, Service 0800, Service 0900
• ***MobilCom***[h]	01019	8	Offenes Call-by-Call, Pre-Selection, Internet-by-Call
• ***PTI***[i]	01069	k.A.	Geschlossenes Call-by-Call, Pre-Selection, Internet-by-Call
• ***RSLCom***	01015	8	Offenes und geschlossenes Call-by-Call, Pre-Selection, Calling Card, Internet-by-Call, Service 0800
• ***Startec Global Communications***	010084	k.A.	k.A.
• ***Talkline***[i]	01050	6	Offenes Call-by-Call, Pre-Selection, Internet-by-Call, Service 0800, Telefonauskunft (11851)
• ***TelDaFax***	01030	9	Offenes Call-by-Call, Pre-Selection, Internet-by-Call, Service 0800
• ***Tele 2***[j]	01013	6	Geschlossenes Call-by-Call, Pre-Selection
• ***WESTCom***[k]	01040[k]	k.A.	Geschlossenes Call-by-Call[k]
• ***WorldxChange***[l]	010077	k.A.	Offenes Call-by-Call (über frühere NBK von *ACC Telekommunikation*: 01049), Pre-Selection, Calling Card

a) Stand: Juli 2000.

b) NBK = Netzbetreiberkennzahl.

c) Vor April 1999 Switchless Dienstehändler mit *o.tel.o* als Telefondienstelieferanten.

d) Ist auf internationaler Ebene als Netzbetreiber zu klassifizieren.

e) Die zugeteilte Netzbetreiberkennzahl wurde inzwischen zurückgegeben; trotz Status eines Switch-based Dienstehändlers deutet das Diensteangebot eher auf das Geschäftsmodell eines Switchless Dienstehändlers hin.

f) Nur für Kunden, die bereits einen Mobilfunkvertrag von *Hutchison Telecom* besitzen.

g) Gegenwärtig nur in den Vorwahlbereichen 02, 03, 04 und 05; bundesweites Angebot geplant.

h) Über den Besitz einer TKG-Lizenz der Klasse 3, die Übernahme des Netzbetreibers *TelePassport* (ehemals Call Back-Diensteanbieter) und aufgrund eines 18-Jahresvertrages mit *GasLINE* (Verbund von Gasversorgern, der auch Basisinfrastruktur vermarktet) bewegt sich der Switch-based Dienstehändler seit geraumer Zeit in Richtung des Geschäftsmodells eines Netzbetreibers.

(Fortsetzung auf der nächsten Seite)

i) Über den Erhalt einer TKG-Lizenz der Klasse 3 entwickelt sich der Switch-based Dienstehändler gegenwärtig in Richtung des Geschäftsmodells eines Netzbetreibers.

j) Besitzt über die Muttergesellschaft *Kinnevik Telecommunications International* eine ruhende TKG-Lizenz der Klasse 3, über die auch ein Interconnection-Vertrag mit der *Deutschen Telekom* besteht.

k) Switch-based Dienstehändler ist derzeit nicht präsent: Übernahme durch *GTS Global TeleSystems* und Einstellung der NBK und des entsprechenden Call-by-Call-Angebotes seit dem Jahreswechsel 1999/2000. Seitdem noch keine Wiederaufnahme von Angeboten unter dem Namen *WESTCom*.

l) Ehemals Call Through-Diensteanbieter, der erst durch die Übernahme von *ACC Telekommunikation* zu einem Switch-based Dienstehändler wurde.

Quelle: RegTP 2000b; RegTP 2000c; RegTP 2000d; RegTP 2000e; Auswertung von Unternehmensangaben.

Insgesamt sind also 2 ½ Jahre nach Öffnung des Marktes für Telefondienste auf Festnetzbasis 45 Switch-based und Switchless Dienstehändler im deutschen Markt aktiv. Ihr Diensteangebot an festnetzbasierten Telefondiensten ist fast ausschließlich auf das Angebot des Basistelefondienstes in den Varianten Call-by-Call-Selection, Pre-Selection und Calling Card fokussiert und umschließt darüber hinaus nur vereinzelt höherwertige Telefondienste wie Service 0800 (einzige Ausnahme ist *dtms* als exklusiver Anbieter von Mehrwertdiensten). Parallel bieten 5 der erhobenen Switchless (= 20%) und 8 der genannten Switch-based Dienstehändler (= 40%) auch Mobilfunkdienste an, was sich bei einigen Unternehmen durch ihre Herkunft vor Öffnung des Marktes für festnetzbasierte Telefondienste erklärt: Etablierte Dienstehändler im Mobilfunkmarkt der Jahre nach 1990 sind im Rückblick unter den Switchless Dienstehändlern die Unternehmen *debitel* und *D-Plus* (ehemals *TMG*), und unter den Switch-based Dienstehändlern *Drillisch*, *Hutchison*, *MobilCom* und *Talkline*.[132]

Diese vergleichsweise lang bestehenden Dienstehändler verkörpern auch vorwiegend die treibenden Kräfte der Konsolidierungstendenzen, die in Form von Übernahmen, Fusionen und engen Kooperationen im Umfeld der Dienstehändler seit der Marktliberalisierung zu beobachten sind.[133] Beispielsweise sind die Switchless Dienstehändler *D-Plus* und *Cellway* mittlerweile Tochtergesellschaften des Switch-based Dienstehändlers *MobilCom*. *Talkline* hat zwischenzeitlich *Victor Vox* aufgekauft und unterhält enge Kooperationsbeziehungen mit *dtms* im Bereich Mehrwertdienste und mit *Drillisch* im Bereich Festnetz und Internet. Die Unternehmen *TelDaFax* und *debitel* planten Mitte 1999 eine Fusion, die aber nicht realisiert wurde. Außerdem unterhält der Switchless Dienstehändler *Gigabell* eine Beteiligung an *Mox Telecom*, und der ehemalige Switch-based Dienstehändler *ACC Telekommunikation* ist Ende 1999 von *WorldxChange* übernommen worden. Eine von der Art her bislang einmalig zu beobachtende Geschäftsverbindung zweier voneinander unabhängiger Dienstehändler ist bezüglich der Unternehmen *HerbaTel* und *PTI* zu beachten: Das letztere fungiert als Telefondienstelieferant für das erstere Unternehmen (s. Pfeil (5c) im rechten Feld oben in Abbildung 2-4).

---

[132] Eine Übersicht über Dienstehändler im Mobilfunkmarkt Mitte der 90er Jahre bietet Kruse 1995: 20 u. 42f.

[133] Die nachfolgenden Erkenntnisse beruhen alle auf Unternehmensangaben.

Abbildung 2-12: Prozentuale Preisabweichung alternativer Diensteanbieter von dem 1998 geforderten Preisniveau der Deutschen Telekom bei Ferngesprächen[a]

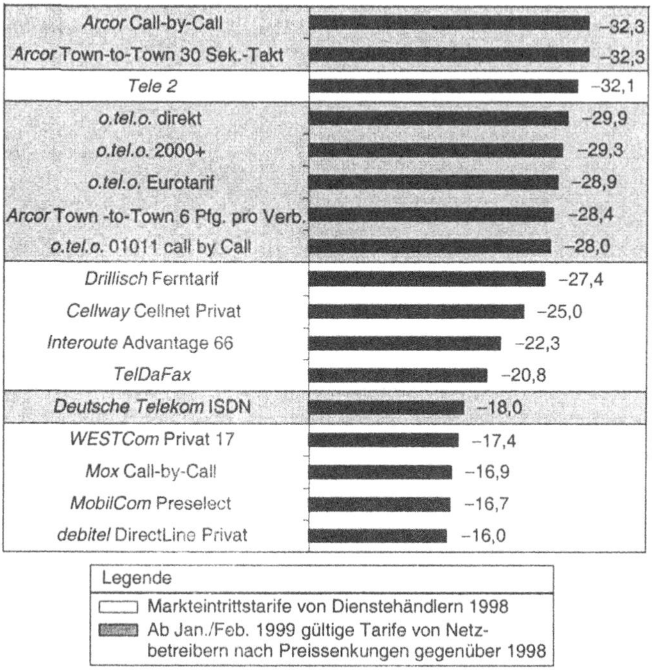

a) Grundlage des Vergleichs ist ein analog geschaltetes Ferngespräch mit mehr als 50 km Entfernung und einer Länge von 155 Sekunden.

Quelle: WestLB Panmure 1998: 39.

Der bedeutendste Beitrag der Dienstehändler für die von ihnen erwartete Initialzündung für den Wettbewerb bezieht sich auf den Preisrückgang für Fernverbindungen, der sich seit Marktöffnung zeigt.[134] In diesem Zusammenhang ist häufig die Rede von dem Switch-based Dienstehändler *MobilCom*, der sich unmittelbar nach Marktöffnung im Bundesgebiet mit einem offenen Call-by-Call-Angebot zu einem Einheitspreis in Höhe von 19 Pfennig pro Minute, unabhängig von Zeitpunkt und Entfernung des Ferngesprächs, als *der* Preisbrecher im Markt betätigte.[135] Ähnlich machten andere Switch-based Dienstehändler unmittelbar nach der Marktöffnung auf sich aufmerksam, wie beispielsweise das Unternehmen *TelDaFax*, das bei seinem offenen Call-by-Call-Angebot eine für

[134] Vgl. für eine detaillierte Betrachtung der Preisentwicklung unten Kapitel 3.2.2.1.

[135] Vgl. WestLB Panmure 1998: 32 u. 41; Fahle/Stanossek 1999: 36; Neumann 1999: 75; Pelzel 2001: 196f.

1998 kostengünstige und innovative Preisdifferenzierung nach Haupt- (24 Pfennig pro Minute) und Nebenzeit (14 Pfennig pro Minute) festsetzte, oder das Unternehmen *Tele 2*, das ab März 1998 seinen geschlossenen Call-by-Call-Sprachtelefondienst bei Ferngesprächen bis 50 km in einer Nebenzeit zu damals einzigartigen 10 Pfennig pro Minute offerierte. Der Erfolg der genannten Dienstehändler war so groß, daß ihre anfänglich geringen Vermittlungskapazitäten schnell überlastet waren und die Nachfrage somit „kapazitätsrestringiert"[136] war. Ihnen kann vor diesem Hintergrund durchaus eine Preisführerschaft im Wettbewerb „der ersten Stunde" zugesprochen werden, was in einer Preisstudie zum Jahreswechsel von 1998 auf 1999 (s. Abbildung 2-12) Bestätigung findet: Netzbetreibern wie *Mannesmann Arcor*, *o.tel.o* und *Deutsche Telekom* gelang es erst zum Januar/Februar 1999 mit drastischen Tarifsenkungen als Antwort auf die Niedrigpreispolitik der genannten Switch-based Dienstehändler in die Spitzengruppe des Preiskampfes aufzurücken, zu der außerdem die Switch-based Dienstehändler *Drillisch*, *Interoute Telecom* und *WESTCom* sowie die Switchless Diensthändler *Mox Telecom* und *debitel* gehörten. Deren durchschnittliche Preisabweichung bei einem Ferngespräch über 50 km Entfernung von 155 Sekunden Länge, kalkuliert auf Basis der gewichteten Markteinstiegstarife für Privat- und Geschäftskunden, gegenüber dem von der *Deutschen Telekom* geforderten Preis für ein vergleichbares analog geschaltetes Ferngespräch betrug 1998 noch zwischen 32,1% und 16%.

Stellt man ferner den oben genannten Einheitspreis für Call-by-Call-Selection von *MobilCom* in Höhe von 19 Pfennig pro Minute (Tarif ist in Abbildung 2-12 nicht aufgeführt) und den im Januar 1998 verlangten verbindungsabhängigen Minutenpreis der *Deutschen Telekom* von 60 Pfennig pro Minute für ein wochentags und tagsüber geführtes, analog geschaltetes Ferngespräch (Tarif „T-NET") einander gegenüber, dann beläuft sich der Preisabstand sogar auf knapp 70% des Preisniveaus des Ex-Monopolisten. Dieser verlangte jedoch schon im Mai 1999 nur noch maximal 39 Pfennig pro Minute für ein entsprechendes deutschlandweites Ferngespräch, während Dienstehändler wie *MobilCom*, *TelDaFax*, *Tele 2* und *Super 24* zu diesem Zeitpunkt zwischen 10 und 12 Pfennig forderten.[137] Im Jahr 2000 haben sich die Preise der Wettbewerber nach weiteren Tarifsenkungsrunden schließlich so stark angenähert, daß z.B. der vermeintliche Preisbrecher *MobilCom* und der Incumbent *Deutsche Telekom* in der Nachtzeit nur noch 2 Pfennig pro Minute auseinanderliegen und selbst tagsüber einen im Vergleich zu den Vorjahren geringen Preisunterschied von lediglich 12 Pfennig pro Minute aufweisen. Besitzt ein Kunde der *Deutschen Telekom* einen digitalen Teilnehmeranschluß (Tarif „T-ISDN"), dann halbiert sich der Abstand von 12 Pfennig pro Minute noch einmal auf dann 6 Pfennig; in der Zeit zwischen 18 und 21 Uhr dreht sich das Preisverhältnis sogar um, und die *Deutsche Telekom* ist 2 Pfennig pro Minute günstiger als *MobilCom* (s. Abbildung 2-13). Es dürfte fraglich sein, ob Endkunden auf Basis derart geringer verbin-

---

[136] Neumann 1999: 75. Das Erreichen der Kapazitätsgrenze einer Vermittlungsstelle nennt man auch „Gasse besetzt".

[137] S. zu den Preisangaben s. Canibol/Schmortte 1999: 201.

dungsabhängiger Preisdifferenzen auf insgesamt niedrigem Niveau noch bereitwillig geneigt sind, ihren Telefondiensteanbieter fallweise oder dauerhaft zu wechseln.

Abbildung 2-13: Vergleich der verbindungsabhängigen Minutenpreise für wochentags geführte Ferngespräche von MobilCom und Deutsche Telekom im Oktober 2000

<table>
<tr><td>Uhrzeit</td><td>1</td><td>2</td><td>3</td><td>4</td><td>5</td><td>6</td><td>7</td><td>8</td><td>9</td><td>10</td><td>11</td><td>12</td><td>13</td><td>14</td><td>15</td><td>16</td><td>17</td><td>18</td><td>19</td><td>20</td><td>21</td><td>22</td><td>23</td></tr>
<tr><td>MobilCom Call-by-Call-Selection</td><td colspan="6">4 Pf.</td><td colspan="12">12 Pf.</td><td colspan="3">8 Pf.</td><td colspan="2">4 Pf.</td></tr>
<tr><td>Deutsche Telekom T-NET, GermanCall</td><td colspan="6">6 Pf.</td><td colspan="11">24 Pf.</td><td colspan="3">12 Pf.</td><td colspan="3">6 Pf.</td></tr>
<tr><td>Deutsche Telekom T-ISDN, GermanCall</td><td colspan="6">6 Pf.</td><td colspan="11">18 Pf.</td><td colspan="6">6 Pf.</td></tr>
</table>

Quelle: Verivox.

Die vergleichende Betrachtung einzelner Tarife von Telefondiensteanbietern hat insgesamt deutlich gemacht, daß der schnell angewachsenen Zahl von Dienstehändlern im deutschen Markt für Festnetztelefonie eine führende Rolle bei der Wettbewerbsinitiierung zugesprochen werden kann, weil die Unternehmen zeitnah zur Marktliberalisierung für einen drastischen Einbruch der Tarife (vornehmlich für Ferngesprächsverbindungen) gesorgt haben. Die erworbene Preisführerschaft erwies sich jedoch nach Preisanpassungen durch den Incumbent und andere führende Netzbetreiber mit eigenem Telefondiensteangebot als kein besonders nachhaltiger Wettbewerbsvorteil. Das unterstreicht die Notwendigkeit für das strategische Management der Dienstehändler zur Jahrtausendwende, neben der Preisgestaltung nach alternativen Wegen einer Differenzierung im Wettbewerb zu suchen.

3. Wettbewerbsstrategische Ausrichtung von Dienstehändlern

Nachdem in Kapitel 2 das Geschäftsmodell von Dienstehändlern im Markt für festnetzbasierte Telefondienste mit seinen zwei Varianten vorgestellt wurde, folgt nun die Analyse von strategischen Handlungsoptionen zur Erlangung von Wettbewerbsvorteilen, welche den Dienstehändlern möglicherweise eine dauerhafte Wettbewerbsfähigkeit im Markt für festnetzbasierte Telefondienste sichern. Die Untersuchung erfolgt deduktiv unter Anwendung maßgeblicher Grundrichtungen der betriebswirtschaftlichen Strategieforschung, weshalb in Kapitel 3.1 zunächst die Entwicklung der Forschungsrichtung knapp vorgestellt wird. Dabei handelt es sich angesichts der in den vergangenen Jahrzehnten entstandenen Vielfalt von Entwicklungstendenzen in der Strategieforschung zweifelsohne nur um einen selektiv-lückenhaften Versuch, welcher der Vermittlung eines Grundverständnisses der Strategieforschung und der Klärung von Begriffen aus einer anwendungsinteressierten Perspektive dient, ohne daß die herrschende Theorie selber einer prüfenden Kommentierung unterzogen werden soll.[138] Zwei theoretische Strategieansätze zur Herkunftserklärung von Wettbewerbsvorteilen und zur Ableitung strategischer Handlungsoptionen bilden nach der Einführung in die Strategieforschung den Rahmen für die Analyse wettbewerbsstrategischer Verhaltensmöglichkeiten. Zuerst wird in Kapitel 3.2 eine marktorientierte Untersuchung wettbewerbsstrategischer Möglichkeiten von Dienstehändlern aus industrieökonomischer Sicht vorgenommen. Daran schließt sich in Kapitel 3.3 eine Erweiterung der gewonnenen Einsichten um Erkenntnisse aus der Anwendung des Ressourcenansatzes in der Strategieforschung an. Die Ergebnisse auf Basis beider Strategieansätze münden in Kapitel 3.4 in eine Prüfung auf gegenseitige Vereinbarkeit als Zwischenfazit, bevor sie in Kapitel 4 und 5 über eine empirische Analyse der wettbewerbsstrategischen Ausrichtung von Dienstehändlern in den USA und deren kritischen Erfolgsfaktoren hinterfragt werden.

3.1 Disziplinäre Entwicklung der Strategieforschung

Der Versuch einer knappen Darstellung der Strategieforschung hat seinen Ausgangspunkt in den fünfziger Jahren des zurückliegenden Jahrhunderts. Zu diesem Zeitpunkt führten Professoren an der Harvard Business School den ersten Ansatz einer *strategischen Planung* in die Wirtschaftswissenschaften ein. Nach allgemeinem, heutigem Verständnis versteht man darunter die Gestaltungsauf-

---

[138] Eine sehr detaillierte Abhandlung zu der Literatur in der Strategieforschung findet man bei Knyphausen-Aufsess 1995: 1-234 und, in eher komprimierter Weise, bei Eschenbach/Kunesch 1996: 5-34. Review-Artikel in der angloamerikanischen Literatur sind z.B. Porter 1991 oder Hoskisson et al. 1999 sowie unter Bezugnahme zum strategischen Marketing Sharma 1999.

gabe des oberen Management eines Unternehmens, Richtung, Ausmaß und Struktur der Unternehmensentwicklung auf Geschäftsfeldebene planerisch vorzugeben.[139]

In der Diskussion der letzten Jahrzehnte um *formale* Gesichtspunkte des Konzepts einer strategischen Planung sind insbesondere zwei Meilensteine von größerer Bedeutung:

(1) *Merkmalserweiterung der strategischen Planung um die Orientierung an Erfolgspotentialen*: Das Merkmal der strategischen Planung in der Tradition der frühen Forschung lag alleine in ihrer *Zeitraumbezogenheit*, nach der die langfristige, strategische Planung von der eher mittelfristigen, taktischen und der kurzfristigen, operativen Planung zu unterscheiden ist.[140] Insbesondere Gälweiler erweiterte 1974 die ausschließliche Orientierung strategischer Entscheidungen an der Zeitraumbezogenheit um eine Orientierung an *Erfolgspotentialen* und sprach fortan von strategischer Planung als „Schaffung und Erhaltung von Ertragspotentialen."[141] Solche Potentiale sind Vorsteuergrößen für nachhaltigen, zukünftigen Erfolg, oder mit anderen Worten gesagt, die Grundlage für dauerhafte, überdurchschnittliche Gewinne (z.B. bestimmte Marktpositionen, Produktentwicklungen oder Produktionskapazitäten).[142]

(2) *Entwicklung der strategischen Planung zum strategischen Management*: Im Zentrum der strategischen Planung stand anfangs alleine das Festlegen von Zielvorgaben für die Geschäftsaktivitäten, wobei aus vergangenen Daten (z.B. Marktanteile, Umsatzerlöse) zukünftige Entwicklungen extrapoliert wurden. Ergänzende Aspekte wie eine motivierende Personalführung, eine effiziente Organisationsgestaltung oder eine transparente Unternehmenskultur, die unternehmensintern die bestmögliche Umsetzung der externen Zielvorgaben gewährleisten können, standen zunächst nicht im Mittelpunkt der Überlegungen.[143] Erst Ansoff (zusammen mit seinen Koautoren Hayes und Declerck) widmete sich 1976 der Aufnahme unterstützender Funktionen von personalwirtschaftlichen und organisatorischen Gesichtspunkten in die strategische Planung und entwickelte den Ansatz des *strategischen Managements* (Synonym: *strategische Unternehmensführung*). Der Begriff umschreibt ein Konzept, „(...) das externe strategische Planung und

---

139 Vgl. zu der Einführung der strategischen Planung an der Harvard Business School Staehle 1999: 603-605. Zu der Gestaltungsaufgabe s. z.B. Aaker 1988: 37; Knyphausen-Aufsess 1995: 7f.; Hahn 1999a: 2; Macharzina 1999: 197-199. Den entsprechenden Ablaufprozeß kann man beispielsweise bei Kreikebaum 1995: 919 oder Hax/Majluf 1999: 170-172 nachlesen. Zum etymologischen Ursprung des Begriffs der Strategie s. Gälweiler 1990: 59-64; Hinterhuber 1990: 49f.; Voigt 1993: 34f.; Staehle 1999: 601f.

140 Vgl. Hax/Majluf 1984: 10-13; Horak 1995: 111.

141 Gälweiler 1974: 135. Der Begriff *Ertragspotential* wird in späteren Werken Gälweilers durch *Erfolgspotential* ersetzt, wie z.B. in Gälweiler 1990: 28, wo von strategischer Planung als „die Suche, der Aufbau und die Erhaltung hinreichend hoher und sicherer Erfolgspotentiale unter Berücksichtigung der damit verbundenen langfristigen Liquiditätswirkungen" die Rede ist. Beide Begriffe sind gleichbedeutend und werden synonym verwendet. Zur allgemeinen Charakteristik des Erfolgspotentials s. Gälweiler 1990: 26f.

142 Zu der definitorischen Verknüpfung des unternehmensindividuell verschiedenartig ausgeprägten *Erfolgspotentials* mit den für alle Wettbewerber allgemeingültigen *Erfolgsfaktoren* s. unten, bei der empirischen Analyse der Erfolgsfaktoren von US-amerikanischen Dienstehändlern, Kapitel 5.4 und dort Fußnote 449.

143 Strategische Planung sah sich Mitte der siebziger Jahre deshalb der Kritik ausgesetzt, „(...) zu einem versteinerten Ritual für Planungsstäbe geworden zu sein, das sich periodisch wiederhole und hauptsächlich im Ausfüllen von Planungsformularen erschöpfe." Kreikebaum 1997: 22.

interne Organisationskompetenz (...) – wie von integrativen Ansätzen gefordert – als gleichberechtigte und interdependente Bereiche integriert."[144]

Neben den skizzierten rein formalen Entwicklungen der Disziplin in den siebziger Jahren verlagerte sich parallel auch der *inhaltliche* Schwerpunkt in bezug auf die Unternehmensbereiche, welche strategische Vorgaben benötigen. Während in den Verkäufermärkten bis Ende der sechziger Jahre die Produktion und Finanzierung Engpässe der Unternehmen darstellten, spielten absatzpolitische Engpässe erst im Wandel der Märkte zu Käufermärkten eine Rolle. Zudem nahm ab den siebziger Jahren die Komplexität der Umwelt z.B. durch Ölkrisen oder Währungsturbulenzen sowie durch das vermehrte Auftreten hybriden Konsumentenverhaltens[145] stark zu. Für die strategische Managementforschung bedeutete dies eine Verlagerung des thematischen Schwerpunkts weg von den Produktions- und Finanzbereichen im Unternehmen hin zur Absatzpolitik, demzufolge Produkt-Markt-/ Geschäftsfeldstrategien bzw. *Wettbewerbsstrategien* in den Mittelpunkt strategischer Managementforschung traten.[146] Entsprechende Strategien grenzen sich in bezug auf ihren organisatorischen Gestaltungsbereich zum einen von (übergeordneten) Gesamtunternehmensstrategien ab, die Auskunft über das Betätigungsfeld eines Unternehmens bezüglich des Gesamtportfolios aller strategischen Geschäftsfelder geben, und zum anderen von (untergeordneten) Funktionsbereichsstrategien wie z.B. Finanz-, Personal- oder Marketingsstrategien, mit Hilfe derer die Fachbereiche eines Unternehmens die Geschäftsfeld- oder Wettbewerbsstrategie unterstützen.[147] Ein längeres Zitat kennzeichnet eine Wettbewerbsstrategie:[148] „Die Wettbewerbsstrategie zielt darauf ab, durch eine im Wettbewerbsvergleich überlegene Leistungsfähigkeit (...), die eine relative Unangreifbarkeit gegenüber Wettbewerbern begründet, eine langfristig verteidigungsfähige Wettbewerbsposition im betreffenden strategischen Geschäftsfeld aufzubauen und so die marktliche Teilnahme der Unternehmung bzw. ihre Entwicklung nachhaltig zu sichern. Ziel ist der Aufbau strategischer Wettbewerbsvorteile aufgrund eines für den Kunden *wichtigen* und von diesem auch tatsächlich *wahrgenommenen* Leistungsmerkmals, das *dauerhaft* vor Imitationsversuchen der Konkurrenz zu verteidigen ist."

---

[144] Staehle 1999: 613. Die Erweiterung strategischer Planung um Aspekte der organisatorischen Umsetzung erfolgte erstmals in dem Artikel von Ansoff et al. 1976/1999 mit dem treffenden Titel „From strategic planning to strategic management". Eine zusammenfassende Erörterung und weitergehende Kommentierung des Artikels kann man bei Kirsch 1997: 24-29 nachlesen. S. außerdem zu dem Begriff des strategischen Managements beispielsweise Voigt 1993: 45; Knyphausen-Aufsess 1995: 15f.; Kreikebaum 1997: 22-24; Hahn 1999b: 145.

[145] Hybrides Konsumenten- oder Kaufverhalten äußerst sich darin, daß ein und derselbe Käufer in verschiedenen Produktfeldern einmal bereitwillig viel Geld ausgibt und ein anderes Mal sehr preisbewußt kauft. Die Bildung homogener Zielgruppen im Marketing wird durch dieses zwitterhafte Verhaltensmuster erschwert. S. Schmalen 1995: 151-156.

[146] Vgl. zu der dargelegten Entwicklung Voigt 1993: 37; Benkenstein 1997: 13-15.

[147] Zu der Unterscheidung s. beispielsweise Corsten 1995: 342; Hax/Majluf 1999: 165.

[148] Will 1995: 1042. Die Popularität des Begriffs der *Wettbewerbsstrategie* geht auf Porter 1980 zurück, dessen Arbeit den Anfang zunehmender Beachtung einer Wettbewerbsorientierung in der strategischen Managementforschung markiert; s. nachfolgend Kapitel 3.2.1.

Der Sachverhalt, daß die primäre Aufgabe einer Wettbewerbsstrategie in der Schaffung von *Wettbewerbsvorteilen* liegt, entspricht einer der Kernaufgaben des strategischen Managements in Analogie zu den oben erläuterten Überlegungen von Gälweiler: Das Erreichen eines Wettbewerbsvorteils als Alleinstellungsmerkmal gegenüber Konkurrenten wird in sehr allgemeiner Form als überlegene Leistung im Wettbewerb verstanden, und eine solche nimmt Einfluß auf das von Gälweiler begrifflich geprägte Erfolgspotential bzw. die Gewinnsituation eines Unternehmens.[149] Das Attribut *strategisch* erhält der Wettbewerbsvorteil, wenn er sich – in Anlehnung an die vorangegangene Definition einer Wettbewerbsstrategie – gleichzeitig durch die Merkmale *wichtig*, *wahrgenommen* und *dauerhaft* auszeichnet. Somit ist ein Wettbewerbsvorteil nur bedeutsam, wenn er sich bei wesentlichen Leistungsmerkmalen auf einen Fähigkeitsvorsprung des Anbieters zurückführen läßt, der für einen hinreichend großen Teil der Nachfrager erkennbar ist und von Konkurrenten kaum imitiert werden kann und somit über die Zeit erhalten bleibt.[150]

Einer kontroversen Diskussion in der theoretischen Forschung des strategischen Managements unterliegt die Frage, welcher Art und welchen Ursprungs Faktoren sind, die zu dauerhaften Wettbewerbsvorteilen eines Unternehmens führen und somit dessen Erfolgspotentiale als Grundlage für dauerhafte, überdurchschnittliche Gewinne positiv beeinflussen.[151] Die entsprechende „Ökologie der Ideen“ umfaßt verschiedene Ansätze, die ihre Wurzeln alle in der Volkswirtschaftslehre haben und deren Logik im strategischen Management nach heutigem Forschungsstand adaptiert ist.[152] Die Schwerpunkte der Konzeptantworten variieren um eine *marktorientierte*, auf der Industrieökonomie („Theory of Industrial Organization“) basierenden Perspektive, und um eine *ressourcenbasierte*, auf der Unternehmensökonomie („Theory of the Growth of the Firm“) beruhenden Sichtweise. In dieser Reihenfolge bilden die beiden Forschungsansätze nachfolgend in den Kapiteln 3.2 und 3.3 den theoretischen Rahmen der Analyse strategischer Handlungsoptionen zur Erlangung von Wettbe-

---

149 Die grundlegende Bedeutung strategischer Wettbewerbsvorteile wird allerdings von der Gewißheit begleitet, daß sie zwar den Geschäftserfolg eines Unternehmens positiv beeinflussen, aber nicht mit ihm gleichzusetzen sind. Es gibt keinen Automatismus für das Entstehen eines finanziellen Erfolges auf Basis der bloßen Existenz eines Wettbewerbsvorteils. Vgl. dazu Coyne 1988: 26.

150 Zu der Definition eines ***strategischen Wettbewerbsvorteils*** s. a. Simon 1988: 4 und Aaker 1988: 37 sowie sekundär z.B. Benkenstein 1997: 17-19.

151 Für Mitte der achtziger Jahre konstatiert Coyne 1988: 18 sogar eine regelrechte Forschungslücke bei dieser Frage: „Dauerhafte Wettbewerbsvorteile haben explizit oder implizit schon lange das strategische Denken beeinflußt. (...) Allerdings ist man bisher kaum der Frage nachgegangen, wodurch ein dauerhafter Wettbewerbsvorteil überhaupt ermöglicht wird.“

152 Zu der ***Ökologie der Ideen*** vgl. Knyphausen-Aufsess 1995: 50-87. Auf den umfassenden Einfluß der Volkswirtschaftslehre für die strategische Managementforschung gehen Rumelt et al. 1991: 5-29 ein. Sie betonen jedoch, daß der Zusammenhang einseitig ist, da Volkswirte kaum Anregungen der Betriebswirtschaftslehre und der strategischen Managementforschung aufnehmen. Wörtlich heißt es: „Within economics, (...) there are those who follow and appreciate the contributions of strategic management research, but there is a much larger group who are unaware of traditions outside of economics and apprehend business management only through their own constructs and an occasional reading of the Wall Street Journal.“

werbsvorteilen, wobei eine Einführung in Inhalte eines jeden Forschungsansatzes den auf Dienstehändler bezogenen Untersuchungen jeweils vorangestellt ist.

3.2 Umweltbezogene Wettbewerbspositionierung aus industrieökonomischer Perspektive

In diesem Abschnitt wird unter Anwendung des marktorientierten Ansatzes der strategischen Managementforschung (a) eine Untersuchung der geschäftsfeldorientierten Umwelt der Dienstehändler im deutschen Markt für festnetzbasierte Telefondienste durchgeführt. Die Schlußfolgerungen zur Wettbewerbsstruktur im Markt fließen anschließend (b) in Überlegungen zur Sinnhaftigkeit der Verfolgung einer Wettbewerbsstrategie der Kostenführerschaft oder der Differenzierung ein. Dabei sind Möglichkeiten und Eignung solcher Wettbewerbsstrategien für Switch-based und Switchless Dienstehändler zu klären. Vorab bedarf es jedoch einer theoretischen Fundierung des marktorientierten Forschungsansatzes des strategischen Managements.

3.2.1 Theoretische Fundierung des Forschungsansatzes

Der marktorientierte Forschungsansatz im strategischen Management leitet sich dem Ursprung nach von der *Industrieökonomie* ab, die sich mit der Struktur und Funktionsweise von Märkten beschäftigt. Sie geht bis in die vierziger Jahre auf Mason zurück und wurde von dessen Schüler Bain über das „Structure-Conduct-Performance-Paradigma“ weiterentwickelt.[153] Es unterstellt eine kausale Beziehung zwischen Marktstruktur, -verhalten und -ergebnis in der Art, daß die Kriterien der Struktur (Zahl der Anbieter und Nachfrager, Grad der Produkthomogenität, Höhe der Markteintrittsbarrieren) die des unternehmerischen Verhaltens (Art und Häufigkeit des Einsatzes von Aktionsparametern wie z.B. Preis oder Werbung) determinieren, welche wiederum eine ursächliche Wirkung auf die Kriterien des Ergebnisses (quantitativ zu erfassende Größen wie z.B. Preis oder Gewinn) ausüben.[154]

Während die Industrieökonomie in der Tradition Bains bis in die siebziger Jahre auf empirischen Untersuchungen mit Fallstudien-Charakter beruhte, bei denen sich das Erkenntnisinteresse vornehmlich auf den unmittelbaren Zusammenhang zwischen Struktur und Ergebnis richtete,

---

[153] Mason 1949: 1265-1285 befürwortet eine Analyse der Marktstruktur und deren Auswirkung auf das Marktergebnis als „Test of workable competition“ im Rahmen der Antitrust-Politik und -Rechtsprechung in den USA. Bain 1968: 7-13 grenzt die drei Komponenten des Paradigmas definitorisch ab und geht anschließend ausführlich auf ihr Erscheinungsbild in der US-amerikanischen Wirtschaft, ihr Zusammenwirken sowie ihre Relevanz für die Wirtschafts- und Wettbewerbspolitik ein. Einen guten Abriß über Entstehung und Gegenstand der Industrieökonomie bietet z.B. Kaufer 1980: 3-11. Für eine einleitende Definition der Industrieökonomie s. Jacquemin 1986: 9; Tirole 1999: 1 u. 4.

[154] Darüber hinaus hat das Marktergebnis retrograd auch Einfluß auf das Verhalten und die Struktur, wobei solche Rückkopplungseffekte den Determinismus in der analytischen Sequenz von Struktur über Verhalten hin zum Ergebnis nicht grundlegend ändern.

entwickelte sie sich in der Folgezeit zu einer mehr theoretisch orientierten Disziplin, welche sich zunehmend für die Sequenz Marktstruktur-Verhalten interessierte.[155] Den wesentlichen Anstoß für die Entstehung der entsprechenden *Neuen Industrieökonomie*[156] bot die *Spieltheorie*, welche der traditionellen Industrieökonomie ein modelltheoretisches Instrumentarium zur Kausalanalyse der Funktionsweise von Märkten an die Hand gab. Fortan konnten über den bloßen empirischen Nachweis bestimmter Markt- und Industrie-Charakteristika hinaus auch die Bedingungen ihres Entstehens (z.B. im Falle von Kartellbildungen) sowie vielfältige Gründe spezifischen Konfliktpotentials im Verhalten der Marktteilnehmer analysiert werden, was den Blickwinkel der Industrieökonomie stärker in die Richtung einer verhaltenswissenschaftlichen Theorie lenkte.[157]

Die Relevanz der industrieökonomischen Erklärungstatbestände für das strategische Management geht auf Porter zurück. Seine Überlegungen knüpfen im Jahr 1980 an der Bainschen strukturalistischen Sichtweise an und erkennen im Sinne des deterministischen Struktur-Ergebnis-Zusammenhangs die Ursache von Rentabilitätsunterschieden einzelner Unternehmen in ihren Umweltbedingungen.[158] Ausgangspunkt der Suche nach strategischen Handlungsoptionen zur Erlangung dauerhafter Wettbewerbsvorteile ist deshalb eine Analyse der branchenstrukturbezogenen Umwelt (auch geschäftsfeldorientierte oder wettbewerbsbezogene Umwelt), über die eine Informationsgrundlage für strategische Entscheidungen geschaffen wird und sich der strategische Blickwinkel auf eine Unternehmenspositionierung in bezug zu den Wettbewerbern richtet. Folgerichtig bezeichnet man die Porter-Schule in der Literatur auch als *marktorientierten* oder *umweltzentrierten* Ansatz der strategischen Managementforschung („Market-based View"). Porter nennt fünf strukturelle Faktoren („Competitive Forces"), welche die Attraktivität eines Marktes determinieren und entsprechend starke Auswirkungen auf den Erfolg einer Wettbewerbspositionierung darin haben:[159]

- Rivalität unter den geschäftstätigen Wettbewerbern,
- Bedrohung durch potentielle neue Konkurrenten,
- Bedrohung durch Ersatzprodukte (Substitute),
- Verhandlungsmacht der Abnehmer und
- Verhandlungsmacht der Lieferanten.

---

155 Der Wandel ergab sich aus der Kritik, daß es den empirischen Forschungen an einer befriedigen theoretischen Fundierung mangelte. Die kritische Stimmung äußerte sich in der herrschenden Meinung, „(...) daß die industrieökonomische Theorie wohl zur Erklärung bestimmter statistischer Ergebnisse oder einer Abstützung weltanschaulicher Positionen beitrage, aber nicht den Charakter einer strengen und systematischen Analyse besitze." Tirole 1999: 3.

156 Erwähnung findet die Bezeichnung z.B. bei Tirole 1999: 6 oder Jacquemin 1986: 13.

157 Die wechselseitige Beziehung zwischen Industrieökonomie und Spieltheorie erörtert z.B. Illing 1994: 5-22 in anschaulicher Weise. Einen Überblick der nicht-kooperativen Spieltheorie bietet Tirole 1999: 945-1029.

158 Porter's Ansatz der Strategieforschung ist in seinen Werken „Competitive Strategy" (Porter 1980) und „Competitive Advantage" (Porter 1985) vorgestellt. Zusammenfassende Erörterungen findet man bei Porter 1991: 99-104 selbst oder z.B. bei Eschenbach/Kunesch 1996: 231-235; Teece et al. 1997: 511; Hahn 1999b: 157f.; Hoskisson et al. 1999: 425f.; Cockburn et al. 2000: 1126f.

159 Vgl. Porter 1980: 3f.

Zur wettbewerbsstrategischen Positionierung in einem Markt bieten sich den Unternehmen vier alternative Strategien an, die sich nach dem zu erlangenden Wettbewerbsvorteil und nach dem Zielbereich der unternehmerischen Geschäftstätigkeit unterscheiden: *Umfassende Kostenführerschaft*, *Differenzierung*, *Kostenfokus* und *Differenzierungsfokus*, wobei die zwei zuletzt genannten Wettbewerbsstrategien zusammen als *Konzentration auf Schwerpunkte* im Sinne einer Nischenstrategie gelten (s. Abbildung 3-1).

Abbildung 3-1: Generische Wettbewerbsstrategien im marktorientierten Ansatz der strategischen Managementforschung

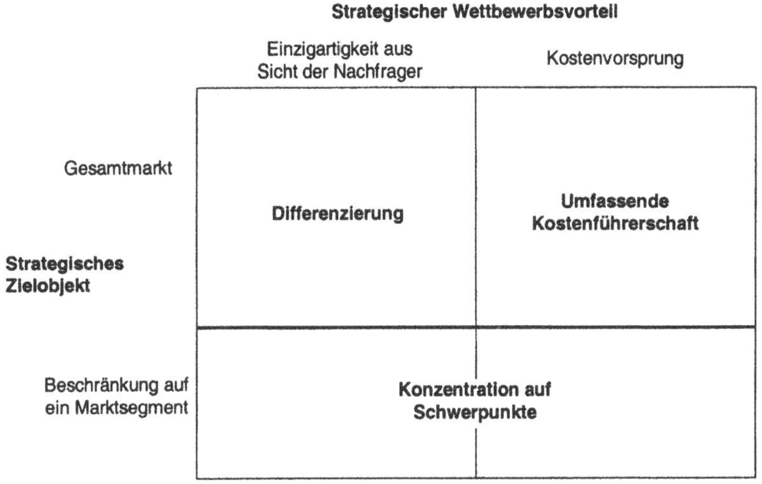

Quelle: Porter 1980: 39.

Die Neue Industrieökonomie mit spieltheoretischen Modellen kann für die Entwicklung und Auswahl von Strategien ebenfalls von Interesse sein.[160] Sie hat in ähnlicher historischer Abfolge wie die Führungsphilosophie des strategischen Managements in deren Abgrenzung zur strategischen Planung (s. Kapitel 3.1) ihr Erkenntnisinteresse speziell um unternehmensbezogene Aspekte erweitert. Knyphausen-Aufsess referiert jedoch vier Gründe, warum spieltheoretische Erkenntnisse bei der Entwicklung und Auswahl von Wettbewerbsstrategien nicht überbewertet werden dürfen:[161]

- Relevant für die Industrieökonomie sind nicht-kooperative Spiele, die sich nach den Dimensionen Informationsannahmen (vollständig, unvollständig) und Zeithorizont (statisch, wiederholt, dynamisch) unterscheiden. Ausreichendes Erklärungspotential für das strategische Management

[160] Vgl. Shapiro 1989: 131-135: Camerer 1991: 148-150.

[161] Vgl. Knyphausen-Aufsess 1995: 68-76.

bieten aber lediglich *dynamische* Spiele unter der praxisnahen Annahme *unvollständiger* Information.

- Selbst dynamische Spiele bei unvollständiger Information sind für das strategische Management kaum attraktiv, solange ihnen die realitätsferne „Common Knowledge Assumption" zugrundeliegt, wonach die Spieler rationale Erwartungen über das gegenseitige Spielverhalten besitzen.
- Viele Spiele neigen zu mehr als einer Gleichgewichtslösung. Dieser Umstand läßt kaum Implikationen für das strategische Management zu, weil sich keine eindeutigen strategischen Entscheidungen ergeben, und falls doch, diese modellhaft einem Zufallsmechanismus unterliegen und/oder bei kleinsten Veränderungen der Informationsannahmen zu verwerfen sind.
- Eine Strategie in der Spieltheorie präsentiert sich als Entscheidungsbaum, der für alle Eventualitäten Handlungspläne vorsieht. Dies widerspricht dem Verständnis der strategischen Managementforschung, wonach Strategien als Methoden gesehen werden, mit Hilfe derer man Handlungsempfehlungen situativ entwickelt, ohne daß diese vorab festgelegt werden.

Die Gesamtheit dieser Probleme führt unabhängig von der Diskussion möglicher Implikationen der Spieltheorie für das strategische Management sogar zur Forderung einiger Autoren in der Volkswirtschaftslehre, bei den Forschungen in der Industrieökonomie wieder zur der Bainschen strukturalistischen Sichtweise von Märkten und Industrien zurückzukehren.[162] Für die theoretische Analyse von wettbewerbsstrategischen Möglichkeiten von Dienstehändlern in dieser Arbeit geben die Hinweise von Knyphausen-Aufsess Anlaß, von einer Anwendung spieltheoretischer Erkenntnisse nachfolgend abzusehen.[163] Die Arbeit stützt sich im Umfeld relevanter industrieökonomischer Ansätze für das strategische Management ganz auf den ökonomischen, marktorientierten Ansatz der Porter-Schule, zumal auch die empirische Haltbarkeit dieses Forschungsansatzes in der Literatur bereits mehrfach bewiesen wurde. Unter der Fragestellung „How much does Industry matter?" kommt insbesondere eine Untersuchung von Schmalensee aus dem Jahre 1985 zu dem Ergebnis, daß es fast ausschließlich industriespezifische Effekte sind, die die Unternehmensprofitabilität maßgeblich beeinflussen, während Unternehmenseffekte gar keinen und der Marktanteil einen nur geringen Einfluß ausüben. Diverse Anschlußuntersuchungen mit einer vergleichbaren Fragestellung bestätigen dieses Ergebnis, weisen jedoch vermehrt auch unternehmensspezifischen Effekten einen Einfluß auf den Erfolg des unternehmerischen Handelns zu, was aus theoretisch-konzeptioneller

---

[162] So z.B. Scherer 1992: 21-23 im Rahmen seiner Erörterungen über Theorien eines internationalen Wettbewerbs, oder Fisher 1989: 120-123 vor dem Hintergrund der Entwicklung einer „General Theory of Oligopoly".

[163] Die Entscheidung einer solchen Ausgrenzung findet auch indirekt bei Albach 1991: 270f. Bestätigung, der betont, daß die moderne ökonomische Wettbewerbstheorie, die gleichfalls auf der Theorie dynamischer Spiele mit unvollständiger Information beruht, keine klaren Handlungsempfehlungen mehr für das strategische Management bereithalte. Einen seltenen Versuch, aus der Spieltheorie Implikationen für Fragestellungen in der TK-Industrie herauszuarbeiten, unternimmt Turpin 1995: 116-121, der spieltheoretisch auf einem stark abstrakten Niveau die Bereitschaft etablierter Netzbetreiber zur Öffnung ihrer Netzinfrastrukturen gegenüber neuen Wettbewerbern untersucht.

Sichtweise seinen Niederschlag in dem noch zu erörternden ressourcenbasierten Strategieansatz (s. unten Kapitel 3.3.1) findet.[164]

3.2.2 Wettbewerbsumfeld der Dienstehändler im Markt für festnetzbasierte Telefondienste

Die nachfolgende marktorientierte Analyse der Wettbewerbsstruktur in dem Markt für festnetzbasierte Telefondienste in Deutschland eröffnet die Möglichkeit, die auf Dienstehändler einwirkenden Wettbewerbskräfte kennenzulernen, ehe aus dem Ergebnis der Wettbewerbsstrukturanalyse vorteilhafte strategische Verhaltensmaßnahmen für den Dienstehandel abgleitet werden.[165] Als Orientierungsleitfaden dienen die von Porter geprägten fünf strukturellen Determinanten einer Geschäftsfeldattraktivität (s. Kapitel 3.2.1).

3.2.2.1 Rivalität unter aktuellen Wettbewerbern

Die Rivalität unter etablierten Wettbewerbern (= Wettbewerbsintensität) ist um so ausgeprägter, (a) je größer die Anzahl gegebenenfalls gleichmächtiger Wettbewerber ist, (b) je niedriger das Marktwachstum bei Annäherung an eine Marktsättigungsgrenze ausfällt und (c) je markanter der Preiskampf vonstatten geht (bzw. je geringer die Produktdifferenzierung ist).[166]

Bezüglich des zuerst genannten Operationalisierungskriteriums läßt sich die Zahl der Lizenznehmer der Klasse 4 als Ausgangspunkt für die Abschätzung der *Anzahl geschäftstätiger Wettbewerber* heranziehen. Mit Erhebungsstand Ende Juni 2000 besaßen 171 Unternehmen eine von der RegTP erteilte Sprachtelefondienstelizenz, wohingegen die Zahl der Lizenznehmer Anfang Februar 1998 noch 44 betrug und sie sich demzufolge innerhalb von 2 ½ Jahren nach der Marktöffnung nahezu vervierfacht hat (s. Abbildung 3-2).

---

[164] Zu der empirischen Relevanz des industrieökonomischen Strategieansatzes s. den umfangreichen Literaturüberblick von Campell-Hunt 2000: 128-132. Empirische Analysen, die sich speziell an Schmalensee 1985 anschließen und das Ergebnis seiner Arbeit zwar grundlegend, jedoch nicht klar bestätigen, sind z.B. Wernerfelt/Montgomery 1986 und 1988, Rumelt 1991, McGahan/Porter 1997 sowie weitere im Literaturüberblick von Knyphausen 1993: 772-774 aufgeführte Studien. S. als Sekundärquellen z.B. auch Wolfrum 1993: 116; Henderson/Mitchell 1997: 6f.; Hinterhuber/Friedrich 1999: 991.

[165] Eine Analyse der auf gesamtwirtschaftlicher und gesellschaftspolitischer Ebene angesiedelten makroökonomischen, technologischen und sozio-kulturellen Umweltaspekte, wie sie z.B. Gries 1998: 45-50 vornimmt, unterbleibt an dieser Stelle, da sie für die strategische Positionierung von Dienstehändlern im Wettbewerbsmarkt für festnetzbasierte Telefondienste als wenig zielführend angesehen wird: „Although the relevant environment is very broad, encompassing social as well as economic forces, the key aspect of the firm`s environment is the industry or industries in which it competes." Porter 1980: 3. Im Hinblick auf wirtschaftsrechtliche Umweltbedingungen des Dienstehandels wurden wichtige Zusammenhänge bereits in Kapitel 2.3.1 dargelegt.

[166] Vgl. Porter 1980: 17-23; Knyphausen-Aufsess 1995: 53-55; Will 1995: 1043; Eschenbach/Kunesch 1996: 233. Als weitere Einflußfaktoren auf die Wettbewerbsintensität werden der Fix- und Lagerkostenanteil sowie bestehende Marktaustrittsbarrieren in einem zu analysierenden Wettbewerbsumfeld genannt. Weil Telefondienste nicht lagerbar sind, wird der erste Faktor nicht weiter diskutiert. Hinsichtlich der Marktaustrittsbarrieren ist auf die Analyse von Markteintrittsbarrieren unten in Kapitel 3.2.2.2 zu verweisen.

Abbildung 3-2: Zahl der Lizenznehmer der TKG-Klasse 4 an 6 Erhebungsstichtagen in der Zeit zwischen Anfang Februar 1998 und Ende Juni 2000

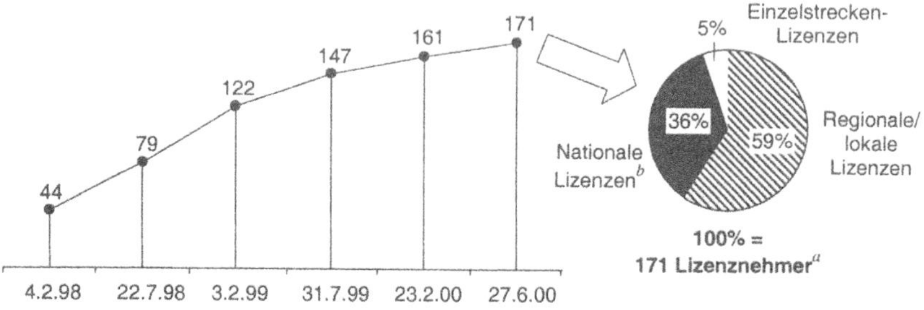

a) Von den Lizenznehmern besitzen 116 Unternehmen gleichfalls eine TKG-Lizenz der Klasse 3. Außerdem ist anzumerken, daß sich die 171 Lizenznehmer insgesamt 321 von der RegTP vergebene Sprachtelefondienstelizenzen teilen, wobei die unterschiedlich hohen Zahlen zwischen *Lizenznehmern* und *Lizenzen* darauf beruhen, daß die Gesamtzahl aller Lizenzen neben Erst- *auch* Änderungslizenzen (z.B. bei Erweiterung des geographischen Lizenzgebietes) miteinschließt.

b) Mit Ausnahme von *WESTCom* gehören alle in Tabelle 2-2 aufgelisteten Switch-based Dienstehändler zu der Gruppe der Inhaber einer bundesweiten Sprachtelefondienstelizenz.

Quelle: RegTP 1999a: 40; RegTP 2000b: 3 (Tab. 2); RegTP 2000e; eigene Analysen.

Tatsächlich geschäftstätig im Teilmarkt auf Dienste- und Vertriebsebene waren unter den 171 Lizenznehmern Ende Juni 2000 neben den in Kapitel 2.3.2 identifizierten 20 Switch-based Dienstehändlern, welche mit Ausnahme des derzeit nicht im Markt präsenten Unternehmens *WESTCom* alle über eine bundesweite Lizenz verfügen, mindestens 51 weitere Lizenznehmer. Diese Diensteanbieter besaßen zu dem besagten Zeitpunkt als Vertreter des Geschäftsmodells eines Netzbetreibers neben der TKG-Lizenz der Klasse 4 gleichfalls eine Übertragungswegelizenz der Klasse 3 (Erhebungsstand: 27.06.2000), einen Netzzusammenschaltungsvertrag mit dem Incumbent (Erhebungsstand: 12.07.2000) und hatten die Geschäftsaufnahme mit Sprachtelefondiensten für die Öffentlichkeit bei der RegTP bereits angemeldet (Erhebungsstand: 23.08.2000).[167] Anzumerken ist allerdings, daß nahezu zwei Drittel dieser aktiven Netzbetreiber (= 32 von 51 Unternehmen) lediglich über eine der mehrheitlich vergebenen regionalen oder lokalen Sprachtelefondienstelizenzen verfügten. Das schließt zwar nicht das Angebot von Telefondiensten im nationalen und internationalen Fernstreckenbereich aus, beschränkt allerdings den Einfluß der Netzbetreiber auf die zu untersuchende Rivalität unter etablierten Wettbewerbern auf ihr jeweils geographisch begrenztes Lizenzgebiet, in dem die angebotenen Telefondienste verfügbar sind. Ungeachtet dieses Sachverhalts belief sich die Gesamtzahl aller *lizenzierten* und *operativ tätigen* Diensteanbieter Mitte des Jahres 2000 also mindestens auf 71 Unternehmen (20 + 51). Angesichts dieser Größenordnung wird all-

[167] Die Angaben beruhen auf einer vergleichenden Auswertung von RegTP 2000b, RegTP 2000c, RegTP 2000d und RegTP 2000e.

gemein von einer signifikant hohen Wettbewerbsintensität im Markt für Telefondienste auf Festnetzbasis gesprochen[168], wobei sich die Zahl aktiver Diensteanbieter noch einmal um die in Kapitel 2.3.2 erhobenen 25 Unternehmen, die sich als traditionelle Switchless Dienstehändler betätigen, in Summe erhöht. Aus dem Blickwinkel der offerierten Telefondienste stellt die Basisleistung der Festnetztelefonie zweifelsohne das Kerngeschäft der Vielzahl von Diensteanbietern dar, demzufolge auch der Schwerpunkt des Wettbewerbs in diesem Geschäftssegment liegt.[169]

Der Eindruck einer signifikanten Wettbewerbsintensität erhärtet sich unter Berücksichtigung des *Marktwachstums* (s. Abbildung 3-3), das im Jahresvergleich von 1998 auf 1999, gemessen in realisierten Umsätzen mit Telefondiensten im Festnetz, von einer rückläufigen Entwicklung in Höhe von –8% geprägt war, bzw. absolut betrachtet einen Volumenrückgang von DM 45,78 Milliarden auf DM 41,9 Milliarden aufwies. Stellt man diesem Verlauf die dynamische Entwicklung gemessen in verkauften Verbindungsminuten gegenüber, dann ergibt sich ein entgegengesetztes Bild, weil das Aufkommen an verkauften Verbindungsminuten im nationalen Festnetz von 196,8 Milliarden Minuten in 1998 auf 231 Milliarden Minuten im Jahre 1999 anstieg (= 17%). Dabei konnten die Wettbewerber der *Deutschen Telekom* deutlich Marktanteile an sich ziehen: Im ersten Jahr des Wettbewerbs entfielen auf sie 11,7 Milliarden Minuten (1998: 6%) und im zweiten Jahr bereits 46 Milliarden Minuten (1999: 18%), wobei es sich fast ausschließlich um Ferngesprächsverbindungen bei Anteilen von 83% bzw. 80% handelt.[170] Die Daten legen offen, daß die rückläufige Marktentwicklung, gemessen in realisierten Umsätzen, zu einem Großteil auf Preisrückgänge zurückzuführen ist, welche den in Verbindungsminuten gemessenen Volumenanstieg überkompensieren. Die ebenfalls in Abbildung 3-3 aufgeführten Schätzwerte für das Jahr 2000 bestätigen diesen Trend: Der Anstieg der vermittelten Verbindungsminuten dürfte sich auf 16% belaufen, während gleichzeitig ein Rückgang des Umsatzvolumens von –21% zu beobachten war.

Bevor auf die Preisentwicklung im nächsten Absatz näher eingegangen wird, ist bezüglich des in Verbindungsminuten gemessenen Marktwachstums in Relation zu dem beobachteten Anstieg geschäftstätiger Diensteanbieter auf die Gefahr anstehender Marktbereinigungen hinzuweisen. Als

---

168 Vgl. Stumpf/Schwarz-Schilling 1999: 9 u. 87; Monopolkommission 1999: 17f. In beiden Quellen wird bereits für Mitte des Jahres 1999 argumentiert, daß u.a. aufgrund von ca. 60 Telefondiensteanbietern eine hohe Wettbewerbsintensität mit steigender Tendenz im kommerziellen Telefondienstegeschäft herrscht.

169 Selbst bei dem Ex-Monopolisten Deutsche Telekom entfallen nur 5% des Konzernumsatzes in 1999 auf Mehrwert- und kundenbezogene Telefondienste im Festnetz, wohingegen der Anteil des Geschäfts mit dem Basisdienst der Festnetztelefonie 48% beträgt; s. Deutsche Telekom 1999: 102. Zu dem mehrheitlich engen, auf Call-by-Call- und Pre-Selection fokussierten Telefondienstesortiment der Dienstehändler in Deutschland s. oben Tabelle 2-1 und Tabelle 2-2. Vgl. außerdem zu den im internationalen Vergleich geringen Vermarktungsanstrengungen bei Mehrwertdiensten in Deutschland Gerpott 1998: 222.

170 Ähnlich auch die Erkenntnisse von DC/VATM 1999: 2.

Abbildung 3-3: Entwicklung des deutschen Marktes für festnetzbasierte Telefondienste in Umsätzen und Verbindungsminuten von 1997 bis 2000

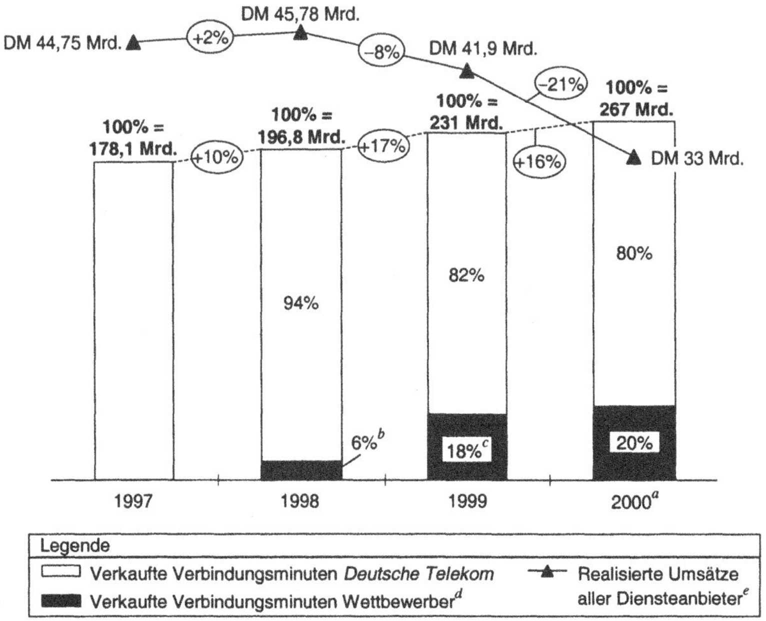

a) Eigene Hochrechnung auf Basis von Marktinformationen aus dem Halbjahresbericht 2000 der RegTP.

b) Von dem Anteil entfallen ca. 83% der verkauften Verbindungsminuten auf Fern- und Auslandsgespräche.

c) Von dem Anteil entfallen ca. 80% der verkauften Verbindungsminuten auf Fern- und Auslandsgespräche.

d) Eine weitere Untergliederung nach einzelnen Wettbewerbern ist den Datenquellen nicht zu entnehmen.

e) Es ist anzunehmen, daß sich die Umsätze überwiegend auf verkaufte Verbindungsminuten im Rahmen des Geschäfts mit dem Basistelefondienst beziehen, was jedoch aus den Datenquellen nicht mit Sicherheit hervorgeht.

Quelle: RegTP 1999a: 111-113; RegTP 2000f: 9-11, 15f. u. 27.

pauschale Richtgröße für einen Diensteanbieter wird der Verkauf von täglich 15 Millionen Verbindungsminuten angenommen, um rentabel im kommerziellen Telefondienstegeschäft bestehen zu können.[171] Das bedeutet, daß bei dem auf 365 Tage im Jahr umgelegten Marktvolumen des Jahres 1999 (= 632,9 Millionen Minuten am Tag) hypothetisch 42 Diensteanbieter mit gleichen Marktanteilen im Markt bestehen könnten und im Jahr 2000 (= 731,5 Millionen Minuten pro Tag) 49 Diensteanbieter. Tatsächlich waren aber bereits Mitte des Jahres 1999 etwa 60 Unternehmen mit

---

[171] Vgl. o.V. 1999a: 24. Die Richtgröße geht auf eine Einschätzung des ehemaligen Vorstandsvorsitzenden des Switchless Dienstehändlers *debitel* zurück, wobei hier angenommen wird, daß sie pauschal für alle Diensteanbieter gleich welchen Geschäftsmodells getroffen wurde. Formal soll der Wert die Gewinnschwelle im Schnittpunkt von Umsatz- und Kostenfunktion bezeichnen, was jedoch mit absoluter Sicherheit der Quelle nicht zu entnehmen ist.

einem Sprachtelefondiensteangebot im Markt etabliert[172] und Mitte 2000 mindestens 96 (s.o. in diesem Kapitel), so daß bei vielen Unternehmen die Vermutung einer auf lange Sicht unrentablen Geschäftstätigkeit nahe liegt. Das Mißverhältnis zwischen geringem Marktwachstum und der stark steigenden Anzahl von Diensteanbietern wird möglicherweise nicht jedem Wettbewerber das Erreichen einer kritischen Größe an verkauften Verbindungsminuten erlauben, bei der ein positiver Deckungsbeitrag pro Verbindungsminute gewährleistet ist.[173]

Die *Preisentwicklung* läßt sich anhand des „Verbraucherpreisindex für Telefondienstleistungen im Festnetz" des Statistischen Bundesamtes ablesen (s. Abbildung 3-4), der im Durchschnitt von 1998 auf 1999 um 10,9% und bis Juli 2000 um weitere 3,6% sank. Getrieben wurde der Rückgang von dem Preisverfall sowohl bei Ferngesprächen, deren durchschnittlicher Preisindex von 1998 auf 1999 um 35,7% und bis Juli 2000 um weitere 4,2% sank, als auch bei Auslandsgesprächen, deren Durchschnittspreisindex von 1998 auf 1999 um 12,4% und bis Juli 2000 noch einmal um beachtliche 23,4% nachgab. In diesen zwei Segmenten herrscht intensiver Preiswettbewerb, wohingegen sich bei Ortsgesprächen in derselben Zeit starke und bei Telefonanschlußgebühren moderate Preissteigerungen beobachten ließen. Etwas überraschend ist die Preisentwicklung im Übergang vom Monopol zum Wettbewerb selbst, also von 1997 auf 1998. Binnen dieser Jahresfrist war nur bei Auslandsgesprächen ein Preisrückgang von 9,9% zu beobachten, wohingegen der Preisindex aller sonstigen Telefondienstleistungen im Festnetz von einer Seitwärtsbewegung geprägt war. Dieser Umstand liegt trotz Marktöffnung und der in Kapitel 2.3.2 erörterten preisgünstigen Tarifangebote daran, daß die Mehrheit neuer Wettbewerber mit ersten Angeboten nicht vor Jahresmitte 1998 und ausschließlich im Fernnetzbereich in Konkurrenz zu dem Ex-Monopolisten trat und der statistische Preisindex aus diesem Grunde im ersten Jahr des Wettbewerbs noch ausschließlich auf Basis der Preise der *Deutschen Telekom* berechnet wurde.[174]

Als Ergebnis der vorangegangenen Ausführungen kann angesichts (a) der großen, wachsenden Anzahl geschäftstätiger Diensteanbieter, (b) der Gefahr von Marktbereinigungen aufgrund eines voraussichtlich nicht für alle Diensteanbieter ausreichenden Marktwachstums und (c) des starken, in der Regel margentreibenden Preiskampfes von einer hohen Wettbewerbsintensität im Teilmarkt auf

---

[172] Vgl. RegTP 1999a: 110.

[173] Zu dem Aspekt einer unterschiedlich diskutierten *kritischen Masse* in der TK-Industrie vgl. z.B. Späth 1995: 26f. und Röck 2000: 38-43, die über den Terminus im Kontext des Diffusionsprozesses eines TK-Dienstes referieren, sowie Kruse 1995: 58f. und Garrard 1998: 106, die die Größe in Bezug zu den Stückkosten speziell im Mobilfunkgeschäft erörtern. Generelle Hinweise auf die Gefahr von Marktbereinigungen im Verdrängungswettbewerb bei festnetzbasierten Telefondiensten finden sich z.B. auch bei Hungenberg 1998: 489 und WestLB Panmure 1998: 26.

[174] Alle aufgeführten Daten des Verbraucherpreisindex für Telefondienstleistungen wurden direkt beim Statistischen Bundesamt abgefragt. Über die methodische Berechnung der Indexzahlen referiert Beuerlein 1999: 332f.

Abbildung 3-4: Verbraucherpreisindex des Statistischen Bundesamtes für Telefondienstleistungen in Festnetzen in Deutschland von Januar 1997 bis Juli 2000 [a]

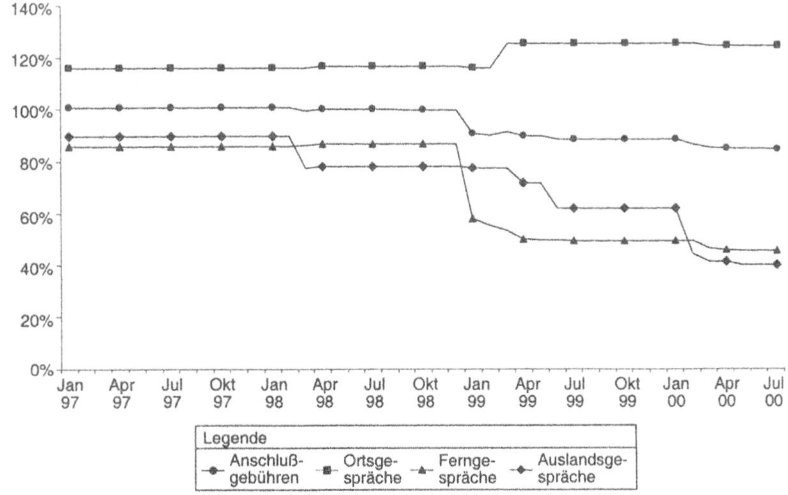

	Jahresdurchschnittswerte				
	Insge-samt	Anschluß-gebühren	Ortsge-spräche	Fernge-spräche	Auslands-gespräche
1997	100,9	109,6	115,9	85,8	89,8
1998	100,2	110,3	116,5	86,7	79,9
1999	89,3	110,5	123,7	51	67,5
2000[b]	85,7	110,5	124,7	46,8	44,1

a) Normierung: 100% im Januar 1995. Die Indexberechnung berücksichtigt ausschließlich Preisdaten der *Deutschen Telekom*. Speziell im Segement der *Ferngespräche* gehen ab Januar 1999 erstmals auch Wettbewerberpreise für Call-by-Call-Selection mit einer Gewichtung von 30% in die Berechnung ein.

b) Durchschnittswert für die Monate Januar bis einschließlich Juli.

Quelle: Statistisches Bundesamt.

Dienste- und Vertriebsebene gesprochen werden. Dabei bezieht sich die ausgeprägte Rivalität unter den etablierten Diensteanbietern vorwiegend noch auf das Geschäft des Basistelefondienstes im nationalen und internationalen Fernverbindungsbereich.

3.2.2.2 Bedrohung durch potentielle neue Konkurrenten

Die Möglichkeit des Markteintritts weiterer Wettbewerber, die aufgrund des damit einhergehenden Anstiegs der Wettbewerbsintensität als Gefahr für die Geschäftsrentabilität der etablierten Diensteanbieter zu erachten ist, läßt sich anhand der *Markteintrittsbarrieren* abschätzen, welche die unternehmerische Entscheidung über die Aufnahme einer Geschäftstätigkeit maßgeblich bestimmen. Die Höhe der Markteintrittsbarrieren für potentielle Markteindringlinge ist um so höher, (a) je mehr die etablierten Wettbewerber von realisierten Skalen- und Verbundeffekten profitieren können, (b) je größer bereits das Ausmaß der Produktdifferenzierung im Markt ist, (c) je höher sich die Kosten eines Anbieterwechsels für Endkunden präsentieren, (d) je schwieriger sich für neue Wettbewerber der Vertriebskanalzugang darstellt und (e) je größer die mit dem Markteintritt verbundene Kapitalintensität ausfällt.[175]

Abbildung 3-5: Empirisch beobachtete 61,5%-Erfahrungskurve bei der Bereitstellung des festnetzbasierten Basistelefondienstes [a]

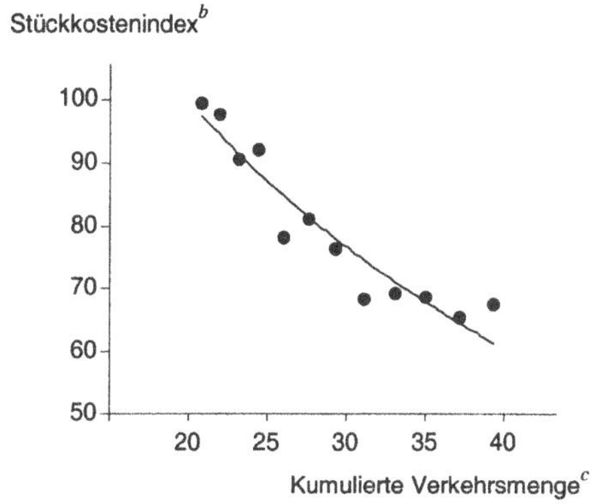

a) Beobachtungzeitraum: 1974 bis 1985; Datenbasis: *Deutsche Telekom* (damals *Deutsche Bundespost*).
b) Bezieht sich auf die deflationierten Stückkosten der Bereitstellung des Basistelefondienstes; Normierung: 100% = 1974.
c) Verkehrsmenge gemessen in Millionen Erlangstunden, also in Abhängigkeit der Zeitsumme der Inanspruchnahme einer Vermittlungsstelle oder Übertragungsleitung im Beobachtungszeitraum.

Quelle: Heuermann 1989: 292-297.

Skaleneffekte („Economies of Scale") bezeichnen die Stückkostendegression bei einer steigenden Ausbringungsmenge. Der Zusammenhang ist im Konzept der Erfahrungskurve abgebildet, wonach in bezug auf die Bereitstellung festnetzbasierter Telefondienste die realen, nicht inflationierten Kosten für eine Gesprächsverbindung um einen relativ konstanten Prozentsatz zurückgehen, sobald sich die in kumulierten verkauften Verbindungsminuten ausgedrückte Produkterfahrung verdoppelt.

[175] Vgl. Porter 1980: 7-17; Knyphausen-Aufsess 1995: 55-57; Will 1995: 1043; Eschenbach/Kunesch 1996: 232.

Eine entsprechende empirisch nachgewiesene 61,5%-Erfahrungskurve ist in Abbildung 3-5 dargestellt.[176]

Fragt man nach Erklärungen für die in der Erfahrungskurve abgebildeten Skaleneffekte, so wird die Diskussion in erster Linie auf Aspekte des Netzbetriebs gelenkt. Man geht davon aus, daß die unternehmensspezifische Kostendegression auf eine mehrfache Ausschöpfung bestehender Übertragungsleitungen und Vermittlungsstellen zurückzuführen ist[177], was durch den autonomen technischen Fortschritt, wie z.B. bei der Einführung digitaler Vermittlungsstellen oder von Multiplextechnologien, eine weitere Unterstützung erfährt.[178] Solche netzspezifischen Skalenerträge sind immerhin für 71 der im vorangegangenen Kapitel identifizierten 96 etablierten Diensteanbieter bei entsprechendem Anstieg ihrer verkauften Verbindungsminuten prinzipiell realisierbar, weil sie in der Positionierung eines Netzbetreibers oder eines Switch-based Dienstehändlers über mehr oder weniger umfangreiche Produktionskapazitäten zur Bereitstellung festnetzbasierter Telefondienste verfügen. Allerdings ist nicht sicher, ob sich die Skalenerträge angesichts ihrer jeweils zuvor getätigten finanziell belastenden Investitionen für die Errichtung der Basisinfrastruktur (TKG-Lizenz der Klasse 3, Tiefbauarbeiten, Wegerechtsverhandlugen etc.) und/oder der Vermittlungseinrichtungen bereits kurz- bis mittelfristig auf die Endverbraucherpreise umlegen lassen und sie somit ohne Vorbehalt als Markteintrittsbarriere für potentielle neue Wettbewerber anzusehen sind. Setzt man voraus, daß sich neue Diensteanbieter bei ihren Überlegungen zu einem Markteintritt auf der Basis eines bestimmten Geschäftsmodells vorzugsweise an solchen Markteintrittsbarrieren orientieren, welche von etablierten Unternehmen desselben Geschäftsmodells aufgebaut werden, dann ist netzspezifischen Skaleneffekten bei einer Markteintrittspositionierung als Switchless Dienstehändler auf jeden Fall die Bedeutung einer Markteintrittsbarriere abzusprechen. Aufgrund der Umgehung des

---

176 Vgl. zu der empirischen Analyse Heuermann 1989: 282-299. Einen Hinweis auf eine 72%-Erfahrungskurve findet man bei Abell 1979: 106 u. 111, wobei die dazugehörende Analyse nicht näher erläutert wird und somit u.a. unklar bleibt, ob es sich bei dem Erfahrungskurveneffekt um die Degression echter Kosten oder von Endverbraucherpreisen handelt. Horn et al. 1988: 305-307 stellen bei *Britisch Telecom* beobachtete Skalen- bzw. Erfahrungskurveneffekte dar, getrennt nach Ortsnetz- und Fernnetzbereich. Zu diversen anderen Literaturhinweisen zum empirischen Nachweis von Skaleneffekten im Markt für festnetzbasierte Telefondienste s. unten Kapitel 5.1 und dort Tabelle 5-1 sowie Fußnote 418. Über Skaleneffekte speziell im Mobilfunkmarkt referiert Kruse 1995: 57-65 und allgemein z.B. Schmalensee 1981: 1228-1237; Hax/Majluf 1984: 108-122; Baumol et al. 1988: 16-24; Panzar 1989: 7-15; Backhaus 1999: 236-244.

177 Vgl. Waverman 1989: 80-83; Heuermann 1989: 299-304; Gabel/Kennet 1994: 394-396; Davies 1994: 23-26 u. 205-207; Krüger et al. 1995: 35f. u. 77; Hermann 1998: 13f.; Kiessling 1998: 76f.; Neumann 1999: 77-81; Fredebeul-Krein 2000: 28f.

178 Horn et al. 1988: 306 verweisen allerdings darauf, daß durch neue Übertragungstechnologien die Kosten- bzw. Erfahrungskurven bei der Telefondienstebereitstellung zunehmend flacher verlaufen, weil z.B. „in Glasfaserkabeln (...) die Übertragungskapazitäten so enorm (sind), daß die Kostendegression auf den meisten Strecken nicht voll ausgeschöpft werden kann." Die Mehrfachnutzung verlegter Glasfaserkabel durch den Einsatz von Multiplextechnologien erklärt Koch 1999: 83-85. Den empirischen Nachweis für Produktivitätssteigerungen aufgrund des Einsatzes digitaler Vermittlungseinrichtungen führt(en) Majumdar/Venkataraman 1993: 526-534 und Majumdar 1995a: 807-818. Ausführlich über den Einfluß des technischen Fortschritts auf die Produktivität von TK-Kommunikationsnetzen referiert Müller 1995: 23-32.

Aufbaus jeglicher Produktionskapazitäten wird die Abwägung eines Switchless Dienstehändlers zum Markteintritt von eventuellen Größenvorteilen beim Betrieb von Basisinfrastruktur und/oder Vermittlungsstellen nicht tangiert. Gemeinkostendegressionen beim Betrieb eines Abrechnungssystems, eines Data-Warehouses oder einer anderen rechnergestützten Ressource, die im Rahmen der für *alle* Marktteilnehmer erforderlichen Primäraktivitäten Marketing & Vertrieb sowie Rechnungsstellung & Kundendienst erreichbar sind, besitzen hier eher die Bedeutung einer Markteintrittsbarriere, von der etablierte Unternehmen – egal welchen Geschäftsmodells – profitieren können, Markteindringlinge jedoch zunächst nicht.[179]

Eine anderer Aspekt einer vorteilhaften Kostendegression, über den geschäftstätige Diensteanbieter gegen den Marktzutritt weiterer Diensteanbieter geschützt werden, betrifft *Verbundeffekte* („Economies of Scope").[180] Sie liegen vor, wenn das gemeinsame Angebot von zwei oder mehreren Produkten kostengünstiger als das getrennte ist. Entsprechende Hinweise mit Relevanz für den Markt festnetzbasierter Telefondienste stellen allerdings erneut ausschließlich auf netzspezifische Verbundvorteile ab, wonach ein als Mehrproduktunternehmen aufgestellter Netzbetreiber oder Switch-based Dienstehändler bei der vielfachen Dienstebereitstellung über ein und dieselbe Infrastruktur Stückkostendegressionen durch Umlage der Kosten der Ressource „Netz" auf mehrere Dienste verwirklichen kann. Zumindest Switch-based Dienstehändler dürften in diesem Kontext angesichts ihrer bisher engen, weitgehend auf den Basisdienst beschränkten Sortimente (s. oben Tabelle 2-2) noch kaum von solchen Verbundeffekten profitieren[181], was deren uneingeschränkten Einstufung als Markteintrittsbarriere gegenwärtig entgegensteht. Ansonsten kann man wie bei den vorangegangenen Skaleneffekten annehmen, daß Verbundvorteile dann als Größenvorteile etablierter Diensteanbieter gleich welchen Geschäftsmodells zu werten sind, wenn sich Gemeinkosten von Ressourcen jenseits des Betriebs von Basisinfrastruktur und/oder Vermittlungseinrichtungen auf größere Sortimente stückkostensenkend aufteilen lassen. In der gängigen Marktpraxis sind allerdings nicht alle rechnergestützten Ressourcen mit jedem neuen Dienst kompatibel, wie das Beispiel von Abrechnungssystemen zeigt. Deren Software und Standardverfahren bei der Verarbeitung eingespeister Call Data Records zur Fakturierung von Telefondiensten auf Basis leitungsvermittelnder TK-Kommunikationsnetze sind für TK-Dienste auf Basis paketvermittelnder IP-Netzwerke in

---

[179] Eine empirische Evidenz derartiger Gemeinkostendegressionen im Rahmen der zwei genannten wertschaffenden Aktivitäten im Teilmarkt auf Dienste- und Vertriebsebene ist jedoch in der Literatur m. E. nicht zu finden.

[180] Vgl. allgemein zu Verbundeffekten z.B. Rumelt 1982: 363f., Baumol et al. 1988: 71-79 oder Panzar 1989: 15-23, sowie spezifisch für die TK-Industrie Heuermann/ Neu 1988: 62; Waverman 1989: 80-83; Davies 1994: 26f. u. 207-210; Krüger et al. 1995: 35; Agarwal/Goodstadt 1997: 166; Hermann 1998: 13f.; Ehrmann/Steiger 1998: 250f.; Fredebeul-Krein 2000: 29f.

[181] Obwohl die Sortimentsausweitung selbst bei unterschiedlich genutzten Übertragungsprotokollen über moderne multikompatible Vermittlungseinrichtungen technisch betrachtet kein unüberwindbares Problem darstellt; vgl. dazu oben Kapitel 2.2.2 und die in Fußnote 96 angegebene Literatur.

der Regel nicht nutzbar, weshalb sich auch keine Verbundeffekte einer entsprechenden Sortimentsausweitung einstellen können.[182]

Das Ausmaß der *Produktdifferenzierung* als weitere potentielle Markteintrittsbarriere ist im kommerziellen Telefondienstegeschäft bis dato nur gering ausgeprägt, solange man als Operationalisierungskriterium das Bemühen der Diensteanbieter heranzieht, sich über ein vielfältiges Diensteportfolio gegenüber den Wettbewerbern als Vollsortimenter zu differenzieren: Der Wettbewerb beschränkte sich nach der Marktöffnung hauptsächlich auf die Vermarktung des Basistelefondienstes in den Varianten Call-by-Call- und Pre-Selection und wurde vor diesem Hintergrund vorrangig über den Preis ausgetragen (s. Kapitel 3.2.2.1). Für die einseitige Betonung des Preises als dominanten Wettbewerbsparameter lassen sich zwei Gründe nennen:

(1) Der dominante Basisdienst festnetzgebundener Sprachübermittlung stellt aus Verbraucherperspektive ein homogenes Gut dar, das neben dem Grundnutzen „Telefonieren" keinen weiteren gesellschaftlichen Geltungs- oder individuellen Erbauungsnutzen vermittelt und somit auch nicht über etwaige Zusatznutzenerlebnisse differenziert werden kann.[183]

(2) Marktforschungen haben ergeben, daß Präferenzentscheidungen von Endkunden bei der Auswahl eines Diensteanbieters vor allem über den günstigsten Preis getroffen werden. Lediglich eine qualitativ zuverlässige Verfügbarkeit des Telefondienstes ist speziell bei Geschäftskunden als kaufentscheidungsrelevanter Einflußfaktor noch wichtiger (s. *Abbildung 3-6*).[184]

Trotz der Dominanz prinzipiell niedriger Preise als kaufentscheidungsrelevantes Kriterium versuchten einige Telefondiensteanbieter in der Vergangenheit sich ein Differenzierungspotential über Zusatzleistungen beim Kundenservice (schnelle Beantwortung von Kundenanfragen/-reklamationen) oder bei der Rechnungsstellung (kundenindividuelle Diensteabrechnung im Sinne des Angebotes eines Mehrwertdienstes) sowie über die Betonung von Qualitätsmerkmalen ihrer Telefondienste zu erarbeiten.[185]

---

[182] Vgl. Uberoi 1999: 25.

[183] Vgl. Backhaus et al. 1998: 66f.; Ehrmann 1999: 41.

[184] Weitere, prinzipiell gleichlautende Befragungsergebnisse neben den hier abgebildeten finde man bei Nett 1998: 26-28. Vergleichbare Ergebnisse von Marktforschungen, die auf der Methode des „Conjoint Measurements" beruhen, finden sich z.B. bei Voeth 1997: 124-128; Eggenberger/Hauser 1996: 842-851; Batt/Katz 1998: 38-41; Backhaus et al. 1998: 66. Zusammenfassend s. a. Gerpott 1998: 303. Zu Möglichkeiten speziell der qualitativen Produkdifferenzierung s. unten Kapitel 3.2.3.1 und die dort in Fußnote 244 angegebene Literatur.

[185] Vgl. Gerpott 1999a: 72. Letztlich versuchen die Anbieter mit solchen Maßnahmen den margentreibenden Preiskampf zu umgehen, wobei in Anlehnung an empirische Analysen im Mobilfunkmarkt von Gerpott/Rams 2000: 752 und Gerpott/Rams 2001: 21 anzumerken ist, daß speziell Investitionen in einen „besseren" Kundenservice mit Blick auf Geschäftskunden einen nur geringen Kundenbindungseffekt und mit Blick auf Privaktkunden keinen besonderen Kundenbindungseffekt nach sich ziehen.

Abbildung 3-6: Erwartungen und Anforderungen von Privat- und Geschäftskunden an einen Telefondiensteanbieter im deutschen TK-Markt[a]

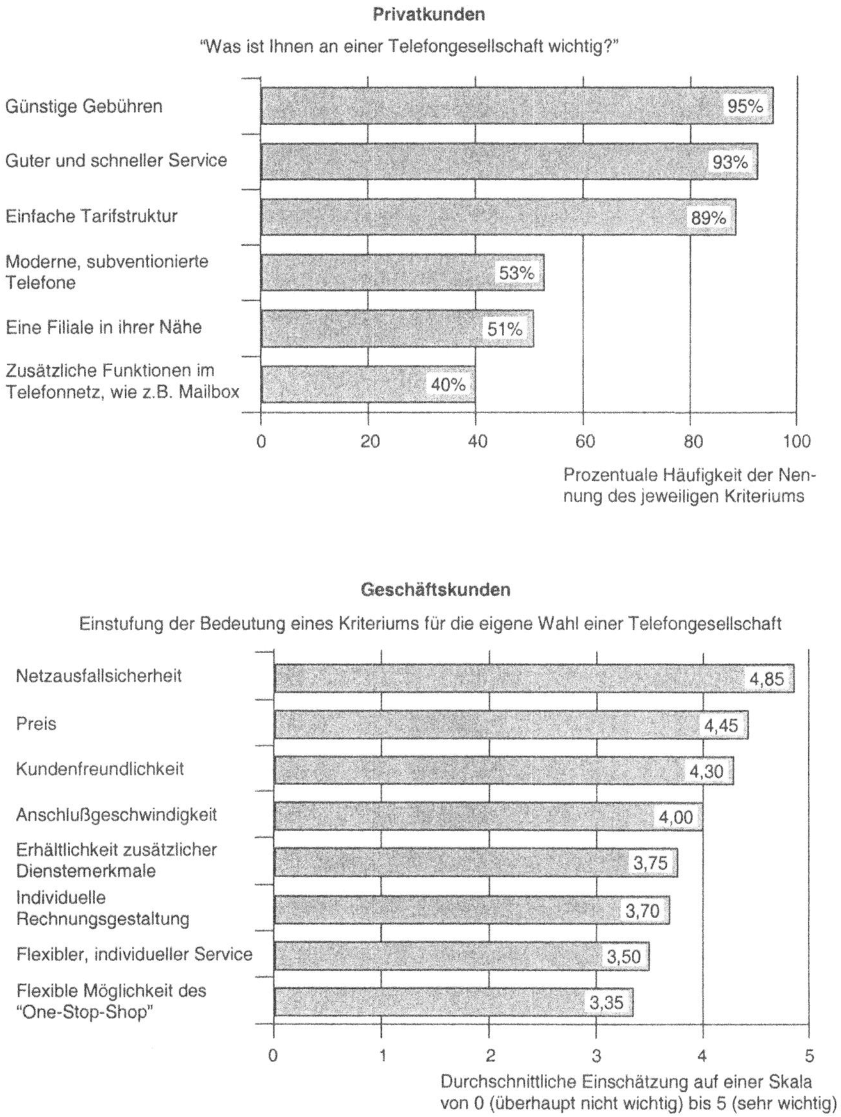

a) Die Marktforschung unter *Privatkunden* beruht auf einer (nicht näher präzisierten) Postkartenumfrage unter den Lesern der Zeitschrift Connect aus dem Jahr 1998. Die Erhebung unter *Geschäftskunden* basiert auf 100 Telefoninterviews mit Vertretern europäischer Großunternehmen, durchgeführt im Mai 1997.

Quelle: Connect-Emnid und Dataquest, zitiert nach Hermann 1998: 6f.

Ein deutlicher Hinweis auf eine ausgeprägte Produktdifferenzierung läßt sich schließlich aus den Werbeausgaben für festnetzbasierte Telefondienste in den Print-Medien und den elektronischen Medien ableiten (s. Abbildung 3-7).[186] Während sie im Jahr 1997 vor der Marktliberalisierung noch DM 97,8 Millionen betrugen, lagen sie im zweiten Jahr des Wettbewerbs 1999 mit DM 892,9 Millionen um mehr als das neunfache so hoch. Beworben wurden dabei zu 87% einzelne Tarife, was erneut auf den Preiskampf hindeutet sowie auf den mehrheitlichen Versuch der Diensteanbieter, sich in erster Linie über das Preiskriterium im Wettbewerb zu profilieren. Die verbleibenden 23% der Werbeausgaben in 1999 wurden für allgemeine Imagewerbung des jeweiligen Diensteanbieters und dessen selbst oder fremd betriebenes Festnetz eingesetzt. Angesichts der insgesamt beachtenswerten Steigerung der Werbeausgaben ist es plausibel anzunehmen, daß die unternehmens- und/oder dienstebezogene Markennamenbildung im Markt für festnetzbasierte Telefondienste weit fortgeschritten ist. Statt von einer Produktdifferenzierung ließe sich von einer Markendifferenzierung sprechen, welche für potentiell neue Wettbewerber eine abschreckende Markteintrittsbarriere darstellt.

Abbildung 3-7: Werbeausgaben für festnetzbasierte Telefondienste in Deutschland in klassischen Medien von 1997 bis 1999 in Millionen DM

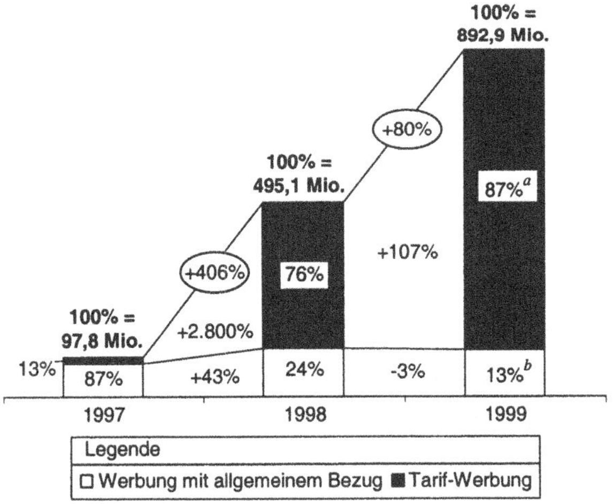

a) Davon 36% in Print-Medien und 64% in elektronischen Medien.
b) Davon 12% in Print-Medien und 88% in elektronischen Medien.

Quelle: Nielsen Werbeforschung, zitiert nach AS-Verlag 2000: 5; eigene Analysen.

---

[186] Vgl. ähnlich Gerpott 1999a: 73f., der von dem Anstieg der Kommunikationsaufwendungen der *Deutschen Telekom* auf intensive Anstrengungen zur Etablierung von Markennamen im Wettbewerb schließt. Natürlich spiegelt die Höhe der Werbeausgaben auch den Industriestrukturaspekt der Wettbewerbsintensität wider.

Wechselkosten als weiterer Einflußfaktor für die Höhe von Markteintrittsbarrieren fallen für Endkunden bei einem vertraglich bindenden Wechsel des Telefondiensteanbieters im Rahmen des Pre-Selection-Verfahrens an: Die dauerhafte Voreinstellung eines Teilnehmeranschlusses auf eine neue Netzbetreiberkennzahl erfordert technischen und administrativen Aufwand, für den der damit beauftragte Ortsnetzbetreiber (derzeit fast durchgängig noch die *Deutsche Telekom*) ein Entgelt in Höhe von DM 10,00 verlangen darf. In der gängigen Marktpraxis wird diese Wechselgebühr jedoch von den meisten Diensteanbietern übernommen, so daß den Endkunden faktisch kein Nachteil beim Anbieterwechsel erwächst und dem Entgelt aus ihrer Perspektive das Gewicht einer Wettbewerbsbeschränkung genommen wird.[187] Tatsächlich zu zahlende Wechselkosten bei einem Anbieterwechsel ergeben sich im Fall des Basistelefondienstes in der Variante eines Direktanschlusses für mögliche Aufwendungen bei der Verlegung eines gesonderten Teilnehmeranschlusses sowie im Fall höherwertiger Telefondienste wie Centrex oder allen kundenbezogenen Lösungen für einen gegebenenfalls notwendigen Austausch von Endgeräten und die Schulung von Mitarbeitern auf die umgestellten Endgeräte. Solche Wechselkosten betreffen ausschließlich Geschäftskunden, für die die genannten Telefondienste in Frage kommen.

Neben monetären Kosten bei einem Anbieterwechsel beeinflussen auch solche Wechselkosten das Entscheidungskalkül eines wechselbereiten Endkundens, die zu keinen direkten Zahlungsströmen führen. Solche immateriellen Wechselkosten betreffen die Kosten der Gewinnung von Informationen zur Fundierung von Wechselentscheidungen.[188] Endverbraucher müssen bei ihrer Wechselentscheidung, soweit sie – wie oben deutlich wurde – den Preis als Wechselkriterium in den Vordergrund stellen, zwischen Preisstrukturen von Telefondiensten unterscheiden, die wegen unterschiedlicher Zeit- und Entfernungszonen nur schwer vergleichbar sind. Da aus Kundensicht diese Komplexität angesichts eines der Markttransparenz entgegenstehenden „Tarifdschungels"[189] nicht immer durch intensive Preisvergleiche gelöst wird, ist davon auszugehen, daß die Kosten der Informationssuche für Endverbraucher oftmals zu hoch sind und somit möglicherweise prohibitiv wirken.

---

187 Vgl. Neumann 1999: 83. Es ließe sich natürlich auch argumentieren, daß die marktübliche Praxis der Übernahme der Wechselgebühr durch Diensteanbieter für Markteindringlinge und ihre anfänglichen Anstrengungen, Kunden von bereits etablierten Anbietern abzuwerben, von Nachteil ist. Die von der RegTP regulierte Höhe der Gebühr wird jedoch sukzessive gesenkt und verliert somit ihre diesbezügliche Bedeutung als Markteintrittsbarriere: Die Höhe des Entgelts betrug im Rahmen der Genehmigung durch die RegTP bis Ende 1998 noch DM 27 und bis Ende 1999 DM 20; die Wechselgebühr von nur noch DM 10 gilt seit Januar 2000.

188 Informationskosten als etwaige Wechselkosten diskutiert Neumann 1999: 82. Im Rahmen einer Analyse aller immateriellen Kosten, die bei der Nutzung eines Telefondienstes für Endkunden anfallen, gehen auch Sabavala/Gautschi 1994: 31f. auf Informationskosten ein.

189 Vgl. zu den Beobachtungen eines Tarifdschungels bzw. einer verwirrenden Vielfalt von Preisstrukturen WestLB Panmure 1998: 31; Ehrmann 1999: 41; Fahle/Stanossek 1999: 48.

Engpässe hinsichtlich des Zugangs zu existenten *Vertriebskanälen* im Fremdvertrieb als nächste mögliche Markteintrittsbarriere sind angesichts der entstandenen „Vertriebskanalpluralisierung"[190] seit der Marktöffnung nicht zu erkennen. Dabei verbirgt sich mit Blick auf die einzelnen, in Kapitel 2.2.3 aufgezählten Fremdvertriebskanäle insbesondere hinter dem Fachhandel und den Einzelhandelsketten eine große Zahl potentieller Vertriebspartnerunternehmen für Telefondiensteanbieter. Allein die Zahl der an die *teleprofi System- und Handelskooperation*, der größten Marketingkooperation für TK-Fachgeschäfte in Deutschland, angeschlossenen Unternehmen belief sich Ende 1999 bei steigender Tendenz bundesweit auf mehr als 750.[191] Darüber hinaus haben Exklusivvereinbarungen bei Vertriebspartnerschaften, die neuen Wettbewerbern den Vertriebskanalzugang erschweren könnten, im Markt für festnetzbasierte Telefondienste keine erkennbare Relevanz.

Die *Kapitalintensität* als letzter hier zu prüfender Einflußfaktor der Höhe von Markteintrittsbarrieren hat eine Abschätzung solcher Anlaufinvestitionen zum Inhalt, die spezifisch mit dem Eintritt in einen bestimmten Markt verbunden sind und die bei einem Marktaustritt einer Verwendung in einem anderen Markt nicht problemlos zugeführt werden können, also irreversibel im Sinne versunkener Kosten sind.[192] Dabei gilt für einen Zutritt in den Markt für festnetzbasierte Telefondienste prinzipiell, daß die Kapitalintensität um so höher ist, je tiefer die Wertschöpfungstiefe der gewählten Markteintrittspositionierung ist.[193] Demnach dürften für solche Markteindringlinge, die eine Positionierung als Switchless Dienstehändler planen, vergleichsweise wenige unüberwindbare Barrieren irreversibler Kosten bestehen. Insbesondere Kosten für den Aufbau von Infrastruktur oder den Erwerb einer Lizenz fallen nicht an. Von Relevanz sind eher Anlaufinvestitionen für die Errichtung von rechnergestützten Ressourcen bei den Primäraktivitäten in Marketing & Vertrieb und Rechnungsstellung & Kundendienst. Dabei muß es sich jedoch nicht zwingend um irreversible Kosten handeln, weil beispielsweise ein Call Center – abgesehen von der produktspezifischen Schulung seiner Mitarbeiter – vermutlich problemlos auch für eine Geschäftstätigkeit in anderen Märkten als dem für festnetzbasierte Telefondienste Verwendung findet.

Tatsächlich irreversible Kosten für Switchless Dienstehändler, aber auch für Switch-based Dienstehändler und alternative Netzbetreiber, sind werbe- und verkaufsfördernde Maßnahmen, die zum Zweck der Egalisierung des Markenvorteils etablierter Diensteanbieter und der Einführung des eigenen, neuen Markennamens zu tätigen sind. Von ihrer Werbebotschaft her sind die Maßnahmen in der Regel eng an die Einführungsprodukte und -tarife eines Markteindringlings geknüpft, weshalb die einmal getätigten Ausgaben nach einem möglichen Marktaustritt für Geschäftsaktivitäten

---

[190] Gerpott 1999a: 73.

[191] Vgl. o.V. 1999b: 12.

[192] Vgl. Baumol et al. 1988: 290-292; Krüger et al. 1995: 37.

[193] Vgl. Ehrmann 1999: 42.

in anderen Märkten kaum noch von Nutzen sind.[194] Im Kontext aggressiver Werbemaßnahmen sind darüber hinaus auch solche Kosten als finanziell belastende Markteintrittsbarrieren zu werten, die von etablierten Diensteanbietern den neu in den Markt drängenden Wettbewerbern durch fortlaufende Unterlassungsklagen hinsichtlich der Nutzung bestimmter Werbeslogans, aber auch ganz allgemein durch die Einleitung und Verzögerung von gerichtlich auszuhandelnden Konflikten auferlegt werden. Rechtsstreitigkeiten lösen lediglich einen Aufwand aus, dem keinerlei Ertrag gegenübersteht.[195]

Speziell Switch-based Dienstehändler und Netzbetreiber, die einen Markteintritt unternehmen, tragen außerdem finanzielle Aufwendungen für den Aufbau und die Inbetriebnahme ihrer Vermittlungseinrichtungen sowie für administrative Erfordernisse hinsichtlich des Erwerbs einer Sprachtelefondienstelizenz, die gemäß der deutschen Telekommunikations-Lizenzgebührenverordnung (TKLGebV) in Abhängigkeit von der Größe des Lizenzgebietes bis zu DM 3 Millionen kosten kann, und hinsichtlich der Zuteilung einer Netzbetreiberkennzahl, die gemäß Nummerngebührenverordnung mit DM 1.000 allerdings weitaus weniger kostenintensiv ist.[196] Schließlich müssen solche Markteindringlinge, die sich von Anbeginn einer Geschäftstätigkeit im Markt für festnetzbasierte Telefondienste als Netzbetreiber aufstellen wollen, obendrein sowohl die finanziell belastenden Investitionen in den Aufbau ihrer Basisinfrastruktur als auch den Erwerb einer notwendigen Übertragungswegelizenz (bis zu DM 10,6 Millionen gemäß Lizenzgebührenverordnung) bewältigen.[197]

In Summe bleibt festzuhalten, daß neue Konkurrenz im Teilmarkt auf Dienste- und Vertriebsebene als wahrscheinlich gilt, wenngleich die Zuwachsrate weiterer Diensteanbieter zukünftig moderater

---

194 Vgl. Krüger et al. 1995: 38; Tewes 1997: 46; Neumann 1999: 81. Zu Aufwendungen für Werbung und Verkaufsförderung s. a. oben in diesem Kapitel die Überlegungen zur Produkt- bzw. Markendifferenzierung als mögliche Markteintrittsbarriere.

195 Zu dem Problem von Unterlassungsklagen heißt es bei Dehmer 1999: 72: „Wie jeder Incumbent (...) schießt die *Deutsche Telekom* zur Zeit auf vieles, was sich am Werbemarkt bewegt. Ob Sie (Anm.: angesprochen sind alternative Wettbewerber) Ihre Vorwahl als Sparvorwahl betiteln oder mit bis zu 30% günstigeren Preisen als die *Deutsche Telekom* werben, die einstweilige Verfügung kommt ins Haus." Vgl. a. Wieland 1985: 103, der unter Bezugnahme eines Beispiels aus den USA das Problem irreversibler Kosten wegen langwieriger Gerichtsverfahren erörtert, sowie Fahle/Stannossek 1999: 12f.

196 Bei einer möglichen Geschäftsaufgabe muß der Lizenznehmer die erworbene Lizenz und Netzbetreiberkennzahl an die Regulierungsbehörde zurückgeben, ohne daß er dafür auch nur anteilig den Kaufpreis zurückerstattet bekommt. Dieser macht die Irreversibilität der entsprechenden Investitionen aus. Auch im Fall einer Übernahme des Lizenzinhabers durch ein anderes Unternehmen gehen die Lizenz und die Netzbetreiberkennzahl nicht automatisch in den Besitz des neuen Unternehmens über. Dazu bedarf es eines Prüfungsverfahrens und der Zustimmung durch die RegTP.

197 Zum Aufbau eigener Übertragungswege, durch die irreversible Kosten verursacht werden, die wiederum als Markteintrittsbarriere wirken, s. a. oben Kapitel 2.3.1 und die dort in Fußnote 125 angeführten Quellen. Als Indiz für die Kapitalintensität eines Aufbaus festverlegter Übertragungswege kann der Wiederbeschaffungswert des Festnetzes der *Deutschen Telekom* herangezogen werden, der nach Gerpott 1998: 243 schätzungsweise DM 150 bis 200 Milliarden beträgt.

ausfallen dürfte. Für neue Wettbewerber spricht, daß (a) Skalen- und Verbundeffekte für das Entscheidungskalkül eines möglichen Markteintritts ohne eigene Basisinfrastruktur nur nachrangige Bedeutung haben, (b) ein breiter Vertriebskanalzugang besteht und (c) die Intensität irreversibler Anlaufkosten bei einer Geschäftsaufnahme mit geringer Wertschöpfungstiefe niedrig gehalten werden kann. Demgegenüber bietet (d) die fortgeschrittene Markennamenbildung und (e) die Existenz insbesondere von immateriellen Wechselkosten Wettbewerbsschutz für etablierte Diensteanbieter.

3.2.2.3 Bedrohung durch Ersatzprodukte

Die Bedrohung durch Ersatzprodukte ist allgemein dann vorhanden, wenn Produkte anderer Märkte in Relation zum eigenen Produkt funktional eine gleiche oder ähnliche Verwendung zu einem günstigeren Preis-/Leistungsverhältnis zulassen und demzufolge die Preisbildung des eigenen Produktes stark beeinflussen.[198] In bezug auf die Übertragung von Sprachinformationen zum Zwecke der Kommunikation ist die Substitutionsfähigkeit potentieller Ersatzprodukte für festnetzbasierte Telefondienste eng mit alternativen Übertragungstechnologien verknüpft.

Ein entsprechendes Substitut für die Sprachübertragung auf Basis terrestrisch verlegter Kabelleitungen kann die *Mobilfunktelefonie* über *zellulare* Netzinfrastrukturen sein, die neben dem Grundnutzen der Sprachkommunikation zusätzlich den Vorteil der Mobilität bietet.[199] Allerdings kam es bisher kaum zu einer Substitution bzw. zu einem Verzicht der Endkunden auf ihren Festnetzanschluß zugunsten der Mobilfunktelefonie, sondern eher zu einer parallelen Nutzung beider Dienste. Die Erkenntnis beruht auf der Tatsache, daß dem beachtlichen Fortschritt bei der üblicherweise pro Einwohner berechneten Mobilfunkpenetration in Deutschland von 17% Ende 1998 über 28,6% Ende 1999 auf 59% am Ende des Jahres 2000 (d.h., auf 100 Einwohner kommen ca. 59 Mobilfunkanschlüsse) kein Rückgang der pro Haushalte gemessenen Festnetzpenetration von konstant nahezu 100% gegenübersteht (d.h., bei 37,5 Millionen Haushalten mit durchschnittlich 2,19 Personen pro Haushalt und 34,5 Millionen verlegten analogen Telefonanschlüssen zuzüglich 5,44 Millionen ISDN-Basisanschlüssen kommen auf 100 Einwohner ca. 49 Festnetzanschlüsse).[200] Zwei Gründe

---

198 Vgl. Porter 1980: 23f.; Will 1995: 1043; Eschenbach/Kunesch 1996: 233.

199 Mobilfunktelefonie ist unter den Diensten kabelloser Übertragungstechnologien, wie z.B. Satellitenkommunikations- oder Bündelfunksysteme, von ihrer Positionierung als Massenmarktprodukt der Telefonie auf Festnetzbasis am ähnlichsten. Aus diesem Grund werden andere kabellose Telefondienste als Ersatzprodukte nicht betrachtet.

200 Vgl. zur Steigerung der Penetrationsrate des Mobilfunktelefondienstes (in bezug auf Einwohner) RegTP 2000f: 23f. Zur konstant hohen Penetrationsrate des Telefondienstes auf Festnetzbasis (in bezug auf Haushalte) s. oben Kapitel 2.3.1.2. Die ergänzenden Angaben über die Zahl der Haushalte und die Personenzahl pro Haushalt in Deutschland, die sich aufgrund mangelnder Daten für 1999 zum Zeitpunkt der Analyse noch auf das Jahr 1998 beziehen, entstammen Stat. Bundesamt 1999: 63 (Tab. 3.15). Zur Anzahl der insgesamt 39,94 Millionen verlegten Telefonanschlüsse, bei der hinsichtlich der Teilmenge der 5,44 Millionen ISDN-Basisanschlüsse der Sachverhalt unberücksichtigt blieb, daß jeder Basisanschluß noch einmal über zwei ISDN-Kanäle verfügt, vgl. Deutsche Telekom 1999: U7.

können dafür herangezogen werden, welche allerdings beide gegenwärtig einer Veränderung unterliegen:[201]

(1) Mobilfunktelefonie auf Basis der GSM-Standards weist aus technischer Perspektive gegenüber der Festnetztelefonie eine bis dato vergleichsweise schlechte Verfügbarkeit und Sprachqualität sowie eine geringe Übertragungskapazität (9,6 Kbit/s) auf.[202] Mit dem Mitte 2000 angelaufenen Ausbau der Funkinfrastruktur für die Datenübertragungstechniken GPRS („General Packet Radio Service") und HSCSD („High Speed Circuit Switched Data"), die durch die parallele Nutzung mehrerer Zeitschlitze wesentlich höhere Datenübertragungsraten als GSM-Netze ermöglichen, und vor allem mit der in 2002 anstehenden weltweiten Einführung des Mobilfunkstandards UMTS, der bei einer Übertragungsrate von möglicherweise bis zu 2 Mbit/s stabile Breitbandkommunikation erlaubt, werden aber zumindest die Probleme geringer Übertragungskapazitäten gegenstandslos.

(2) Die Preise für Mobilfunktelefonie lagen in der Vergangenheit um ein vielfaches höher als für das Telefonieren im Festnetz. Es ist jedoch der Trend erkennbar, daß sich die Preise für Festnetz- und Mobilfunknutzung auf niedrigem Niveau annähern[203], so daß Substitutionsprozesse auf der Nachfrageseite unter solchen Endverbrauchern nicht mehr auszuschließen sind, die für den Vorteil des mobilen Telefonierens die teilweise schlechtere Sprachqualität billigend in Kauf nehmen.

Als ein Ersatzprodukt über alternative *terrestrische* Übertragungstechnologien wird oftmals die *Internettelefonie* diskutiert, oder anders ausgedrückt, die kontinuierliche Sprachtelefonie über das Internet als Verbindungsnetz.[204] Im Vordergrund der Frage nach ihrer etwaigen Substitutionsfähigkeit steht das Argument des Preisvorteils gegenüber der Festnetztelefonie. Kosten fallen für den Nutzer nur bei der Einwahl in das Internet in Höhe der Ortsgebühren an. Der paketvermittelnde Transport der Sprache im Fernbereich findet dann mit Hilfe des IP-Protokolls statt, was keine weiteren Kosten für den Endkunden verursacht, so daß vor allem weltweite Verbindungen zwischen zwei Teilnehmern im Vergleich zur Festnetztelefonie wesentlich günstiger sein können. Weiterhin stehen

---

201 Vgl. zu dem bedingten Substitutionspotential von Mobilfunktelefonie Mestmäcker 1998: 11; Gries 1998: 71; Groß 1999: 15; Fredebeul-Krein 2000: 42f.

202 Zwar werben alle vier deutschen Mobilfunknetzbetreiber mit einer Netzverfügbarkeit von weit über 90%. Die Angaben beziehen sich aber auf die Erreichbarkeit der Wohnbevölkerung, wohingegen die Prozentangaben bezüglich der geographischen Netzverfügbarkeit in der Fläche niedriger ausfallen dürften. Zudem kommt es seit dem starken Anstieg neuer Netzteilnehmer in Ballungsgebieten zu „Peak"-Zeiten erfahrungsgemäß zu qualitativ unvorteilhaften Netzüberlastungen mit Verbindungsabbrüchen oder andauernden Besetztzeichen.

203 Nach Angaben des Statistischen Bundesamtes zu dem Verbraucherpreisindex für Telefondienste ergibt sich seit der Normierung von 100% Anfang 1995 ein prozentualer Preisrückgang für Festnetzverbindungen (Orts-, Fern- und Auslandsgespräche ohne Anschlußgebühren) bis Juli 2000 von insgesamt 26,8% (einzelne Entwicklungen seit Anfang 1997 sind Abbildung 3-4 zu entnehmen), wohingegen die ursprünglich wesentlich höheren Preise für Telefondienstleistungen im Mobilfunk zeitgleich um 56,5% sanken.

204 Eine Erläuterung und kritische Beurteilung einer Marktfähigkeit der Internettelefonie findet man bei Gerpott 1998: 25-31, worauf sich die nachfolgend knappen Anmerkungen zu diesem Dienst stützen. Die rechtliche Einordnung der Internettelefonie als möglichem Sprachtelefondienst für die Öffentlichkeit und damit zusammenhängende Aspekte der Regulierung diskutiert Mertens 2000: 78-82. Die Bedeutung der Internettelefonie in den USA erörtert Pospischil 1998a: 752f.

der Internettelefonie als Substitut auch fortschreitend weniger Einwände hinsichtlich eines eingeschränkten Bedienungskomforts gegenüber, da mit der Entwicklung von Internettelefonen die Teilnehmer nicht mehr zwingend über einen PC mit Modemanschluß, entsprechende Software, Kopfhörer und Mikrophon verfügen müssen. Zweifelhaft ist hingegen die Qualität der Internetverbindungen, die hinsichtlich der Kriterien wie Sprachverzögerung und Stabilität als geringwertiger einzustufen ist. Insgesamt ist eine eingeschränkte Substitutionsfähigkeit der Internettelefonie zu erkennen, wobei sie weitestgehend die Möglichkeit des Angebots als Nischendienst im Geschäftskundensegment eröffnet.[205]

Weitere Gefahren einer Substitutionskonkurrenz durch terrestrisch gebundene Ersatzprodukte ließen sich aus der technischen Möglichkeit der Sprachtelefonie über *Stromleitungskabel* und *Kabel-TV-Netze* ableiten. Beide Technologien werden allerdings als alternative Anschlußtechnologien zur Substitution der festverlegten Teilnehmeranschlüsse im Ortsnetz bewertet[206], weshalb sie hier nicht weiter diskutiert werden.

Alles in allem ist mit einer bedeutsamen Bedrohung des Geschäfts mit festnetzbasierten Telefondiensten durch Ersatzprodukte mittel- bis langfristig zu rechnen, weil (a) die Mobilfunktelefonie bei einem anhaltenden, im Vergleich zum festnetzbasierten Basistelefondienst proportional schnelleren Preisrückgang sowie bei fortschreitenden Qualitätsverbesserungen auf lange Sicht ökonomisch wie technisch durchaus die Rolle eines Ersatzproduktes für Festnetztelefonie einnehmen kann[207], und (b) aus dem Angebot der Internettelefonie ebenfalls zukünftig eine Substitutionskonkurrenz zu der herkömmlichen Sprachtelefonie erwachsen kann, das potentielle Ersatzprodukt den Beweis der Marktreife und -akzeptanz aber noch nicht erbracht hat.

3.2.2.4 Verhandlungsmacht der Privat- und Geschäftskunden

Eine Verhandlungsmacht der Abnehmer bzw. Endkunden in dem Sinne, daß letztere die Preisgestaltung in einer Branche in eigenem Interesse zu Lasten der Rentabilität der Anbieter signifikant beeinflussen können, entsteht tendenziell bei einem Überangebot homogener Produkte. In dieser Situation können die Nachfrager glaubhaft mit einem Anbieterwechsel drohen, was durch geringe Wechselkosten, hohe Markttransparenz und die Möglichkeit der Nachfragebündelung unterstützt

---

[205] Zu dieser Schlußfolgerung gelangt Gerpott 1998: 31, der darüber hinaus die Eignung der Internettelefonie für einen Teil unternehmensinterner Gespräche, aber in jedem Fall den mittelfristigen Ausschluß des Dienstes für den Massenmarkt betont. S. ähnlich Fredebeul-Krein 2000: 43f.

[206] Vgl. hierzu die in Fußnote 39 oben in Kapitel 2.1.1.1 genannte Literatur.

[207] Fortschritte bei der Mobilfunktelefonie sind für etablierte und potentiell neue Diensteanbieter im Markt für festnetzbasierte Telefondienste jedoch nicht zwangsweise als geschäftsbedrohende Entwicklung einzustufen, weil über eine technisch mögliche Kopplung der Dienste (Festnetz-Mobilfunk-Integration) auch zunehmend Chancen zur Gestaltung innovativer Mehrwertdienste entstehen; vgl. unten Kapitel 3.3.3.3.

wird.[208] Man spricht dann allgemein von einem Käufermarkt. Eine solche Konstellation kennzeichnet in zunehmenden Maße den deutschen Markt für festnetzbasierte Telefondienste seit der Freigabe des Wettbewerbs und dem damit verbundenen Ende des Preis- und Konditionendiktats durch den ehemaligen Monopolisten (= Verkäufermarkt). Hervorzuheben ist die einfache Möglichkeit, einen Anbieter über Call-by-Call-Selection bei jeder Verbindung jeweils neu auszuwählen (s. Kapitel 2.1.1.2). Pre-Selection als dauerhafter Wechsel zu einem neuen Anbieter wird den Kunden aufgrund fehlender Wechselgebühren (s. Kapitel 3.2.2.2) und gesicherter Nummernportabilität[209] beim Verbleiben am Standort ebenfalls erleichtert. Bei derzeit über 90 geschäftstätigen Diensteanbietern (s. Kapitel 3.2.2.1) ist zudem eine breite Anbieterauswahl gewährleistet. Das Ringen um die Gunst der Endkunden wird dabei über eine aggressive Preispolitik geführt, was vor dem Hintergrund der Homogenität als charakteristische Eigenschaft des Basisdienstes der Sprachübermittlung erklärbar ist (s. Kapitel 3.2.2.2). Jenseits dieser Indizien, die allgemein für eine ausgeprägte Verhandlungsmacht der Endkunden sprechen, gibt es jedoch auch nach Privat- und Geschäftskunden getrennte Argumente, welche den Befund eines Käufermarktes bzw. einer hohen Verhandlungsmacht auf Nachfrageseite teils ergänzen und teils entkräften.

Ein Argument, das gegen eine Verhandlungsmacht der Abnehmer speziell im Privatkundensegment spricht, ist die mangelnde Markttransparenz bei der Suche nach Anbieterinformationen (s. Kapitel 3.2.2.2), der zwar mit Hilfe von zeitintensiven Preisvergleichen ansatzweise entgegengewirkt werden kann, die aber grundsätzlich der Durchsetzung von Preiszugeständnissen entgegensteht. Darüber hinaus deutet das fehlende Bestehen von Kundenzusammenschlüssen zwecks Bündelung des Einkaufsvolumens auf eine schwache Verhandlungsmacht von Privatkunden. Die jeweils individuell betrachtete, im Vergleich zu Geschäftskunden geringe wert- und mengenmäßige Telefondienstenachfrage der Vielzahl von Einzelpersonen und privaten Haushalten (= atomistische Nachfragestrukturen) präsentiert keine einkaufsmächtige Verhandlungsposition gegenüber den Diensteanbietern. Dementsprechend sieht sich beispielsweise die *Deutsche Telekom* auch nicht veranlaßt, Privatkunden Rabatte auf den Sprachtelefondienst in Abhängigkeit des jeweiligen Verbindungsumsatzes zu gewähren, wie das üblicherweise bei Geschäftskunden der Fall ist.[210] Kunden dieses Segments

---

[208] Vgl. Porter 1980: 24-27; Will 1995: 1043; Eschenbach/Kunesch 1996: 233. Außerdem wird in der Literatur die glaubwürdige Drohung mit einer Rückwärtsintegration als potentielle Möglichkeit eines Abnehmers zur Verbesserung seiner Verhandlungsmacht beim Einkauf genannt. Dieser Aspekt dürfte allerdings in dem Markt für festnetzbasierte Telefondienste kaum Relevanz haben, weil nur schwer vorstellbar ist, daß ein Endkunde zur Abwicklung seines Kommunikationsbedarfs selbst als Diensteanbieter (gleich welchen Geschäftsmodells) aktiv wird. Eine Ausnahme – jedoch im Markt für weltweite Datendienste – ist der Netzbetreiber *Sita*, der ursprünglich als Non Profit-Gesellschaft von Luftfahrtunternehmen zwecks Abwicklung deren weltweiten Datenkommunikation gegründet wurde, heute allerdings unter dem Namen *Equant* auch TK-Dienste an Dritte vermarktet.

[209] Nummernportabilität ist auch im besonderen Fall eines Anbieterwechsels hinsichtlich IN-Dienste wie Service 0800 oder 0900 gewährleistet, so daß ein (Geschäfts-)Kunde seine einmal erhaltene Dienstekennzahl beibehält.

[210] Im Privatkundensegment sind lediglich Rabatte auf einzelne Tarife zur gezielten Lenkung von Verkehrsströmen üblich. S. dazu die Untersuchung von Rabattstrukturen für Privat- und Geschäftskunden der *Deutschen Telekom* von Alkas 1999: 9-18.

können gegenüber Privatkunden als starkes Verhandlungsargument ihr vergleichsweise hohes Umsatzvolumen pro Unternehmen bei gleichzeitiger Abnahme zunehmend individualisierter, höherwertiger Telefondienste zur Durchsetzung ihrer Interessen nutzen. Die Anzahl der Festnetzanschlüsse von Großkunden beläuft sich zwar nur auf ca. 20% aller Anschlüsse in Deutschland. Der damit verbundene Anteil aller Verbindungsumsätze ist im Mittel allerdings nahezu doppelt so hoch.[211] Derart profitablen Großkunden steht zudem die Möglichkeit offen, sich mit anderen Unternehmen zur Durchsetzung von Rabattzugeständnissen seitens der Diensteanbieter zusammenzuschließen. Erste Internet-basierte Aggregatoren zum Zwecke einer Nachfragebündelung von Telefondiensten, die ausschließlich Geschäftskunden adressieren, sind beispielsweise aus den USA stammende Unternehmen wie *essential.com* oder *Demandline.com.*[212]

Zusammenfassend kann die Verhandlungsmacht von

- Privatkunden nur insoweit als hoch beurteilt werden, als sie bei der Wahl ihrer Telefongesellschaft ganz allgemein in einem Käufermarkt agieren. Dennoch ist nicht anzunehmen, daß Privatkunden mit dem Argument einer lukrativen Dienstenachfrage auch aktiv Diensteanbieter „gegeneinander ausspielen" können, wie das für eine nachhaltig starke Verhandlungsposition erforderlich wäre. Formen der Nachfragekonzentration sind nicht erkennbar.
- Geschäfskunden als vergleichsweise hoch eingestuft werden, weil ihnen zusätzlich zu dem allgemeinen Vorteil eines Käufermarktes Verhandlungsstärke aus ihrem einzeln oder gebündelt hohen Nachfragepotential erwächst, welches Diensteanbieter zu Preiszugeständnissen verleitet.

3.2.2.5 Verhandlungsmacht der Übertragungsleistungs- und Telefondienstelieferanten

Die Verhandlungsmacht von Lieferanten zur Durchsetzung eigener Geschäftsinteressen und Preisvorstellungen gegenüber ihren Abnehmern gilt dann als stark ausgeprägt, wenn (a) eine geringe Anzahl von Zulieferunternehmen (b) stark differenzierte Produkte mit (c) hohen Umstellungskosten bei einem Lieferantenwechsel an eine große Zahl von Abnehmer vermarktet, für die (d) der Zugang zu dem Zulieferprodukt von existentieller Wichtigkeit ist. Die Machtkonstellation zwischen zwei in einer Wertschöpfungskette vertikal angrenzenden Gruppen von Marktteilnehmern verschiebt sich außerdem (e) zugunsten der Zulieferer, wenn für sie die relativ einfache Möglichkeit der Vorwärtsintegration besteht, also der Wertschöpfungsintegration des originären Geschäftszweckes der

---

211 Vgl. Gerpott 1999a: 58; MCN 1998: 8. Neben der grundlegenden Erkenntnis, daß Geschäftskunden gegenüber Privatkunden ein gemeinhin höheres Umsatzvolumen pro Kunden aufweisen, sind darüber hinaus auch innerhalb des Geschäftskundensegmentes je nach Branchenzugehörigkeit erhebliche Unterschiede auszumachen, was Backhaus et al. 1998: 92-94 am Beispiel eines Unternehmens aus dem Groß- und Einzelhandel darlegen.

212 Vgl. Schaaf 2000: 2.

Abnehmer.[213] Die Frage nach einer möglichen Verhandlungsstärke von Lieferanten im Markt für Telefondienste auf Festnetzbasis wird nachfolgend auf zwei Gruppen von Zulieferern gelenkt, auf die der Anbieter von Übertragungsleistungen im Teilmarkt auf Netzebene (Geschäftsbeziehungen (2a), (2b) und (4b) im linken Feld oben in Abbildung 2-4) und auf die von Telefondiensten im Teilmarkt auf Dienste- und Vertriebsebene (Geschäftsbeziehungen (1b), (3b) und (5c) im rechten Feld oben in Abbildung 2-4).[214]

Aspekte zwecks Beurteilung der *Verhandlungsmacht von Übertragungsleistungslieferanten* sind bereits mehrfach indirekt zur Sprache gekommen. In Kapitel 2.1.2.1 wurde klar, daß das Geschäftsmodell der Switch-based Dienstehändler in empfindlicher Weise auf der dauerhaften Bezugsmöglichkeit von Übertragungsleistungen entsprechender Anbieter im Teilmarkt auf Netzebene beruht. Die Bezugsmöglichkeit ist auch für viele alternative Netzbereiber mit nicht flächendeckender Basisinfrastruktur von grundlegender Bedeutung. Beides spricht für eine ausgeprägte Verhandlungsmacht von Übertragungsleistungslieferanten, genauso wie die Tatsache, daß die Drohung einer Vorwärtsintegration von ihnen angesichts vergleichsweise niedriger Markteintrittsbarrieren des Teilmarktes auf Dienste- und Vertriebsebene (s. Kapitel 3.2.2.2), in dem die nachfragenden Diensteanbieter geschäftstätig sind, überzeugend vorgetragen werden kann.[215] Weiterhin ist die Höhe der Umstellungskosten für die existentiell an die Bezugsmöglichkeit von Übertragungsleistungen gebundenen Unternehmen vor dem Hintergrund der in Kapitel 2.2.1 erörterten zeitlich und inhaltlich ausgedehnten Bezugsverhandlungen und technischen Umsetzungsmaßnahmen als eher hoch einzuschätzen. Lediglich der an gleicher Stelle angesprochene Sachverhalt, daß speziell Bandbreiten und Telefonminuten im Gegensatz zu besonderen Netzzugangs-/Zusammenschaltungsleistungen als mehr oder weniger fungible Güter abnehmender Produktdifferenzierung anzusehen sind, ließe zumindest im Carriers'Carrier-Markt die Vermutung ansatzweise ausgeglichener Machtkonstellationen zu. Gestützt wird diese Annahme ferner durch die Erkenntnis, daß Nachfrager im Carriers'Carrier-Markt besonders auf internationalen „Rennstrecken" infolge

- der ansteigenden Konkurrenz unter Betreibern von Basisinfrastrukturen, abzulesen an einer steigenden Zahl pan-europäischer und transkontinentaler Netzbetreiber sowie fortwährend fallender Preise auf internationalen Verbindungsstrecken, und

---

[213] Vgl. Porter 1980: 27f.; Will 1995: 1043; Eschenbach/Kunesch 1996: 233. Die Verhandlungsmacht von Lieferanten steigt außerdem, wenn für die Abnehmer keine Ausweichmöglichkeit durch den Bezug von Substitutionsprodukten besteht.

[214] Die hier nicht in die Untersuchung miteinbezogenen Zulieferbeziehungen zwischen Ausrüstungsherstellern und ihren Abnehmern erläutern z.B. Mecklinger 1997: 32-35 oder Knoll 2000: 111f. Eine empirische Analyse der Beziehung zwischen Netzbetreibern und ihnen vorgelagerten Ausrüstungsherstellern findet man bei Benzoni 1995: 134-138, mit dem Ergebnis ausschließlich kooperativer Geschäftsbeziehungen.

[215] Soweit die Übertragungsleistungslieferanten bereits parallel im kommerziellen Endkundengeschäft tätig sind, bezieht sich diese Drohung eher auf eine Intensivierung ihrer Geschäftstätigkeit im Teilmarkt auf Dienste- und Vertriebsebene.

- der Etablierung von Internet-basierten Intermediären mit dem Geschäftszweck eines kurzfristigen Zusammenführens von Transaktionsanbietern und -nachfragern

in die Lage versetzt werden, ihren Bedarf an Bandbreiten und Telefonminuten in steigendem Maße über kurzfristige Transaktionen decken zu können.[216] Die damit einhergehende Entwicklung von einem „Commodity"-Markt mit intensiven Anbieter-Nachfrager-Beziehungen in Richtung eines „Spot"-Marktes mit vergleichsweise losen Anbieter-Nachfrager-Beziehungen kommt auf diese Weise machtausgleichend in Gang.[217] Für den deutschen Markt ist mit einer derartigen Entwicklung um so eher zu rechnen, desto schneller auch hier – in Analogie zu dem ersten der eingangs genannten Gründe für eine spezifische Machtkonstellation – die Zahl der Betreiber von Basisinfrastruktur als potentielle Anbieter von Bandbreiten und Telefonminuten wächst.

Zur Erhebung der Anzahl der Betreiber von Basisinfrastruktur in Deutschland kann die Zahl der von der RegTP vergebenen TKG-Lizenzen der Klasse 3 als rechtliche Voraussetzung zum Errichten und Betreiben festverlegter Übertragungswege herangezogen werden. Innerhalb von 27 Monaten zwischen Februar 1998 und Juni 2000 hat sich diesbezüglich die Zahl der Lizenznehmer mehr als vervierfacht, von 59 auf 249 Unternehmen (s. Abbildung 3-8).

Abbildung 3-8: Zahl der Lizenznehmer der TKG-Klasse 3 an 6 Erhebungsstichtagen in der Zeit zwischen Anfang Februar 1998 und Ende Juni 2000

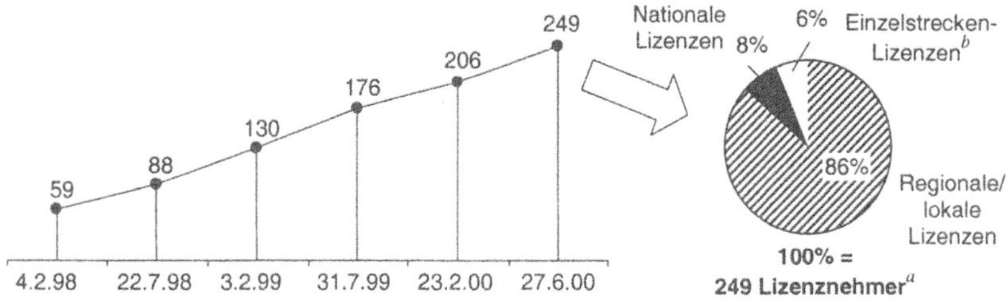

a) Von den Lizenznehmern besitzen 116 Unternehmen gleichfalls eine TKG-Lizenz der Klasse 4. Außerdem ist anzumerken, daß sich die 249 Lizenznehmer insgesamt 556 von der RegTP vergebene Übertragungswegelizenzen teilen, wobei die unterschiedlich hohen Zahlen zwischen *Lizenznehmern* und *Lizenzen* darauf beruhen, daß die Gesamtzahl aller Lizenzen neben Erst- *auch* Änderungslizenzen (z.B. bei Erweiterung des geographischen Lizenzgebietes) miteinschließt.

b) Darunter befinden sich 5 Lizenznehmer, deren Lizenz lediglich für eine einzelne Fernlinie und/oder für ausschließlich regionale Fernlinien Gültigkeit hat.

Quelle: RegTP 1999a: 39; RegTP 2000b: 3 (Tab. 2); RegTP 2000d; eigene Analysen.

---

[216] Zu der Entwicklung des internationalen Carriers'Carrier-Markt und der Etablierung Internet-basierter Marktplätze für Bandbreiten und Telefonminuten s. Gerpott/Massengeil 2001.

[217] Auf die Bedeutung der Intensität von Anbieter-Nachfrager-Beziehungen als Übergangskriterium von einem Commodity- zu einem Spot-Markt geht Kleinaltenkamp 1993: 23-25 und 1997: 755-761 im Rahmen eines Typologisierungsansatzes von Business-to-Business-Transaktionen ein. S. a. Backhaus 1999: 292-294.

Die beeindruckende Entwicklung, die gemeinhin auf eine ansteigende Rivalität unter Übertragungsleistungslieferanten im Teilmarkt auf Netzebene schließen läßt, ist jedoch vor dem Hintergrund dreier Aspekte zu relativieren:[218]

(1) *Nur wenige nationale Netzbetreiber*:
Von den 249 Lizenznehmern Ende Juni 2000 besitzen nur 19 Unternehmen neben der *Deutschen Telekom* und deren TV-Kabelnetz-Tochtergesellschaft *Kabel Deutschland* eine bundesweit gültige TKG-Lizenz der Klasse 3, und 10 weitere Unternehmen verfügen über eine Lizenz, deren geltendes Einzugsgebiet sich auf mehr als eine Fernlinie im Bundesgebiet zum Aufbau eines großflächig dimensionierten „Metropolitan-Area-Network“ (MAN)[219] eignet. Berücksichtigt man zusätzlich noch die Lizenzen von *MCI Worldcom/MFS*, *tesion* und *Level 3*, die alle mit deutlich mehr als einem regionalen Lizenzgebiet Deutschlands eine Vielzahl von städtischen Ballungsräumen mit Übertragungswegen verbinden können, ergibt sich insgesamt, daß von den 249 Lizenznehmern potentiell nur 13% der Unternehmen (= 32 Lizenznehmer) annähernd oder vollständig flächendeckende Netzbetreiber sein können. Die Mehrheit von 87% aller Lizenznehmer der Klasse 3 besitzt hingegen lediglich regionale und lokale Rechte zum Errichten von terrestrischen Übertragungswegen. Von den identifizierten 30 nationalen und überregionalen Lizenznehmern (exklusive *Deutsche Telekom* und *Kabel Deutschland*) haben zudem 10 Unternehmen keinen Interconnection-Vertrag mit dem Incumbent abgeschlossen (Erhebungsstand: 12.07.2000), was die Vermutung einer ruhenden Lizenz nahelegt.[220]

(2) *Netzinvestitionen eher zum Zwecke kommerzieller Diensteangebote*:
Das Motiv der alternativen Netzbetreiber für ihre Investitionen in Basisinfrastruktur liegt mutmaßlich weniger in der Aufnahme des Business-to-Business-Geschäfts mit Übertragungsleistungen, sondern eher in der Bereitstellung eines eigenständigen kommerziellen Diensteangebotes der Sprach- und Datenübertragung.[221]

(3) *Starke Konzentration der verlegten Basisinfrastruktur*:
Der Umfang der gleichlaufend zu dem Anstieg der Übertragungswegelizenzen getätigten Netzinvestitionen (gemessen in Glasfaserkabellängen) von alternativen Netzbetreibern nahm zwar von 1997 auf 1998 um 61% und auf 1999 um weitere 25% zu (s. Abbildung 3-9). Dennoch verfügte die *Deutsche Telekom* am Ende des Jahres 1999 noch über einen Anteil von 70% aller deutschlandweit verlegten Glasfaserkabellängen und bleibt damit trotz steigender Zahl von Lizenznehmern der Klasse 3 und deren umfangreichen Investitionen in Basisinfrastruktur weiterhin der marktbeherrschende Netzbetreiber und potentielle Anbieter von Übertragungsleistungen. Die Ende 1999 parallel zu dem Glasfasernetz der *Deutschen Telekom* verlegten 74.000 Kilometer Glasfaserkabellängen werden außerdem zu 38% von zwei nationalen Netzbetreibern gehalten (*Mannesmann Arcor/o.tel.o*: 18.000 Km; *VIAG Interkom*: 10.000 Km).[222] Der Rest dürfte sich in kleinen Stücken, stark fragmentiert auf die Vielzahl von Lizenznehmern aufteilen.

---

[218] Vgl. a. die weitgehend analoge Argumentationsstruktur von Gerpott/Massengeil 2001.

[219] S. zu dem Begriff Gerpott 1998: 275.

[220] Die Zahlenangaben basieren auf Auswertungen von RegTP 2000c und RegTP 2000d. Verwandte Analysen zu dem geographischen Geltungsbereich der erteilten Übertragungswegelizenzen mit vergleichbarem Ergebnis finden sich bei Gerpott 1999a: 66f.; Gerpott 1999b: 50; Ehrmann 1999: 40.

[221] S. Monopolkommission 1999: 35.

[222] Die Zahlen gehen auf Unternehmensangaben zurück.

Abbildung 3-9: Streckenkilometer der Glasfasernetze in Deutschland in den Jahren 1997 bis 1999

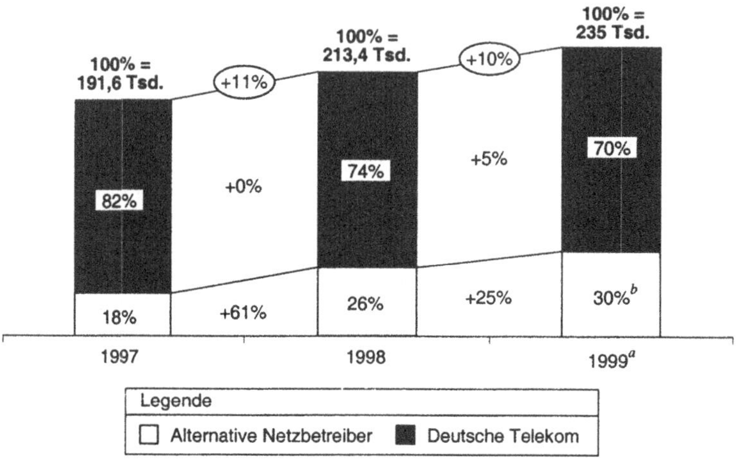

a) Schätzwert RegTP.

b) Von diesem Anteil entfallen allein 38% auf *Mannesmann Arcor/o.tel.o* und *VIAG Interkom.*

Quelle: RegTP 1999a: 116f.; RegTP 1999b: 4f.; eigene Analysen.

Aufgrund der geringen Zahl derjenigen Netzbetreiber, die als nationale Übertragungsleistungslieferanten zählen, läßt sich für das Jahr 1999 ausschließlich bei dem Geschäft mit Bandbreiten ab einer Übertragungsgeschwindigkeit von 2 Mbit/s eine Wettbewerbsintensivierung beobachten. Die drei größten Wettbewerber der *Deutschen Telekom* besaßen in diesem Segment 1999 einen Umsatzanteil von annähernd 30 bis 40%, wohingegen im Bereich von Bandbreitenangeboten bis 2 Mbit/s noch kein signifikanter Wettbewerb zu beobachten war, der zu bedeutenden Marktanteilsverlusten der *Deutschen Telekom* geführt hätte.[223]

Zusammenfassend ist für Mitte des Jahres 2000 von einer relativ hohen Verhandlungsmacht der (wenigen) Übertragungsleistungslieferanten im Teilmarkt auf Netzebene auszugehen, wobei ein aus dieser Konstellation möglicherweise resultierendes wettbewerbsbehinderndes Verhalten der entsprechenden Zulieferer (insbesondere des Ex-Monopolisten) gegenüber den mit ihnen im kommerziellen Telefondienstegeschäft konkurrierenden Diensteanbietern derzeit nur durch die Aufrechterhaltung rechtlich-politischer Schutzmaßnahmen vermieden werden kann.[224]

---

[223] Vgl. Gerpott/Walter 1999: 37f.; RegTP 1999a: 117f. u. 135.

[224] Vgl. Monopolkommission 1999: 46 u. 49f.; Gerpott 2000a: 193.

Die Frage nach der *Verhandlungsmacht von Telefondienstelieferanten* erstreckt sich auf Netzbetreiber und Switch-based Dienstehändler, welche im Teilmarkt auf Dienste- und Vertriebsebene gegenüber nachgelagerten Switchless Dienstehändlern als Dienste*groß*händler fungieren. In Kapitel 3.2.2.1 wurde bereits nachgewiesen, daß die Zahl der konkurrierenden Diensteanbieter im kommerziellen Telefondienstegeschäft relativ hoch ist, was auf keine ausgeprägte Verhandlungsstärke der Zulieferer schließen läßt, weil die geringe Anbieterkonzentration den nachfragenden Switchless Dienstehändlern eine breite Spanne möglicher Geschäftsbeziehungen eröffnet. In deren Mittelpunkt steht außerdem das Geschäft mit weitgehend homogenen Diensten (s. Kapitel 3.2.2.2), was genauso wie der geringe Aufwand bzw. das geringe Risiko bei der Verhandlung eines Zuliefervertrages (s. Kapitel 2.2.1) auf eine einfache Möglichkeit eines Geschäftspartnerwechsels für Switchless Dienstehändler schließen läßt. Im Rahmen der Darlegung des Geschäftsmodells eines Dienstehändlers ohne Vermittlungsstellen in Kapitel 2.1.2.2 wurde weiterhin deutlich, daß der Bezug von großen Volumina von Telefondiensten für das besagte Geschäftsmodell zwar eine zwingend notwendige Geschäftsgrundlage darstellt, die geringen irreversiblen Kosten bei der Aufnahme der Geschäftstätigkeit als Switchless Dienstehändler (s. Kapitel 3.2.2.2) jedoch dazu führen, daß die diesbezügliche Abhängigkeit von Lieferanten keineswegs als unauflöslich zu klassifizieren ist.

Entgegen den genannten Gründen für ein ausgeglichenes Machtverhältnis zwischen Lieferanten und Großabnehmern von Telefondiensten spricht die potentielle und mit fortschreitender Marktentwicklung zunehmend attraktivere Möglichkeit einer weitgehenden Vorwärtsintegration von Telefondienstelieferanten in den Vertriebsbereich für ein Machtungleichgewicht zu ihren Gunsten. Dieser Sachverhalt kann an Hand des Beispiels der dynamischen Entwicklung des Marktes für Mobilfunktelefonie veranschaulicht werden. In diesem Markt sind die Mobilfunknetzbetreiber für dort operierende Dienstehändler analog zu den Geschäftsbeziehungen im Teilmarkt auf Dienste- und Vertriebsebene im Festnetz sowohl Dienstelieferanten als auch mit ihren in Eigenregie organisierten Direktvertrieben Konkurrenten im Endkundengeschäft. Die dynamische Entwicklung der beispielhaften Mobilfunktelefonmärkte Großbritanniens und Deutschlands läßt in identischer Weise erkennen, daß in der Zeit nach Marktöffnung die Mobilfunknetzbetreiber zur schnellen Markterschließung zunächst stark auf Fremddistribution über Dienstehändler als Wiederverkäufer ihrer Mobilfunkdienste setzten, wozu sie anfangs durch Regulierungsvorgaben ohnehin verpflichtet waren (s. Kapitel 2.3.1). Als betriebswirtschaftliches Leitmotiv für eine solche Entscheidung ist der Markterschließungsdruck bei der raschen Akquisition von Neukunden und die geringe Transaktionsspezifität der Dienstevermarktung zu nennen. In den heute weitestgehend etablierten Märkten verstärkt sich jedoch zunehmend der Eindruck, daß langfristiger Erfolg im Endkundengeschäft tendenziell eher über direkte, in Eigenregie organisierte Vertriebswege gewährleistet ist. Das liegt sowohl an dem in wettbewerbsintensiven Märkten steigenden Kundenbindungsdruck als auch an der Transaktionsunsicherheit der

Endkunden gegenüber technisch komplexeren neuen Diensten im Markt.[225] Die Dienstehändler verlieren also als Distributionsalternative für Netzbetreiber fortschreitend an Bedeutung und somit auch an Machtpotential in der Marktstruktur. In einem Analogieschluß dieser Entwicklung zum Markt für festnetzbasierte Telefondienste bedeutet dies, daß auch hier Switchless Dienstehändler mittel- bis langfristig in ihrer Funktion als potentieller Vertriebskanal für vorgelagerte Diensteanbieter bei zunehmender Wettbewerbsintensivierung an Bedeutung verlieren. Ihre Funktion als Türöffner für eine schnelle Marktpenetration hat keinen nachhaltigen Wert (mehr) für die Netzbetreiber und Switch-based Dienstehändler, womit letztere an Verhandlungsstärke gewinnen.[226]

Die vorausgegangen Erörterungen begründen insgesamt eine verhältnismäßig geringe Verhandlungsmacht der Telefondienstelieferanten, welche allerdings mit fortschreitender Marktentwicklung Veränderungen zu ihren Gunsten und zum Nachteil der Switchless Dienstehändler unterliegen dürfte.

3.2.2.6 Zusammenfassende Bewertung der Wettbewerbsstruktur

Die Analysen in Kapitel 3.2.2 lassen im Ergebnis (s. Abbildung 3-10) ein zunehmend wettbewerbsintensives Umfeld der Dienstehändler im Markt für festnetzbasierte Telefondienste erkennen: Die ausgeprägte Rivalität einer Vielzahl von Anbietern festnetzgebundener Sprachübermittlung (s. Kapitel 3.2.2.1) und die mittelhohe bis hohe Verhandlungsmacht der Endkunden (s. Kapitel 3.2.2.4) spiegeln sich in einem intensiven, preistreibenden Wettbewerb um geringe Margen wider, speziell in dem Geschäftssegment mit dem Basisdienst. Potentielle neue Wettbewerber können hier zunehmend weniger damit rechnen, daß die Profitabilität eines Markteintritts – insbesondere mit einer breiten Wertschöpfungstiefe – größer als die Opportunitätskosten des Fernbleibens sind (s. Kapitel 3.2.2.2). Die Bedrohung potentiell neuer Konkurrenz erstreckt sich in diesem Zusammenhang vorrangig auf neue Dienstehändler mit vergleichsweise geringer Wertschöpfungstiefe. Deren Ausgestaltungsmöglichkeiten einer Wettbewerbsstrategie werden allerdings durch das Bestehen bzw. die Zunahme von Marktmacht von Übertragungsleistungs- bzw. Telefondienstelieferanten erheblich beschnitten (s. Kapitel 3.2.2.5). Lediglich die derzeit noch zu vernachlässigende Bedro-

---

[225] Über die nachlassende Bedeutung der Dienstehändler als Vertriebswegealternative für Mobilfunknetzbetreiber im britischen Mobilfunkmarkt berichten Helme 1997: 47-50 u. Garrard 1998: 106-109, sowie analog für Deutschland Gerpott/Winzer 1998: 492-495. Vgl. zu dem Bezugsrahmen hinsichtlich der Vorteilhaftigkeitsbewertung fremder oder eigener Distributionskanäle anhand der hier angesprochenen Variablen Markterschließungsdruck, Transaktionsspezifität, Kundenbindungsdruck und Transaktionsunsicherheit Gerpott 1998: 315-320. S. ebenfalls den konzeptionellen Entscheidungsrahmen von Frazier/Sheth 1994: 156-162, die auf eine Abwägung zwischen Kostenvorteilen und Kundenbindung abstellen, sowie Kleinaltenkamp 1995: 765-767, der allgemein Kapital-, Kosten- und Erlöswirkungen als Einflußfaktoren der Vertriebswegeentscheidung vorstellt.

[226] Frazier/Sheth 1994: 162 gehen allerdings davon aus, daß es angesichts unterschiedlich komplexer Dienste und Anforderungen einzelner Kundengruppen eher zu einem vielschichtigen Vertriebskanal-Mix direkter und indirekter Vertriebsformen kommen wird, als daß Netzbetreiber und/oder Switch-based Dienstehändler sich ausschließlich direkter Vertriebsformen bedienen. S. a. Gerpott 1998: 324f.

hung durch Ersatzprodukte (s. Kapitel 3.2.2.3) bedeutet sowohl für Dienstehändler als auch für Netzbetreiber keine Einschränkung des strategischen Managements.

Abbildung 3-10: Ausprägungen der fünf Wettbewerbskräfte im kommerziellen Telefondienstegeschäft in Deutschland Mitte des Jahres 2000

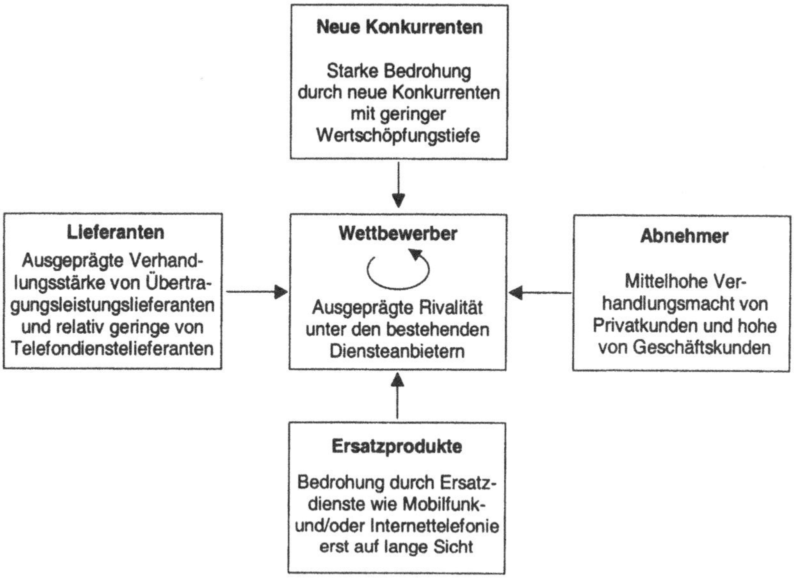

Quelle: In Anlehnung an Porter 1980: 4.

3.2.3 Wettbewerbsstrategische Stoßrichtungen in der dynamischen Marktentwicklung

In Kapitel 2.3.2 wurde bereits deutlich, daß sich die Vermarktungsanstrengungen der Dienstehändler im Markt für festnetzbasierte Telefondienste Mitte des Jahres 2000 überwiegend auf den Basisdienst im Massenmarkt konzentrieren, also genau auf das Geschäftssegment, in dem der Wettbewerb gemäß der durchgeführten Wettbewerbsstrukturanalyse am stärksten ausgeprägt ist (nicht zuletzt gerade wegen des Engagements der Dienstehändler in diesem Geschäftssegment). Die Erkundung vorteilhafter Wettbewerbsstrategien für Dienstehändler steht danach aus marktorientierter Perspektive in engem Zusammenhang mit der Frage einer eventuellen Neuausrichtung ihres Geschäftsschwerpunkts. Dabei wird in der Tradition der marktorientierten Porter-Schule prinzipiell zwischen vier Geschäftstypen unterschieden: Patt, Volumen, Fragmentierung und Spezialisierung.[227]

[227] S. zu den Geschäftstypen und der nachfolgend dargelegten Wettbewerbsvorteils-Matrix Oetinger 1983: 44-47; Kleinaltenkamp 1987: 48f.; Lochridge 1993: 129-133.

- In einem *Pattgeschäft* ist kein Anbieter durchgreifend „besser“ oder „billiger“ als seine Konkurrenten, weil ein solches Geschäft kaum Möglichkeiten einer Differenzierung bietet. Die Analyse der Wettbewerbsstruktur im Markt für festnetzbasierte Telefondienste hat deutlich gemacht, daß sich speziell das intensiv umkämpfte Geschäft mit dem Basisdienst als ein solches Pattgeschäft präsentiert. Alleinstellungsmerkmale lassen sich hier offensichtlich nur über niedrige Preise realisieren. Weil aber inzwischen alle Diensteanbieter den Basisdienst zu vermeintlich günstigen Tarifen vermarkten[228], bietet dieser Aspekt bei der Vielzahl „unterschiedsloser“ Wettbewerber keinen dauerhaften Wettbewerbsvorteil.

- *Volumengeschäfte* erlauben ebenfalls keine große Anzahl von Möglichkeiten der Differenzierung. Einige Anbieter realisieren jedoch Größenvorteile, schaffen sich damit zumindest *einen* erfolgversprechenden Wettbewerbsvorteil und erwirtschaften überproportional steigende Erträge. Das Angebot des Basisdienstes festnetzbasierter Sprachtelefonie wird sich bei anhaltender Wettbewerbsintensität und zunehmender Unternehmenskonzentration schnell von einem Patt- zu einem Volumengeschäft entwickeln.

- *Zersplitterte Geschäfte* (Fragmentierung) sind durch kleine Anbieter gekennzeichnet, deren jeweils verschiedenartig differenziertes Diensteangebot bei keinem Unternehmen einen signifikant großen Marktanteil aufweist. Die vielen Wettbewerbsvorteile heben sich zu wenig voneinander ab oder werden von den Kunden als solche nicht wahrgenommen.

- Bei *Spezialisierungsgeschäften* bestehen ebenfalls viele Möglichkeiten, sich im Markt unterschiedlich und individuell zu positionieren. Die Größenordnungen jedes einzelnen Vorteils sind jedoch gegenüber denen in zersplitterten Geschäften um ein vielfaches höher. Das noch wenig wettbewerbsintensive Geschäft mit Mehrwertdiensten, in dem der Basisdienst der Sprachtelefonie zu verschiedenartig höherwertigen Telefondiensten veredelt wird, präsentiert sich typischerweise als ein solches Spezialisierungsgeschäft.

Die Geschäftstypen lassen sich graphisch in eine zweidimensionale *Wettbewerbsvorteils-Matrix* einordnen (s. Abbildung 3-11), welche „(...)die kreative Strategieentwicklung unterstützt und leitet.“[229] Die Einordnung erfolgt nach Maßgabe der Faktoren

- Größe eines zu erreichenden Wettbewerbsvorteils und
- Anzahl einzigartiger Möglichkeiten, Wettbewerbsvorteile zu erreichen.

Die Matrix veranschaulicht auf diese Weise den wettbewerbsstrategischen Handlungsspielraum zur Realisierung dauerhafter Wettbewerbsvorteile in einem bestimmten Geschäftsumfeld. Ein Unternehmen ist dann als erfolgreich einzustufen, wenn bei seinen Geschäften große Wettbewerbsvorteile (Volumen- und Spezialisierungsgeschäft) realisiert werden.[230]

---

[228] Das heißt nicht, daß auch alle Anbieter die gleiche Kostenposition besitzen.

[229] Lochridge 1993: 131f.

[230] Vgl. Lochridge 1993: 133.

Abbildung 3-11: Wettbewerbsvorteils-Matrix der Boston Consulting Group

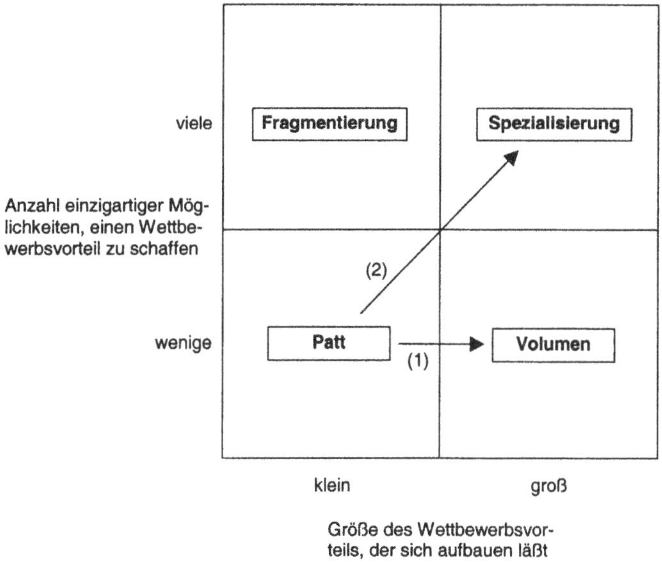

Quelle: Oetinger 1983: 45; Lochridge 1993: 131.

Dienstehändler für festnetzbasierte Telefondienste finden in der Konzeption der Wettbewerbsvorteils-Matrix zwei Möglichkeiten, sich aus der ungünstigen Wettbewerbsposition des Pattgeschäfts mit dem Basisdienst zu befreien, in der sie sich gegenwärtig befinden: Entweder adaptieren sie aktiv die sich abzeichnende Entwicklung des Marktes von einem Pattgeschäft hin zu der Konstellation eines Volumengeschäfts, oder sie erreichen alternativ das Geschäft einer Spezialisierung. Dabei entspricht

(1) die Volumenstrategie der generischen Wettbewerbsstrategie einer *Kostenführerschaft* bzw. der Verfolgung einer *kostenorientierten Preis-Mengen-Strategie* und

(2) die Spezialisierungsstrategie der Wettbewerbsstrategie einer *Differenzierung* bzw. einer *nutzenorientierten Präferenzstrategie.*[231]

3.2.3.1 Kostenführerschaft, Differenzierung und Konzentration auf Schwerpunkte

Im Rahmen der Wettbewerbsstrategie einer umfassenden *Kostenführerschaft* (auch *Preis-Mengen-Strategie*)[232] wird das Ziel verfolgt, einen Kostenvorsprung gegenüber den Wettbewerbern eines

---

[231] Vgl. Oetinger 1983: 45; Kleinaltenkamp 1987: 48.

Marktes zu erreichen. In Relation zum kommerziellen Telefondienstegeschäft bedeutet dies eine Verringerung der Stückkosten pro verkaufter Verbindungsminute unter das Niveau der Wettbewerber, um Festnetztelefonie und andere, höherwertige Telefondienste zu Niedrigtarifen anbieten zu können. Die Voraussetzung für den auf diese Weise angestrebten Wettbewerbsvorteil vergleichsweise niedriger Kapital- und Personalkosten ist in erster Linie ein hoher Anteil am Marktvolumen, um erfahrungsbedingte Kostendegressionseffekte in Gang zu setzen.[233] Zudem verlangt die Umsetzung der Wettbewerbsstrategie ständige Innovations- und Rationalisierungsanstrengungen, die Nutzung des technischen Fortschritts, den aggressiven Einsatz absatzpolitischer Instrumente, hohen Finanzmitteleinsatz und eine strenge Kostenkontrolle. Tatsächlich Erfolg hat die Strategie zudem nur dann, wenn die Kunden den Preis für die vermarkteten Produkte als entscheidendes Kaufkriterium betrachten.

Nach Öffnung des Marktes für festnetzbasierte Telefondienste ist erkennbar, daß die überwiegende Mehrheit der neu in den Markt drängenden Anbieter von Festnetztelefonie eine Profilierung über den Preis versuchen. In dem entstandenen Preiskampf (s. Kapitel 3.2.2.1) mit der jeweiligen Zielsetzung einer schnellen Marktpenetration und der augenblicklichen Konsequenz einer Pattsituation im Wettbewerb sind die Diensteanbieter gezwungen,

- „in gleichem Maße mitzuwachsen, weil Marktanteilsverluste zu Kostennachteilen gegenüber dem schneller wachsenden Konkurrenten führen, und
- die entstehenden zahlungswirksamen Kostensenkungspotentiale zu nutzen.“[234]

Die zwangsläufige wettbewerbsstrategische Orientierung an Wachstum und Realisierung des größtmöglichen Marktanteils ist also zwingend notwendig, um den Kunden auf dem Wege einer schnellen Akkumulierung der Erfahrungen Preisvorteile bieten zu können. Prinzipiell sind drei Wege in der gängigen Marktpraxis zu beobachten, über die sich Diensteanbieter im Markt für Telefondienste schnellstmöglich einen großen Anteil des Marktvolumens sichern können:

(1) Eine *aggressive Preispolitik* unter zumindest zeitweiser Vernachlässigung des Strebens nach Gewinnerzielung ist die am häufigsten zu beobachtende Geschäftspraxis von Markteindringlingen. Insbesondere der Basisdienst festnetzbasierter Sprachübermittlung in Fernstreckennetzen wird zu Preisen angeboten, die *unter dem Niveau der variablen Stückkosten* liegen, um im Wege

[232] Zur Wettbewerbsstrategie der *Kostenführerschaft* („Overall Cost Leadership“) s. Porter 1980: 35-37 und sekundär z.B. Aaker 1992: 223-232 oder, unter der Bezeichnung einer *Preis-Mengen-Strategie*, die dem strategischen Industriegütermarketing entstammt, Backhaus 1999: 234-244. Vgl. a. oben Abbildung 3-1.

[233] Die besondere Bedeutung des Strebens nach Marktanteilen bei der Realisierung von Erfahrungskurveneffekten betonen z.B. Abell 1979: 116-119, der gleichfalls auf die Kostenintensität beim Streben nach Marktanteilen hinweist; Porter 1980: 36; Hax/Majluf 1984: 123; Buzzell/Gale 1989: 67; Backhaus 1999: 239.

[234] Backhaus 1999: 241.

des Verdrängungswettbewerbs Nachfrage von den Konkurrenten abzuziehen.[235] Einen Hinweis auf ein solches Wettbewerbsverhalten mit dem Ziel der schnellen und hohen Marktdurchdringung bietet die in Kapitel 3.2.2.1 aufgezeigte Diskrepanz zwischen dem relativ niedrigen Marktwachstum (gemessen in Verbindungsminuten) und der stark steigenden Anzahl von Diensteanbietern, welche die Vermutung des Angebotes von Telefondiensten unter Grenzkostenniveau nahelegt.

(2) Eine zweite Möglichkeit ist die *Zusammenlegung von Kundenstämmen* mehrerer Wettbewerber über *Unternehmenskäufe und -fusionen*, welche im noch jungen Wettbewerbsmarkt bereits vollzogen werden (s. Kapitel 2.3.2). Berücksichtigt werden muß allerdings bei dieser Art der Marktanteilsgewinnung, daß sich Größenvorteile im Sinne von Skalen- und Verbundeffekten womöglich erst mittel- bis langfristig einstellen, wenn es gelungen ist, die aggregierten Gesprächsvolumina produktionstechnisch auf ein- und derselben technischen Netzinfrastruktur und anderen Rechnersystemen zusammenzufassen. Außerdem bedarf die Koordination des fortan einheitlichen Marketingauftrittes einer gewissen Übergangszeit, wenn sie überhaupt im Rahmen der Zusammenführung zweier Unternehmen beschlossen wird.[236] Es kann somit ein Trugschluß sein, die Aggregation von Gesprächsvolumen könne schnelle Größenvorteile nach sich ziehen.[237]

(3) Einem Diensteanbieter bieten sich drittens weitere Möglichkeiten des Wachstums über eine Ausweitung seines Kerngeschäfts um andere Produkte oder auf neue Zielgruppen sowie über eine Ausdehnung auf angrenzende nationale und internationale Märkte. Mit den verschiedenen Arten der *Diversifikation* lassen sich bereits vorhandene Ressourcen für andere Geschäfte kostengünstig mitbenutzen, wodurch sich Skalen- und Verbundeffekte einstellen können.[238]

Die Wettbewerbsstrategie der *Differenzierung* (auch *Präferenzstrategie*)[239] zielt darauf ab, sich von dem Angebot der Konkurrenten durch ausgezeichnete Qualität, ein unverwechselbares Markenimage, einen hervorragenden Kundendienst und/oder ein gut funktionierendes Händlernetz abzuheben. Voraussetzung für den Erfolg der Strategie ist, daß die Kunden das Produktangebot auch tatsächlich als einzigartig wahrnehmen und es gegenüber den Angeboten der Wettbewerber bevorzugen. Gelingt einem Unternehmen eine solche wettbewerbsstrategische Positionierung, dann eröff-

---

235 Dabei ist nach Gerpott 1998: 307 anzunehmen, daß Preisentscheidungen dieser Art nicht zwangsläufig auf der genauen Kenntnis der eigenen Kostenposition beruhen. Sie werden oftmals unter Zeitdruck eher nach dem Prinzip eines pauschalen Preisabschlages gegenüber den Preisen des Incumbents festgelegt.

236 Beispielsweise werden nach der Übernahme von *o.tel.o* durch *Mannesmann Arcor* seit Mitte des Jahres 1999 beide Markennamen getrennt fortgeführt, wohingegen die technische Zusammenführung der Netzinfrastruktur sukzessiv durchgeführt wird.

237 Vgl. zu der Zielsetzung der Marktanteilssteigerung und der Kostenreduktion bei Unternehmenskäufen/-fusionen in der TK-Industrie Kaserman/Mayo 1995: 217-222. Auf die Gefahr ausbleibender Größenvorteile verweist Kruse 1995: 60, unter Bezugnahme auf den Mobilfunkmarkt.

238 Diese Art des Wachstums ist allerdings mit der Prämisse verbunden, daß der Kostenanstieg, der mit der Ausweitung des Geschäfts einhergeht, durch Skalen- und Verbundeffekte mehr als ausgeglichen werden kann. Auf verschiedene Arten der Diversifikation wird noch unten in den Kapiteln 3.3.4.1 und 3.3.4.2 eingegangen.

239 Zu der Verfolgung einer *Differenzierungsstrategie* („Differentiation") s. Porter 1980: 37f. und sekundär z.B. Aaker 1992: 201-221 oder, unter der alternativen Bezeichnung einer *Präferenzstrategie* aus dem strategischen Industriegütermarketing, Backhaus 1999: 230-234. Vgl. a. oben Abbildung 3-1.

nen sich ihm „quasi-monopolistische Preisspielräume“[240] niedriger Preiselastizität, die ihm die Durchsetzung von Preisprämien für eine gesteigerte Rentabilität erlauben.

Wie bereits in Kapitel 3.2.2.2 dargelegt wurde, konzentrieren die Diensteanbieter ihre Vermarktungsanstrengungen im Wettbewerb überwiegend auf das vermeintliche Erfolgskriterium eines günstigen Preises. Andere Arten der Differenzierung von Konkurrenten spielen insofern eine nachgelagerte Rolle, als daß der schwerpunktmäßig verkaufte Basisdienst keinen erkennbaren Ansatz einer anderen Vermarktung als über den Preis eröffnet. Der Versuch einer wettbewerbsstrategischen Abgrenzung der Anbieter gegenüber ihren Konkurrenten erfolgt in diesem Kontext vorzugsweise über die Etablierung eines Markennamens mit Hilfe massiver Werbung für die festgelegten Tarife im Massenmarkt der Privatkunden. Löst man sich allerdings von dem Kerngeschäft mit dem Basisdienst und berücksichtigt in den Überlegungen zu verschiedenen Parametern zur Erzielung von Differenzierungsvorteilen auch das Angebot von Mehrwert- und kundenbezogenen Diensten sowie weitere, dem Preis nachgelagerte Kaufentscheidungskriterien, dann gewinnt die Differenzierung auf dem Wege einer der drei nachfolgend dargelegten Umsetzungsmaßnahmen an Bedeutung.[241] Deren Zielsetzung ist die Durchdringung bestehender und/oder der Gewinn neuer Kundengruppen mit geringer Preissensibilität. Dabei ist anzunehmen, daß mit jeder weiteren Verringerung der Imitierbarkeit und Substituierbarkeit eines entsprechend der drei genannten Möglichkeiten differenzierten Diensteangebotes das Potential der Käuferpräferenzen zugunsten eines Dienstes und seines Anbieters steigt (Akquisitorisches Potential).

(1) Die erste Möglichkeit der Differenzierung betrifft die segmentspezifische Ausgestaltung von *Marketing-Komponenten* eines Telefondienstes in Hinblick auf besondere Anforderungen und Bedürfnisse einzelner Kundengruppen. Hierzu zählt insbesondere eine individuelle Gestaltung der Preisstrukturen jenseits der generellen Erwartung niedriger Preise. Um etwa dem Kommunikationsprofil eines mittelständischen Kunden zu entsprechen, kann man verstärkt Volumenrabatte in dessen typischen Ausgabenbereich anbieten. Weiterhin ist eine kundengruppenspezifische Gestaltung der Zeitzonenstruktur sowie ein Zuschnitt der Preise nach kundengruppenspezifisch nachgefragten Entfernungszonen und Einzelverbindungsstrecken denkbar.[242] Die marktübergreifende Bündelung von TK-Diensten kommt ebenso einer segmentspezifischen Dienstegestaltung gleich. Beispielsweise ist das Produktbündel aus Festnetztelefonie, Mobilfunk und Internetzugang in Kombination mit kostenlosen Endgeräten, exklusiver Kundendienstnummer, einer Kommunikationsnutzungsanalyse und einer Finanzberatung für Unternehmensgründungen spezifisch auf Unternehmensgründer zugeschnitten und soll deren Geschäftsaufbau erleich-

---

240 Backhaus 1999: 234.

241 Vgl. ähnlich zu den hier genannten grundlegenden Möglichkeiten einer Differenzierung, allerdings mit Bezugnahme auf voll integrierte Netzbetreiber, Gerpott 1998: 212.

242 Der City-Carrier *Berlikom* bietet z.B. Stadtgespräche für überwiegend innerhalb von Berlin telefonierende Privatkunden besonders preiswert an. Der Netzbetreiber *tesion* in Baden-Württemberg offeriert in der Region verankerten mittelständischen Kunden günstige Entfernungstarife innerhalb des Bundeslandes Baden-Württemberg und in das benachbarte Ausland Schweiz, um deren typischem Gesprächsverhalten gerecht zu werden.

Abbildung 3-12: Tagesdurchschnitt der Verfügbarkeit des Call-by-Call-Telefondienstes von Dienstehändlern und der Deutschen Telekom Mitte 2000 [a]

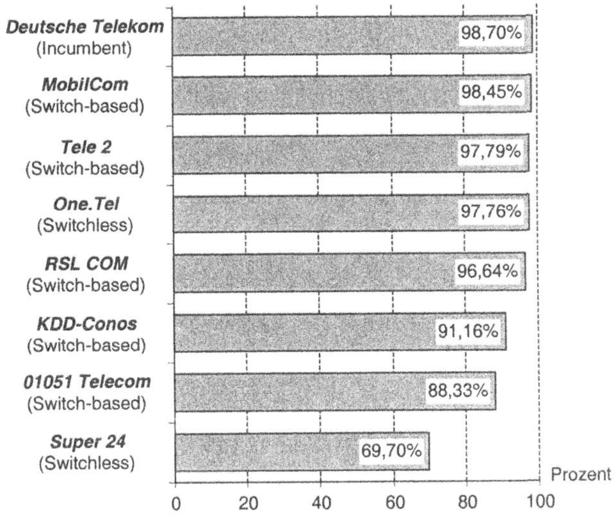

a) Die Verfügbarkeit bezeichnet den Anteil durchgestellter Testanrufe (= kein Besetztzeichen) an der Gesamtzahl getätigter Testanrufe. Dabei wurden zu unterschiedlichen Tageszeiten verschiedene, in ganz Deutschland verteilte Zielrufnummern gewählt, welche zum Zeitpunkt des Anrufs mit Sicherheit nicht belegt sein konnten. Die Anzahl der Testanrufe betrug bei *Deutsche Telekom* 9.898, bei *MobilCom* 9.123, bei *Tele 2* 2.083, bei *One.Tel* 2.629, bei *RSL COM* 9.878, bei *KDD-Conos* 2.546, bei *01051 Telecom* 2.571 und bei *Super 24*: 9.512, durchgeführt über einen Zeitraum von acht Wochen Mitte des Jahres 2000.

Quelle: Verivox.

tern.[243] Mit Hilfe zielgruppenspezifischer Nutzenargumentationen in der Kommunikation lassen sich ebenfalls existente Dienste differenzieren.

(2) Die zweite Möglichkeit einer Differenzierung erfolgt im Hinblick auf bestimmte *Qualitätsmerkmale* eines Diensteangebotes. Ein Telefondienst läßt sich technisch-qualitativ beispielsweise über eine gesteigerte Verbindungsqualität differenzieren. Dabei geht es nicht unbedingt um eine Reduzierung von geringfügigen Qualitätseinschränkungen wie Rauschen oder Knacken in der Leitung, bei denen sogar vorstellbar ist, daß Kunden solche qualitativen Einschränkungen bei gleichzeitig günstigeren Preisen bewußt in Kauf nehmen. Im Vordergrund stehen Aspekte eines problemlosen Verbindungsaufbaus und des Haltens der Verbindungen, ohne daß man Besetztzeichen wegen Netzüberlastungen oder Verbindungsabbrüche während der Gespräche erfahren muß, wie das in Abbildung 3-12 bei den Dienstehändlern *KDD-Conos, 01051 Telecom* und *Super 24* in vergleichsweise hohem Maße der Fall ist. Was die Qualität des Kundendienstes

---

243 Das beschriebene Produktbündel bietet der US-amerikanische Netzbetreiber *Pacific Bell* unter dem Produktnamen „Instant Office Deluxe" an.

anbelangt, so sind Differenzierungsvorteile durch eine permanente Erreichbarkeit und schnelle Entstörungszeiten bei Fehlermeldungen denkbar.[244]

(3) Die dritte Möglichkeit einer Differenzierung hat das Angebot *neuartiger Telefondienste* zum Gegenstand. Bestehende Flexibilisierungspotentiale einer intelligenten Netzplattform können dabei für Dienstevarianten jenseits eines ausschließlichen Angebots des Basisdienstes genutzt werden.[245] Innovative Telefondienste, wie sie beispielsweise bei der Integration von Festnetz und Mobilfunknetz[246] zu erwarten sind (z.B. Anbindung mobiler Mitarbeiter an festnetzgebundene Nebenstellenanlagen oder integrierte Rufnummern und Mailboxen), bedürfen allerdings der Zusammenführung von netzübergreifenden Systemkomponenten und Rechneranlagen. Ihr Angebot kann dann in der Regel zu einer engen Bindung der Zielgruppe und hohen segmentspezifischen Eintrittsbarrieren für den Wettbewerb führen.

Die Wettbewerbsstrategie der *Konzentration auf Schwerpunkte* (auch *Nischenstrategie*)[247] zeichnet sich durch die gezielte Beschränkung der Vermarktungsanstrengungen auf eine oder mehrere Nischen im Sinne von bestimmten Kundensegmenten, eines eingegrenzten Produktprogramms oder geographisch abgegrenzter Absatzmärkte aus. Die Unternehmen besetzen hierbei Marktnischen, die sie wirkungsvoll und effizient bearbeiten können und welche von den Wettbewerbern entweder übersehen oder vernachlässigt werden. Dabei können Wettbewerbsvorteile durch Kostenführerschaft und/oder Differenzierung geschaffen werden, so daß die genannten, entsprechenden Vorteile niedriger Preise und/oder eines einzigartigen Leistungsangebotes auch für die Erschließung von Nischen gelten. Damit aus den vermeintlichen Kosten- und/oder Differenzierungsvorteilen jedoch tatsächlich strategische Wettbewerbsvorteile resultieren, muß das Diensteangebot auch in der Nische ein Mindestmaß an Marktpräsenz haben: Nur die Kundenloyalität einer genügend großen Kundengruppe, die den Wettbewerbsvorsprung wahrnimmt, sichert dauerhaft den Markterfolg.[248]

3.2.3.2 Bewertung der wettbewerbsstrategischen Stoßrichtungen für Dienstehändler

Zu der besonderen Eignung der vorangegangenen Wettbewerbsstrategien für Dienstehändler im wettbewerbsintensiven Markt für festnetzbasierte Telefondienste heißt es in einer knapp formulierten Feststellung: „Je höher die Wertschöpfungstiefe eines Telekommunikationsanbieters ist, desto größer kann das Differenzierungspotential sein. Je geringer die eigene Wertschöpfung ist, desto wahrscheinlicher ist es, daß Anbieter auf den Preis als strategischen Wettbewerbsparameter setzen,

---

[244] Einen Überblick über die wichtigsten Qualitätsparameter des Telefondienstes und des Kundenservice findet man z.B. bei Xavier 1991: 144f.; ETSI 1997: 12-28; Nett 1998: 27; Gerpott 1998: 248; RegTP 1999a: 28.

[245] Vgl. Gerpott 1998: 212f.

[246] Zu der Festnetz-Mobilfunk-Integration s. unten Kapitel 3.3.3.3.

[247] Vgl. Porter 1980: 38-40. S. a. Aaker 1992: 232-236 sowie oben Abbildung 3-1.

[248] Vgl. Coyne 1988: 21; Buzzell/Gale 1989: 76, nach denen Kundenpräferenzen u.a. die Folge bestehender Marktanteile sind, was auch in einer Nische gilt.

da die Differenzierungspotentiale in anderen Bereichen stark limitiert sind."[249] Diese Argumentation läßt anklingen, daß die Frage, welche Strategie ein Dienstehändler zum Zwecke der Abkehr von der auf lange Sicht unrentablen Pattsituation im Wettbewerb verfolgen sollte, in erheblichem Maße durch seine Ressourcenbasis beeinflußt wird. Bevor dazu in Kapitel 3.3.2 die entlang der Wertkette von Dienstehändlern zum Einsatz kommenden Ressourcen im Hinblick auf ihr strategisches Differenzierungspotential untersucht werden, können an dieser Stelle auf Basis des bisher erlangten Wissens über das grundlegende Geschäftsmodell und seiner beiden Varianten sowie das Wettbewerbsumfeld von Dienstehändlern bereits einige weiterführende Anmerkungen gemacht werden.

- *Bewertung der strategischen Stoßrichtungen für Switch-based Dienstehändler*

Ein plausibler Grund, warum Switch-based Dienstehändler die in der Startphase des Wettbewerbs mehrheitlich eingeschlagene Wettbewerbsstrategie einer *Kostenführerschaft* weiterhin verfolgen sollten, ist sicherlich das voraussichtlich mittel- bis langfristig abnehmende Preisniveau beim Einkauf von Übertragungsleistungen, was zahlungswirksame Kostensenkungspotentiale entstehen läßt und wofür – trotz der Mitte des Jahres 2000 noch bestehenden hohen Verhandlungsmacht der Übertragungsleistungslieferanten – die sich abzeichnende Intensivierung des Wettbewerbs im Teilmarkt auf Netzebene sorgt (s. Kapitel 3.2.2.5). Die Kostenvorteile könnten gegenüber den Endkunden in Preisvorteile umgewandelt werden, was eine schnellere Verdopplung der vermittelten Verbindungsminuten bedeutet und somit letztendlich die Realisierung gesteigerter Skalenerträge. Darüber hinaus haben Switch-based Dienstehändler bereits irreversible Investitionen in die fixkostenintensive Teilinfrastruktur der Vermittlungstechnik getätigt, die sich in erster Linie über das massenhafte Vermitteln von Fernverbindungsminuten im Rahmen des Basisdienstes und anderer, höherwertiger Telefondienste amortisieren lassen. Da die entsprechend notwendige Kundenbindung und intensive Neukundenakquisition speziell beim Kerngeschäft mit dem Basisdienst festnetzgebundener Sprachübermittlung aus marktorientierter Perspektive offensichtlich vorwiegend über den Preis gelingt, bleibt einem Switch-based Dienstehändler keine andere Möglichkeit, als sich an die Spitze des Preiskampfes setzen zu wollen (expansiv ausgerichtete „Vorwärtsstrategie"). Auf diese Weise adaptiert er den Entwicklungstrend der Vermarktungsanstrengungen beim Basisdienst im intensiven Wettbewerb von einem Pattgeschäft in Richtung eines Volumengeschäfts (s. Kapitel 3.2.3).[250]

Die wettbewerbsstrategische Grundausrichtung einer *Differenzierung* über speziell technische Qualitätsmerkmale eignet sich für Dienstehändler mit eigenen Vermittlungsstellen nur in eingeschränk-

---

[249] Ehrmann 1999: 37.

[250] Porter 1980: 30f. benennt die flexible Anpassung einer Wettbewerbsstrategie an Trendentwicklungen in der Wettbewerbsstruktur („Exploiting Change") als wichtige Voraussetzung für den Erfolg eines jeden Unternehmens.

ter Weise, weil Qualitätsparameter im Hinblick auf Ausfallzeiten, die Entstörungsdauer und die Übertragungsgüte der Basisinfrastruktur nur von Netzbetreibern beeinflußt und kontrolliert werden können. Die Entstörungsdauer von Vermittlungseinrichtungen sowie die Vermittlungsgüte von Fernverbindungen bezüglich der Häufigkeitsquote erfolgreich aufgebauter Verbindungen und der Verbindungsaufbauzeit zwischen Wahlvorgang und Klingeln eines gewählten Apparates, was beides von dem Umfang der vorhandenen Vermittlungskapazitäten im Sinne eines potentiellen Produktionsengpasses abhängt, fällt hingegen in den Wertschöpfungs- und Einflußbereich eines Switch-based Dienstehändlers. Damit ist zumindest eine besonders gute Vermittlungsqualität als Differenzierungsargument im Rahmen der Erarbeitung einer Wettbewerbsstrategie kommunizierbar, wobei ein so differenziertes Angebot eines Switch-based Dienstehändlers gegenüber dem eines konkurrierenden voll integrierten Netzbetreibers tendenziell unglaubwürdig erscheint. Für solche Kunden, die ihre Präferenzentscheidung unter anderem an Qualitätskriterien orientieren, ist es kaum nachvollziehbar, warum ein Switch-based Dienstehändler eine gesteigerte Dienstequalität anbieten können soll, wenn er keine Kontrolle über die Basisinfrastruktur der festverlegten Übertragungswege besitzt.[251]

Die Entwicklung neuartiger, höherwertiger Dienste eignet sich im Gegensatz zu der Differenzierung über technische Qualitätsmerkmale tendenziell eher für Dienstehändler mit eigenen Vermittlungsstellen. Im Vergleich zu voll integrierten Netzbetreibern besitzen sie in diesem Fall annäherungsweise gleichwertige Chancen, sich über eine Spezialisierung in dem Geschäft mit Mehrwertdiensten differenzierend zu positionieren. Ihr konstituierendes Merkmal eigener Vermittlungstechnik sowie der Betrieb einer IN-Plattform (s. oben Kapitel 2.2.2) hilft ihnen, Telefondienste wie Service 0800/0900 oder Centrex (s. oben Kapitel 2.1.1.2), die auf IN-basierte Vermittlung von Verbindungen technisch angewiesen sind, eigenständig zu konzipieren und in das Netz einzuspeisen und somit neben dem Massenmarkt der Privatkunden auch ausgesuchte Zielgruppensegmente (vornehmlich unter den Geschäftskunden) „bedarfsbezogen“ anzusprechen.[252] Dabei kann das Angebot höherwertiger oder kundenindividuell zugeschnittener Telefondienste den Switch-based Dienstehändlern als Türöffner dienen, um den ausgewählten Kundengruppen nach erfolgreicher Vermarktung eines Mehrwertdienstes auch den Basisdienst der Festnetztelefonie zu offerieren.

Es bleibt festzuhalten, daß die bis dato mehrheitlich zu beobachtende Positionierung der Switch-based Dienstehändler als Anbieter des Basisdienstes im Massenmarkt mit ansatzweiser Integration

---

[251] Dieses Argument setzt voraus, daß der Kunde in der Lage ist, zwischen dem Netzbetrieb und der Gesprächsvermittlung technisch zu unterscheiden. Davon ist zumindest bei großen Geschäftskunden, bei denen die Auswahl eines Diensteanbieters i.d.R. durch technisch versierte Einkäufer erfolgt, auszugehen.

[252] Eine *bedarfsbezogene* Positionierung verlangt, „(...) serving most or all the needs of a particular group of customers. (...) It arises when there are groups of customers with differing needs, and when a tailored set of activities can serve those needs best.“ Porter 1996: 66. Zu der Abhängigkeit einer Sortimentsausdehnung von gleichlaufenden, spezifischen Ressourceninvestitionen s. a. noch unten Kapitel 3.4.

von Netzinfrastruktur fast keinen anderen Weg als den einer konsequenten Verfolgung einer Preis-Mengen-Strategie mit dem Ziel der Kostenführerschaft zuläßt. Weil jedoch prinzipiell auch Möglichkeiten einer Differenzierung über bestimmte Qualitätsmerkmale und Diensteinnovationen erreichbar scheinen, welche bei ausgewählten Kundengruppen und bei höherwertigen Telefondiensten als Kaufentscheidungskriterium an Bedeutung gewinnen, bietet sich für Switch-based Dienstehändler insgesamt eine *hybride Wettbewerbsstrategie* als strategische Verhaltensweise zur Verbesserung des Unternehmenserfolges an. Es handelt sich dabei um eine Strategie, welche das simultane Erreichen der Kostenführerschaft und der Differenzierung vereint und demzufolge die von Porter (1980) vertretende Überzeugung widerlegt, daß sich die zwei genannten strategischen Stoßrichtungen gegeneinander ausschließen. Mit Blick auf den dynamischen Wettbewerbsprozeß im Markt für festnetzbasierte Telefondienste würde ein entsprechender Vorstoß in Richtung einer größeren Dienstevielfalt und einer gehobenen Dienste- und Servicequalität unter Beibehaltung des relativ niedrigen Preisniveaus beide Strategievarianten (Spezialisierung und Volumen) zur Befreiung aus der Mitte 2000 bestehenden ungünstigen Wettbewerbsposition des Patts erfolgversprechend vereinen (s. oben Abbildung 3-11). Empirische Hinweise auf die Vorteilhaftigkeit einer solchen hybriden Wettbewerbsstrategie konnten bereits für Netzbetreiber erarbeitet werden.[253]

- *Bewertung der strategischen Stoßrichtungen für Switchless Dienstehändler*

Für Switchless Dienstehändler, auf deren Stufe der Wertschöpfungsintegration künftig mit ungleich mehr Markteintritten zu rechnen ist als im Fall von Switch-based Dienstehändlern (oder Netzbetreibern), ist eine wettbewerbsstrategische Positionierung gemäß der Strategie einer *Kostenführerschaft* wenig sinnvoll, solange damit Größenvorteile auf der Kostenseite der Produktion verfolgt werden sollen. Die Dienstehändler besitzen keinen Zugriff auf Basisinfrastruktur und Vermittlungseinrichtungen und können somit den Preis für die Vermittlung von Fernverbindungsminuten über eine Minderung der Kosten in der Produktion auf direktem Wege nicht beeinflussen. Größenvorteile ließen sich jedoch für Switchless Dienstehändler bei den Einkaufskonditionen und entsprechenden Verhandlungen mit den ihnen vorgelagerten Dienste*groß*händlern im Teilmarkt auf Dienste- und Vertriebsebene realisieren. Hier können sie mit einer gesteigerten Kundenzahl und aufgrund des damit einhergehenden Anstiegs an gebundenem Gesprächsvolumen günstigere Bezugskonditionen bei ihren Telefondienstelieferanten einfordern, die sie dann als Preisvorteile an ihre Endkunden weiterreichen. Sie erhalten sich somit als Folge von Größenvorteilen beim Bezug von Telefondiensten zumindest mittelbar Einfluß auf die Endkundenpreise, wobei ihnen die im Vergleich zu Übertragungsleistungslieferanten geringere Verhandlungsmacht der Telefondienstelieferanten bei den

[253] Vgl. allgemein zu einer hybriden Wettbewerbsstrategie z.B. Fleck 1995: 2. u. 82-84; Proff 1997: 305; Jenner 2000a: 8. In bezug auf Netzbetreiber s. Gerpott 1997a: 250f.; Gerpott 1998: 209-215.

Einkaufsverhandlungen zugute kommt.[254] Der mögliche Markterfolg einer wettbewerbsstrategischen Positionierung über günstige Preise als Aktionsparameter wird außerdem durch die begrenzte Wertschöpfungstiefe der Switchless Dienstehändler aufgrund einer damit grundsätzlich verbundenen geringen Kostenposition unterstützt.

Die Alternative einer *Differenzierung* über Qualitätsmerkmale des Diensteangebots und über neuartige, höherwertige Dienste in Analogie zu der vorangegangenen Argumentation bezüglich Switchbased Dienstehändler bietet sich für Switchless Dienstehändler nicht an, weil Anbieter dieser Art in der Wertkette ihres Geschäftsmodells keinerlei Kontrolle über technische Qualitätsparameter besitzen, weder beim Netzbetrieb noch bei der Gesprächsvermittlung. Einzig Indikatoren, die die Qualität des Kundenservice und/oder der Rechnungsstellung widerspiegeln, können von Switchless Dienstehändlern beeinflußt werden. Ansonsten verbleiben ihnen im Rahmen ihrer begrenzten Möglichkeiten vordringlich Differenzierungsvorteile über die segmentspezifische Ausgestaltung von Marketing-Komponenten ihres Diensteangebotes. Als Schwerpunkte einer kommunikativen Ansprache mit zielgruppenindividuell zugeschnittener Nutzenargumentation lassen sich beispielsweise örtlich niedergelassene Rechtsanwaltskanzleien, Arztpraxen, Steuerberater oder Reisebüros nennen, die ein größeres Kommunikationsaufkommen als Privatkunden versprechen und gleichzeitig noch keine so verhandlungsmächtigen Abnehmer wie große Geschäftskunden darstellen. Dieser Weg der Differenzierung entspricht einer „zugangsbezogenen" Ansprache von Endkunden. Der Kern einer solchen Differenzierungsstrategie besteht in „(...) segmenting customers who are accessible in different ways."[255] Zu bedenken ist allerdings, daß die Einzigartigkeit jeder marketingspezifischen Ausgestaltung eines Telefondiensteangebots nach zielgruppenindividuellen Besonderheiten möglicherweise nur kurzfristiger Natur ist, weil die differenzierenden Maßnahmen von Konkurrenten prinzipiell leicht kopierbar sind und speziell der Basistelefondienst seinen grundlegenden „Me-too-Charakter" hinsichtlich des Grundnutzens immer beibehält.

In Summe ist offenbar das wettbewerbsstrategische Instrument niedriger Preise für Switchless Diensthändler der bestmögliche Weg für eine Behauptung im Wettbewerb. Mit Blick auf die zu bearbeitende Marktbreite können die Unternehmen im nationalen Massenmarkt des Basisdienstes eine echte Kostenführerschaft jedoch langfristig sicherlich nicht übernehmen. Als vermeintlich kleinere Unternehmen mit geringeren finanziellen Ressourcen als große Netzbetreiber und Switchbased Dienstehändler verfügen sie nicht über umfangreiche Geldmittel, die erforderlich sind, um im Kampf um Marktanteile und um die Preisführerschaft im Gesamtmarkt Fragen der Kostendeckung zur Unterbietung der Konkurrenten phasenweise vernachlässigen zu können. Dieser Sachverhalt

---

[254] Die Existenz von Größenvorteilen auf der Beschaffungsseite eines Unternehmens vertreten auch ganz allgemein Buzzell/Gale 1989: 74f., weisen jedoch auf den schwierigen empirischen Nachweis und die gleichfalls problematische Quantifizierung hin.

[255] Porter 1996: 67.

führt schließlich zu der Erkenntnis, daß sich für Switchless Dienstehändler die *Etablierung in einer Nische* anbietet, bei deren Verteidigung als fokussierter Kostenführer sie solange keine wettbewerbsstrategischen Nachteile in Form mangelnder Größenvorteile erleiden, als die besetzte Nische der Aufmerksamkeit großer Netzbetreiber und Switch-based Dienstehändler entgeht, oder die Nische von den großen Diensteanbietern bei ihrem wettbewerbsstrategischen Streben nach einer Kostenführerschaft mittels Marktanteilswachstum im Gesamtmarkt als nicht lohnend eingestuft wird.

3.3 Ressourcen- und kompetenzbasierte Wettbewerbsvorteile der Dienstehändler

Nach Anwendung des marktorientierten Ansatzes der strategischen Managementforschung soll in Kapitel 3.3 unter Rückgriff auf den ressourcenbasierten Strategieansatz die Beantwortung der Fragen gelingen, (a) inwieweit die charakteristische Ausstattung der Dienstehändler mit Ressourcen von strategischer Bedeutung zur Erlangung besonderer Wettbewerbsvorteile ist und (b) welche Kernkompetenzen über die Bündelung einzelner Ressourcen für Dienstehändler erreichbar sind. Die Summe der Kernkompetenzen dokumentiert letztlich die unternehmensindividuelle Metakompetenz, die das gesamte „(...)Wissen der Grundleistung bzw. des Wertschöpfungssystems eines Unternehmens“[256] widerspiegelt. Die graphische Darstellung dieser Zusammenhänge führt zu einer pyramidenhaften Kompetenzhierarchie (s. Abbildung 3-13), die den Umfang der Ressourcenausstattung aufzeigt, Aufschluß über die Art und Zusammenhänge der unternehmenseigenen Kernkompetenzen gibt und Ansatzpunkte zur Entwicklung einer erfolgversprechenden wettbewerbsstrategischen Positionierung liefert. Die kanalisierende Wirkung der Kompetenzhierarchie für strategische Entscheidungen im Wettbewerb wird schließlich (c) in bezug zu den häufig mit dem Ressourcenansatz in Verbindung gebrachten Strategieoptionen einer Diversifikation und Internationalisierung diskutiert. Zunächst folgt allerdings eine Einordnung des Forschungsansatzes in die Theorie.

3.3.1 Theoretische Einordnung des Forschungsansatzes

Ausgangspunkt des ressourcenbasierten Strategieansatzes („Resource-based View“) sind die Überlegungen von Penrose über die institutionelle Abgrenzung und die Wachstumsmöglichkeiten eines Unternehmens („Theory of the Growth of the Firm“) aus dem Jahre 1959. Danach stellen sich Unternehmen als „collection of productive resources“ dar, deren historisch gewachsene Heterogenität jedem Unternehmen das Wesen einer Einzigartigkeit verleiht und eine Vielzahl an Differenzie-

---

[256] Zahn 1995: 364. S. a. Hamel 1994: 12 u. Kutschker 1999: 295.

Abbildung 3-13: Konzeptionelle Pyramide der Kompetenzhierarchie eines Unternehmens

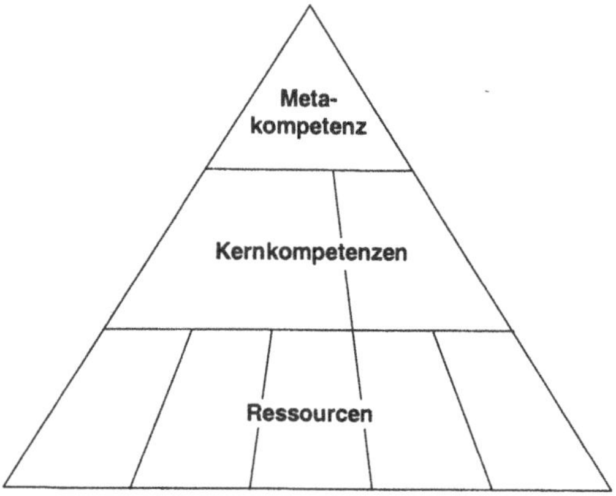

Quelle: In Anlehnung an Hamel 1994: 11f; Zahn 1995: 363-365.

rungsmöglichkeiten bei der Gestaltung von Produkten und Dienstleistungen eröffnet.[257] Es sind jedoch nicht die Ressourcen in ihrer isolierten Betrachtung, die die tatsächliche Unterschiedlichkeit von Unternehmen begründen, sondern erst die Leistungen, die über die Kombination und das Zusammenwirken einzelner Ressourcen erbracht werden können. In diesen Synergiepotentialen ist auch der eigentliche Wert der Ressourcen für ein Unternehmen zu suchen. Er entspricht (soweit es sich um käuflich zu erwerbende Ressourcen handelt) in den seltensten Fällen dem tatsächlich zu zahlenden Marktpreis, da jedes Unternehmen unterschiedliche Erwartungen an eine bestimmte Ressource und ihren Beitrag zu der eigenen Geschäftstätigkeit besitzt.[258]

Der Begriff der Ressourcen ist weit gefaßt: „Firm resources include all assets, capabilities, organizational processes, firm attributes, information, knowledge, etc. controlled by a firm that enable the

---

[257] Vgl. Penrose 1959: 24-26, die im weiteren Verlauf ihrer Arbeit neben einer auf Heterogenität ausgerichteten Betrachtung von Ressourcen physischer und menschlicher Natur schwerpunktmäßig Möglichkeiten eines Unternehmenswachstums über Diversifikation sowie Unternehmenszusammenschlüsse erörtert. In kritischer Weise referiert Best 1990: 125-134 über Penrose' Arbeit.

[258] Ohne explizit die Arbeit von Penrose zu zitieren, entwickelt Barney 1986: 1231-1238 auf Basis dieses Sachverhalts das Konzept eines unvollkommenen „Strategic Factor Markets". Auf ihm werden die notwendigen Ressourcen zur Umsetzung von Wettbewerbsstrategien gehandelt, mit Ausnahme der immateriellen Ressourcen, die nur in einem Unternehmen selbst entwickelt werden können.

firm to conceive of and implement strategies that improve its efficiency and effectiveness."[259] Heute ist in der Literatur eine Klassifizierung in folgende Kategorien weitgehend anerkannt:[260]

- *Physische* (oder *materielle, tangible*) Ressourcen, wie z.B. technische Anlagen, Betriebsstätten, Ausstattung und Zugang zu Rohmaterialien sowie der geographische Standort des Unternehmens.
- *Immaterielle* (oder *intangible*) Ressourcen, wie z.B. auf Verfügungsrechten beruhende Patente, Handelsmarken, Datenbanken, Verträge, Goodwill von Vertriebspartnern oder der Firmenruf, sowie Fähigkeiten der Mitarbeiter.
- *Organisatorische* Ressourcen, welche den Betrieb von Managementsystemen (Planungs- und Kontrollsystem, Vertriebssteuerungssystem etc.) sowie die Organisationsstruktur und -kultur umfassen.
- *Finanzielle* Ressourcen im Sinne der Kapitalkraft und Möglichkeiten der Innen- und Außenfinanzierung.

Eine Begründung dauerhafter Wettbewerbsvorteile auf Basis interner Ressourcen und damit eine Hervorhebung ihrer Bedeutung für die strategische Managementforschung benötigte nach Penrose weitere 25 Jahre. Wernerfelt entwickelte 1984 den Ressourcenansatz im Rahmen des strategischen Managements in der Art, wie er heute breiten Zuspruch gefunden hat.[261] Danach bilden die individuellen Ressourcen eines Unternehmens die Grundlage für dauerhafte Wettbewerbsvorteile und überdurchschnittliche Profitabilität, weshalb der Ressourcenansatz als Hauptaufgabe für das strategische Management den Aufbau und Erhalt unternehmensspezifischer Ressourcen fordert. Er untersucht in diesem Kontext die Bedingungen, unter denen bestimmte Ressourcenkonfigurationen auch tatsächlich Wettbewerbsvorteile begründen. Strategisch nachhaltig sind Ressourcen dann, (a) je geringer die *Abnutzbarkeit* bei ihrem Gebrauch ist und (b) desto schwieriger sie auf Faktormärkten *transferierbar* bzw. erwerbbar sind. Darüber hinaus sollten die wettbewerbsrelevanten Ressourcen von Konkurrenten (c) weder über eigene Entwicklungsanstrengungen leicht *imitierbar* noch (d) über den Erwerb oder die Entwicklung anderer Ressourcen mit einer vergleichbaren Zweckbestim-

---

259 Barney 1991: 101.

260 Vgl. zu den einzelnen Klassen an Ressourcen Chatterjee/Wernerfelt 1991: 34-36; Barney 1991: 101f.; Hall 1992: 136-139; Bamberger/Wrona 1995: 2f.; Bamberger/Wrona 1996: 132-134; Bäurle 1996: 5; Macharzina 1999: 57f.

261 S. Wernerfelt 1984. Einen guten Überblick über Historie, Argumentationslogik und bestehende Forschungsergebnisse des Ressourcenansatzes in der strategischen Managementforschung bietet Knyphausen 1993: 774-781. Kritik an dem Strategieansatz wird vor allem von Priem/Butler 2001a und 2001b geäußert, die im Meinungsaustausch mit Barney 2001 dem „Resource-based View" den Anspruch einer eigenständigen Theorie absprechen und zudem inhaltlich keine innovativen Hilfestellungen für das strategische Management bei internen Unternehmensanalysen gegenüber bekannten Konzepten wie der Stärken-Schwächen- und der Wertkettenanalyse erkennen können.

mung *substituierbar* sein. Ist bereits eines der vier genannten Kriterien nicht erfüllt, dann kann die betrachtete Ressource kaum noch als Grundlage für einen dauerhaften Wettbewerbsvorteil dienen.[262]

Regelrecht „populär" ist der ressourcenbasierte Strategieansatz schließlich mit der Arbeit von Prahalad und Hamel in den neunziger Jahren geworden.[263] Sie setzen an der bereits genannten Erkenntnis an, daß sich aus der bloßen Existenz bestimmter Ressourcen nicht zwingend ein Wettbewerbsvorteil bzw. eine vorteilhafte Gewinnsituation ergeben muß. Erst die Fähigkeit der geschickten Bündelung intern vorhandener Technologien und Fertigungsmöglichkeiten zu einer vorteilhaften Nutzung dieser Ressourcen als unternehmensweite *Kernkompetenzen* macht dies möglich.[264] Als Beispiel erläutern die beiden Autoren u.a. *Hondas* technische Design- und Entwicklungsfähigkeiten („Core Competencies") bei Motoren und Antriebssträngen („Core Products"), die die Vermarktung unterschiedlicher Produkte wie Motorräder, Rasenmäher und Automobile („End Products") ermöglichen.[265] Unternehmen wie *Honda* sollen sich nicht länger als Portfolio von Geschäftsbereichen verstehen, sondern von Kernkompetenzen. Nur so wächst der Anteil an Möglichkeiten, in heute noch nicht definitiv abgrenzbare Endproduktmärkte zukünftig vorzudringen („Opportunity Share"), anstatt weiterhin die Marktanteile in den Märkten von heute ausbauen zu wollen.[266]

Während Kernkompetenzen nach Prahalad und Hamel noch weitestgehend in technischen Fertigungsbereichen eines Unternehmens entstehen, schließen Stalk, Evans und Shulman in ihrem ressourcenbasierten Blick auf ein Unternehmen alle Unternehmensbereiche entlang einer Wertkette ein (somit beispielsweise auch Forschung & Entwicklung oder die Steuerung von Vertriebspartnern) und sprechen von unternehmensweiten *Fähigkeiten* („Capabilities").[267] In Summe ist jedoch weder der Begriff der Kernkompetenzen noch der der Fähigkeiten in seiner abstrakten Formulierung einfach zu operationalisieren (nachfolgend wird zusammenhängend nur noch von Kernkompetenzen gesprochen). Hinterhuber, Handlbauer und Matzler setzen an der Forderung von Prahalad und

---

262 Vgl. zu den Bewertungskriterien Barney 1991: 105-112; Mahoney/Pandian 1992: 364; Peteraf 1993: 182-186; Bamberger/Wrona 1995: 3-6; Collis/Montgomery 1995: 120-123; Zahn 1995: 359; Bamberger/Wrona 1996: 135-140; Bäurle 1996: 4; Hinterhuber/Friedrich 1999: 996-998; Kutschker 1999: 294f.; Gerpott 1999c: 143-145; Bounken 2000: 867.

263 S. Prahalad/Hamel 1990 u. 1994. Wernerfelt 1995: 171 selbst benennt in einem Rückblick auf seine Arbeit zum „Resource-based View of the Firm" von 1984 Prahalad und Hamel als die richtungweisenden Autoren, die seinen Überlegungen in der strategischen Managementforschung zum Durchbruch verholfen haben. Zu einem knappen Überblick über die Arbeit der Autoren s. beispielsweise Eschenbach/Kunesch 1996: 121-133; Hahn 1999b: 157f.

264 Zu der Definition von *Kernkompetenzen* heißt es bei Prahalad/Hamel 1990: 82: „Core competencies are the collective learning in the organization, especially how to coordinate diverse production skills and integrate multiple streams of technologies."

265 Vgl. Prahalad/Hamel 1990: 81-85. Der in dem gewählten Beispiel anklingende Technologiebezug von Kernkompetenzen wird auch bei Gerpott 1999c: 143-145 betont, der im Rahmen der Technologiepositionsbewertung eines Unternehmens von „Kernkompetenztechnologien" spricht.

266 Vgl. Prahalad/Hamel 1990: 83; Prahalad/Hamel 1994: 31.

267 Vgl. zu ihrer Unterscheidung der „Capabilities" von „Core Competencies" Stalk et al. 1992: 66.

Hamel an, daß jede strategisch bedeutsame Kernkompetenz einen besonderen Kundennutzen stiften muß: „A core competence must make a disproportionate contribution to customer-perceived value".[268] Sie schlagen in diesem Kontext das Konstrukt der *Kundenzufriedenheit* als Ausgangspunkt einer Operationalisierung bzw. der Identifikation, des Aufbaus und der Erhaltung von Kernkompetenzen vor, was Kenntnisse über Kundenerwartungen und -anforderungen notwendigerweise in den Vordergrund rückt.[269]

Zusammenfassend ist festzuhalten, daß der Ansatz der Ressourcenorientierung im Gegensatz zur industrieökonomischen Perspektive die Quelle für dauerhafte Wettbewerbsvorteile nicht in der Branchenattraktivität und einer entsprechenden Wettbewerbspositionierung sieht, sondern in der Entwicklung einer attraktiven Ressourcenausstattung, deren organisatorische Bündelung zu unternehmensweiten Kernkompetenzen führt. Wettbewerbsstrategische Maßnahmen, mit denen der Ressourcenansatz als Erklärungsfundament regelmäßig in Verbindung gebracht wird, sind Diversifikations- und Internationalisierungsmaßnahmen. Dabei sieht der Ressourcenansatz grundlegend jedoch keine Verfolgung einer definitiv vorgegebenen generischen Wettbewerbsstrategie wie beim marktorientierten Ansatz vor, sondern den Entwurf von unternehmensindividuellen Strategien.[270]

3.3.2 Prüfung der Ressourcen von Dienstehändlern auf strategische Bedeutsamkeit

Die Erörterung der für Dienstehändler typischen Ressourcen hinsichtlich ihrer strategischen Bedeutsamkeit im Markt für festnetzbasierte Telefondienste verläuft nachfolgend *nicht* entlang der im vorangegangenen Kapitel dargelegten Klassifizierung von Ressourcen in solche mit einer physischen, immateriellen, organisatorischen oder finanziellen Natur. Vielmehr wird nach funktionalen Unternehmensbereichen in Anlehnung an die primären wertschaffenden Aktivitäten der Dienstehändler unterschieden (s. oben Abbildung 2-9); somit werden Ressourcen (a) beim Einkauf von Vorprodukten, (b) bei der Spezifikation und der Bereitstellung von Diensten, (c) im Marketing und im Vertrieb sowie (d) zur Rechnungsstellung und im Kundendienst betrachtet.[271] Die Überprüfung

---

[268] Prahalad/Hamel 1994: 204.

[269] Vgl. Hinterhuber et al. 1997: 37, die in Kernkompetenzen „Fertigkeiten, Fähigkeiten und Technologien, die als Grundlage der Schaffung von Kundenzufriedenheit das strategische Potential des Unternehmens darstellen", erkennen. S. beispielsweise auch sekundär Strasmann/Schüller 1996: 11.

[270] Vgl. Bäurle 1996: 4. Arbeiten, die den Ressourcenansatz vorzugsweise im Zusammenhang mit Diversifikation und Internationalisierung diskutieren, sind z.B. Penrose 1959; Rumelt 1982; Montgomery/Wernerfelt 1988; Chatterjee/Wernerfelt 1991; Rotemberg/Saloner 1994; Bamberger/Wrona 1995 u. 1996; Kutschker 1999.

[271] Würde eine Bestandsaufnahme nach einer ausschließlichen Unterscheidung in physische, immaterielle, organisatorische und finanzielle Ressourcen vorgenommen, dann könnten einige Ressourcen von Dienstehändlern nicht eindeutig zugeordnet werden. Vermittlungsstellen haben z.B. als Hardware physischen Charakter, die individuelle Konfiguration ihrer Steuerungssoftware ist immateriell und die Systemverknüpfung organisatorischer Natur. Im Vertrieb sind beispielsweise eigene Verkaufsläden physischer Natur, wohingegen das Know-how des Verkaufspersonals immateriell ist. Der von Gries 1998: 95-101 durchgeführte Versuch einer Zuordnung von Ressourcen in der TK-Industrie zu jeweils einer der vier Klassen bleibt diesbezüglich oftmals unklar.

der Kriterien Abnutzbarkeit, Substituierbarkeit, Imitierbarkeit und Transferierbarkeit (s. Kapitel 3.3.1) gibt Aufschluß, ob einer Ressource jeweils das Attribut „strategisch nachhaltig" zu verleihen ist.[272] Außerdem wird – in Fortführung der zu Anfang von Kapitel 3.2.3.2 zitierten Feststellung – auf die Zweckmäßigkeit einzelner Ressourcen für die strategische Zielsetzung einer Kostenführerschaft oder Differenzierung eingegangen.

3.3.2.1 Ressourcen beim Einkauf von Vorprodukten

Gegenstand der Analyse beim Einkauf von Vorprodukten ist die strategische Bedeutung der Verfügungsgewalt über Übertragungsleistungen für Switch-based Dienstehändler bzw. über Telefondienste für Switchless Dienstehändler im Rahmen von abgeschlossenen *Lieferantenverträgen.* Dabei ist zunächst zu betonen, daß sich der Besitz immaterieller Verträge mit Anbietern der jeweiligen Vorprodukte über die Vertragslaufzeit prinzipiell nicht abnutzen kann, wenn man von seltenen außerordentlichen Vertragskündigungen absieht.[273]

Hinsichtlich der Transferierbarkeit sind Vertragsabschlüsse für Dienstehändler solange als strategisch wertvoll zu beurteilen, wie die Vorprodukte als zugrundeliegende Transaktionsgüter der Vereinbarungen nicht bei einer Vielzahl von Anbietern eingekauft und ein Lieferant nicht durch einen anderen nach Belieben eines Dienstehändlers ersetzt werden kann. Diese Konstellation trifft in Deutschland gegenwärtig besonders auf das Geschäft mit Übertragungsleistungen im Teilmarkt auf Netzebene zu, das (noch) von einer niedrigen Wettbewerbsintensität geprägt ist (s. Kapitel 3.2.2.5). Der Zugang von Switch-based Dienstehändlern zu Übertragungsleistungen bzw. der entsprechende Abschluß von Vertragsvereinbarungen mit vorgelagerten Netzbetreibern ist somit offensichtlich erschwert. Dennoch führen abgeschlossene Verträge über den Bezug von Übertragungsleistungen zu keinem Wettbewerbsvorteil, weil gerade in bezug auf den Ex-Monopolisten als den marktbeherrschenden Netzbetreiber der besondere Netzzugang für jedes Unternehmen mit einer TKG-Lizenz der Klasse 3, das diesen nachfragt, rechtlich-politisch gesichert ist. Im Teilmarkt auf Dienste- und Vertriebsebene ist im Vergleich zu dem Teilmarkt auf Netzebene eine ausgeprägte Wettbewerbsintensität einer Vielzahl von Netzbetreibern und Switch-based Dienstehändlern zu beobachten (s. Kapitel 3.2.2.1), was hier den massenhaften Erwerb von Telefondiensten als Vorprodukt für Switchless Dienstehändler bzw. den Abschluß entsprechender Lieferantenverträge auch ohne rechtlich-politische Anordnung ermöglicht. In beiden Fällen ist im Fazit von einer hohen Transferierbarkeit von Lieferantenverträgen über Vorprodukte auszugehen.

---

[272] S. methodisch kongruent Lado/Zhang 1998: 495-499, die sogenannte „Expert Systems" (= intelligente wissensbasierte Programmsysteme, die aus bestehendem Datenmaterial Regeln ableiten können, um z.B. in der Marktforschung Käufer- oder Wählerprofile zu formulieren) auf ressourcenbasierte Wettbewerbsvorteile hin analysieren.

[273] Vgl. grundlegend zu der geringfügigen oder nicht vorhandenen Abnutzbarkeit *aller* immateriellen und organisatorischen Ressourcen Bamberger/Wrona 1995: 4; Bounken 2000: 867.

Auf Basis dieser Erkenntnis kann nicht mehr angenommen werden, daß sich ein Wettbewerbsvorteil auf den Abschluß eines Lieferantenvertrages und somit auf einen erlangten Zugang zu dem entsprechenden Vorprodukt stützt. Wäre dies der Fall, bliebe für solche Diensthändler, denen kein Abschluß eines Lieferantenvertrages gelingt, theoretisch die Möglichkeit der Imitation oder Substitution des zugrundeliegenden Vorprodukts zum Zweck einer Egalisierung des Nachteils. Die Ausprägungen beider Kriterien würden besonders im Falle von Übertragungsleistungen auf Basis einer festverlegten Basisinfrastruktur als Transaktionsgut grundsätzlich für einen strategisch nachhaltigen Wert abgeschlossener Lieferantenverträge sprechen:

(1) Der Imitation bestehender Verträge über den Bezug von Übertragungsleistungen auf dem Wege der Planung und Errichtung einer eigenen festverlegten Basisinfrastruktur zwecks Realisierung eines unabhängigen Zugangs zu Übertragungsleistungen (= vertikale Rückwärtsintegration) stehen hohe Investitionskosten irreversibler Art entgegen (s. Kapitel 3.2.2.2).

(2) Die Substitution bestehender Lieferantenverträge auf dem Wege des Abschlusses kongruenter Lieferantenverträge mit Betreibern alternativer Übertragungstechnologien im Fernverbindungsbereich, über die sich der Transport von (Sprach-)Informationen zu einem vergleichbar günstigen Kosten-/Leistungsverhältnis wie bei den geläufigen Glasfaserkabeln zwecks Bereitstellung von Telefondiensten realisieren ließe, scheitern an dem derzeit noch grundlegenden Mangel solcher alternativen Übertragungstechnologien (s. Kapitel 3.2.2.3).

Vor dem Hintergrund der beiden Argumente ist anzunehmen, daß die Imitierbarkeit und die Substituierbarkeit von Verträgen über die Lieferung von Übertragungsleistungen im nationalen Fernstreckennetz stark eingeschränkt ist.[274] Solange allerdings – wie nochmals zu betonen ist – der Anspruch auf Zusammenschaltung der (Teil-)Infrastruktur eines jeden Switch-based Dienstehändlers (und alternativen Netzbetreibers) mit der flächendeckenden Basisinfrastruktur des Incumbents rechtlich-politisch verankert bleibt, wird die Verfügungsgewalt über eine mehr oder weniger weit ausgelegte Basisinfrastruktur genauso wie die über Lieferantenverträge, welche den Bezug von Übertragungsleistungen auch ohne eigene Basisinfrastruktur ermöglichen, als jeweils strategisch wertvolle Ressource von Grund auf entwertet.

3.3.2.2 Ressourcen bei der Spezifikation und Bereitstellung von Diensten

Schwerpunktmäßig untersuchte Ressourcen bei der wertschaffenden Tätigkeit der Spezifikation und Bereitstellung von Diensten sind digitalisierte *Vermittlungsstellen* und *IN-Plattformen*. Der Besitz dieser physischen Ressourcen dient kaum als Grundlage für einen strategisch nachhaltigen Wettbewerbsvorteil, was sich an ihrer einfachen Transferierbarkeit manifestiert: Kein Diensteanbieter im Markt für festnetzbasierte Telefondienste besitzt exklusive Verfügungsrechte über die jeweilige Technik, die es einem Wettbewerber unmöglich machen würden, entsprechende Hard- und Software auf Inputmärkten zu erwerben und ebenfalls Vermittlungsstellen und eine IN-Plattform zu errich-

---

[274] S. auch Hermann 1998: 14.

ten.[275] Daneben nutzen sich die rechnerbasierten Systeme mittelfristig stark ab, wobei die kalkulierte Nutzungsdauer dieser zum Anlagevermögen gehörenden Systeme in Höhe von vier bis 10 Jahren ein Hinweis für das Tempo des technischen Alterns bietet (zum Vergleich: 15 bis 35 Jahre bei Basisinfrastruktur).[276]

Anders fällt die Bewertung von Vermittlungsstellen und einer IN-Plattform aus, wenn man die Ressourcen in ihrer Schlüsselrolle für nachgelagerte, wertschaffende Aktivitäten betrachtet. Die Bedeutung ist an dem gesteigerten Spezifitätsgrad für die Erbringung und Individualisierung der Rechnungsstellungsfunktion, für die Entwicklung und Kontrolle eines zielgruppenspezifischen Marketing-Mix sowie für die Dienstesteuerung und -entwicklung festzumachen. Diese Leistungen werden bei einem eigenständigen Betrieb von Vermittlungseinrichtungen und einer IN-Plattform unterstützt, was durch die Betrachtung der Systemverknüpfung einer Vermittlungsstelle in Abbildung 3-14 verdeutlicht wird.

Abbildung 3-14: Systemverknüpfung einer Vermittlungsstelle

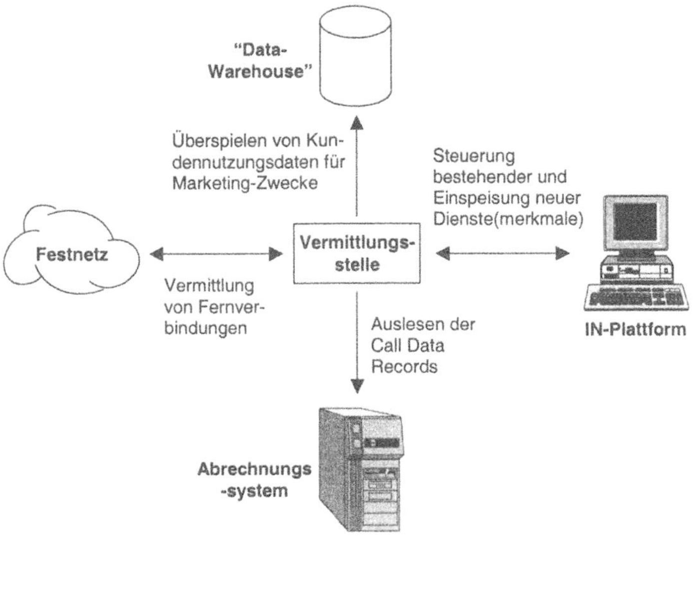

275 Vgl. Hermann 1998: 16; Knoll 2000: 225f.

276 Die Zahlenangaben entstammen Deutsche Telekom 1999: 101.

(1) Für die Rechnungsstellung liefert eine Vermittlungsstelle über eine Schnittstelle zum Abrechnungssystem („Mediation Device") die erforderlichen Verbindungsdaten bzw. Call Data Records.

(2) Für das Marketing dienen Vermittlungsstellen in Verbindung mit einer über das Data-Warehouse-Konzept realisierten integrierten Datenbasis als Informationsquelle für das Telefonnutzungsverhalten der Kunden sowie für generelle Verkehrsstromanalysen.

(3) Bei der Diensteentwicklung schließlich lassen sich über die individuelle Einstellung der Steuerungssoftware der Vermittlungsstellen mittels Rückgriff auf eine IN-Plattform neben dem Basisdienst diverse Mehrwertdienste verwalten.

Alle drei Aufgaben lassen erkennen, daß eine effektive, zweckgerichtete und unternehmensspezifisch zu entwerfende Vernetzung von Vermittlungseinrichtungen und einer IN-Plattform sowohl

- als immaterielle Ressource in bezug auf die notwendigen Fähigkeiten bei der technischen Systemverknüpfung als auch
- als organisatorische Ressource in bezug auf die Koordination der wechselseitigen Bedarfsanforderungen an die verknüpften Systemanlagen

zu verstehen ist. Aus der unternehmensindividuellen Vernetzung kann ein schwer imitierbarer und substituierbarer Wettbewerbsvorteil für diejenigen Dienstehändler erwachsen, deren Mitarbeiter es besser als die der Wettbewerber verstehen, das gesamte Differenzierungspotential der vernetzten Rechneranlagen mit Blick auf eine verläßliche Rechnungsstellung, eine zielgruppenspezifische Kundenansprache und die Entwicklung innovativer Dienste und Dienstemerkmale wirksam zu nutzen. Dabei ist die Vernetzung in ihrer Eigenart als immaterielle und organisatorische Ressource prinzipiell nicht abnutzbar und hinsichtlich ihrer Transferierbarkeit immobil.

3.3.2.3 Ressourcen in Marketing & Vertrieb

Ressourcen von besonderer Bedeutung bei der Wertaktivität Marketing & Vertrieb sind ein *Data-Warehouse*, der *Markenname* und der *Vertriebskanal-Mix*.

Ein *Data-Warehouse* (s. Kapitel 2.2.3) im Sinne der Realisierung eines zentralen, analyseorientierten Informationsspeichers im Umfeld heterogener Datenbankstrukturen bietet die Möglichkeit der Auswertung geschäfts- und kundenrelevanter Informationen und damit der Unterstützung der dispositiven Aufgaben des Managements im Unternehmen. Dadurch läßt sich beispielsweise bei der kommerziellen Dienstevermarktung eine segmentspezifische Ausgestaltung der Marketing-Komponenten als Möglichkeit einer Differenzierung verfolgen (s. Kapitel 3.2.3.1). Daneben entstehen durch die Nutzung der aufgebauten integrierten logischen Datenbasis auch indirekt Kosteneinsparungspotentiale, weil sich nach Auswertung der erhobenen Informationen beispielsweise Werbemittel fokussierter auf einzelne Kundengruppen einsetzen lassen und/oder die Kundenbindung über individuell zugeschnittene Preismodelle verbessert werden kann, was den Druck bei der vergleichsweise kostenintensiven Neukundenakquisition reduziert.[277] Gegen einen nachhaltigen strategischen Wert dieser physischen Ressource spricht, wie bei allen rechnergestützten Systemen, zunächst die einfache Möglichkeit der Beschaffung der Hard- und Software bei entsprechenden Herstellern. Ähnlich wie bei Vermittlungsstellen existieren jedoch hinsichtlich der Nutzung eines Data-Warehouses immaterielle und organisatorische Imitationsbarrieren, die vor der Gefahr einer Nachahmung schützen. Die Imitation der Ressource wird erstens durch die technisch komplexe Konzeption und Verknüpfung des Rechnersystems mit anderen Datenbanken und zweitens durch den Aufbau von Erfahrungswerten bei der Auswertung und Nutzung der generierten Kundendaten erschwert.[278] Beide organisatorischen Aspekte des Einsatzes eines Data-Warehouses sind prinzipiell weder transferier- noch abnutzbar. Das erzielte Ergebnis eines profunden Einblicks in geschäftsrelevante Verbrauchsmerkmale der eigenen Kunden läßt sich darüber hinaus kaum substituieren, weil die Menge an Daten bei einem großen Kundenstamm weder eine permanente manuelle Auswertung ohne Unterstützung eines rechnergestützten Informationsspeichers erlaubt, noch das Verständnis der Kundenanforderungen über allgemeingültig verfaßte Sekundärstudien in einer vergleichbaren Prägnanz erreichbar ist.

Der *Markenname* eines Diensteanbieters, dessen Wert wesentlich durch die Marken*bekanntheit* und das Marken*image* bestimmt wird, stellt eine typische immaterielle Ressource dar.[279] Dabei ist vor dem Hintergrund der Wettbewerbsstrategie einer etwaigen Kostenführerschaft zu berücksichtigen, daß die Etablierung einer Marke mit umfassenden Werbemaßnahmen verbunden ist und die damit zusammenhängenden Aspekte der Kostenintensität und des beachtlichen Zeitaufwandes bis zur marktdurchdringenden Bekanntheit dem Ziel einer schnellen Kostenführerschaft eher kontraproduktiv entgegenwirken.[280] Ist die Etablierung einer Marke jedoch weit vorangeschritten, dann kann die Signalwirkung des Markennamens im kommerziellen Telefondienstegeschäft die subjektive Wahrnehmung der Endkunden mit Blick auf die Wertschätzung eines Diensteanbieters verhaltenswirksam beeinflussen. Denkbar ist in diesem Kontext sowohl die Signalisierung einer Preisführerschaft im Wettbewerb, wenn in den Werbeinhalten zum Zweck der Betonung eines Niedrigpreisimages einzelne günstige Tarife stark in den Vordergrund gerückt werden, als auch die einer Qualitätsführerschaft bei entsprechend formulierten Werbeaussagen, wobei Endkunden mit einer starken

---

277 Vgl. zu den Nutzenpotentialen eines Data-Warehouses im Hinblick auf Differenzierungs- und Kostenvorteile im Wettbewerb Reiser/Holthuis 1996: 125-127; Mentzl/Ludwig 1996: 402-404; Gabriel et al. 2000: 89.

278 Deshalb verstehen Gabriel et al. 2000: 76 ein Data-Warehouse eher als ein Konzept als ein System und betonen, daß eine derartige Datenbank „(...) nicht als fertiges Produkt verfügbar (ist), sondern unternehmensindividuell zu konzipieren und zu realisieren (ist)."

279 Vgl. Keller 1998: 50-53; Esch/Wicke 2000: 50; Gerpott 2001: 59.

280 Vgl. zur Untrennbarkeit von Werbeausgaben und Markenbildung z.B. Tewes 1997: 51; Neumann 1999: 81.

Werbeintensität bereits per se eine hohe Dienstequalität assoziieren.[281] Aus der Perspektive des ressourcenorientierten Ansatzes der strategischen Managementforschung beruht der wettbewerbsstrategische Wert des Markennamens eines Diensteanbieters insbesondere auf den genannten Aspekten der Kapital- und Zeitintensität hinsichtlich seiner Etablierung. Sind Marke und Image im Markt fest verwurzelt, dann nutzen sie sich zudem nur langsam ab und können kaum substituiert oder imitiert werden. Lediglich Überlegungen zu der Transferierbarkeit eines Markennamens stehen der uneingeschränkten strategischen Bedeutsamkeit der Ressource entgegen, solange die Übertragung eines Markennamens und des mit ihm verbundenen Image von einem produktspezifischen Markt auf einen anderen mit vergleichbaren Anbieterstrukturen und Kaufeinflußgrößen im Sinne einer Markendehnung gelingt.[282]

Ressourcen im Vertrieb betreffen den erschlossenen Vertriebskanal-Mix als primär organisatorische Ressource und somit die Vertriebskanäle in ihrer Unterscheidung zwischen denen des in Eigenregie organisierten Direktvertriebs und denen des in Fremdvergabe organisierten indirekten Vertriebs (s. oben Abbildung 2-11). Zu der ersten Gruppe von Vertriebskanälen gehören eigene *Shops*, reisende *Vertriebsrepräsentanten* und *Telesales*.[283] Im Rahmen ihrer Beurteilung als möglicherweise strategisch bedeutende Ressourcen spielt insbesondere bei den zwei zuerst genannten Kanälen die Kostenintensität der Erschließung eine Rolle.[284] Sie entsteht bei dem Aufbau eines Netzes eigener Shops durch den Kauf oder die Anmietung der Läden in attraktiven Verkaufslagen, die Ausstattung der Immobilien sowie die Anwerbung und Schulung des Verkaufspersonals, was tendenziell gegen eine schnelle Kopie dieser Vertriebsform spricht. Analog läßt sich im Fall der Vertriebsrepräsentanten argumentieren, wenn man die Kosten der Anwerbung und Schulung von Mitarbeitern, eines funktionierenden Reporting- und Vertriebssteuerungssystems, der Errichtung von Vertriebsvertretungen in der Fläche und eines Vertriebsinnendienstes betrachtet. Gegen eine einfache Substituierbarkeit beider Vertriebsformen spricht weiterhin die enge Bindung der Endkunden an den jeweiligen Shop bzw. Vertriebsrepräsentanten, wenn der entsprechende Vertriebskanal erst einmal erfolgreich

---

[281] In diesem Fall tritt bei der Auswahl eines Anbieters an die Stelle der Dienstequalität als Erfahrungseigenschaft von Telefondiensten (im Gegensatz zu Sucheigenschaften wie dem Preis) das beobachtbare Signal der Werbeintensität, woran die Wertvorstellungen der Nachfrager dann anknüpfen; s. dazu Adler 1996: 121-125; Mishra 1998: 130f.

[282] Diese marktübergreifende Transferierbarkeit eines Markennamens steht in engen Zusammenhang mit der Strategie einer Diversifikation, auf die unten in Kapitel 3.3.4.1 eingegangen wird. Vgl. grundlegend zur Markendehnung Esch et al. 2000: 671-676. Ein Beispiel aus der Unternehmenspraxis bietet der (ehemalige) Energieversorger *VIAG*, der für seine TK-Tochtergesellschaft im Gegensatz zu anderen Energieversorgern, die ebenfalls seit Ende der 90er Jahre im TK-Markt geschäftstätig sind, mit *VIAG Interkom* einen wiedererkennbaren Firmen- bzw. Markennamen wählte.

[283] Eine einführende Erklärung der direkten Vertriebskanäle findet sich z.B. bei Kleinaltenkamp 1995: 753-757; MCN 1998: 31f.

[284] Zu der Argumentation bei der Bewertung der strategischen Bedeutsamkeit von den direkten Vertriebskanälen Shops und Vertriebsrepräsentanten s. Hermann 1998: 22f.

erschlossen ist und sich die Endkunden an ihn gewöhnt haben.[285] Die Transferierbarkeit als verbleibendes Kriterium[286] zur Beurteilung der strategischen Nachhaltigkeit beider Vertriebsformen ist allerdings eher hoch einzuschätzen, weil ein schneller Aufbau der Direktvertriebsform eigener Shops und Vertriebsrepräsentanten in der Regel auch durch den Erwerb einer bereits existenten Ladenkette im (Konsumgüter- oder Lebensmittel-)Einzelhandel bzw. durch die Abwerbung von Vertriebsmitarbeitern von anderen Telefondiensteanbietern bzw. von Unternehmen aus benachbarten Industrien gelingen kann.[287] Trotz geringer Imitier- und Substituierbarkeit können Shops und Vertriebsrepräsentanten also insgesamt nur zum Teil als strategisch wertvolle Ressourcen klassifiziert werden.

Bezüglich der generischen Wettbewerbsstrategien des marktorientierten Strategieansatzes ist zu ergänzen, daß die Kostenintensität beim Einsatz der beiden Vertriebskanäle mit dem Ziel einer umfassenden Kostenführerschaft kaum vereinbar ist. Von größerer wettbewerbspolitischer Bedeutung erscheint die Möglichkeit der Vermarktung beratungsintensiver Telefondienste sowie der nachhaltigen Kundenbindung über die Vertriebskanäle, was eher der Verfolgung einer Differenzierungsstrategie entgegenkommt.[288]

Als weitere Variante des Direktvertriebs mit zunehmender Bedeutung gilt *Telesales*, worunter entweder der Telefonverkauf mittels Nutzung eines Call Centers verstanden wird, oder der Verkauf und die Kontaktaufnahme mit den Kunden über die Nutzung des elektronischen Mediums Internet. Speziell beim Telefonverkauf können die Mitarbeiter eines Diensteanbieters potentielle Kunden unter Achtung rechtlicher Restriktionen zu Akquisitionszwecken anrufen („Outbound Calls"), oder der Kundenkontakt entsteht in umgekehrter Richtung, indem ein potentieller Kunde aus Eigeninteresse heraus eine speziell eingerichtete Service-Nummer des Diensteanbieters anruft („Inbound

---

[285] Dementsprechend heißt es bei Gerpott/Winzer 1998: 482, daß Vertriebskanäle „(...)über längere Zeiträume gewachsene und mit *Gewöhnungseffekten* für Nachfrager verbundene Kontaktpunkte" darstellen.

[286] Hinsichtlich einer etwaigen Abnutzbarkeit der organisatorischen Ressourcen sind keine Anhaltspunkte erkennbar. S. a. oben Fußnote 273.

[287] Das Argument setzt voraus, daß sowohl genügend Finanzmittel zur Übernahme von bestehenden Shops bzw. Mitarbeitern als auch geeignete Objekte bzw. Kandidaten vorhanden sind. Ein Beispiel aus der Unternehmenspraxis betrifft den Netzbetreiber *VIAG Interkom*, der nach eigenen Angaben bis März 2000 15 Shops der Süßwarenkette *Most* übernommen und in *VIAG Interkom*-Partnershops umgewandelt hat. Darüber hinaus plante man im Jahr 2000 die Übernahme weiterer 50 Ladenlokale von *Most* zu einem Preis von DM 15 Millionen und bei Übernahme von 150 Mitarbeitern.

[288] S. zu den Aspekten der Vermarktungsmöglichkeit komplexer Telefondienste und der Steigerung der Kundenbindung über direkte Vertriebskanäle Frazier/Sheth 1994: 161; Kleinaltenkamp 1995: 767-769; Gerpott 1998: 318f. Hermann 1998: 22 ergänzt in bezug auf eigene Shops, daß die Verkaufslokale in guten Verkaufslagen auch einen Beitrag zur differenzierenden Markenbildung leisten können.

Calls").[289] Die Kosten des Betriebs dieser Vertriebsform, die sich auf die Errichtung von Telefonarbeitsplätzen in einem Call Center sowie die Einstellung und Schulung von Mitarbeitern beziehen, sind vergleichsweise gering. Dieser Sachverhalt spricht gegen eine Einstufung der Vertriebsressource als strategisch einzigartig, weil für jeden Diensteanbieter jederzeit die organisatorisch und finanziell einfache Möglichkeit des selbständigen Aufbaus eines Call Centers für Telesales besteht (= hohe Imitierbarkeit). Außerdem kann der Betrieb eines Telefonstudios im Rahmen einer Auftragsvergabe an einen externen Spezialisten ausgegliedert und die Vertriebsleistung somit von außen eingekauft werden (= hohe Transferierbarkeit).[290] Ähnliches gilt für die Alternative des Direktvertriebs über das Medium Internet. Hierzu bedarf es lediglich der Programmierung und Einrichtung einer interaktiven Schnittstelle („Customer Service Interface") auf den Internetseiten eines Diensteanbieters, über die ein Kunde dann mit dem Anbieter in Verbindung tritt. Eine auf diese Art wenig komplexe Vertriebsressource kann als kostengünstig und leicht kopierbar betrachtet werden.

Der *Fremdvertrieb* oder auch *indirekte Vertrieb* gestaltet sich in Form einer Einschaltung von *Vermittlern* (wie z.B. Makler, Distributoren, Fachhandel, Einzelhandelsketten), *Multiplikatoren* (wie z.B. Verbände, Handelskammern oder branchenfremde Unternehmen) sowie der Nutzung von *Multi-Level-Marketing* (o. *Strukturvertrieb*; nebenberuflich tätige Privatpersonen, die im Freundes- und Bekanntenkreis Akquisition betreiben).[291] Geschäftsvermittler der ersten und dritten Gruppe vermitteln gegen einmalige oder laufende Provisionszahlungen Neukunden und bieten somit die Akquisition und Erstberatung potentieller Kunden, ohne natürlich die Rechnungsstellungs- und Kundendienstfunktion zu übernehmen. Institutionen und Unternehmen der zweiten Gruppe von indirekten Vertriebspartnern bieten über die große Zahl ihrer Mitgliedsunternehmen Kontakte zu potentiellen Neukunden. Die Funktion der Multiplikatoren beschränkt sich dabei auf eine wenig substantielle Unterstützung über Vortragsveranstaltungen, Präsentationen, Beratung und Verteilung von Verkaufsmaterial oder maximal auf einen gemeinsamen Werbeauftritt. Indirekte Vertriebska-

---

289 Zu der Unterscheidung von Outbound- und Inbound-Anrufen (= aktives vs. passives Telesales) s. Müllerleile/Tapp 1995: 7-10; Wiencke 1999: 12. Zu beachten ist, daß besonders der aktive Telefonverkauf zum Schutz der verfassungsmäßig garantierten Privatsphäre nach der deutschen Rechtsprechung nur zulässig ist, wenn (a) der Angerufene zuvor eine ausdrückliche oder konkludente Einverständniserklärung abgegeben hat oder (b) bereits eine Geschäftsbeziehung besteht. In bezug auf Geschäftskunden ist der aktive Telefonverkauf zudem auch erlaubt, wenn (c) der Telefonverkauf den eigentlichen Geschäftszweck des jeweils angerufenen Unternehmens betrifft oder (d) der anrufende Diensteanbieter das Einverständnis des angerufenen Unternehmens ex-ante vermuten kann. Vgl. dazu Müllerleile/Tapp 1995: 14-20; Stephan 1999: 278. Unabhängig von der grundsätzlichen Zulässigkeit speziell des Telefonverkaufs regelt § 2 des Fernabsatzgesetzes (FernAbsG) für alle Formen des Telesales diverse Unterrichtungspflichten gegenüber dem Angerufenen bei Abschluß eines Fernabsatzvertrages.

290 Die Ablehnung einer Einstufung von Telesales als strategische Ressource im Vertrieb vertritt auch Hermann 1998: 23. Als Indiz speziell für die günstige Kostenposition rechnet Stephan 1999: 290 vor, daß ein Outbound-Anruf beim Telefonverkauf inklusive Vor- und Nachbereitung zwischen DM 3 und 12 kostet.

291 Vgl. zu indirekten Vertriebskanälen Kleinaltenkamp 1995: 757-759; MCN 1998: 29-31. Speziell zu Multi-Level-Marketing s. Wehling 1999: 13-18, die den Vertriebskanal allerdings abweichend von der hier gewählten Einordnung für die TK-Industrie dem Direktvertrieb zuordnet, sowie Kühn/Ruetsch-Keller 1999: 236-239, die den Vertriebskanal angesichts verschiedener Ausprägungsformen auch als indirekte Vertriebsform einstufen.

näle bieten in Summe zwar für Dienstehändler hinsichtlich der Vertriebsorganisation die Möglichkeit vertikaler Desintegration, ihnen ist aber in ihrer Gesamtheit das Wesen einer strategischen Ressource abzusprechen. Die Kanäle weisen maximal Imitationsbarrieren in Form eines aufgebauten Goodwills der Vertriebspartner auf, sind durch mindestens einen alternativen indirekten Kanal mit einer annähernd gleichen Vertriebsleistung jederzeit zu ersetzen und lassen keine Zugangsbeschränkungen für Diensteanbieter in Form etwaiger Exklusivvereinbarungen erkennen.[292] In bezug auf die strategischen Absichten einer Kostenführerschaft und Differenzierung eignen sich die indirekten Vertriebskanäle vorzugsweise für die Wettbewerbsstrategie einer Kostenführerschaft, weil bei ihrem Aufbau relativ geringe Investitionserfordernisse notwendig sind und ihre laufende Betreuung zudem als vergleichsweise kostengünstig gilt.[293]

3.3.2.4 Ressourcen bei Rechnungsstellung & Kundendienst

Zu untersuchende Ressourcen, die im Rahmen der wertschaffenden Aktivität Rechnungsstellung & Kundendienst bei Dienstehändlern zum Einsatz kommen, sind *Abrechnungssysteme* und *Call Center*.

Die Ressource eines *Abrechnungssystems* (s. Kapitel 2.2.4) ist ein Informationsverarbeitungssystem, in dem die kundenbezogenen Verbindungsdaten aus den Vermittlungsstellen mit den eingespeisten Preistafeln zusammengeführt werden, so daß Rechnungsdaten entstehen. Hinsichtlich einer etwaigen strategischen Einzigartigkeit dieser Ressource, auf die sich ein Wettbewerbsvorteil zurückführen ließe, ist zunächst ähnlich wie bei einer Vermittlungsstelle, einer IN-Plattform und einem Data-Warehouse darauf zu verweisen, daß das System in seinen Bestandteilen aus Hard- und Software von jedem Diensteanbieter auf Inputmärkten käuflich zu erwerben ist. Die rein physische Ressource eines Abrechnungssystems kann somit nicht als strategisch wertvoll klassifiziert werden. Zieht man hingegen immaterielle und organisatorische Fähigkeiten wie z.B. die individuelle Konfiguration der Software, die nachträgliche Implementierung weiterer Softwaremodule (z.B. für die elektronische Abrechnung von Provisionsgutschriften für Vertriebspartner) oder die Vernetzung des Systems mit anderen unternehmensinternen Datenverarbeitungssystemen wie den Vermittlungseinrichtungen oder dem Druckersystem zwecks Erstellen versandfertiger Rechnungen („Print Shop“) in die Überlegungen mit ein, dann ist das Abrechnungssystem weitaus schwieriger nachzuahmen und kann durchaus als Innovationshebel für kundenindividuelle Dienste der Rechnungsstellung dienen. Der Sachverhalt, daß viele Diensteanbieter aufgrund mangelnder Interoperabilität standardisierter Abrechnungssoftware und -verfahren dienste- und netzübergreifende Systemlösungen für die Rechnungsstellung zunehmend selbst programmieren, weist zudem auf die schwierige Imitierbar-

[292] Vgl. Hermann 1998: 23f.

[293] S. zu dieser Erkenntnis Frazier/Sheth 1994: 158; Kleinaltenkamp 1995: 765f.

keit von Abrechnungssystemen hin.[294] Ihre Leistungsfähigkeit ist auf anderen Wegen, bei denen womöglich noch auf die elektronische Datenverarbeitung von Großrechnern verzichtet wird, überdies nicht zu substituieren. Ebenso dürfte die Transferierbarkeit der Leistung eingeschränkt sein, weil maximal der Vorgang des Druckens und Versendens von Rechnungen durch einen per Datenfernübertragung angeschlossenen externen Dienstleister übernommen werden kann, nicht jedoch das eigentliche Verarbeiten und Auswerten der Rechnungsdaten im Prozeß der Rechnungsstellung. Alles in allem kann ein flexibles und leistungsfähiges Abrechnungssystem mit Ausnahme der einfachen Beschaffung seiner Hard- und Softwarekomponenten durchaus als Grundlage für einen ressourcenbasierten Wettbewerbsvorteil dienen.

Ein *Call Center* in der Form eines Telefonstudios mit diversen Telefonarbeitsplätzen, deren Funktion im Kundendienst sich von einer reinen Service-Hotline für Informationen über eine Anlaufstelle für Beschwerden bis hin zu einem Help-Desk im Sinne einer technischen Hotline erstreckt, kann – wie bereits im vorangegangen Kapitel 3.3.2.3 bei der Erörterung des Direktvertriebs über Telesales deutlich wurde – von jedem Diensteanbieter mit vertretbaren finanziellen Mitteln aufgebaut werden, so daß sich auf seinen alleinigen, leicht imitierbaren Betrieb kein besonderer Wettbewerbsvorteil zurückführen läßt. Überdurchschnittlich gut geschulte Kundendienstmitarbeiter, die kompetent Auskunft geben können und eine kundenorientierte Gesprächsführung beherrschen, sowie eine gute Erreichbarkeit des Call Centers ohne lange Warteschleifen, in die sich ein Anrufer womöglich einreihen muß, bedeuten hingegen positiv erlebte Interaktionen für Endkunden mit ihrem Telefondiensteanbieter, was die differenzierende Besonderheit eines auf diese Art betriebenen Call Centers umreißt.[295]

3.3.3 Vorteilhafte Bündelung der Ressourcen zu Kernkompetenzen

Die im vorangegangenen Kapitel 3.3.2 analysierten Ressourcen erfüllen isoliert betrachtet die Bedingungen für strategische Nachhaltigkeit in der Tradition des ressourcenbasierten Strategieansatzes großteils nur unzureichend oder gar nicht. Eine wettbewerbsstrategische Bedeutung läßt sich primär noch bei immateriellen und organisatorischen Ressourcen in bezug auf die Nutzung von rechnerbasierten Systemen wie Vermittlungsstellen in Kombination mit einer IN-Plattform, einem Data-Warehouse oder einem Abrechnungssystem sowie bei einem umfangreich eingeführten Markennamen erkennen. Die Nutzung der im Aufbau kapital- und zeitintensiven Rechnersysteme und des Markennamens kann verschiedene Möglichkeiten der Etablierung eines differenzierenden Lei-

---

[294] Vgl. Uberoi 1999: 24f. Als ergänzendes Indiz für eine schwierige Imitierbarkeit von Abrechnungssystemen läßt sich auch ihre Implementierungszeit anführen, die bei einer Standardlösung bereits mindestens mehr als ein halbes Jahr beträgt und mit vorzunehmenden individuellen Anpassungen weiter in Länge gezogen wird; vgl. dazu BHF-Bank 1998: 19.

[295] S. zu den differenzierenden Vorteilen eines Call Centers Wiencke 1999: 24-28 sowie oben Kapitel 2.2.4 und die dort in Fußnote 113 angegebenen Quellen.

stungsspektrums im Wettbewerb eröffnen, wie z.B. die Einführung innovativer Dienste(merkmale) und individueller Abrechnungslösungen sowie einer zielgruppenspezifischen Kundenansprache.[296]

Aus dem Ergebnis läßt sich die Frage ableiten, inwiefern möglicherweise aus einer systematischen Verknüpfung einzelner Ressourcen verschiedene, für Dienstehändler typische Kernkompetenzen erwachsen, welche die spezifischen Fähigkeitsaspekte der Unternehmen bei der Marktbearbeitung umreißen. Die Verknüpfung einzelner Ressourcen ist für das Entstehen von Kernkompetenzen deshalb von Bedeutung, weil letztere kein „(...) *asset* in the accounting sense of the word"[297] sind und sie somit keinesfalls aus lediglich einer einzelnen Ressource heraus entwickelt werden können. Die Analyse der für Dienstehändler erreichbaren Kernkompetenzen verläuft dabei nachfolgend entlang der Klassifizierung in verläßlichkeits-, marktzugangs- und funktionalitätsbezogene Kernkompetenzen.[298] Zur Überprüfung ihrer jeweiligen strategischen Bedeutsamkeit wird die Frage aufgegriffen, inwieweit jede Kernkompetenz einen nutzenstiftenden Beitrag zur Erhöhung der *Kundenzufriedenheit* leisten kann (s. oben Kapitel 3.3.1). Dabei können anlehnend an den Sachverhalt, daß die Höhe der Kundenzufriedenheit allgemein davon abhängt, inwieweit „(...) die *Erwartungen* (der Kunden) bezüglich einzelner Eigenschaften oder der Gesamtfunktionalität von erworbenen Leistungen eines Anbieters (...) erfüllt (werden)"[299], zur Operationalisierung des Kundennutzens an dieser Stelle die Erkenntnisse über Erwartungen und Anforderungen der Privat- und Geschäftskunden an einen Telefondiensteanbieter oben aus Abbildung 3-6 auf Seite 83 herangezogen werden.[300] Zuvor ist allerdings noch anzumerken, daß die Bewertung des Differenzierungspotentials von Kernkompetenzen auf strategische Bedeutsamkeit prinzipiell kein triviales Unterfangen ist, weil die Kausalität zwischen einer Kernkompetenz und ihres nutzenstiftenden Beitrages zur Erhöhung der Kundenzufriedenheit bisher mangels entsprechender empirischer Kausalanalysen nur vage bestimmbar ist.[301]

---

[296] Das Ergebnis stimmt prinzipiell mit der Beurteilung der Ressourcen eines TK-Netzbetreibers auf strategische Bedeutsamkeit von Knoll 2000: 224-228 überein, nach der ebenfalls primär immaterielle und organisatorische Ressourcen als Grundlage für einen ressourcenbasierten Wettbewerbsvorteil dienen können.

[297] Prahalad/Hamel 1994: 207.

[298] Die Unterscheidung geht auf Hamel 1994: 16-18 zurück. In methodischer Hinsicht ist anzumerken, daß die nachfolgende Identifikation von Kernkompetenzen – wie nach den bei Bounken 2000: 871-876 vorgestellten Ansätzen üblicherweise gefordert – weder auf unternehmensindividuell erhobenen Primärinformationen (z.B. über Mitarbeiterbefragungen) noch auf rechnerbasierten Simulationen beruht. Die Erörterungen stützen sich vorzugsweise auf einschlägige Literaturhinweise und die eigene Praxiserfahrung, weil eine Verfolgung einer oder beider der dargestellten Vorgehensweisen sehr aufwendig ist und den Umfang dieser Arbeit sprengen würde.

[299] Gerpott/Rams 2000: 741. Vgl. z.B. auch Homburg/Rudolph 1995: 45 und Hinterhuber et al. 1997: 14f.

[300] Somit werden Erwartungen wie niedrige Preise oder eine hohe Netzausfallsicherheit mit dem Grad der Kundenzufriedenheit (und nachgelagert mit der strategischen Bedeutsamkeit einer Kernkompetenz zur besseren Differenzierung im Wettbewerb) in Verbindung gebracht. Gerpott/Rams 2000: 744-751 und 2001: 15-20 haben diesbezüglich bereits empirisch bewiesen, daß speziell im Mobilfunkmarkt die wahrgenommene *Netzqualität, Preishöhe, Kundenbetreuung* und der *persönliche Nutzen von Mobilfunkdiensten* als signifikante direkte Determinanten der Kundenzufriedenheit einzustufen sind, allerdings mit unterschiedlichen Ergebnismustern im Hinblick auf Geschäfts- und Privatkunden.

[301] S. ähnlich kritisch Bounken 2000: 869.

3.3.3.1 Verläßlichkeitsbezogene Kernkompetenzen

Verläßlichkeitsbezogene („Integrity-Related") Kernkompetenzen sorgen im Vergleich mit dem Wettbewerb für eine schnellere, flexiblere und vor allem qualitätsvollere Fertigung in der Produktion und in angrenzenden Funktionsbereichen, worauf sich die Kunden verlassen sollen. Sie betreffen in ihrer allgemeingültigen Konzeption z.B. die Beherrschung von Techniken zur Optimierung von Produktqualität und Prozeßzyklen oder Just-in-Time Management.[302]

Im Markt für festnetzbasierte Telefondienste sind derartige Kernkompetenzen nur bei Dienstehändlern mit eigenen Vermittlungsstellen zu vermuten. Dies ist systemimmanent über den bereits mehrfach dargelegten Sachverhalt zu erklären, daß Dienstehändler ohne eigenständig betriebene Vermittlungseinrichtungen nicht am Produktionsprozeß der netztechnischen Bereitstellung von Telefondiensten teilnehmen und somit auch keinen Einfluß auf die Dienstequalität als möglichen Wettbewerbsvorteil in der Konsequenz einer verläßlichkeitsbezogenen Kernkompetenz haben. Letztere sind bei Switchless Dienstehändlern maximal dann zu vermuten, wenn sie mit Hilfe eines ausgereiften Abrechnungssystems einen fehlerlosen und besonders flexiblen Abrechnungsprozeß garantieren können. Aber auch hier bleiben sie auf die einwandfreie und pünktliche Bereitstellung aller Telefonverbindungsdaten ihrer Kunden durch die Telefondienstelieferanten, in deren Netzen sich die Kunden des Switchless Dienstehändlers weiterhin befinden, angewiesen, so daß sie die Qualität keineswegs ausschließlich selbst bestimmen können.

Für Switch-based Dienstehändler ist die Überlegung anzustellen, inwieweit in ihrem Produktionsprozeß das Beherrschen einer zentralen Stelle oder eines Engpasses, an dem Daten- und Informationsflüsse wie im speziellen Fall einer Vermittlungsstelle zusammenlaufen oder weitergeleitet werden (s. oben Abbildung 3-14), einen Anhaltspunkt für herausragende Kernkompetenzen bietet.[303] Es ließe sich beispielsweise von einer besonderen Vermittlungskompetenz sprechen, wenn von einem Switch-based Dienstehändler in ausreichendem Maße Vermittlungsstellen und Netzzugangspunkte zu den Übertragungswegen der vertikal vorgelagerten Netzbetreiber errichtet und betrieben werden. Dabei gilt die eigenständig betriebene Vermittlungsinfrastruktur als zuverlässig ausgelegt, sobald die digitalisierten Einrichtungen dem Informationstransfer zu jeder Tageszeit ohne das Problem von Besetztzeichen, eines langsamen Verbindungsaufbaus oder permanent abbrechender Verbindungen kapazitätsmäßig gewachsen sind.[304]

---

[302] Vgl. Hamel 1994: 16; Zahn 1995: 364; Hinterhuber et al. 1997: 37

[303] Das Prinzip, Kernkompetenzen anhand der wechselseitigen Daten- und Informationsflüsse im Umfeld eines zentralen Dreh- und Angelpunktes in einer Prozeßorganisation aufzudecken, schlagen Hinterhuber et al. 1997: 100 vor.

[304] Einen Eindruck der unterschiedlichen Verfügbarkeit von Anbietern des Basisdienstes Call-by-Call-Selection vermittelt unten Abbildung 3-12.

Eine solche, rein auf Fragen der Kapazitätsauslegung und der damit einhergehenden technischen Vermittlungsqualität beruhende Vermittlungskompetenz ist jedoch ihrer Definition nach aus zwei Gründen noch keine Kernkompetenz, die ausreichend Chancen für einen Wettbewerbsvorteil bietet:

(1) Vorsprünge in einzelnen Funktionsbereichen, etwa bei der Vermittlungstechnik, bedeuten nicht zwingend eine Kernkompetenz und strategischen Wettbewerbsvorteil, da sie erst in einen für den Kunden wertschaffenden Prozeß integriert werden müssen.[305]

(2) Eine Unterscheidung von Kernkompetenzen nach funktionalen Kriterien (z.B. Vermittlungs- oder Rechnungsstellungskompetenz) entspricht nicht den in der Praxis erfolgreich entstandenen und zu beobachtenden Kernkompetenzen vieler Unternehmen, welche sich unternehmensweit über die Grenzen verschiedener Funktionsbereiche hinweg darbieten.[306]

Zu einer echten verläßlichkeitsbezogenen Kernkompetenz im Sinne eines *besonderen Qualitätsmanagements* werden die Ressourcen der Vermittlungsinfrastruktur gemäß der eben dargelegten Notwendigkeit eines funktionsübergreifenden Konstrukts in einer erweiterten Prozeßperspektive beispielsweise über die Ergänzung

- eines reibungslosen Auslesens der Call Data Records in das Abrechnungssystem sowie einer fehlerfreien und sorgfältig kontrollierten Zuordnung zu Kundenrechnungsnummern;
- eines zuverlässigen Rechnungsstellungsprozesses mit garantierten Abrechnungszyklen, der flexiblen Möglichkeit der Variation einzelner Rechnungsposten in der Darstellungsweise und der selbständigen Fernabfrage über elektronische Medien wie das Internet;
- eines schnellen und zuverlässigen Entstörungsdienstes inklusive einer permanenten Erreichbarkeit der Störungsannahmestelle für die Telefondienstekunden im Kundendienst;
- einer jeweils zuverlässig ausgelegten Mehrwegeanbindung und Notstromversorgung beim Verlegen von Direktanschlüssen bei (Groß-)Kunden, deren Geschäft der permanenten Aufrechterhaltung von Kommunikationsverbindungen bedarf;
- einer schnellen Neukundenregistrierung und Freischaltung von Telefondiensten sowie einem flexiblen Wechsel von Tarifmodellen oder anderer Diensteparameter auf Wunsch der Kunden, jeweils umgesetzt über die Verwaltungsfunktion der IN-Plattform;
- eines sorgfältigen Sicherheitskonzeptes für die Vermittlungsinfrastruktur und andere Rechnersysteme gegen einen unerlaubten Zugriff mit Hilfe mechanischer Schutzmaßnahmen (verschließbare Räume, Verriegelung von Gehäusen etc.) und/oder elektronischer Zugangsbeschränkungen (Chipkarten, PIN´s, Paßwörter etc.).[307]

---

[305] S. dazu Prahalad/Hamel 1994: 204f.; Hinterhuber et al. 1997: 40. In diesem Zusammenhang argumentiert zudem Gerpott 1999c: 145: „So reicht es beispielsweise für einen Hersteller von TK-Ausrüstung (...) nicht aus, 'zellulare Mobilfunknetze' als eigene Kernkompetenztechnologie zu benennen. Vielmehr muß in diesem Beispiel eine Zerlegung des genannten Technologiebereichs in Elemente, wie etwa 'Gestaltung flexibler Mehrwertdienste unter Einsatz von IN-Bausteinen in digitalen Mobilfunk-Vermittlungssystemen' erfolgen."

[306] Vgl. Prahalad/Hamel 1994: 202f.; Hinterhuber et al. 1997: 40.

[307] Vgl. allgemein zum Wesen der Kernkompetenz Kilberth/Kilberth 1996: 65f., die von „Qualitätsorientierung" sprechen.

Die derart aufgegliederte verläßlichkeitsbezogene Kernkompetenz eines besonderen Qualitätsmanagements, die vorzugsweise gegenüber Geschäftskunden und deren Anforderungen an eine hohe Netzausfallsicherheit (s. oben Abbildung 3-6) das Vertrauen in eine wettbewerbsstrategisch differenzierende Dienste- und Servicequalität erweckt, läßt sich schließlich im Wege einer Zertifizierung wahrnehmungswirksam unterstützen und komplettieren. Die Ablegung eines Zertifizierungsaudits nach DIN EN ISO 900x signalisiert Qualität und Zuverlässigkeit mit Blick auf die Handhabung aller internen Geschäftsabläufe und deren einwandfreien Dokumentation, die fachliche Ausbildung aller Mitarbeiter sowie die Einhaltung aller gesetzlichen und selbst auferlegten Sicherheitsanforderungen.[308]

3.3.3.2 Marktzugangsbezogene Kernkompetenzen

Marktzugangsbezogene („Market-Access“) Kernkompetenzen bezeichnen herausragende Fähigkeiten eines Unternehmens, Kundenkontakte aufzubauen und zu optimieren. Sie betreffen besondere Stärken im Marketing, Vertrieb und Kundendienst, welche sämtlich eine gezielte Marktbearbeitung an der Schnittstelle zu den Endkunden ermöglichen.[309]

Die Aneignung von verschiedenartigen marktzugangsbezogenen Kernkompetenzen durch Switchbased und Switchless Dienstehändler kündigt bereits der Sachverhalt an, daß der Geschäftsschwerpunkt von Dienstehändlern unter Umgehung des Betriebs von Basisinfrastruktur und der Vermarktung entsprechender Übertragungsleistungen im kommerziellen Telefondienstegeschäft liegt und ihr Geschäftsmodell somit per se „marktzugangsbezogen“ erscheint. Die Ressourcenbasis von Dienstehändlern bietet sich beispielsweise für eine *bedarfsgerechte Telefondiensteentwicklung* als etwaige marktzugangsbezogene Kernkompetenz an, welche sich aus folgenden Komponenten zusammensetzt:[310]

- Kenntnis der Bedürfnisse angesprochener Zielgruppensegmente mit Hilfe der Informationen aus dem Data-Warehouse und/oder der vom Vertrieb und Kundendienst gesammelten Kundendaten;

---

[308] Die inhaltliche Festlegung genormter Prozeßabläufe erfolgt in diesem Fall durch die „International Standards Organization“ ISO, wobei die Norm DIN EN ISO 9001 den gesamten Wertschöpfungsprozeß von der Diensteentwicklung über die Produktion und die Installation bis hin zum Endkundendienst umfaßt, die Norm 9002 hingegen nur Produktion, Installation und Endkundendienst und die Norm 9003 lediglich die Endprüfung. Vgl. dazu z.B. Westerbusch 1998: 17-19. Zu dem informationsökonomischen Vorteil einer entsprechenden Zertifizierung s. Kaas 1995: 29 oder Mishra 1998: 128f., und aus agency-theoretischer Perspektive z.B. Weißenberger 1998: 633f. Als einer der ersten deutschen Telefondiensteanbieter hat der Netzbetreiber *tesion* das Zertifizierungsaudit nach DIN EN ISO 9001 bereits im Jahre 1998 bestanden.

[309] Vgl. Hamel 1994: 16; Zahn 1995: 364; Hinterhuber et al. 1997: 37.

[310] Vgl. Winterscheid/McNabb 1996: 283f., welche die marktzugangsbezogene Kernkompetenz der bedarfsgerechten Diensteentwicklung in der TK-Industrie nach den hier aufgezählten Komponenten konzeptionell aufgliedern.

- Besondere, vom Vertrieb über persönliche Kontakte gepflegte Kundenbeziehungen, auf Basis derer experimentell Dienstevariationen in ihrer Anwendung erprobt werden können und eine wechselseitiger Informationsaustausch zwecks Optimierung des Leistungsspektrums besteht;
- Technische Erfahrung und Sachkenntnis von Mitarbeitern bei der Dienstespezifizierung;
- Technische Plattform für die Spezifizierung und Programmierung innovativer Dienste und Dienstemerkmale.

Die Kernkompetenz ist für Switch-based wie für Switchless Dienstehändler gleichermaßen erreichbar, auch wenn die zwei zuletzt genannten technisch geprägten Komponenten der Kernkompetenz in der Produktion ihren Ursprung haben und somit von Switchless Dienstehändlern vordergründig nicht abgedeckt werden. Von tatsächlich entscheidender Bedeutung für eine eigenständige Telefondiensteentwicklung ist allerdings das Entwicklungswerkzeug SCE als Software-Tool für die Dienstespezifizierung, das auch Switchless Dienstehändler in ihrer Wertkette einsetzen können, sobald ihnen ein vorgelagerter Telefondiensteanbieter eine notwendige externe Schnittstelle zu dessen IN-Plattform als eigentliche Verwaltungs- und Steuerungsstelle für Telefondienste einrichtet (s. oben Kapitel 2.2.2). In Deutschland ist ein solches Vorgehen bislang vom Netzbetreiber *Star Telecom* bekannt, der diversen Switchless Dienstehändlern einen Zugang zu seiner IN-Plattform zur eigenständigen Verwaltung der Telefondienste Service 0800 und Service 0900 offeriert.[311]

Privat- und Geschäftskunden erfahren den Nutzen der Kernkompetenz zur Steigerung der Kundenzufriedenheit schließlich durch neu entwickelte Dienste und Dienstemerkmale, welche Ausdrucksformen der Kernkompetenz darstellen.[312] Bedenkt man aber, daß

- das Kriterium „zusätzliche Funktionen im Telefonnetz" lediglich bei 40% aller Privatkunden, die in einer Marktforschungsuntersuchung zu ihren Erwartungen und Anforderungen an einen Telefondiensteanbieter befragt wurden, als wichtig galt, und
- das Kriterium „Erhältlichkeit zusätzlicher Dienstemerkmale" in der vergleichbaren Untersuchung für Geschäftskunden nur als fünftwichtigste Anforderung bei der Auswahl eines Diensteanbieters eingestuft wurde (s. oben Abbildung 3-6),

dann ist ein plausibler kausaler Zusammenhang zwischen der dargestellten Kernkompetenz einer bedarfsgerechten Telefondiensteentwicklung und einem nachhaltigen Kundennutzen als Voraussetzung für einen strategischen Wettbewerbsvorteil für die große Mehrheit aller Privat- und Geschäftskundengruppen anzuzweifeln.

---

311 Mit Blick auf weitere Netzbetreiber und die Menge der Switch-based Dienstehändler als mögliche Vorproduktlieferanten von Switchless Dienstehändlern dürfte die freiwillige Bereitschaft zu einer vergleichbaren Kooperation aber eher begrenzt sein, was an dem mutmaßlich noch stark ausgeprägten Bottleneck-Charakter von IN-Plattformen im jungen deutschen Markt für festnetzbasierte Telefondienste liegt.

312 S. Bounken 2000: 870.

Die Gestaltung und Etablierung einer Marke ist für Diensteanbieter vor allem in dem werbeintensiven Geschäft des Basistelefondienstes zur Beeinflussung von Kaufentscheidungen erfolgversprechend, weil es dem Basisdienst prinzipiell an Alleinstellungsmerkmalen mangelt und somit eine Markendifferenzierung gegenüber der Produktdifferenzierung vorteilhaft erscheint (s. Kapitel 3.2.2.2).[313] Die mit dieser Aufgabe verbundene, weitere marktzugangsbezogene Kernkompetenz eines *effektiven Markenmanagements* kann ein Dienstehändler dann erlangen, wenn er die Markendifferenzierung nicht als reine Werbeaufgabe versteht, sondern die Steigerung der Markenbekanntheit und den zielgerichteten Imageaufbau über diverse unternehmensinterne Funktionsbereiche hinweg betreibt.[314] Beispielsweise muß (a) das Marketing-Management bei der Festlegung der Tarife permanent dem Ziel verpflichtet sein, das mit der Marke vermittelte Nutzenversprechen auch tatsächlich einzuhalten. Gleiches gilt (b) für den Vertrieb, in dem sich die Einrichtung eigener Shops in Design und Ausstattung nach der Markenidentität zu richten hat und/oder die Vertriebspartner imagebestimmende Standards in der Kundenberatung einzuhalten haben. Die Vertriebssteuerung muß zudem darauf achten, daß vorrangig solche potentiellen Neukunden in einer möglichst effizienten Vertriebsarbeit der einzelnen Kanäle angesprochen werden, an die das Nutzenversprechen des Markennamens primär adressiert ist. Schließlich kann (c) im Kundendienst der imagefördernde Kapazitätsausbau von Telefonarbeitsplätzen im Call Center und eine an der Markenidentität orientierte Schulung der Kundendienstmitarbeiter mit direkten Endkundenkontakt zu der marktzugangsbezogenen Kernkompetenz zählen. Ist der Markenname eines Dienstehändlers, der z.B. wie im Fall von *MobilCom* das Image eines Preisführers verkörpern kann (s. Kapitel 2.3.2), im Markt fest etabliert, dann kann er in bezug auf die Auswahl eines Diensteanbieters zu rational-intendierten Entscheidungen von Endkunden führen, die ohne Preisvergleiche nur aufgrund der informativen Signalwirkung des Markennamens auf die Preisgünstigkeit eines Anbieters schließen.[315] Der Nutzen eines effektiven Markenmanagements als marktzugangsbezogene Kernkompetenz stellt sich somit für Endkunden u.a. über die Funktion einer Orientierungshilfe im „Tarifdschungel“ (s. Kapitel 3.2.2.2) von schlecht vergleichbaren Preisen einer unüberschaubaren Vielzahl von Telefondiensteanbietern dar.

---

[313] Das bestätigt auch eine 1995 durchgeführte „Brand Equity“-Analyse im US-Markt für festnetzbasierte Telefondienste, nach der der Incumbent *AT&T* gegenüber seinen Hauptkonkurrenten *MCI* und *Sprint* Wettbewerbsvorteile aus dem vergleichsweise höheren Bekanntheitsgrad seines Firmen- bzw. Markennamens ziehen konnte. S. Agarwal/Goodstadt 1997: 167

[314] Zwar ist das Markenmanagement an der Schnittstelle zwischen Unternehmen und Kunden angesiedelt, es nimmt aber die Unterstützung aller Funktionsbereiche entlang der Wertkette eines Unternehmens in Anspruch; vgl. dazu Arnold 1992: 55; Keller 1998: 72-74. Zu der grundlegenden konzeptionellen Anforderung an eine Kernkompetenz, sich unternehmensweit über eine Vielzahl von Funktionsbereichen entlang der Wertschöpfungskette zu erstrecken, s. oben Kapitel 3.3.3.1.

[315] S. a. oben Kapitel 3.3.2.3. Speziell zur Bedeutung und zu Inhalten von Informationsaktivitäten für rational-intendierte Entscheidungen vgl. z.B. Ernst 1990: 52-55.

Eine dritte für Dienstehändler erreichbare marktzugangsbezogene Kernkompetenz hat ihren Ursprung im Vertrieb. Dienstehändler, welche die Auswahl ihrer Vertriebskanäle, die Spezifizierung der Anforderungsprofile an mögliche Vertriebspartner der einzelnen Kanäle sowie die Betreuung und Kontrolle der akquirierten Partnerunternehmen und der eigenen Vertriebsrepräsentanten systematisch anstelle von intuitivem Probieren durchführen, kann die marktzugangsbezogene Kernkompetenz eines *effizienten Vertriebsmanagements* unterstellt werden.[316] Sie setzt sich inhaltlich zusammen aus der

(1) Vertriebs*wegewahl*, bei der zu entscheiden ist, welche Institutionen die zu erbringenden Vertriebsleistungen für welche Telefondienste und Zielgruppensegmente übernehmen, und der

(2) Vertriebs*durchführung*, bei der Fragen der organisatorischen Gestaltung des Vertriebsleistungen und die Einbindung des Vertriebs in die Gesamtorganisation im Mittelpunkt stehen.[317]

Neben dem eigentlichen, eventuell mehrgleisigen Vertriebskanal-Mix aus einem Direktvertrieb und/oder diversen Zugängen zu indirekten Vertriebskanälen, der aus der Vertriebs*wegewahl* hervorgeht, kann sich die Kernkompetenz in bezug auf die Vertriebs*durchführung* funktionsübergreifend aus Ressourcen wie z.B.

- einem Vertriebssteuerungssystem für die Berichterstattung und Kontrolle der operativen Vertriebsvorgaben und -ziele anhand bestimmter Vertriebskennzahlen,
- einem Informationsprozeß zur zeitnahen Weitergabe der im Kundendienst aufgelaufenen Kontakte mit potentiellen Neukunden an die Vertriebspartner/-repräsentanten zwecks Weiterverfolgung,
- einer Informations-Hotline für Vertriebspartner und -repräsentanten im Kunden- bzw. Vertriebsinnendienst,
- einem flexiblen Provisionsmodell für Vertriebspartner, das ihnen die Wahl zwischen einer Einmalprovisionierung und einer kontinuierlichen, volumenabhängigen Provisionierung bietet, und
- einer technisch reibungslosen Einbindung eines Provisionszahlungsmoduls in das Abrechnungssystem

zusammensetzen. Speziell im Hinblick auf Partnerunternehmen im indirekten Vertrieb kann ein Goodwill zugunsten der Dienstehändler über besonders gute Produktschulungen und eine breite Verkaufsunterstützung geschaffen werden, oder die Vertriebspartner wissen ganz einfach die zuverlässige und schnelle Auszahlung ihrer Provisionen durch einen Dienstehändler zu schätzen.

---

[316] Vgl. ähnlich Dreyer 1999: 99, der von einer besonderen *Vertriebsschlagkraft* der Dienstehändler spricht, ohne diese allerdings detailliert zu erläutern. Kriterien für die *systematische* Auswahl und Kontrolle von Vertriebskanälen/ -partnern sind z.B. das regionale/produktspezifische Kundenpotential pro favorisiertem Zielgruppensegment oder das Verhältnis Umsatzerlöse zu Akquisitionsunterstützung.

[317] Die besondere Bedeutung der beiden Aspekte für das Vertriebsmanagement betont Kleinaltenkamp 1995: 747f. Speziell zu der Vertriebswegewahl s. oben die in Fußnote 225 angegebenen Quellen.

Absatzmarktorientierte Aspekte des Kundennutzens und damit verbunden der Kundenzufriedenheit, denen die unternehmensinterne Etablierung der Kernkompetenz eines effizienten Vertriebsmanagements zur Erlangung eines Wettbewerbsvorteils direkt oder indirekt förderlich sein kann, sind mit Blick auf Privatkunden vor allem ein „guter und schneller Service" und „eine Filiale in ihrer Nähe" sowie in bezug auf Geschäftskunden die kaufentscheidungsrelevanten Kriterien „Kundenfreundlichkeit" und „flexibler, individueller Service" (s. oben Abbildung 3-6 auf S. 83).

3.3.3.3 Funktionalitätsbezogene Kernkompetenzen

Funktionalitätsbezogene („Functionality-Related") Kernkompetenzen ermöglichen einem Unternehmen das Angebot von Produkten mit besonderen Funktionseigenschaften, welche einen ausgeprägten Zusatznutzen für die Endkunden stiften. Solche Zusatznutzen betreffen z.B. ein exklusives Design bei physisch greifbaren Produkten oder die Erfüllung bestimmter Serviceansprüche im Rahmen der Vermarktung ganzer Dienstleistungspakete.[318]

Die Festnetz-Mobilfunk-Integration (FMI) als netztechnische Verschmelzung der Festnetz- und Mobilfunktelefonie gilt gegenwärtig als ein herausragender Technologietrend in der TK-Industrie, der aus der Perspektive der Endkunden zu einer Vielzahl praktischer Vorteile bei der Befriedigung von Kommunikationsbedürfnissen und der Nutzung der verschiedenen TK-Dienste führt. Von Vorteil für die Kunden ist u.a., daß sie

- sich mit der Wahl eines Dienstepaketes netzübergreifender TK-Dienste nicht mehr mit unterschiedlich strukturierten Festnetz- und Mobilfunkangeboten beschäftigen müssen,
- einen Ansprechpartner für alle genutzten Festnetz- und Mobilfunkdienste haben,
- eine einheitliche Abrechnung und eine Telefonnummer erhalten oder
- auf eine netzübergreifende, integrierte Mailbox zugreifen können.[319]

Aus der Perspektive der Diensteanbieter ließe sich die adäquate funktionalitätsbezogene Kernkompetenz zur Bereitstellung entsprechender FMI-Dienste als das Vermögen umschreiben, Angebote nach der Maxime *„Alles aus einer Hand"* schnüren zu können. Die Kernkompetenz präsentiert sich als Kombination aus der physischen Ressource einer netzübergreifend nutzbaren IN-Plattform[320], aus der Fähigkeit, sowohl geeignete Zielgruppen zu identifizieren als auch die Identität der Marke

---

318 S. Hamel 1994: 16; Zahn 1995: 364; Hinterhuber et al. 1997: 37

319 Vgl. zu den genannten Vorteilen für die Kunden aufgrund der Festnetz-Mobilfunk-Integration Groß 1999: 13. S. a. Agarwal/Goodstadt 1997: 167, Pelzel 2001: 143f. sowie oben Abbildung 3-6, in der speziell für Geschäftskunden die „flexible Möglichkeit des One-Stop-Shop" zwar nicht *das* kaufentscheidende Kriterium darstellt, aber auf einer Rangskala von 0 bis 5 mit einem Wert von über 3 immer noch als wichtig eingestuft wird.

320 Deshalb werden Dienste auf Basis der Festnetz-Mobilfunk-Integration prinzipiell zu der Gruppe der IN-Dienste unter den Mehrwertdiensten gezählt, wie z.B. bei Gerpott 1998: 22.

entsprechend des besonderen Telefondiensteangebotes zu steuern, aus organisatorischen Fähigkeiten bei der Zusammenführung der Rechnungsdaten der verschiedenen Dienste und aus der Fähigkeit im Vertrieb, die existenten Vertriebskanäle auf den Absatz gebündelter Dienste auszurichten. Somit bestimmt also die Vermittlungstechnik, das Marketing, die Abrechnung und die Vertriebsorganisation eines Dienstehändlers in ihrem wechselseitigen Zusammenspiel diese funktionalitätsbezogene Kernkompetenz.

Aufgrund der Tatsache, daß Switchless Dienstehändler entlang ihrer begrenzten Wertkette keine eigene IN-Plattform betreiben, ist die FMI-Kompetenz „Alles aus einer Hand" speziell für sie allerdings nicht erreichbar. Gleichwohl können auch Switch-based Dienstehändler mit Ursprung im deutschen Festnetzmarkt nicht ohne Einschränkungen FMI-Dienste nach ihren eigenen Vorstellungen bereitstellen, weil weder § 4 TKV noch die bestehenden GSM- und UMTS-Mobilfunklizenzen die lizenzierten Netzbetreiber im Markt für mobile Sprach- und Datendienste zwingend verpflichten, einen Zugriff auf Netzfunktionen ihres zellularen TK-Netzes anderen Diensteanbietern zu gewähren, damit letztere dort selbständig Implementierungen für eigene FMI-Dienste vornehmen können.[321]

Eine weitere funktionalitätsbezogene Kernkompetenz von Dienstehändlern bezieht sich auf die *routinierte Geschäftskoordination mit* den in der Wertschöpfungskette vertikal vorgelagerten *Lieferanten* von Übertragungsleistungen bzw. von fertigen Telefondiensten. Damit soll die Erkenntnis aufgegriffen werden, daß sich Kernkompetenzen „(...) nicht nur nach innen, auf die unmittelbare Wertschöpfung, sondern auch nach außen, auf die Ordnung der Beziehungen zur Unternehmensumwelt richten."[322] Das Vermögen einer effizienten und vertrauensvollen Koordination der Geschäfte mit Anbietern von Basisinfrastrukturen im Teilmarkt auf Netzebene bzw. von Telefondiensten im Teilmarkt auf Dienste- und Vertriebsebene kann sich als Kombination verschiedener Ressourcen darstellen, wie z.B. aus

- lang bestehenden, auf Vertrauen aufbauenden Geschäftsbeziehungen mit bedeutenden Vorproduktlieferanten,
- der organisatorischen Fähigkeit einer vorausschauenden Kapazitätsplanung in Abstimmung mit dem Endkundenvertrieb, um Fehlmengenkalkulationen und -einkäufe zu verhindern,
- der netztechnischen Verknüpfung der Vermittlungseinrichtungen mit einem Data-Warehouse zwecks Auswertung von Verbindungsdaten im Rahmen von Verkehrsstromanalysen, was ebenfalls der Verhinderung von Fehlmengenkalkulationen und -einkäufen dient (gilt nur für Dienstehändler mit Vermittlungsstellen) und

---

[321] Vgl. zu diesem Sachverhalt die Anhörung zur UMTS-Musterlizenz in RegTP 1999g: 3053.

[322] Hinterhuber et al. 1997: 42.

- der immateriellen Ressource des Verhandlungsgeschicks und der persönlichen Kontakte einzelner Einkäufer.

In einem mehr übergeordneten Zusammenhang kann zudem die Fähigkeit einer interessengeleiteten Lobby-Arbeit gegenüber rechtlich-politischen Instanzen zu der Kernkompetenz gezählt werden. Im Mittelpunkt der Einflußnahme steht die Unterstützung aller Bestimmungen gegen eine etwaige Ausnützung von Marktmacht durch die Lieferanten von Übertragungsleistungen und Telefondiensten, damit es zu keiner bewußten Verknappung oder Verteuerung der seitens der Dienstehändler zwingend erforderlichen Vorprodukte kommt. Dabei hängt die Fähigkeit zur Einflußnahme auf rechtlich-politische Instanzen insbesondere bei neu in den Markt eintretenden Dienstehändlern aufgrund ihrer relativ geringen Betriebsgröße und der damit verbundenen geringen Durchsetzungskraft (vor allem gegenüber dem marktmächtigen Incumbent) vorzugsweise von einer Mitgliedschaft in übergeordneten Verbänden ab. Diese können die gebündelten Interessen einer Vielzahl von Unternehmen bei rechtlich-politischen Sachfragen effizienter vertreten, als jeder Dienstehändler für sich alleine.[323]

Als funktionalitätsbezogen ist die dargestellte Kernkompetenz schließlich deshalb zu klassifizieren, weil der im Ergebnis ihrer Umsetzung besonders kostengünstige Einkauf von Vorprodukten zu der Möglichkeit vergleichsweise günstiger Endkundenpreise führt. Das ist für das Kaufverhalten von Privat- und Geschäftskunden von entscheidender Bedeutung (s. oben Abbildung 3-6) und stiftet somit den besonderen Nutzen für die Endkunden als Voraussetzung für einen kompetenzbasierten Wettbewerbsvorteil.

3.3.4 Strategische Verwertung der Ressourcen und Kernkompetenzen

In dem vorangegangenen Kapitel wurde gezeigt, welche Kernkompetenzen für Dienstehändler im Markt für festnetzbasierte Telefondienste erreichbar sind. Der Schwerpunkt liegt bei Switchless Dienstehändlern, mit Ausnahme der funktionalitätsbezogenen und für die Verwirklichung günstiger Endkundenpreise strategisch bedeutsamen Kernkompetenz einer *routinierten Koordination der rückwärtsgerichteten Geschäftsbeziehungen mit Vorproduktlieferanten* (s. Kapitel 3.3.3.3), vollständig auf marktzugangsbezogenen Kernkompetenzen. Gegenüber den Endkunden lassen sich diese Kernkompetenzen

- zur Sortimentsausdehnung über die Entwicklung und Einführung weiterer, neuer Dienste und Dienstemerkmale (betrifft *bedarfsgerechte Telefondiensteentwicklung*),

[323] Über die Lobby-Arbeit in Deutschland seit der Marktliberalisierung referieren Fahle/Stannosek 1999: 58-61, die auch eine Überblick über die wichtigsten TK-Verbände und -Organisationen bieten. Speziell für Dienstehändler ist der „Verband der Anbieter von Telekommunikations- und Mehrwertdiensten" (VATM) von Bedeutung, und analog dazu in den USA die „Telecommunications Resellers Association" (TRA), die seit Mitte 2000 „Association of Communications Enterprises" (ASCENT) heißt.

- zur Signalisierung eines bestimmten Image zwecks Beeinflussung des Entscheidungsverhaltens bei der Wahl eines Telefondiensteanbieters (betrifft *effektives Markenmanagement*) und
- zur Verwirklichung eines kompetenten Service, einer ausgeprägten Kundenfreundlichkeit und einer breiten Repräsentanz im Vertrieb (betrifft *effizientes Vertriebsmanagement*)

verwerten, wobei die zuerst genannte Kernkompetenz für Switchless Dienstehändler bei der Umsetzung bezüglich eines zu verhandelnden Zugriffs auf eine fremd betriebene IN-Plattform von Problemen begleitet sein dürfte und generell nicht zwangsläufig strategische Bedeutsamkeit zur nachhaltigen Differenzierung im Wettbewerb besitzt (s. Kapitel 3.3.3.2).

Switch-based Dienstehändler hingegen befinden sich darüber hinaus in einer Position, die auch die verläßlichkeitsbezogene und für das Vertrauen in eine hohe Dienstequalität strategisch bedeutsame Kernkompetenz eines *besonderen Qualitätsmanagements* und die funktionalitätsbezogene Kernkompetenz des Angebotes von FMI-Diensten nach dem nutzenstiftenden Grundsatz *„Alles aus einer Hand"* erreichbar macht. Folgerichtig ist auch die pyramidenhafte Kompetenzhierarchie (s. Abbildung 3-15) von Switch-based Dienstehändlern weiter verzweigt, als die der Switchless Dienstehändler, weil erstere grundlegend über das größere Portfolio an Ressourcen und Kernkompetenzen verfügen. Man kann anmerken, daß bereits die Analyse des jeweiligen Geschäftsmodells dies erkennen ließ, weil Dienstehändler mit Vermittlungsstellen wegen ihrer umfangreicheren Wertschöpfungstiefe auch über mehr Ressourcen und Kernkompetenzen verfügen müssen. Aus diesem Zusammenhang läßt sich jedoch nicht folgern, daß das Unternehmen mit der größeren Wertschöpfungstiefe auch automatisch mehr Wettbewerbsvorteile besitzt. Während ein Switchless Dienstehändler als Diensteanbieter mit der geringeren Wertschöpfungstiefe über eine oder zwei (marktzugangsbezogene) Kernkompetenzen verfügen kann, sieht sich das Management eines Switch-based Dienstehändlers trotz einer großen Anzahl an physischen, immateriellen, organisatorischen und/oder finanziellen Ressourcen womöglich außerstande, diese auch nur zu einer Kernkompetenz, über die sich ein strategischer Wettbewerbsvorteil erarbeiten ließe, zu bündeln.

Nach der Untersuchung der Ressourcen und Kernkompetenzen ist für die wettbewerbsstrategische Positionierung eines Dienstehändlers nun die Frage zu klären, wie die verfügbaren Ressourcen und Kernkompetenzen zu verwerten sind. Dieses Vorgehen zielt nicht auf ein erneutes Aufgreifen der Frage, ob bestimmte Ressourcen für Kosten- und Differenzierungsvorteile oder ob etwaig erreichbare Kernkompetenzen zur Erhöhung der Kundenzufriedenheit genutzt werden können, sondern betrifft im Rahmen der Anwendung des ressourcenbasierten Ansatzes der strategischen Managementforschung Aussagen über Diversifikations- und Internationalisierungsbestrebungen. Entsprechende strategische Bestrebungen werden – wie bereits in Kapitel 3.3.1 angedeutet – in der Literatur regelmäßig mit dem Ressourcenansatz in Verbindung gebracht.

Abbildung 3-15: Pyramide der Kompetenzhierarchie von Dienstehändlern

a) Die Ressource bzw. Kernkompetenz steht in besonderem Zusammenhang mit der Wertschöpfungsstufe des Betriebs von Vermittlungsstellen und besitzt demzufolge nur Bedeutung für Switch-based Dienstehändler.

3.3.4.1 Strategie der Diversifikation

Der Begriff der Diversifikation bezeichnet die wettbewerbsstrategische Erweiterung des unternehmerischen Tätigkeitsfeldes, was sowohl durch eine Aufnahme zusätzlicher Produkte in das Leistungsangebot (= Produktdiversifikation) als auch durch eine Ausdehnung der Unternehmensaktivitäten auf neue, bisher nicht bediente Kundengruppen oder Absatzregionen (= Marktdiversifikation oder -entwicklung) erfolgen kann.[324] Die *Zielsetzungen*, die mit strategischen Maßnahmen der Diversifikation verfolgt werden, betreffen vornehmlich drei Aspekte:[325]

[324] Diese Begriffsbestimmung einer Diversifikation folgt aus der *Produkt-Markt-Matrix* von Ansoff 1966: 131f. Eine Einführung zu dem Begriff findet man z.B. auch bei Chatterjee/Wernerfelt 1991: 34; Aaker 1992: 268; Schüle 1992: 7-9; Bühner 1993: 21f.; Kashlak/Joshi 1994: 604; Zanger 1995: 516f.; Perlitz 1997: 40f. u. 47f.

[325] Vgl. Schüle 1992: 14-18, der auf Basis seiner Literaturanalyse zu Aspekten der Diversifikation neben den hier genannten drei Zielen außerdem die Erlangung von Marktmacht und eigenständige Managementinteressen als weitere Zielsetzungen nennt, aber gleichzeitig betont, daß diese Ziele regelmäßig auf die anderen Ziele zurückzuführen oder nicht empirisch zu überprüfen sind. S. a. Bühner 1993: 33-35; Zanger 1995: 520; Palich et al. 2000: 156-158.

(1) *Ertragssteigerung* über verschiedenartige Synergieeffekte bei der Zusammenführung alter und neuer Unternehmensaktivitäten, was unter dem Gesichtspunkt der Erzielung von Skalen- und Verbundeffekten bereits in Kapitel 3.2.2.2 erörtert wurde.[326]

(2) *Risikosenkung* durch Streuung der Unternehmensaktivitäten zwecks Ausgleich saisonaler, konjunktureller und struktureller Nachfrage- und Ertragsschwankungen, wobei im Markt für festnetzbasierte Telefondienste primär das Risiko (wettbewerbs-)struktureller Marktveränderungen eine Rolle spielt (s. Kapitel 3.2.2.6).

(3) Streben nach *Unternehmenswachstum*, dessen besondere Bedeutung für die Verfolgung der Wettbewerbsstrategie einer Kostenführerschaft bereits in Kapitel 3.2.3.1 erläutert wurde.

Als *Motivation* zur Verfolgung einer Diversifikationsstrategie wird aus Ressourcenperspektive traditionellerweise das Vorhandensein unausgelasteter Ressourcen genannt, wobei eine begrenzte Ressourcenausstattung in entgegengesetzter Perspektive Diversifikationsbestrebungen gleichfalls einschränken kann.[327] Beispielsweise können Vermittlungseinrichtungen, die bei einem gegebenen Telefondiensteangebot in bezug auf das Volumen von vermittelten Verbindungsminuten nur unzureichend belegt sind, über das Angebot weiterer Sprach- und Datendienste besser ausgelastet werden.[328] Die Ursache für die Diversifikation liegt hier in der Unteilbarkeit der Vermittlungseinrichtungen. Könnte eine Vermittlungsstelle stetig mit der tatsächlich benötigten Vermittlungskapazität jederzeit verkleinert oder vergrößert werden, wäre keine Motivation zur Diversifikation wegen überschüssiger Kapazitäten erkennbar. Da die physischen Ressourcen der Vermittlungsstellen aber von sprungfixen Kosten geprägte Wirtschaftsgüter darstellen, sind sie von Unteilbarkeit gekennzeichnet und bringen das Risiko einer suboptimalen Auslastung mit sich. Ähnlich läßt sich im Fall immaterieller Ressourcen wie denen eines nicht vollbeschäftigten Managements oder unterausgelasteter Vertriebskanäle argumentieren. Bei ihrer Nutzung im Rahmen einer Diversifikation kann nicht nur eine bessere Auslastung, sondern sogar ein Wertzuwachs erreicht werden. Verantwortlich dafür ist die Anhäufung von Management- und Vertriebs-Know-how über Lernprozesse beim Angebot neuer Dienste in neuen Marktsegmenten. Diese multiplikativ geschaffenen Ressourcen immaterieller Natur können wiederum für weitere Diversifikationsmaßnahmen genutzt werden, was auf ihre Bedeutung als „Akzelerator" für strategische Maßnahmen der Diversifikation hinweist.[329]

Bezüglich der *Art* der Diversifikation bietet der Ressourcenansatz Antwortskizzen auf die Frage, inwieweit sich unausgelastete Ressourcen, die einer erweiterten Verwertung zugeführt werden sollen, in Abhängigkeit von ihrer Spezifität eher für eine

---

326 Ohne explizit auf Skalen- und Verbundeffekte einzugehen, klassifiziert Ansoff 1966: 100f. als Mittel zur Ertragssteigerung Verkaufs-, Produktions-, Investitions- und Management-Synergien.

327 Vgl. Penrose 1959: 65-68; Ansoff 1966: 151; Wernerfelt/Montgomery 1988: 246; Montgomery/Wernerfelt 1988: 623; Schüle 1992: 14; Mahoney/Pandian 1992: 366; Bamberger/Wrona 1996: 143.

328 Vgl. dazu auch die Ausführungen über Verbundeffekte bei Mehrproduktunternehmen oben in Kapitel 3.2.2.2.

329 Vgl. Mahoney/Pandian 1992: 366; Bamberger/Wrona 1995: 7.

- *verbundene* Diversifikation eignen, bei der die neuen Geschäftsaktivitäten mit den bisherigen verwandt sind, oder alternativ für eine
- *unverbundene* Diversifikation, bei der relativ wenige Gemeinsamkeiten der neuen mit den alten Aktivitäten bestehen.[330]

Dabei wird grundlegend unterstellt, daß freie Faktorkapazitäten physischer Art unflexibel sind und zu verbundener Diversifikation führen, wohingegen immaterielle und organisatorische Ressourcen sowie freie Geldmittel aufgrund ihrer flexiblen Handhabung auch Maßnahmen unverbundener Diversifikation erlauben.[331] Für den Markt festnetzbasierter Telefondienste heißt das in einem Analogieschluß, daß physische Ressourcen wie Vermittlungsstellen und andere Rechnersysteme im Produktionsprozeß hinsichtlich ihres wertschaffenden Einsatzes eher als spezifisch und unflexibel zu klassifizieren sind und entsprechende Überschußkapazitäten vorzugsweise für Diversifikationsaktivitäten in eng verbundenen Geschäftsbereichen genutzt werden können. Dabei kann es sich z.B. um eine zusätzliche Vermarktung von Mehrwertdiensten neben dem Angebot des Basisdienstes der Festnetztelefonie handeln.

Im Gegensatz zu einer solchen verbundenen Diversifikation können immaterielle Ressourcen wie der Markenname und das mit ihm verbundene Image oder organisatorische Ressourcen wie der erschlossene Vertriebskanal-Mix aufgrund ihrer jeweils flexibleren Einsatzmöglichkeiten sowohl bei verbundener als auch unverbundener Diversifikation verwertet werden. Das betrifft beispielsweise eine Geschäftsausdehnung von festnetzbasierten Telefondiensten in Richtung auf einen expansiven Handel mit Mobilfunkdiensten oder – noch weiter entfernt von dem Kerngeschäft – mit Diensten der Informationstechnologie (z.B. Softwareherstellung und -vertrieb), indem das Markenimage und unausgelastete Vertriebskapazitäten in den neuen Geschäftsbereichen verwertet werden.[332] Die Frage einer besonderen Affinität speziell von Kernkompetenzen mit einer bestimmten Art der Diversifikation kann schließlich nicht eindeutig beantwortet werden, weil sich ihr gedankliches Konstrukt der Unterscheidung von verbundener und unverbundener Diversifikation grundle-

---

330 Die Abhängigkeit der Art einer Diversifikation von der Spezifität der Ressourcen, deren unausgelasteten Kapazitäten für die Diversifikationsmaßnahmen genutzt werden sollen, betonen Penrose 1959: 75; Montgomery/Wernerfelt 1988: 625f.; Chatterjee/Wernerfelt 1991: 34; Kutschker 1999: 297f. Speziell zu der Unterscheidung von verbundener und unverbundener Diversifikation s. z.B. Bettis 1981: 379f.; Schüle 1992: 11f.; Aaker 1992: 269-280.

331 Vgl. insbesondere die empirische Untersuchung von Chatterjee/Wernerfelt 1991: 34-45, sowie Knyphausen-Aufsess 1995: 86f. und Bamberger/Wrona 1996: 144.

332 Prinzipiell stellt sich die Frage, wann genau von einer verbundenen vs. unverbundenen Diversifikation aus der Sicht eines Diensteanbieters für festnetzbasierte Telefondienste zu sprechen ist. Mangels detaillierter Abgrenzungskriterien in der Literatur wird hier unterstellt, daß Maßnahmen einer verbundenen Diversifikation Geschäftsausweitungen in dem angestammten Markt festnetzbasierter Telefondienste betreffen. Die einer unverbundenen Diversifikation drehen sich hingegen um eine Erweiterung der Geschäftsaktivitäten in benachbarte TK-Märkte mit nichtterrestrischen Übertragungstechnologien wie dem der Mobilfunkdienste, oder in benachbarte Industrien wie die der *I*nformationstechnologie, der *M*edien und der *E*lektronik. Letztere markieren gemeinsam mit der *T*elekommunikationsindustrie die sogenannten TIME-Industrien; vgl. dazu Knetsch 1999: 27; Knoll 2000: 146-148.

gend entzieht.[333] Dennoch spielen sie im Rahmen von Diversifikationsmaßnahmen als „(...) lingua franca that allows managers to translate insights and experience from one business setting into another" eine übergeordnete Rolle für die Erschließung unterschiedlicher Geschäftsbereiche.[334] Mutmaßlich dürften verläßlichkeits- und funktionalitätsbezogene Kernkompetenzen, die sich zu einem Großteil auf technisch geprägte Ressourcen physischer, immaterieller und organisatorischer Natur stützen, eher eine verbundene Diversifikation in angrenzenden Geschäftsbereichen mit technisch verwandten Wertschöpfungsketten unterstützen, wohingegen marktzugangsbezogene Kernkompetenzen dem Aufbau und der Optimierung von Kundenkontakten sowohl bei verbundenen als auch bei unverbundenen Diversifikationsmaßnahmen zugute kommen.

3.3.4.2 Internationalisierung als Form der Marktdiversifikation

Die Strategie der Internationalisierung ist eine besondere Form der Marktdiversifikation und wird dementsprechend auch als Auslandsdiversifikation bezeichnet. Allgemein zu unterscheiden sind der grenzüberschreitende Produktabsatz in Form von Exporttätigkeiten, die Verlagerung von Funktionsbereichen in das Ausland (z.B. im Rahmen einer Lizenzfertigung oder der Gründung eines Joint Ventures im Ausland) sowie der Aufbau einer eigenen ausländischen Tochtergesellschaft im Sinne einer Direktinvestition.[335]

Aus Ressourcenperspektive basiert die Motivation zur Verfolgung solcher Art geographischer Diversifikationsmaßnahmen abermals auf der Existenz von Ressourcenüberschüssen, wobei insbesondere ein Überhang an physischen Ressourcen primär mit *Exporttätigkeiten* in Verbindung gebracht wird.[336] In der TK-Industrie ist ein grenzüberschreitender Verkauf in der Art, wie er von Handels- und Industriegüterexporten bekannt ist, jedoch nahezu ausgeschlossen, weil die Produktion und der Konsum von Telefondiensten zeitgleich zusammenfallen und die Dienste somit weder auf Lager produziert werden können noch transportfähig sind.[337] Sollte ein Diensteanbieter also über minder ausgelastete Vermittlungsstellen als typische Ressource physischer Art verfügen, so ließen sich die überschüssigen Kapazitäten nicht für Exporttätigkeiten verwerten, da vermittelte Fernverbindungen per definitionem nicht exportfähig sind.

---

[333] In diesem Zusammenhang vertreten Prahalad/Hamel 1994: 293 als „geistige Väter" des Kernkompetenz-Konzepts die Auffassung: „The dichotomy between 'unrelated diversification' versus 'core business' is (...) ultimately sterile."

[334] S. zu dem Zitat und der Strategie einer (leider nicht näher definierten) „core competence-based diversification" Prahalad/Hamel 1994: 293.

[335] Zu einer einleitenden Begriffserklärung und Darstellung der verschiedenen Arten der Internationalisierung bzw. der Auslandsdiversifikation vgl. beispielsweise Bühner 1993: 325-332; Hinterhuber/Winter 1995: 383-385; Perlitz 1997: 9-21; Macharzina 1999: 679 u. 689-706.

[336] Vgl. Bamberger/Wrona 1996: 145.

[337] S. oben Kapitel 2.2 und die in Fußnote 84 angegebene Literaturquelle.

Gegen eine *Verlagerung ganzer Funktionsbereiche* in das Ausland als weitere Variante der Internationalisierung eines Diensteanbieters im Markt für festnetzbasierte Telefondienste spricht die Erkenntnis, daß es sich bei den festnetzbasierten Telefondiensten keineswegs um internationale Geschäfte handelt.[338] Telefondienste sind national verfügbare Produkte, die in allen Wertschöpfungsstufen der Vermarktung national operierender Diensteanbieter unterliegen. Das gilt selbst für grenzüberschreitende Telefonverbindungen, bei denen die Terminierung des Telefonverkehrs im Ausland nach dessen Übergabe an einem internationalen Gateway (s. oben Abbildung 2-2) von einem im Ausland ansässigen Diensteanbieter übernommen wird. Lediglich bei Call Back-Diensten (s. Kapitel 2.1.2.2) und international ausgelegten VPN-Diensten (s. Kapitel 2.1.1.2) gilt eine Auslandspräsenz in Funktionsbereichen des Netzwerkmanagements und/oder des Vertriebs als vorteilhaft[339], wobei auch hier eine Verlagerung ganzer Funktionsbereiche in das Ausland nicht zwingend notwendig ist. Damit der Aufwand einer internationalen Präsenz für das Angebot solcher Dienste kalkulierbar bleibt, streben entsprechende Diensteanbieter in der Regel die Zusammenarbeit mit anderen TK-Unternehmen im Ausland über die Vereinbarung strategischer Allianzen an.[340] Das internationale Engagement unterliegt auf diese Weise Aufwandserleichterungen, da die Allianzpartner durch die Zusammenführung ihrer Ressourcen und Kernkompetenzen die Verlagerung und den ergänzenden Aufbau von Funktionsbereichen im Ausland ganz oder teilweise umgehen.

Internationalisierungstätigkeiten von Diensteanbietern im Geschäft mit kommerziellen Telefondiensten auf Festnetzbasis präsentieren sich in der Regel also weder in der Form von Warenexporten noch in Form von internationalen Produktions- und Standortverlagerungen, sondern vollziehen sich demgegenüber vielmehr in Gestalt von *Direktinvestitionen* durch die Gründung einer Tochtergesellschaft gleichen Musters im Ausland.[341] Die theoretische Begründung für solche grenzüberschreitenden Investitionstätigkeiten aus Ressourcenperspektive stellt auf eine vorteilhafte Überschußverwertung speziell von immateriellen und organisatorischen Ressourcen sowie von freien Finanzmitteln ab.[342] Geht man beispielsweise davon aus, daß ein Diensteanbieter über erfahrene Projektteams beim Aufbau von Start-up-Organisationen, über eingespielte Beziehungen zu Herstellern von TK-Netzausrüstung oder über technisches Know-how und Kernkompetenzen beim

---

338 Diese Erkenntnis erläutern Ehrmann/Steiger 1998: 244-246; Fredebeul-Krein 2000: 11-13; Gerpott 2000b: 25 u. 27.

339 Vgl. Gerpott 1998: 223; Ehrmann/Steiger 1998: 245, die gleichfalls betonen, daß die genannten Dienste am gesamten Umsatzvolumen mit Telefondiensten einen nur äußerst geringen Anteil von weniger als 5% besitzen (leider ist nicht ersichtlich, auf welchen Zeitpunkt sich diese Angabe bezieht).

340 Strategische Allianzen in der TK-Industrie und das entsprechende Internationalisierungsverhalten weltweit führender Netzbetreiber erläutern z.B. Elixmann 1996: 61-63; Gerpott 1997b: 35 u. 38-44; Gerpott 1998: 56f.; Hungenberg 1998: 493-495. Viele der vor allem weltumspannend aufgebauten Allianzen großer Incumbents scheiterten allerdings Ende der 90er Jahre, was nach Gerpott 2000b: 25 auf stark unterschiedliche Interessen der Bündnispartner und zu hohe Abstimmungskosten zurückzuführen ist.

341 Vgl. allgemein z.B. Perlitz 1997: 106-123 und bezüglich der TK-Industrie Gerpott 1998: 223f.; Ehrmann/Steiger 1998: 243f. u. 250; Fredebeul-Krein 2000: 9f.; Gerpott 2000b: 26-28.

342 Vgl. Bamberger/Wrona 1996: 145.

Netzwerkmanagement verfügt, dann bietet es sich an, solche Ressourcen und Kernkompetenzen über Direktinvestitionen in Auslandsmärkten ein weiteres Mal zu verwerten. Der Export eines ganzen Geschäftsansatzes ist in diesem Zusammenhang denkbar, indem sich ein Telefondiensteanbieter im Ausland ebenfalls um eine Dienstelizenz für das Angebot festnetzbasierter Telefondienste bemüht und nach deren Erhalt sein nationales Geschäftsmodell im Ausland erneut verwirklicht.[343] Grundlegende Voraussetzung der effizienten Nutzung freier Ressourcen bei einer solchen internationalen Direktinvestition ist allerdings der Abschluß aller Aufbauplanungen und Implementierungstätigkeiten hinsichtlich des Geschäfts im heimischen Markt. Nur ein eingeschwungener Zustand seines Betriebes läßt aus Gründen der Geschäftssicherung die Übertragung der Ressourcen auf internationale Investitionsprojekte zu.[344]

3.3.4.3 Bewertung der Diversifikation und Internationalisierung für Dienstehändler

Die Bewertung der Vorteilhaftigkeit strategischer Maßnahmen der Diversifikation und der Internationalisierung für Dienstehändler wird aus Ressourcenperspektive im wesentlichen von zwei Fragen bestimmt:

(1) Ist das Vorhandensein von Überschußkapazitäten an Ressourcen als notwendige Voraussetzung für Produkt- und Marktdiversifikation bei Dienstehändlern zu erwarten?

(2) Ist ein Ressourcen- und Kompetenzschwerpunkt bei Dienstehändlern erkennbar, der eine Richtung strategischer Diversfikationsmaßnahmen in bezug auf verbundene oder unverbundene Diversifikation vorgibt?

Knüpft man die Entscheidung über mögliche Diversifikationsaktivitäten zunächst an den in der ersten Frage aufgegriffenen Grundsatz, daß sich solche strategischen Maßnahmen primär über die Verwendung überschüssiger Ressourcen anbieten, so müssen Aktivitäten der Diversifikation für Dienstehändler zurückhaltend betrachtet werden. Viele der in Kapitel 2.3.2 erhobenen Dienstehändler wurden frühestens zum Zeitpunkt der Liberalisierung des deutschen Festnetzmarktes gegründet und besitzen als junge Unternehmen typischerweise eine geringe Mitarbeiterzahl sowie eine kleine Ausstattung an Ressourcen und finanziellen Eigenmitteln. Die Anhäufung von permanent unausgelasteten Ressourcen und überschüssigen Finanzmitteln ist bei ihnen mutmaßlich seltener anzutreffen

---

[343] Zu bedenken ist allerdings, daß speziell die Duplizierung des Geschäftsmodells eines Dienstehändlers im Ausland dort regelmäßig auf anders lautende rechtlich-politische Rahmenbedingungen als in Deutschland stoßen wird. Dadurch kann besonders der Aufbau eines Switch-based Dienstehändlers im internationalen Umfeld behindert werden, weil die erfolgreiche Etablierung dieser Unternehmen in Deutschland – den Ausführungen in Kapitel 2.3.1 zufolge – in starkem Maße auf der günstigen Ordnungspolitik der RegTP basiert, eine vergleichbare Regulierungssituation aber nicht unbedingt in jedem Land, vor allem außerhalb der EU, anzutreffen ist.

[344] Diese Beschränkung internationaler Investitionen im TK-Dienstegeschäft betonen Ehrmann/Steiger 1998: 252.

als bei großen und finanzstarken Netzbetreibern.[345] Unabhängig von der Größe jedes einzelnen Unternehmens ist der Geschäftsaufbau in dem zunächst überwiegend fokussierten Marktsegment mit dem Basisdienst der Festnetztelefonie Mitte des Jahres 2000 oftmals noch nicht abgeschlossen. Ein Indiz für diesen Sachverhalt bietet die Betrachtung der Verfügbarkeit des Call-by-Call-Telefondienstes von Dienstehändlern oben in Abbildung 3-12 auf S.105. Daraus geht hervor, daß es zweifellos noch nicht allen Unternehmen gelungen ist, ihre selbst errichteten oder eingekauften Vermittlungskapazitäten soweit aufzustocken, daß sie eine annähernd so gute Verfügbarkeit wie die *Deutsche Telekom* (mit knapp 99% als Richtgröße) aufweisen, was beispielsweise für den Switchless Dienstehändler *Super 24* mit einer Verfügbarkeit von nur 69,70% sowie den Switchbased Dienstehändler *01051 Telecom* mit einer von 88,33% gilt.

Ein „Mangel" an unausgelasteten Ressourcen ist bei Dienstehändlern auch hinsichtlich ihrer Ausstattung mit funktionstüchtigen Abrechnungssystemen bei der wertschaffenden Aktivität der Rechnungsstellung zu beobachten. Nach der Öffnung des deutschen Marktes für Festnetztelefonie wiesen viele Dienstehändler technische Probleme hinsichtlich der Installation und Inbetriebnahme entsprechender Hard- und Softwarekomponenten auf. Probleme einer oftmals fehlerhaften und verzögerten Rechnungsstellung wurden zwar mit Beginn des zweiten Wettbewerbsjahres 1999 weitgehend beseitigt.[346] Dennoch ist nicht davon auszugehen, daß die leistungs- und kapazitätsmäßig noch unbeständigen Abrechnungssysteme junger Dienstehändler für ein bereits in naher Zukunft breit diversifiziertes Diensteangebot einzusetzen sind.

Lediglich bei der Ausstattung mit Ressourcen im Vertrieb ist es plausibel anzunehmen, daß Mitte 2000 für eine Mehrheit der Dienstehändler ausreichende Ressourcen für Diversifikationsbestrebungen vorhanden sind. In diesem Bereich ist trotz eventuell mangelnder Ressourcen in bezug auf einen eigenen Direktvertrieb die Möglichkeit gegeben, extern auf eine Vielzahl indirekter Vertriebskanäle und -partner zuzugreifen.[347] In Kombination mit einer intern ausgeprägten Kernkompetenz eines effizienten Vertriebsmanagements eröffnet sich die Chance, je nach Spezialisierung eines erschlossenen Vertriebskanals und der dahinterstehenden Vertriebspartner eine große Zahl von segmentspezifischen Zielgruppen gleichzeitig anzusprechen und auf diesem Wege neben lukrativen Geschäftskunden und/oder dem Massenmarkt der Privatkunden zunehmend auch Nischengruppen wie wechselunwillige Kundengruppen des Mittelstandes oder schwer anzusprechende ethnische Minderheiten im Sinne einer Marktdiversifikation zu adressieren.

---

[345] Die genaue Anzahl der Mitarbeiter als ein Indiz für die geringe Unternehmensgröße vieler, besonders junger Dienstehändler ist nur schwer zu recherchieren. Beispiele für eher kleine Unternehmen sind die Switchless Dienstehändler *Tangens* mit 47 Beschäftigten und *Telepart* mit 70 Beschäftigten Mitte des Jahres 2000 (unternehmenseigene Angaben).

[346] S. Fahle/Stannosek 1999: 54f.

[347] Vgl. zu dem Vertriebskanalpluralismus in der deutschen TK-Industrie oben Kapitel 3.2.2.2.

Es ist festzuhalten, daß für junge Dienstehändler speziell die Option einer auf neue Zielgruppen ausgerichteten Marktdiversifikation über eigene potentiell nicht ausgelastete oder fremd zu beziehende Vertriebskapazitäten prinzipiell besteht, aber – neben voraussichtlich knappen finanziellen Ressourcen für die Erschließung weiterer Geschäftsfelder – fehlende Ressourcen u.a. bei der Bereitstellung von Telefondiensten und bei der Abrechnung des bislang engen Dienstesortiments Mitte des Jahres 2000 noch selten eine abgestimmte Markt- *und* Produktdiversifikation zulassen.[348] Mit fortschreitender Etablierung eines jeden Dienstehändlers dürfte sich diese Situation allerdings unternehmensindividuell ändern. Die Beantwortung der zu Anfang des Kapitels gestellten zweiten Frage gewinnt in diesem Kontext bereits heute für diejenigen Dienstehändler an Bedeutung, die bei fortgeschrittenem Unternehmenswachstum vergleichsweise lang geschäftstätig sind und aufgrund ihres Ursprungs im Mobilfunkmarkt Anfang bis Mitte der neunziger Jahre des vergangenen Jahrzehnts bereits ein mehr oder weniger differenziertes Sortiment aus Festnetz- und Mobilfunkdiensten vermarkten.[349] Akzeptiert man die Prämisse, daß diese Unternehmen keinem Ressourcenmangel (mehr) unterliegen, dann läßt sich aus der Betrachtung ihrer Wertkette und ihrer Ressourcen- und Kompetenzausstattung hinsichtlich der Vor- und Nachteile verbundener oder unverbundener Diversifikation wie folgt argumentieren.

Das Geschäftsmodell der Switch-based Dienstehändler ist stark durch die Errichtung eigener Vermittlungsstellen geprägt, deren Betriebskosten hinter den Bezugskosten für entsprechend notwendige Übertragungsleistungen nahezu ein Viertel aller Kosten in der Kostenstruktur eines Switch-based Dienstehändlers ausmachen (s. oben Abbildung 2-6). Dieser Sachverhalt verdeutlicht, daß Vermittlungsstellen als signifikanter Kostentreiber zweifelsohne einen Ressourcenschwerpunkt in dem Geschäftsmodell von Switch-based Dienstehändlern darstellen. Untersucht das Management eines solchen Unternehmens die Möglichkeiten einer Produkt- und Marktdiversifikation der Geschäftstätigkeit, dann werden sich die Überlegungen mit großer Wahrscheinlichkeit auf Optionen einer Mehrfachnutzung von Vermittlungsstellen als den gewichtigsten Kostentreiber unter den Betriebskosten des Switch-based Dienstehändlers konzentrieren. Die Tatsache, daß das Unternehmen in diesem Kontext vorzugsweise zu einer verbundenen Diversifikation neigen sollte, erklärt sich über den betont starken physischen Charakter dieser Rechnersysteme. Strategische Maßnahmen einer verbundenen Diversifikation von dem alleinigen Angebot des Basisdienstes in Richtung eines Vollsortiments festnetzbasierter Telefondienste erscheinen für Dienstehändler mit Vermittlungsstellen demnach sinnvoll, wobei ihnen hinsichtlich der Gestaltung und Einführung einer Vielzahl unterschiedlicher Telefondienste auch die ihnen eigene Ressource einer IN-Plattform, die verläßlichkeitsbezogene Kernkompetenz eines besonderen Qualitätsmanagements sowie die funk-

---

[348] S. ähnlich Gerpott 2000b: 27 in bezug auf Internationalisierungsbestrebungen speziell von Netzbetreibern.

[349] Namen solcher Dienstehändler in Deutschland sind den Ausführungen oben in Kapitel 2.3.2 zu entnehmen.

tionalitätsbezogene Kernkompetenz „Alles aus einer Hand" zugute kommen. Vorteilhaft ergänzt werden können die dienstespezifischen Maßnahmen auf Marktebene durch internationale Direktinvestitionen in Form der Gründung von ausländischen Tochtergesellschaften mit jeweils vergleichbarem Telefondiensteangebot. Auf diese Weise wird den physischen Vermittlungsstellen nicht nur das infolge der Sortimentsausweitung gewonnene Verkehrsvolumen produktivitätssteigernd zugeführt, sondern auch – nach grenzüberschreitender Verknüpfung der Vermittlungseinrichtungen in den verschiedenen Ländern – dasjenige aller im Ausland akquirierten Kunden zwecks Terminierung im Inland.

Die Ressourcenausstattung von Switchless Dienstehändlern ist von ihrem relativen Schwerpunkt her eher von immateriellen und organisatorischen Ressourcen geprägt. Der Betrieb von Vermittlungseinrichtungen und einer IN-Plattform ist nicht vorgesehen, weshalb einzig und allein Rechnersysteme wie ein Data-Warehouse, ein Abrechnungssystem oder ein Call Center physische Ressourcen für sie darstellen. Allerdings definiert sich ein Switchless Dienstehändler über keine dieser Ressourcen in einer so starken Betonung, wie das bei Switch-based Dienstehändler über deren konstituierendes Merkmal der Teilinfrastruktur eigener Vermittlungsstellen der Fall ist. Dieser Sachverhalt rückt immaterielle und organisatorische Ressourcen wie z.B. den Markennamen, Zugänge zu bestimmten Vertriebskanälen oder gut geschulte und kompetente Call Center-Mitarbeiter bei der Vorteilhaftigkeitsbewertung verbundener oder unverbundener Diversifikation für Switchless Dienstehändler stärker in den Vordergrund. Die Verwertung solcher Ressourcen kann prinzipiell sowohl bei einer verbundenen als auch unverbundenen Diversifikation erfolgen (s. Kapitel 3.3.4), so daß das Geschäftsmodell eines Switchless Dienstehändlers keine besondere Affinität zu einer der beiden Diversifikationsarten aus Ressourcenperspektive erkennen läßt. Die damit einhergehende Beweglichkeit strategischer Entscheidungen in verschiedene Richtungen der Diversifikation steht im Einklang mit der insbesondere in Kapitel 3.2.2.2 gewonnen Erkenntnis, daß Switchless Dienstehändler auch in bezug auf Markteintrittsbarrieren gegenüber Switch-based Dienstehändler das flexiblere Geschäftsmodell vertreten.[350]

3.4 Zwischenfazit für die wettbewerbsstrategische Ausrichtung von Dienstehändlern

In der strategischen Managementforschung wird die Ansicht vertreten, daß die marktorientierte Perspektive und der Ressourcenansatz gemeinsam die strategische Unternehmensführung bestimmen. Zwar ist – wie an dieser Stelle zu wiederholen ist – der grundlegende Unterschied zwischen

---

[350] Der Switchless Dienstehändler *debitel* hat dementsprechend in der vergangenen Jahren bereits eine umfangreiche Marktdiversifikation auf internationaler Ebene umgesetzt. Das Unternehmen vermarktet ein enges Produktsortiment, bestehend aus den Basisdiensten der Festnetz- und Mobilfunktelefonie, in den fünf Auslandsmärkten Frankreich, Niederlande, Belgien, Dänemark und Slowenien und gilt dahingehend (abgesehen von der grenzüberschreitenden Geschäftsaktivität von *Talkline* in den Niederlanden) unter allen deutschen Dienstehändlern als Ausnahme eines bereits international breit diversifizierten Dienstehändlers.

den beiden Strategieansätzen offensichtlich: Während der industrieökonomische Ansatz das Erreichen von Wettbewerbsvorteilen durch Analyse externer Erfolgspotentiale diskutiert, rückt der Ressourcenansatz für den Aufbau nachhaltiger Wettbewerbsvorteile die Analyse interner Ressourcen und Kernkompetenzen in den Mittelpunkt des Erkenntnisinteresses. Dennoch ist der jüngere Ressourcenansatz nicht als exklusive Gegenposition zu verstehen, sondern bietet einen komplementären Beitrag zum industrieökonomischen Ansatz Porters. Dessen generischen Strategievorschläge beruhen im Kern auf der Dualität des ökonomischen Prinzips der neoklassischen Mikroökonomie, wonach allgemein ein gegebenes Ziel mit geringstmöglichem Mitteleinsatz (= Minimumprinzip bzw. Kostenführerschaft) oder mit gegebenen Mitteln ein größtmöglicher Zielerreichungsgrad (= Maximumprinzip bzw. Differenzierung) zu verfolgen ist.[351] Diese Effizienzforderung ist von Fragen der Ressourcenausstattung jedoch nicht zu trennen, weil im ersten Fall das gegebene Ziel eines bestimmten Produktangebotes im Markt nur mit dem internen effizienten Aufbau unterschiedlicher Ressourcen und Kernkompetenzen erreichbar ist, und im zweiten Fall die gegebenen Mittel im Sinne einer bestimmten unternehmensweiten Ressourcen- und Kernkompetenzausstattung das Angebot einzigartiger Produkte erst ermöglichen. Wernerfelt konstatiert deshalb: „For the firm, resources and products are two sides of the same coin."[352] Für die vorangegangenen Analysen im Hinblick auf Dienstehändler ist daraus zu schließen, daß die aus marktorientierter Perspektive erarbeiteten Handlungsimplikationen für die strategische Ausrichtung von Dienstehändlern im Markt für festnetzbasierte Telefondienste mit den gewonnenen Erkenntnissen auf Basis des ressourcenorientierten Strategieansatzes abschließend auf gegenseitige Vereinbarkeit hin knapp zu überprüfen sind.

Die Analyse der Wettbewerbsstruktur im deutschen Markt für festnetzbasierte Telefondienste hat deutlich gemacht, daß 2 ½ Jahre nach Marktöffnung das bevorzugte Geschäft mit Basisdiensten festnetzgebundener Sprachübermittlung einem intensiven und für viele Diensteanbieter mittel- bis langfristig wenig erfolgversprechenden Wettbewerb unterliegt. Die gleichgerichteten Vermarktungsanstrengungen der Konkurrenten haben gegenwärtig eine Pattsituation zur Folge, in der mittlerweile auch die anfängliche Preisführerschaft der Dienstehändler als Wettbewerbsvorteil verloren gegangen ist. In dieser Situation ist für Dienstehändler zur Positionsverbesserung eine Spezialisierung mittels Erweiterung (oder womöglich vollständiger Umstellung) des Kerngeschäfts mit dem Basisdienst in Richtung eines differenzierenden Angebotes höherwertiger Telefondienste anzustreben, in deren Marktumfeld noch keine so stark ausgebildete Wettbewerbsintensität herrscht. Die

---

351 Vgl. Weißenberger 1998: 617.

352 Wernerfelt 1984: 7. Empirische Arbeiten, in denen eine Komplementarität beider Strategieansätze erkennbar wird, sind z.B. Wernerfelt/Montgomery 1988; Rumelt 1991; Mehra 1996; Bongartz 1998; Cockburn et al. 2000. Eher sekundär s. Porter 1991: 108; Mahoney/Pandian 1992: 371; Knyphausen 1993: 783f.; Eschenbach/Kunesch 1996: 7; Bamberger/Wrona 1996: 146f.; Bäurle 1996:12f.; Henderson/Mitchell 1997: 6-11; Hahn 1998: 565; Hinterhuber/Friedrich 1999: 1001-1003; Macharzina 1999: 58f.; Hoskisson et al. 1999: 418-444.

entsprechende Sortimentsausdehnung um Mehrwertdienste und eventuell um kundenbezogene Anwendungen (s. zu der Abstufung Kapitel 2.1.1.2) ist allerdings mit steigenden technischen Anforderungen an die Wertaktivität der Spezifikation und Bereitstellung von Diensten verbunden. Zur Vermeidung der Einbindung weiterer „Zulieferer" setzen Mehrwertdienste wie Service 0800/0900 oder Centrex die Errichtung und den Betrieb einer eigenen IN-Plattform und kundenbezogene Anwendungen wie Videoconferencing oder diverse CTI-Lösungen Systemintegrationskenntnisse des Anbieters voraus.

Abbildung 3-16: Abstufung der festnetzbasierten Telefondienste anhand ihrer umweltbezogenen Wettbewerbsintensität und ihrer technischen Bereitstellungskomplexität[a]

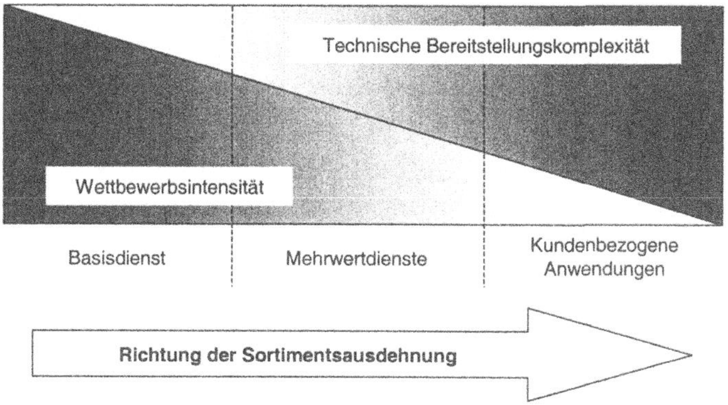

a) Die rein konzeptionelle Darstellung knüpft an die Übersicht zu kommerziellen festnetzbasierten Telefondiensten in Abbildung 2-3 auf S. 22 an.

Die gegenläufigen „Trends" einer abnehmenden Wettbewerbsintensität und eines steigenden technischen Komplexitätsgrades bei einer Aufnahme höherwertiger Telefondienste in das Produktportfolio sind in Abbildung 3-16 veranschaulicht. Aus Sicht des ressourcenbasierten Strategieansatzes deckt sich das Vordringen in eng verwandte Geschäftsbereiche, oder anders gesagt, die marktorientierte Differenzierungsstrategie über Maßnahmen einer verbundenen Diversifikation primär mit der spezifischen Ressourcen- und Kompetenzausstattung von *Switch-based Dienstehändlern*. Die Unternehmen besitzen durch den Betrieb von Vermittlungsstellen in Kombination mit Erweiterungsinvestitionen in eine eigene IN-Plattform die nötigen Werkzeuge zur Entwicklung, Steuerung und Verwaltung vor allem von innovativen Mehrwertdiensten, die auf ein IN-basiertes „Switching" grundsätzlich angewiesen sind. Zudem erwächst den Switch-based Dienstehändlern aus einer Bündelung ihrer Ressourcen, welche in ihrer isolierten Betrachtung keine Grundlage für einen ressourcenbasierten Wettbewerbsvorteil darstellen, sowohl die Kernkompetenz eines besonderen Qualitätsmanagements als auch die zur Entwicklung von integrierten Festnetz-Mobilfunk-Diensten, welche beide der Verwirklichung einer Differenzierungsstrategie über qualitativ zuverlässige und innovative Telefondienste zugute kommen.

Die entsprechenden Diversifikationsmaßnahmen führen in der Regel über einen Anstieg der Zahl vermittelter Fernverbindungsminuten zu einer verbesserten Ausschöpfung der Kapazitäten der bestehenden Vermittlungseinrichtungen und infolgedessen zu Größenvorteilen bzw. einer produktiveren Leistungseffizienz. Dieser Sachverhalt begünstigt wiederum mit Blick auf den marktorientierten Strategieansatz das Streben nach einer Kostenführerschaft im hart umkämpften Geschäft mit dem Basisdienst, wofür das Marktanteilswachstum bei der Anzahl vermittelter Fernverbindungsminuten und die Größenvorteile von fundamentaler Bedeutung sind. Die simultane Verwirklichung einer günstigen Kostenposition und eines differenzierenden Dienstesortiments im Sinne einer hybriden Wettbewerbsstrategie ist also für Switch-based Dienstehändler vor dem Hintergrund marktorientierter Notwendigkeiten und ressourcenbasierter Möglichkeiten realisierbar. Die Struktur der Hybridstrategie besteht dann zusammengefaßt

- einerseits aus dem differenzierenden Einstieg in das Marktsegment von Mehrwertdiensten, unterstützt u.a. von Investitionen in Vermittlungsbausteine mit Rechnerintelligenz sowie vom Aufbau der verläßlichkeitsbezogenen Kernkompetenz eines besonderen Qualitätsmanagements und der funktionalitätsbezogenen Kernkompetenz „Alles aus einer Hand“, und
- andererseits aus der damit zusammenhängenden Verwirklichung kostensenkender Skalen- und Verbundeffekte durch die mehrfache Ressourcenausschöpfung u.a. von bestehenden Vermittlungseinrichtungen.

Bei *Switchless Dienstehändlern* steht eine eventuelle Differenzierung über eine eigenständige Bereitstellung von höherwertigen Telefondiensten in weitaus geringerem Einklang mit den ressourcenbasierten Möglichkeiten der Unternehmen. Dienstehändlern ohne Vermittlungsstellen bietet sich zwar auf der Suche nach dem „Mehrwert“ der Betrieb eigener Abrechnungssysteme für individualisierte Rechnungsstellungen an. Darüber hinaus können sie über den IN-Baustein der SCE eigenständig Telefondienstevarianten konzipieren, was ihnen auch die marktzugangsbezogene Kernkompetenz einer bedarfsgerechten Telefondiensteentwicklung eröffnet. In beiden Fällen sind sie jedoch von ihren vorgelagerten Telefondienstelieferanten in empfindlicher Weise abhängig, was mit Blick auf die Rechnungsstellung die Übergabe der kundenindividuellen Verbindungsdaten und im Fall der IN-Diensteentwicklung den Zugang zu einer fremd betriebenen intelligenten Netzplattform betrifft. Differenzierung im Wettbewerb sollte also bei Switchless Dienstehändlern entsprechend des Schwerpunkts ihrer Wertaktivitäten an der Schnittstelle zum Kunden eher eine „zugangsbezogene“ Ansprache ausgewählter Kundenzielgruppen zum Inhalt haben, bei der den Unternehmen aus Ressourcenperspektive ihre mehrheitlich marktzugangsbezogenen Kernkompetenzen zugute kommen.[353] Switchless Dienstehändler stärken auf diesem Weg ihre Bedeutung als Quasi-Fremdvertrieb für andere Diensteanbieter, indem sie bislang von allen Wettbewerbern vernachlässigte Zielgruppen unter den Endkunden gewinnen. In den Nischenmärkten selbst positionieren sie sich als fokussierter Kostenführer, was sich aufgrund ihrer prinzipiell günstigen Kostenposition und infolge etwaiger effizienzsteigernder Größenvorteile beim Telefondiensteeinkauf, die u.a. von einer Stärkung ihrer Kernkompetenz einer routinierten Geschäftskoordination mit Vorproduktlieferanten abhängen, verwirklichen läßt.

Am Ende der theoriegeleiteten Ausführungen zu Wettbewerbsvorteilen und möglichen wettbewerbsstrategischen Stoßrichtungen für Dienstehändler in Deutschland ist zu rekapitulieren, daß die in der Einleitung dieser Arbeit vielfältig zitierten Zweifel an der dauerhaften Wettbewerbsfähigkeit von Dienstehändlern bei genauerer Betrachtung nicht unbedingt haltbar sind, weil es für Dienstehändler im Kontext ihrer Ressourcenausstattung und Kernkompetenzen durchaus Alternativen zur Positionierung als Call-by-Call-Anbieter im hart umkämpften Massenmarkt gibt. Die Tatsache, daß Dienstehändler überhaupt eine dauerhaft tragende Wettbewerbsrolle in einem Festnetzmarkt spielen können, wird im folgenden Kapitel anhand des US-amerikanischen Marktes für Telefondienste im Fernverbindungsbereich aufgezeigt. Hier gilt es auch zu klären, inwieweit das Geschäftsmodell eines Dienstehändlers tatsächlich Mittel zum Zweck einer wenig investitionsintensiven und damit relativ risikoarmen Aufnahme der Geschäftstätigkeit im Markt für festnetzbasierte Telefondienste ist, bevor sich ein Neueinsteiger durch Netzinfrastrukturinvestitionen zu einem Switch-based Dienstehändler und/oder Netzbetreiber weiterentwickelt.

In Kapitel 5 folgt dann schließlich eine empirische Erfolgsfaktorenuntersuchung in bezug auf ausgewählte „Toll Resellers" in den USA. Sie soll helfen, die Haltbarkeit der bis zu diesem Punkt theoretisch-konzeptionell gewonnenen Erkenntnisse über die absatzmarkt- und ressourcenbezogene Vorteilhaftigkeit verschiedener strategischer Handlungsoptionen (insbesondere Differenzierung vs. Kostenführerschaft und Markt-/Produktdiversifikation vs. Fokussierung) zu überprüfen und Schlußfolgerungen für eine erfolgversprechende Wettbewerbspositionierung von Dienstehändlern in Deutschland abzuleiten. Knapp formuliert ergeben sich damit vier Leitfragen für die empirische Analyse:

- Mit welchen Indikatoren läßt sich der Erfolg oder auch Mißerfolg des unternehmerischen Handelns von Dienstehändlern im Markt für festnetzbasierte Telefondienste abbilden? (s. Kapitel 5.3)

---

[353] Die marktzugangsbezogene und strategisch wenig bedeutsame Kernkompetenz der bedarfsgerechten Telefondiensteentwicklung ist in diesem Zusammenhang eher als Fähigkeit zum Ergründen kundenindividueller Kommunikationsbedürfnisse und deren konzeptionelle Übersetzung in entsprechende Telefondienste zu verstehen, als daß damit auch eine technische Realisierung der Dienste verbunden wäre. Zu der von Porter 1996 definitorisch festgelegten „zugangsbezogenen" Marktpositionierung s. oben Kapitel 3.2.3.2.

- Mit welchen absatzmarktbezogenen und/oder unternehmensinternen Strategievariablen läßt sich die strategische Unternehmensführung von Dienstehändlern in ihren unterschiedlichen Ausprägungen abbilden? (s. Kapitel 5.4.1)
- Welche strategischen Verhaltensweisen unterscheiden relativ erfolgreiche von relativ erfolglosen Unternehmen im Dienstehandel? (s. Kapitel 5.4.2)
- Welche Zusammenhänge lassen sich zwischen Indikatoren des Unternehmenserfolges einerseits und absatzmarktbezogenen und/oder unternehmensinternen Strategievariablen bzw. Erfolgsfaktoren des strategischen Managements andererseits nachweisen? (s. Kapitel 5.4.3)

4. Dienstehändler im US-amerikanischen TK-Markt für Fernverbindungsdienste

Zur Vermittlung eines Verständnisses der schrittweisen Marktöffnung für festnetzbasierte Telefondienste in den USA wird in den folgenden Ausführungen zunächst in Kapitel 4.1 die wettbewerbspolitische Marktentwicklung seit Gründung des jahrzehntelang marktbeherrschenden Unternehmens *American Telephone & Telegraph* (*AT&T*) nachgezeichnet. Einzelheiten der rechtlich-politischen Rahmenbedingungen für einen lebhaften Dienstehandel speziell mit Telefondiensten stehen anschließend in Kapitel 4.2 im Vordergrund des Interesses, ehe in Kapitel 4.3 auf gesamtwirtschaftlicher Untersuchungsebene anhand empirisch erhobener Marktdaten die wachsende Zahl an Dienstehändlern, deren Marktanteilsentwicklung sowie ihre besonderen Charakteristika in der Unternehmensorganisation erörtert werden. Die allgemeine regulierungs- und marktstrukturvergleichende Gegenüberstellung des US-amerikanischen und des deutschen Marktes für Telefondienste im Festnetz faßt schließlich in Kapitel 4.4 bedeutende Gemeinsamkeiten beider Märkte zusammen, welche die einzelwirtschaftliche Analyse strategischer Erfolgskorrelate von 12 ausgesuchten US-Dienstehändlern in Kapitel 5 zur Ableitung von Analogieschlüssen für Dienstehändler im deutschen Markt für festnetzbasierte Telefondienste methodisch rechtfertigen.

4.1 Wettbewerbspolitische Entwicklung des Marktes für (Sprach-)Telefondienste

Die USA gelten als weltweiter Schrittmacher im Hinblick auf die Einführung von Wettbewerbsstrukturen im TK-Sektor. Die Detailbetrachtung der Marktentwicklung für Telefondienste auf Festnetzbasis aus wettbewerbspolitischem Blickwinkel orientiert sich vorzugsweise an den zwei wichtigsten Meilensteinen der Deregulierungsgeschichte, nämlich an der 1984 im Rahmen eines Kartellrechtsverfahrens gegen *AT&T* in Kraft getretenen „Modification of Final Judgement“ und an dem „Telecommunications Act“ des Jahres 1996.

4.1.1 Institutionelle Erosion bis zur Entflechtung von *AT&T* im Jahre 1984

Das historische Gefüge des US-amerikanischen TK-Marktes ist im Unterschied zum deutschen TK-Markt nicht von einem über Jahrzehnte staatlich geschützten Monopol geprägt worden, wenngleich die private Aktiengesellschaft *AT&T* von 1921 bis zu ihrer Entflechtung im Jahre 1984 ein solches faktisch innehatte. Vor dieser Zeitspanne war der US-amerikanische Markt für festnetzbasierte Telefondienste schon früh von einem intensiven Wettbewerb geprägt.[354] Die Gesellschaft *AT&T*, die bei ihrer Gründung als Tochterunternehmen von *American Bell Telephone* im Jahre 1885 mit dem forcierten Aufbau und Betrieb von TK-Fernstreckennetzen beauftragt wurde, übernahm fünf Jahre

---

[354] Einen bemerkenswert detaillierten Abriß der frühen geschichtlichen Entwicklung des US-amerikanischen Telefonmarktes bis 1984, auf den sich die folgenden Ausführungen vorwiegend stützen, findet man bei Schneider 1999: 78-109. S. a. Wieland 1985: 14-17; Chessler 1988: 16-21; Garfinkel 1993: 323-325; Shaw 1998: 28-34.

später kurioserweise ihren Mutterkonzern inbegriffen aller Telefonpatente und aller im Eigentum befindlichen lokalen Diensteanbieter. Letztere bedienten innerhalb streng begrenzter, regionaler Absatzmärkte die Kunden vor Ort mit Telefonanschlüssen und machten in Summe das sogenannte Bell-System aus.[355] Nach Ablauf der von *AT&T* gehaltenen Exklusivrechte am Telefonpatent im Jahre 1893 entstanden innerhalb von nur drei Jahren ca. 6.000 neue, lokal agierende Telefondiensteanbieter in den USA. Diese „Independents“ kontrollierten im Jahre 1907 abwechselnd in duopolistischer oder oligopolistischer Konkurrenz zu den lokalen Bell-Gesellschaften von *AT&T* mehr als die Hälfte aller amerikanischen Telefonanschlüsse.[356] Die Tatsache, daß dieser ausgeprägte Wettbewerb im frühen US-amerikanischen Telefonmarkt dennoch keinen langfristigen Fortbestand hatte, hängt mit der 1907 einsetzenden Rezession der amerikanischen Wirtschaft zusammen.

Als Folge dieser Wirtschaftskrise in den USA und der starken Marktanteilsverluste von *AT&T* gegenüber den unabhängigen Diensteanbietern wurde bei *AT&T* zu dieser Zeit das Management von neuen Kapitalgebern ausgewechselt und fortan eine energische Politik der vertikalen und horizontalen Integration verfolgt. Diese Richtungsänderung in der Unternehmenspolitik entsprach dem Trend in allen sogenannten „Public Utility-Industrien“ um die Jahrhundertwende zur Monopolisierung über wachsende Unternehmensgröße. Man erhoffte sich auf diese Weise, die Krisenerscheinungen von Rezessionen besser bewältigen zu können. *AT&T* übernahm eine steigende Zahl von unabhängigen Diensteanbietern, isolierte die verbleibenden lokalen Unternehmen durch die Weigerung zur Verbindung deren Netzinfrastrukturen mit dem eigenen Fernstreckennetz und kaufte das Telegraphengeschäft von dem Großunternehmen *Western Union* gesamthaft auf. Gerade die zuletzt genannte Übernahme im horizontal angrenzenden Telegraphengeschäft intensivierte jedoch die wachsende großindustriefeindliche Einstellung der Politiker derart, daß sich *AT&T* 1913 im „Kingsbury-Abkommen“ entschloß, sowohl die Übernahme von *Western Union* rückgängig zu machen, als auch die Konfrontationspolitik gegenüber den unabhängigen Konkurrenten im Telefondienstegeschäft aufzugeben. Außerdem unterwarfen sich die Bell-Gesellschaften von *AT&T* in der Folgezeit der Festlegung allgemeiner Tarifprinzipien durch eingesetzte Regulierungskommissionen. Im Gegenzug konnte sich *AT&T* nun auf die stillschweigende Akzeptanz seines verbleibenden Privatmonopols auf Netz- und Diensteebene und bei Endgeräten durch die Politik verlassen, was als staatliches Regulierungsarrangement seine endgültige Bestätigung im „Willis-Graham-Act“ von 1921 fand und zwölf Jahre später im „Communications Act“ (1934) gesetzlich verankert wurde.[357]

---

355 Die Bell-Gesellschaften waren eigenständige, lokale Telefongesellschaften bzw. Netzbetreiber, die die kapitalintensive Expansion des Telefonsystems durchführten. Für die genutzten Bell-Apparate, die patentrechtlich geschützt waren, entrichteten sie an ihren Lizenzgeber *American Bell Telephone* jährliche Mieten und eine Abgabe ihrer Gesamteinnahmen. Das Geschäftskonzept ist dem heutigen Franchising vergleichbar. S. Schneider 1999: 84.

356 Vgl. Schneider 1999: 87.

357 Vgl. zu genannten Markierungspunkten auf dem Weg zur staatlichen Regulierung in den USA im Jahre 1934 Schneider 1999: 91-93.

Der Communications Act aus dem Jahr 1934 gilt als das Fundament US-amerikanischer Regulierungspolitik in der Telekommunikation, die jahrzehntelang von dem „Universal Service"-Gedanken (Tarifeinheit im Raum und Kontrahierungszwang) und der Hinnahme des TK-Marktes als ein natürliches Monopol geleitet wurde.[358] Mit dem Gesetz wurde die „Federal Communications Commission" (FCC) gegründet, der die bundesstaatlichen Regulierungskompetenzen in der TK-Industrie übertragen wurden. Die Hauptaufgabe der Kommission bestand in der Zulassung von Netzbetreibern, der Zuteilung von Radio- und später auch Mobilfunklizenzen sowie der Preisfestsetzung für die jeweiligen TK-Dienste. Zielsetzung war der Schutz der Konsumenten vor willkürlichen Preiserhöhungen und die Sicherung einer flächendeckenden Telefondienstenutzung auch in abgelegenen und wirtschaftlich unattraktiven Regionen. Für das Aufbürden dieser wohlfahrtsökonomischen Ziele erhielten die beanspruchten Bell-Gesellschaften von *AT&T* als private Telefondienstemonopolisten rechtlich-politischen Schutz vor unliebsamen Markteintritten neuer Wettbewerber und die Sicherheit eines angemessenen Gewinns. Trotz dieses einvernehmlichen Interessenausgleichs gilt die Unternehmensentwicklung von *AT&T* in ihrer Fortführung als „...eine Geschichte von Auseinandersetzungen mit der US Regierung."[359] Dies gilt insbesondere seit den 50er Jahren, seitdem eine Vielzahl technologischer Neuerungen in der Telekommunikation von jungen, unabhängigen Unternehmen entwickelt wurde. Da einer wünschenswerten Markteinführung ihrer fortschrittlichen Produktentwicklungen aber in der Regel das *AT&T*-Monopol entgegenstand, übten die Interessenvertreter dieser Unternehmen verstärkt Druck auf den Staat zur Lockerung der Monopolrechte aus. „Technology was racing ahead of legislative oversight"[360], weshalb der Staat seit den 50er Jahren zur Förderung der technischen Neuerungen wiederholt in den Markt und in die Monopolpolitik von *AT&T* eingreifen mußte. Die in Tabelle 4-1 aufgeführten staatlichen Entscheidungen markieren die bedeutendsten dieser Eingriffe, bis 50 Jahre nach dem Communications Act von 1934 die unangefochtene Monopolstellung von *AT&T* endgültig aufgegeben wurde.

Die Entflechtung von *AT&T* im Jahre 1984 als Resultat einer 10 Jahre vorher eingereichten Kartellrechtsklage des amerikanischen Justizministeriums gilt als Schlußpunkt der fortschreitenden Erosion der institutionellen Strukturen, wie sie seit 1921 den TK-Markt kennzeichneten. *AT&T* mußte sich entsprechend eines gerichtlichen Vergleichs zwangsweise von seinen 22 lokalen Telefongesellschaften bzw. Netzbetreibern trennen, die 7 börsennotierten Holding-Gesellschaften, den „Regional Bell Operating Companies" (RBOC), zugeordnet wurden.[361] Diese hatten bei den Ortsnetzen, in

---

358 Grundgedanken und Inhalte des Communications Act von 1934 erklären z.B. Garfinkel 1993: 32; Motz/Zydorek 1996: 31f.; Shaw 1998: 30-32; Schneider 1999: 93.

359 Pospischil 1998b: 2.

360 Shaw 1998: 33f.

361 Die 7 RBCOs, die auch als „Baby Bells" bezeichnet werden, waren bis 1996 *Ameritech, Bell Atlantic, Bell South, Nynex, Pacific Telesis, Southwestern Bell* und *U.S. West*. Zu Unternehmensportraits s. Wieland 1985: 47-52.

Tabelle 4-1: US-Bundesstaatliche Markteingriffe regulativen Charakters auf dem Weg zur Entflechtung von AT&T

Jahr	Entscheidung	Inhalt
1956	*Hush-a-Phone*	Ein Appelationsgericht hebt die FCC-Entscheidung gegen die Zulassung der sog. *Hush-a-Phone*-Vorrichtung (mechanischer Schalldämpfer für den Telefonhörer, mit dem Gespräche abhörsicher werden) eines von *AT&T* unabhängigen Unternehmens auf. Die rechtliche Entscheidung markiert die erste Lockerung des Bell-Endgerätemonopols.
1959	*Above 890 Decision*	FCC-Entscheidung erlaubt Privatunternehmen für den firmeninternen Gebrauch und auf Punkt-zu-Punkt-Verbindungsstrecken die Errichtung von Anlagen der Mikrowellen-Richtfunkübertragung in Frequenzbereichen höher 890 Mhz. Die Entscheidung läutet die Öffnung des Marktes für TK-Dienste bei Fernverbindungen ein, auch wenn die neuen Übertragungssysteme noch nicht mit öffentlichen Netzen verbunden werden dürfen.
1968	*Carterfone Decision*	Zugunsten der *Carter Corp.* gestattet die FCC den Vertrieb eines Akustikkopplers (*Carterfone*), der den Anschluß der Bell-Standardtelefone an private Mobilfunkstationen ermöglicht. Fortan sind alle nicht von einer der *AT&T*-Töchter produzierten Zusatzgeräte auf dem Endgerätemarkt zugelassen, solange sie die Netzsicherheit gewährleisten.
1969	*MCI Decision*	Die FCC erlaubt dem Unternehmen *Microwave Communications* (*MCI*) als spezialisierten TK-Netzbetreiber gegen den Protest von *AT&T* den Betrieb einer Richtfunkstrecke zwischen Chicago und St. Louis für das Angebot von TK-Übertragungsleistungen gegenüber Dritten. Mit einem solchen „Rosinenpicken" auf einer volumenstarken Verbindungsstrecke wurde erstmals das Universal-Service-Prinzip unterminiert.
1971	*Specialized Common Carrier Decision*	In Ergänzung zu der *MCI Decision* wird eine generelle Regelung von der FCC verabschiedet, die das Diensteangebot von Mietleitungen spezialisierter Netzbetreiber (*Specialized Common Carrier*) genauer definiert. Wichtigster Eckpfeiler der Entscheidung ist die Anbindung von Vermittlungseinrichtungen neuer Netzbetreiber an die öffentlichen TK-Netze, womit eine erste Interconnection-Regelung in den USA erlassen wurde.
1977	*Execunet*	Das FCC-Verbot des Telefondienstes *Execunet*, mit dem *MCI* erstmalig in direkter Konkurrenz zu dem kommerziellen Telefondiensteangebot von *AT&T* und deren Bell-Gesellschaften steht, wird gerichtlich für ungültig erklärt. 1978 wird in einer zweiten, ergänzenden Gerichtsentscheidung die Weigerung von *AT&T*, *MCI* den Zugang zu ihren lokalen Anschlußnetzen zu gestatten, als rechtswidrig verurteilt, so daß dem Telefondienstewett-bewerb keine rechtlich-politischen Schranken mehr entgegenstehen.
1982	*Modification of Final Judgement (MFJ)*	Als Ergebnis einer Antitrust-Klage des Justizministeriums gegen *AT&T* aus dem Jahre 1974 wird 1982 ein Vergleich geschlossen, der zur Entflechtung („Divestiture") des privaten Monopolisten führt. Es erfolgt die Ausgliederung der Ortsnetze in 7 börsennotierte Gesellschaften („Regional Bell Operating Companies"), so daß *AT&T* ab 1984 mit Inkrafttreten der Teilung nur noch nationale und internationale TK-Dienste anbietet.

Quelle: Wieland 1985: 14f.; Horn et al. 1988: 314-318; Garfinkel 1993: 324; Kaserman/Mayo 1995: 599; Motz/Zydorek 1996: 32f.; Schneider 1999: 98-108.

dessen Bereich von rechtlich-politischer Seite kein Wettbewerb erwünscht war, auch künftig eine unangefochtene Monopolstellung inne. Ihr Einzugsgebiet in den USA umfaßte 161 von insgesamt 200 sogenannten „Local Access and Transport Areas“ (LATAs), welche geographischen Parzellen mit einem Umfang von größeren Städten (z.B. New York City) bis hin zu ganzen Bundesstaaten (z.B. Wyoming) entsprechen.[362] Zu dem erlaubten Diensteangebot von RBOCs gehörten sowohl örtliche Telefonverbindungen im Nahbereich von bis zu 20 bzw. in Ausnahmefällen bei großen Ballungsgebieten von bis zu 60 Meilen Entfernung („Local Services“) als auch regionale Verbindungen. Bei letzteren ist zu unterscheiden zwischen der Vermittlung von Telefongesprächen innerhalb einer LATA von bis zu 125 Meilen Entfernung („Intrastate *intra*LATA Toll Services“) und der Vermittlung zwischen den LATAs des jeweiligen geographischen Einzugsbereichs eines Regionalmonopols mit Gesprächsentfernungen von bis zu 800 Meilen Entfernung („Intrastate *inter*LATA Toll Services“).[363] Die verbleibenden 39 der 200 LATAs in den USA wurden unter dem gleichen Monopolschutz von diversen kleineren Gesellschaften und von *GTE* kontrolliert. Zu den Auflagen, die den RBOCs und anderen lokalen Telefongesellschaften (zusammen die Gruppe der sog. „Incumbent Local Exchange Carriers“, ILECs) gemacht wurden, zählten:[364]

- Gleiche Zugangsbedingungen für Anbieter im Fernnetzbereich („Equal Access“),
- Verbot der Teilnahme am Fernverkehr,
- Verbot der Bereitstellung von Informationsdiensten und
- Verbot der Herstellung und Lieferung von TK-Ausrüstung.

AT&T selber durfte im Orts- und Regionalnetzbereich nicht mehr tätig werden. Das Unternehmen verfügte nach der Abtrennung des lokalen und regionalen Telefondienstegeschäfts noch über die Geräteproduktion, über den Forschungs- und Entwicklungsbereich (Bell-Labs) und – am wichtigsten – über den Geschäftsbereich der Fernstreckennetze, in dem es sowohl nationale Ferngespräche zwischen den Regionalmonopolen und deren zugeordneten LATAs mit einer Überbrückung von bis zu 5.000 Meilen Entfernung („Interstate interLATA Toll Services“) als auch internationale Ferngespräche („International Toll Services“) anbieten durfte. Dieser Teilmarkt war nach der Entflechtung von *AT&T* vollständig für den Wettbewerb geöffnet, bedurfte aber weiterhin der Aufsicht der FCC. Sie schaffte mit der Maßnahme des „Equal Access“ für alle Wettbewerber gleichberechtigt einen

---

362 Das für die Entflechtung verantwortliche Gericht beschreibt LATAs so: „Pursuant to the decree, all Bell territory in the continental United States is divided into LATAs, generally centering upon a city or other identifiable community of interest. Most simply, a LATA marks the boundaries beyond which a Bell Operating Company may not carry telephone calls.“ Zitiert nach Sievers 1991: 8.

363 Einen guten Einblick in die Terminologie unterschiedlich definierter Gesprächsverbindungen in Abhängigkeit von LATA-Grenzen findet man bei Weinhaus 1988: 127-132. Zu den Angaben der Gesprächsentfernungen s. Mitchell/ Vogelsang 1991: 157.

364 Welfens/Graack 1996: 99.

technischen Zugang zu den Ortsnetzen[365] und gewährleistete mit ihrem Verbot gegenüber den ILECs zur Marktteilnahme im Fernverkehr, daß die Regionalmonopole den Wettbewerb nicht durch Preisdiskriminierungen und Quersubventionen behinderten. Außerdem hatte *AT&T* im Fernverkehr noch bis Oktober 1995 die Stellung eines marktbeherrschenden Wettbewerbers inne, weshalb das Unternehmen bis zu diesem Zeitpunkt unter der besonderen Mißbrauchsaufsicht der FCC im Hinblick auf Preise, Gewinne und Diensteangebot stand.[366] Neuen Wettbewerbern räumte die Regulierungskommission hingegen Markteintrittserleichterungen ein.

4.1.2 Partielle Wettbewerbsintensivierung und Telekommunikationsgesetz von 1996

Nach der Entflechtung *AT&T*s stieg die Zahl der Wettbewerber im Fernverkehrsmarkt für „Interstate Toll Services", aber auch teilweise in dem für „Intrastate Toll Services", stark an. Für Markteintritte in den zuletzt genannten Teilmarkt, der gemäß der rechtlich-politischen Entscheidung von 1984 eigentlich den Regionalmonopolen vorbehalten war, wurden die Wettbewerbsbeschränkungen in den einzelnen US-Bundesstaaten sehr bald nach und nach gelockert. Dafür verantwortlich zeichneten sich die Regulierungskommissionen in den Einzelstaaten („Public Utility Commissions"), in deren Zuständigkeitsbereich die Wettbewerbsregulierung für Verbindungen zwischen LATAs im jeweiligen Einzugsgebiet fällt. In Summe wuchs die Zahl der wenigen Telefongesellschaften des Jahres 1982 bis Ende des Jahres 1992 schnell um ein Vielfaches an.[367] Dieser Zuwachs spiegelt sich in der Anzahl der in Vermittlungseinrichtungen aktivierten Kennummern („Carrier Identification Codes") wider, die jede einen Ortsnetzanschluß ersuchende Telefongesellschaft – gleich ob Netzbetreiber oder Dienstehändler – im Fernverkehrsmarkt bei der „North American Numbering Plan Administration" (NANPA) beantragen muß und mit deren Hilfe ein zielgerichtetes Durchleiten der Verbindungen durch gekoppelte Netzbestandteile erfolgen kann (s. Abbildung 4-1). Zwar schließt diese Meßgröße neben ausschließlichen Fernverkehrsanbietern auch verschiedentlich regional operierende Diensteanbieter mit ein, die eine Netzanbindung zu Ortsnetzen außerhalb ihrer eigenen Netzwerktypologien benötigen, sowie Großunternehmen, öffentliche Behörden und andere

---

365 Alternative Telefondiensteanbieter benötigten zur Terminierung der Ferngespräche bis zum Endkunden einen technischen Zugang zu den Netzinfrastrukturen im Ortsnetzbereich, der nicht zwischen den verschiedenen Fernstreckennetzen diskriminierte (= Equal Access). Solange allerdings eine Ortsvermittlungsstelle technisch nicht auf einen Equal Access umgestellt war, wurden alle Ferngespräche mit der Vorwahl 1, sog. „1+ InterLATA calls", automatisch über *AT&T* vermittelt. Endkunden konnten dann nur mit Hilfe einer 7-stelligen Vorwahl und der Eingabe einer Autorisierungskennung einen alternativen Fernnetzbetreiber auswählen. Vgl. zur detaillierten Erklärung von Equal Access Self 1988: 24-1 - 24-6. Bis Ende 1984 waren 3,1% der Ortsnetze auf Equal Access umgestellt, zwei Jahre später schon 63,3% und bis Ende 1996 99,4%. Vgl. zu den Zahlen FCC 1997a: 7 (Tab. 1).

366 Eine empirische Analyse zu *AT&T*s Marktmacht bieten Kahal et al. 1996: 499-517.

367 Bis 1995 war nach den Erkenntnissen der „National Association of Regulatory Utility Commissioners" (NARUC), welche als Gremium zur Koordination der Regulierungsanstrengungen in den einzelnen US-Bundesstaaten fungiert, in allen Regionalmonopolen der Markteintritt alternativer Anbieter von „Intrastate Toll Services" erlaubt. Vgl. NARUC 1995: 157-159 (Tab. 4). Eine genauere Betrachtung der zeitlichen Entwicklung und eine Trennung der Zulassungsentwicklung von TK-Netzbetreibern und -Dienstehändlern erfolgt unten in Kapitel 4.2.

Organisationen, die eine Kennummer zu Zwecken der Eigennutzung anstatt einer kommerziellen Nutzung beantragen. Die Meßgröße eignet sich dennoch als plausibles Indiz, das über die schnell wachsende Zahl neu in den Fernverkehrsmarkt einsteigender Telefondiensteanbieter in den ersten Jahren nach 1984 Auskunft gibt.

Abbildung 4-1: Unternehmen mit „Carrier Identification Codes" im US-Telefondienstemarkt von 1982 bis 1992[a]

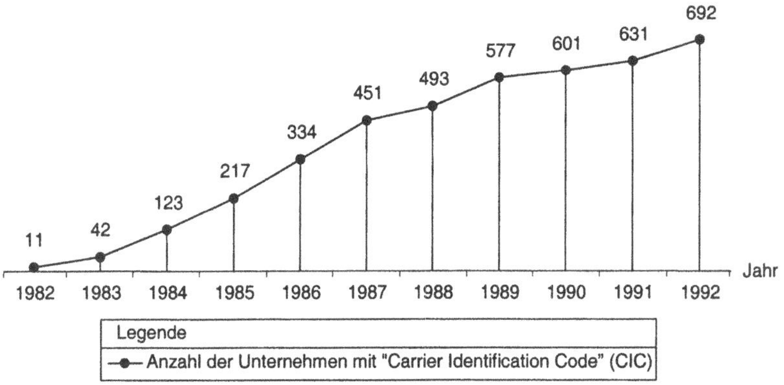

a) Daten über zugeteilte CICs für die Jahre nach 1992 sind nicht erhältlich. Einzelne Unternehmen können mehr als eine CIC besitzen. Ab 1986 sind auch nicht kommerziell tätige Unternehmen mit CICs eingerechnet, deren Anteil aber aus der Datenquelle nicht ersichtlich wird. Gleichfalls ist nicht erkennbar, welche Geschäftsmodelle (Netzbetreiber, Dienstehändler u.a.) die Inhaber der CICs vertreten.

Quelle: Garfinkel 1993: 325; FCC 2000a: 10-4 (Tab. 10.2).

Die Preise der kommerziellen Telefondienste im Fernnetzbereich hielten ebenfalls den Erwartungen an die Marktzweiteilung stand und fielen mit dem Anstieg neuer Wettbewerber vor allem bei nationalen Fernverbindungen in demselben Zeitraum wie zuvor (1982 – 1992) nominal um 37,5% (s. „Interstate Toll Services" in Abbildung 4-2). Damit verlief die Preisentwicklung für Endverbraucher positiv in entgegengesetzter Richtung zu der gesamtwirtschaftlichen Entwicklung, welche von ständig steigenden Preisen geprägt war (s. „All Goods and Services" in Abbildung 4-2). Dennoch wurde Kritik an der neuen Marktstruktur geäußert und bemängelt, daß die Zerschlagung *AT&T*'s speziell im monopolistisch organisierten lokalen Telefonverkehr für steigende Preise sorgte (s. „Local Serivces" in Abbildung 4-2).[368] Bedeutungsschwer für diesen Trend war die Einführung einer

[368] Vgl. zur Kritik steigender Preise im lokalen Telefonverkehr Crandall 1988: 323f. Noch weitreichender ist die erhobene Kritik von Taylor/Taylor 1993: 186f., die 9 Jahre nach der Teilung *AT&T*'s selbst bei Fernverkehrsdiensten für Endverbraucher mit Ausnahme großer Geschäftskunden keine *wettbewerbsbedingten* Preisverbesserungen erkennen wollen, sondern Preisrückgänge eher auf Produktionskostensenkungen infolge technischer Fortschritte zurückführen.

Abbildung 4-2: Nominale Entwicklung des „Consumer Price Index" (CPI) in den USA von 1979 bis 1999[a]

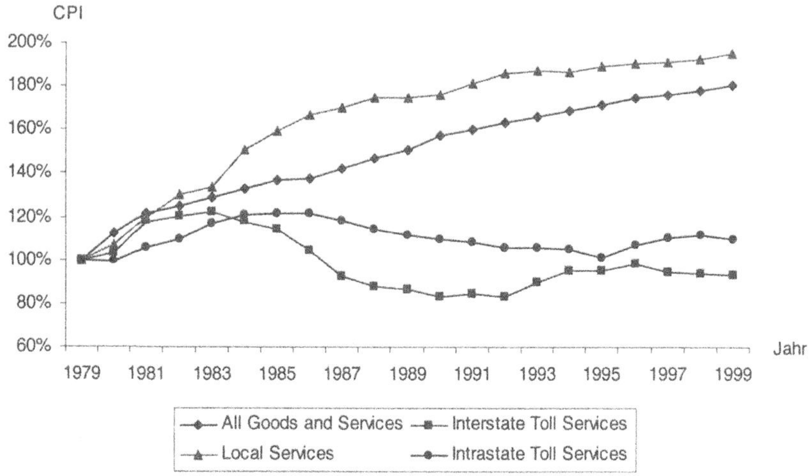

	Einzelwerte am jeweiligen Jahresende			
	All Goods and Services	Local Services	Interstate Toll Services	Intrastate Toll Services
1979	100,0	100,0	100,0	100,0
1982	125,2	130,4	120,6	109,8
1989	152,2	175,1	86,8	111,9
1992	163,3	186,2	83,1	105,8
1999	180,5	195,5	93,0	110,0

a) Normierung: 100% im Dezember 1979.

Quelle: U.S. Department of Labor's Bureau of Labor Statistics, in FCC 2000c: 231 (Tab. 5.5).

monatlichen Grundgebühr pro Telefonanschluß seitens der lokalen Diensteanbieter. Dahinter stand die Absicht, einen finanziellen Ausgleich für die verlorengegangene Möglichkeit einer unternehmensinternen Quersubventionierung der Ortsnetze durch Einnahmen bei Ferngesprächen zu schaffen. Die FCC wollte mit der Genehmigung dieser „Subscriber Line Charges" an ihrem ordnungspolitischen Infrastrukturziel des Universaldienstes festhalten, mußte vor diesem Hintergrund aber Einnahmequellen für die lokalen Diensteanbieter schaffen, die ihnen die Erfüllung dieser Zielsetzung finanziell erlaubte. Neben der Grundgebühr gehörten hierzu auch die Anschlußgebühren

(„Equal Access Charges"), die *AT&T* und ihre Konkurrenten für den Zugang zu den Ortsnetzen an die Regionalmonopole zu entrichten hatten.[369]

Mit Beginn des Jahres 1993 begann im US-amerikanischen Kongreß als Folge der Kritik an der auf festnetzbasierte Telefondienste im Fernnetzbereich beschränkten Marktliberalisierung erneut die Debatte über eine Reform der gesetzlichen Rahmenbedingungen der TK-Industrie. Insbesondere die lokalen Telefondiensteanbieter drängten zunehmend darauf, ihren Kunden neben Orts- und Regionalgesprächen auch nationale und internationale Ferngespräche anbieten zu dürfen, was ihnen schließlich im „Telecommunications Act" von 1996 gestattet wurde.[370] Mit diesem Gesetz als vorläufigen Schlußpunkt der rechtlich-politischen Geschichte der Telekommunikation in den USA war und ist es Diensteanbietern im Orts- und Fernnetzbereich gestattet, in das jeweils andere Marktsegment einzutreten und sich auf diesem Wege strategisch als vertikal integrierter Vollsortimenter zu positionieren. Die FCC verlangt jedoch in ihrer Verantwortung für die Umsetzung des neuen Gesetzes insbesondere von jeder einzelnen RBOC, daß erst effizienter Wettbewerb im jeweiligen lokalen/regionalen Absatzmarkt möglich sein muß, bevor der entsprechende Ex-Monopolist seinen Kunden auch Ferngespräche über angestammte LATA-Grenzen hinaus anbieten darf. Die tatsächliche Existenz des Wettbewerbs ist dabei nach § 271 des Gesetzes anhand einer „Checklist" zu überprüfen, nach der zusammengefaßt bei Einführung

- eines Wiederverkaufsangebotes kommerzieller Telefondienste,
- eines Angebotes entbündelter TK-Übertragungsleistungen,
- von kostenorientiert gestalteten Interconnection-Konditionen,
- von Zugriffsmöglichkeiten auf verlegte Leerrohre und Wegerechte sowie
- von Nummernportabilität

im Ortsnetz die Grundlagen für Wettbewerb formal erfüllt sind. Daneben muß mindestens eine Vereinbarung über besondere Netzzugangs-/Zusammenschaltungsleistungen mit einem alternativen Ortsnetzbetreiber abgeschlossen sein oder jederzeit kurzfristig auf Anordnung der Regulierungskommission im jeweiligen US-Bundesstaat abschließbar sein.[371] Mit diesen Vorbedingungen will man ordnungspolitisch gewährleisten, daß die bis dato dominierenden RBOCs neu auftretende Konkurrenten im Ortsnetzbereich nicht behindern, da die Ex-Monopolisten erst dann in den Fernverkehrsmarkt eintreten können, wenn Wettbewerb im eigenen Marktsegment erkennbar ist.

---

[369] Die zwei von der FCC eingesetzten Preiselemente zur finanziellen Abdeckung der Defizite im Ortsnetz bzw. zur Aufrechterhaltung des Universaldienstes nach der Zerschlagung *AT&T*s diskutiert Vogelsang 1996: 144-149.

[370] Ein guten Überblick mit kritischen Anmerkungen zu den Inhalten des Gesetzes findet man z.B. bei Motz/Zydorek 1996: 35-38, Shaw 1998: 38-48 und Laffont/Tirole 2000: 18-29. Speziell Maßnahmen zur Aufrechterhaltung des Universaldienstes, dem im Gesetz eine große Beachtung zuteil wird, erörtert Prieger 1998: 57-69.

[371] Vgl. zu Inhaltspunkten der Checklist, die im Wortlaut von § 271 des Telekommunikationsgesetzes von 1996 noch nicht konkretisiert ist, Baumol/Sidak 1994: 121-124; Standard & Poors 1997: 1; Weisman/Zhang 1997: 310; Laffont/Tirole 2000: 27. Eine kritische Würdigung der Auflagen als eher wettbewerbsbehindernde Regelungen findet man bei Kahn et al. 2000.

Ein sofortiger Eintritt in den Markt für „Long Distance Telephony" wäre für sie zwar unproblematisch, weil sie technisch gesehen eine Reihe von Ressourcen aus ihrem angestammten Geschäft speziell mit „Intrastate"-Verbindungen im komplementären Geschäft mit „Interstate"-Verbindungen mühelos einsetzen könnten (insbesondere Fernvermittlungsstellen, Abrechnungssysteme und Vertriebskanäle). Eine solche schnelle Marktveränderung hätte jedoch für die Diensteanbieter im Fernnetzbereich, die sich in entgegengesetzter Richtung im Markt für lokale Telefondienste engagieren wollen, unzweifelhaft Wettbewerbsnachteile zur Folge. Sie bringen vergleichsweise wenig Ressourcen für eine vorteilhafte Nutzung im lokalen Telefonverkehr mit, weil sie im Jahre 1996 weder Anschlußleitungen noch Ortsvermittlungsstellen besaßen. Dementsprechend müssen sie bei einer Geschäftserweiterung mit verhältnismäßig umfangreichen und langwierigen Vorlaufinvestitionen kalkulieren, was seitens der FCC als unerwünschter Wettbewerbsnachteil gewertet wird.[372]

Ende 1999, also drei Jahre nach Inkrafttreten des neuen Telekommunikationsgesetzes, ist sicher, daß *Bell Atlantic* nach Erfüllung der strengen FCC-Auflagen als erstes Unternehmen unter den einstigen RBOCs im US-Bundesstaat New York eine Erlaubnis zum Angebot von Ferngesprächen erhält.[373] Glaubt man der Vorhersage eines Marktanalysten zu der weiteren Wettbewerbsentwicklung im US-Markt für festnetzbasierte Telefondienste im Fernstreckennetz, dann beginnt von diesem Zeitpunkt an der vermeintliche Niedergang speziell der Dienstehändler: „Resellers (and small regional facilities-based IXCs) will be the major victims of RBOC entry into the long distance market, since these companies lack the economies of scale, brand recognition, or portfolio of services to withstand RBOC encroachment on their core markets of residential and small business customers."[374] Diese Prognose ist jedoch vor dem Hintergrund einer starken Aufwärtsdynamik der US-amerikanischen Dienstehändler in den 80er und 90er Jahre und der damit erlangten Marktmacht kontrovers zu hinterfragen. Bevor hierzu weitere Ausführungen folgen, wird zunächst die rechtlich-politische Historie des Dienstehandels gesondert erörtert.

4.2 Rechtlich-politische Freigabe des Dienstehandels mit Ferngesprächsverbindungen

Erste Überlegungen zu möglicherweise wettbewerbsfördernden Auswirkungen durch eine Zulassung des Dienstehandels wurden seitens der FCC im Jahr 1974 angestellt, also genau zu dem Zeitpunkt, als auch die Kartellrechtsklage des Justizministeriums gegen *AT&T* auf den Weg gebracht wurde. Zu diesem Zeitpunkt begann die FCC in ihrer „Resale and Shared Use"-Untersuchung die Auseinandersetzung mit der Frage, „...whether, and under what conditions, subscribers of the various service offerings of communications common carriers should be allowed to resell such services

---

[372] Die dargelegte Argumentation ungleicher Startbedingungen vertritt z.B. Rohrbach 1995: 2-6. Möglichkeiten und Anreize für ein diskriminierendes Wettbewerbsverhalten der RBOCs diskutieren Weisman/Zhang 1997: 309-316.

[373] Vgl. Goodman 1999: E3.

[374] Nuruddin 1996: 2.

to others or to participate with others in the sharing or joint use of such services, and, if so, whether and to what extent the Commission should regulate any such resale or shared use."[375] 1976 genehmigte die Regulierungsbehörde als Ergebnis der Untersuchung sowohl den nationalen Handel („Resale") mit sogenannten „Private Line Services" (PLS), welche Mietleitungen auf spezifizierten Fernverbindungsstrecken für Geschäftskunden entsprechen[376], als auch deren kollektive Nutzung durch mehrere TK-Unternehmen („Shared Use"), was als die Geburtsstunde des TK-Dienstehandels zu werten ist.[377] In der Begründung für die Entscheidung hob die Kommission die gesamtwirtschaftlichen Vorteile des Dienstehandels hervor. Durch die Implementierung des Wettbewerbs mit den auf Arbitragegewinne spekulierenden Dienstehändlern hoffte man, daß sich die Preise für Telefondienste im Fernnetzbereich stärker als bisher an den tatsächlichen Kosten der Dienstebereitstellung orientieren und somit fallen würden. Ebenso vermuteten die Regulierer, daß das Netzwerkmanagement der dem Dienstehandel vertikal vorgelagerten Netzbetreiber professioneller wird, weniger Überschußkapazitäten in den öffentlichen Fernstreckennetzen brachliegen und Anreize für eine verstärkte Forschungs- und Entwicklungstätigkeit im Hinblick auf innovative Übertragungstechnologien geschaffen werden.[378] Beachtenswert ist die Tatsache, daß die FCC im Jahre 1976 bereits sehr genau erörterte, welche Facetten eines Dienstehandels zukünftig vorstellbar sind. So ist in der Regulierungsentscheidung die Rede von „Brokerage" und „Processing" als erkennbare Geschäftsmodelle eines Wiederverkäufers für festnetzbasierte Telefondienste, wobei die entsprechenden Beschreibungen deutlich der heute geläufigen Differenzierung zwischen einem Switchless und einem Switch-based Dienstehändler gleichkommen.[379]

Im Jahr 1980 erfolgte eine zweite FCC-Entscheidung in punkto Dienstehandel, weil es in der Verordnung von 1976 versäumt wurde, die Bestimmungen in bezug auf den Wiederverkauf von Mietleitungen auf festgelegten Wegstrecken unmißverständlich auch auf vermittelte Telefondienste gegenüber dem nationalen Massenmarkt der Privatkunden auszuweiten. Diese Ungenauigkeiten

---

[375] FCC 1974: 644 (Rn. 1).

[376] Eine kurze Begriffserläuterung zu dem von *AT&T* in den 70er- und 80er-Jahren des vergangenen Jahrhunderts geprägten Dienstenamen PLS für Mietleitungen bzw. Festverbindungen findet man bei Wieland 1985: 7 oder ausführlich bei Briere 1990: 83-106. Heute ist für diese, dem Carriers`Carrier-Geschäft zuzurechnende TK-Übertragungsleistung im anglo-amerikanischen Sprachgebrauch der Ausdruck „Leased Line" üblich geworden. S. a. oben in Kapitel 2.1.1.1 die Erklärungen zum Überlassen von Bandbreite.

[377] S. FCC 1976: 264f. (Rn. 6).

[378] Vgl. FCC 1976: 265 (Rn. 7).

[379] Im Wortlaut heißt es: „Both broker and processor deal directly with the underlying carrier, but then utilize the communications services to which they have subscribed in different manners. (...) The broker (...) functions exclusively as a middleman, uniting the underlying carrier and the end user through an intermediary under terms of price and delivery (...). (...) Unlike the broker, the resale processor retains continuous control over the utilization of services and facilities furnished by the underlying carriers. The fundamental offering of the communications carrier is supplemented by other facilities or services, and the resulting package, which includes a resold communications service, is offered to the public. (...) we denoted this supplemental service as `message switching`." FCC 176: 272f. (Rn. 19f.).

nutzte in der Zwischenzeit das damals noch junge TK-Unternehmen *MCI* zum Einstieg in den öffentlich vermittelten Telefonverkehr in direkter Konkurrenz zu *AT&T*, was zu der bereits bekannten Execunet-Gerichtsentscheidung von 1977 (s. Tabelle 4-1) führte.[380] In der FCC-Entscheidung von 1980 verbot die Kommission schließlich dem marktbeherrschenden Netzbetreiber *AT&T*, Preise für seinen „Wide Area Telephone Service" (WATS) und seinen „Message Telecommunications Service" (MTS) in der Art zu fordern, daß sie zwischen Kunden in der Funktion eines Endverbrauchers und der eines Wiederverkäufers diskriminieren.[381] Eine solche Preisdiskriminierung seitens *AT&T* machte den kommerziellen Dienstehandel für interessierte Wiederverkäufer bis dahin unattraktiv, was sich nach der Entscheidung 1980 ändern sollte.

Die TK-Dienste WATS und MTS beschreiben beide einen Basistelefondienst von *AT&T* im nationalen öffentlichen Fernstreckennetz, wobei der zuerst genannte Dienst mit fester Vertragsbindung und mengenrabattierten Tarifstrukturen für Geschäftskunden und der zweite auf Basis einer Einzelgesprächsvermittlung für Privatkunden gedacht war.[382] Obwohl in der FCC-Verordnung des Jahres 1980 fortwährend von einem Dienstehandel mit allein diesen zwei Telefondiensten die Rede ist, betonte die Regulierungskommission unter dem Eindruck der Versäumnisse der Regelung von 1976 ausdrücklich, daß der Betreff ihrer Verordnung explizit auch alle vergleichbaren nationalen Fernverkehrsdienste der Wettbewerber von *AT&T* umfaßt.[383] Die Tatsache, daß sich die Untersuchung dennoch nur auf das Diensteangebot von *AT&T* bezog, liegt darin begründet, daß die noch wenigen alternativen Telefondienste im Fernstreckennetz bis dato keine Preisstrukturen erkennen ließen, die Wiederverkäufer diskriminierten. Namentlich betraf das zu der Zeit *MCI's* „Execunet Service", den „City-Call Service" von *United States Transmissions System* (*USTS*), den „Metro-Call Service" von *Western Union* (*WU*) und den „Sprint Service" von *Southern Pacific Communications Company* (*SPCC*), welche marktanteilsmäßig neben dem Diensteangebot des Quasi-Monopolisten *AT&T* durchweg zu vernachlässigen waren.

Von der Regelung von 1980 ausgeschlossen war in jedem Fall der Dienstehandel mit internationalen Telefondiensten. Hierzu strengte die Kommission jedoch im gleichen Jahr eine gesonderte

---

380 Vgl. Schneider 1999: 103f.

381 Vgl. FCC 1980a: 168 (Rn. 1).

382 Die beiden Dienstenamen, welche – ähnlich wie der bereits erwähnte Dienstename PLS für Mietleitungen – rechtlich seitens *AT&T* nicht geschützt waren und sich deshalb in den 80er Jahren zu allgemeingültig genutzten Synonymen für vermittelte Telefondienste im Fernstreckennetz entwickeln konnten, sind nach Weinhaus 1988: 125 seit der Entflechtung von *AT&T* im Jahr 1984 nicht mehr gebräuchlich und werden in zunehmenden Maße von der Begriffsunterscheidung in Abhängigkeit von LATA-Grenzen abgelöst. Erläuterungen zu WATS und MTS findet man bei Self 1988: 2-1 - 2-5 oder Briere 1990: 51-62. S. a. Wieland 1985: 7, der allerdings unzutreffend unter WATS auch den Mehrwertdienst Service 0800 subsumiert.

383 Vgl. FCC 1980a: 170 (Rn. 5).

Regulierungsuntersuchung an.[384] Sie mündete im Ergebnis in eine uneingeschränkte Zulassung des Wiederverkaufs von internationalen Telefondiensten auf der Grundlage einer Einzelgesprächsvermittlung (IMTS „International Message Telecommunications Service") und in eine Ablehnung des Dienstehandels mit Mietleitungen auf international spezifizierten Verbindungsstrecken („International Private Line Services").[385] Ein Wiederverkauf von bestimmten Point-to-Point-Festverbindungen auf grenzüberschreitenden Wegstrecken war ausnahmsweise nur zulässig, wenn in dem Zielstaat der jeweiligen internationalen Verbindungsstrecke genauso wie in den USA Wettbewerbsbedingungen herrschten. Auf diese Weise entstand im Verlauf der 80er und 90er Jahre zumindest auf den Wegstrecken nach Kanada und Großbritannien der sogenannte einfache Wiederverkaufswettbewerb („International Simple Resale"), bei dem die Gesprächsvermittlung über öffentliche Fernstreckennetze zwischen zwei nationalen Vermittlungsstellen durch eine internationale Mietleitung substituiert wird. Auf diesem Wege läßt sich das zwischenstaatliche Verrechnungspreissystem („Accounting Rate System") für die Kostenkompensation bei der Terminierung internationaler Telefongespräche umgehen, was lange Zeit der ausschlaggebende Grund für die ablehnende Haltung der FCC gegenüber dem Dienstehandel von internationalen Mietleitungen war.[386]

Als 1984 mit der Entflechtung von *AT&T* die Trennung des nach Wettbewerbsregeln organisierten Marktes für nationale und internationale Telefonverbindungen von dem monopolartig abgeschirmten Markt für Regional- und Ortsnetzverbindungen in Kraft trat, war folglich auch den Dienstehändlern vorerst der Zugang zu den Regionalmonopolen von Rechts wegen verwehrt. Sukzessive ließ man jedoch seitens der Kommissionen in den einzelnen US-Bundesstaaten Wiederverkäufer für regionale Telefondienste („Intrastate intraLATA" + „Intrastate interLATA Toll Services") gewähren, so daß sich den Dienstehändlern über nationale und internationale Telefondienste hinaus ein weiteres Marktsegment nach 1984 öffnete. Ende 1991 genoß der Dienstehandel mit regionalen Gesprächsverbindungen bereits in 41 von 50 US-Bundesstaaten den besonderen Schutz vor Wettbewerbsdiskriminierungen (s. Tabelle 4-2). Beachtlich bei dieser Entwicklung ist die Tatsache, daß Dienstehändler vielerorts schneller zum regionalen Wettbewerb zugelassen wurden als Netzbetreiber. Offenbar erhoffte man sich von Wiederverkäufern weitaus schneller wünschenswerte Wettbewerbsimpulse für attraktive Preise und eine bestmögliche Verfügbarkeit der Telefondienste als von Netzbetreibern. Bis zum Jahr 1995 war der Dienstehandel von Regionalverbindungen schließlich auch in den verbleibenden Staaten der USA gewollt und rechtlich zugelassen[387], so daß sich spätes-

---

[384] S. dazu FCC 1980b.

[385] Vgl. Toth 1993: 54.

[386] Eine weitergehende Diskussion des „Simple Resale" von internationalen Mietleitungen in wechselseitiger Beziehung zu zwischenstaatlich vereinbarten „Accounting Rates" geht über die Themenstellung dieser Arbeit hinaus. Eine Einführung zu „Accounting Rates" bzw. zu „Simple Resale" findet man bei z.B. bei Cave 1995: 229-237 oder Schwandt 1996: 28f. u. 147-151. Die Neuorientierung der strengen FCC-Regulierungspolitik bezüglich der Abwicklung des internationalen Telefonverkehrs am Ende der 90er Jahre erörtert Schütz 1998a: XXf.

[387] Vgl. NARUC 1995: 176f. (Tab. 11).

tens von diesem Zeitpunkt an von einem lückenlos liberalisierten US-Fernverkehrsmarkt für Dienstehändler sprechen läßt. Dies gilt sowohl für regionale, nationale als auch internationale kommerzielle Telefondienste auf Festnetzbasis.

Tabelle 4-2: Aufhebung von Wettbewerbsbeschränkungen bei "Intrastate"-Telefondiensten auf der Ebene einzelner US-Bundesstaaten bis Dezember 1991

US-Bundesstaat	Erlaubt der Staat im Markt für regionale Telefondienste Wettbewerb mit... Dienste-händlern	Netzbe-treibern	Zulassung beider Geschäftsmodelle seit
Alabama	ja	ja	1991
Alaska[a]	nein	nein	–
Arizona	nein	nein	–
Arkansas	ja	partiell[b]	–
California	nein	partiell[c]	–
Colorado	ja	ja	1987
Conneticut[a]	ja	partiell[b]	–
Delaware[a]	nein	nein	–
Florida	ja	partiell[d]	–
Georgia	ja	nein	–
Hawai[a]	nein	partiell[b]	–
Idaho	ja	ja	1988
Illinois	ja	ja	1987
Indiana	ja	nein	–
Iowa	ja	ja	1984
Kansas	nein	nein	–
Kentucky	ja	ja	1991
Louisiana	ja	partiell[e]	–
Maine[a]	ja	ja	1988
Maryland	ja	ja	1984
Massachusetts	ja	ja	1986
Michigan	ja	ja	1988
Minnesota	ja	ja	1985
Mississippi	ja	nein	–
Missouri	ja	ja	1986
Montana	ja	ja	1985
Nebraska	ja	ja	1987
Nevada	nein	nein	–
New Hampshire[a]	nein	nein	–
New Jersey	ja	nein	–
New Mexico[a]	ja	ja	1990
New York	ja	ja	1985
North Carolina	ja	nein	–
North Dakota	ja	nein	–
Ohio	ja	ja	1984
Oklahoma	ja	partiell[b]	–
Oregon	ja	ja	1985
Pennsylvania	ja	ja	1987
Rhode Island[a]	nein	nein	–
South Carolina	ja	partiell[f]	–
South Dakota[a]	ja	ja	1989
Tennessee	ja	partiell[b]	–
Texas	ja	ja	?
Utah[a]	ja	ja	1991
Vermont[a]	ja	ja	1988
Virginia	ja	nein	–
Washington	ja	ja	1984
West Virginia	ja	ja	1989
Wisconsin	ja	nein	–
Wyoming[a]	ja	nein	–
Summe ja	41	25	

a) US-Bundesstaat mit nur einer LATA und zwangsläufig ohne "Intrastate InterLATA"-Telefonverkehr.

b) Nur bei Direktanschluß des Kunden ("Private Line" und/oder "Dedicated Access").

c) Nur bei T-1 Festverbindungen (1,544 Mbit/s).

d) Restriktionen bei "intraEAEA"-Telefonverkehr (= Equal Access Exchange Areas; Regulierungsbesonderheit in Florida).

e) Nur bei lokal verankerten TK-Netzbetreibern in Louisiana; keine TK-(Fern-)Netzbetreiber.

f) Zugelassen ist nur ein IXC.

Quelle: Sievers 1991: 14; NARUC 1995: 157 - 159 (Tab. 4) u. 176 - 177 (Tab. 11); Blank et al. 1998: 44.

4.3 Rolle der Dienstehändler bei der Wettbewerbsentwicklung

Nach Klärung der rechtlich-politischen Rahmenbedingungen der Dienstehändler in den USA steht nun ihre Etablierung auf Gesamtmarktebene im Vordergrund der Darstellung. Die eingangs der Arbeit erörterten allgemeingültigen Besonderheiten, die das Geschäftsmodell eines Dienstehändlers ausmachen, werden nun mit einer auf die USA bezogenen Betrachtung der Spezifika von Dienstehändlern in Abgrenzung zu anderen Unternehmensklassen erweitert.

4.3.1 Unterscheidung der US-Telefongesellschaften nach Betriebsgrößenklassen

Weiter oben war in bezug auf die Entwicklung der vergebenen „Carrier Identification Codes“ bereits zu erkennen, daß sich seit der Öffnung des Marktes für Fernverbindungen eine stark steigende Anzahl von Unternehmen in Konkurrenz zu dem Incumbent *AT&T* und/oder teilweise auch zu den Regionalmonopolisten auf „Intrastate“-Ebene positioniert hat (s. Abbildung 4-1). An dieser Stelle soll nun nach der Größe der Wettbewerber differenziert werden, wobei Experten in den USA grundsätzlich drei Anbietergruppen unterscheiden.[388] Die erste Gruppe („Tier One“) umfaßt die drei mächtigsten Netzbetreiber der USA: *AT&T*, *MCI Worldcom* und *Sprint*.[389] Alle drei Unternehmen verfügen über eine flächendeckende Fernverkehrsnetzinfrastruktur und sind gegenüber Privat- und Geschäftskunden in jedem US-Bundesstaat als Vollsortimenter positioniert. Ihr jeweiliger Umsatz mit „Interstate“ und „Intrastate Toll Services“ betrug im Jahr 1999 in der genannten Reihenfolge der Unternehmen $ 39,9 Milliarden, $ 23,4 Milliarden und $ 9,7 Milliarden.[390]

Es folgen die Wettbewerber der zweiten Gruppe („Tier Two“), die im Gegensatz zu den drei Top-Unternehmen nicht über ein US-weites Fernverbindungsnetz verfügen und somit für ihr Diensteangebot zumindest teilweise TK-Übertragungsleistungen extern einkaufen müssen. Diensteanbieter dieser Gruppe erwirtschaften einen jährlichen Umsatz von mehr als $ 100 Millionen. Bei dieser Größenordnung verfügen sie in der Regel über eigene Übertragungsleitungen auf ausgesuchten volumenstarken Fernverbindungsstrecken, mindestens aber über ein Netz selbständig betriebener Fernvermittlungsstellen. Dabei gelten als Richtgröße etwa 5 Vermittlungseinrichtungen, die bei dieser Größenordnung in ihrer geographischen Lage auf einen mehrere Bundesstaaten umfassenden Teilmarkt konzentriert sind. Annähernd 150 Vermittlungseinrichtungen benötigt man zum Vergleich für eine flächendeckende Vermittlung von Ferngesprächen über die ganze USA hinweg.[391]

---

[388] S. zu der Unterscheidung z.B. Beattie et al. 1996: 2; Nuruddin 1996: 1. Vgl. auch die detaillierte Beschreibung der US-amerikanischen Marktstruktur in Equalnet 1999: 2f. und, in Anlehnung an unterschiedliche Qualitäten bei der Dienstebereitstellung, PWC 1999: 45.

[389] Lange Zeit bestand die Gruppe aus vier Netzbetreibern, ehe *MCI* und *Worldcom* im Jahr 1998 fusionierten.

[390] Vgl. FCC 2000c: 7 (Tab. 1.4).

[391] S. zu den Richtgrößen Rohrbach 1995: 5.

Namhafte Unternehmen der Vielzahl zur zweiten Gruppe gehörenden Wettbewerber sind nach der Gruppe der „Tier One"-Unternehmen in der Reihenfolge ihrer Marktanteile mit Fernverkehrsdiensten in 1999 *Qwest/LCI International* (2,1%), *Teleglobe/Excel* (1,9%), *Global Crossing/Frontier* (1,6%), *Star Telecommunications/PT-1* (0,9%) und *Cable & Wireless* (0,9%).[392]

Dienstehändler mit wenigen oder nur einer Fernvermittlungstelle(n) und Dienstehändler ohne Vermittlungseinrichtungen gehören der dritten Wettbewerbsgruppe an („Tier Three"). Sie sind vergleichsweise kleine Unternehmen, was sich anhand ihrer relativ geringen Umsätzerlöse und ihrer kleinen Zahl von Mitarbeitern zeigen läßt. Zieht man den 1999 von der FCC veröffentlichten „Carrier Locator Report" heran, in dem annähernd alle TK-Anbieter der USA genannt sind[393], und recherchiert die erzielten Umsätze und die Anzahl angestellter Mitarbeiter der dort aufgelisteten „Toll Resellers" in der computerlesbaren Datenbank „US Business Directory" von *infoUSA* nach, dann ergibt sich hinsichtlich Umsatz und Mitarbeiter die in Abbildung 4-3 dargestellte Häufigkeitsverteilung.

Man kann erkennen, daß die US-amerikanischen Dienstehändler, die mit weniger als $ 100 Millionen Umsatz zu der Gruppe der „Tier Three"-Telefondiensteanbieter zählen, tendenziell Jahresumsätze in Wertebereichen eher kleiner $ 10 Millionen erwirtschaften als in Bereichen zwischen $ 10 und 100 Millionen. Im Hinblick auf die Mitarbeiterzahl zeigt die entsprechende Häufigkeitsverteilung, daß mehr als 50% aller „Tier Three"-Diensteanbieter weniger als 20 Mitarbeiter beschäftigen. Lediglich 12% der Unternehmen haben am oberen Ende der Wertebereichsintervalle mehr als 100 Mitarbeiter. Legt man die von der „Small Business Administration" erarbeitete offizielle Kennzeichnung eines mittelständischen Standardunternehmens in den USA zugrunde, nach der Mittelständler der Branchenklassifizierung SIC 4813 für TK-Dienste der Sprach- und Datenübertragung per definitionem bis maximal 1.500 Mitarbeiter beschäftigen, dann kann man bezüglich einer Größeneinordnung von „Tier Three"-Telefondiensteanbietern anhand ihrer Beschäftigtenzahl zurecht von Kleinunternehmen mit begrenzter Betriebsgröße sprechen.[394]

---

[392] Die Angaben zu Marktanteilen sind auf Basis von FCC 2000c: 7 (Tab. 1.4) errechnet.

[393] Die Unternehmensnamen in den FCC-„Carrier Locator Reports" sind den „Telecommunications Relay Service (TRS) Fund Worksheets" entnommen, worin alle in den USA gemeldeten TK-Diensteanbieter jährlich ihren Fernverbindungsumsatz der „National Exchange Carrier Association" (NECA) melden müssen. Diese Organisation kalkuliert auf Basis der Umsatzinformationen (nicht öffentlich zugänglich) den anteiligen Beitrag eines jeden TK-Diensteanbieters zur Finanzierung des TRS, eines Fonds zur Finanzierung eines gemeinnützigen Telefondienstes für gehör- und sprachbehinderte Menschen. Die Einrichtung des auf diese Art beitragsfinanzierten Fonds wurde mit dem „Americans with Disabilities Act" im Jahr 1990 beschlossen.

[394] Die Beschäftigtenzahl eines als mittelständisch definierten Unternehmens in der TK-Industrie für Sprach- und Datendienste ist gegenüber anderen Branchen (= 500 Mitarbeiter) vergleichsweise hoch angesetzt. Vgl. dazu den Branchenüberblick in SBA 2000. Der Wortlaut speziell der Branchenklassifizierung SIC 4183 ist unten in Fußnote 427 nachzulesen.

Abbildung 4-3: Umsatz- und Mitarbeiterverteilung der zu „Tier Three"-Telefondiensteanbietern zählenden Dienstehändler im Jahr 1998

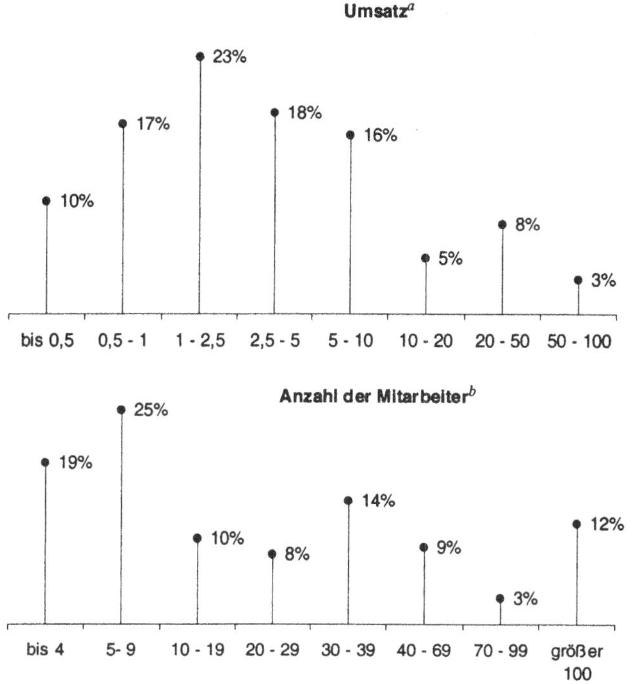

a) Grundgesamtheit: 101 Unternehmen der von der FCC für 1997 gezählten 340 „Toll Resellers".
b) Grundgesamtheit: 112 Unternehmen der von der FCC für 1997 gezählten 340 „Toll Resellers".
Quelle: FCC 1999a: 222-234; 1999 US Business Directory infoUSA (Online-Datenbank); eigene Analysen.

Bei einem Vergleich der beiden Histogramme fällt auf, daß die Verteilung der „Tier Three"-Telefondiensteanbieter auf die gebildeten Klassen des Merkmals Umsatz einen Schwerpunkt bei $ 1 bis 2,5 Millionen mit beidseitig abfallenden Häufigkeiten aufweist, was in dieser Art bei der eher schwankenden Klassenverteilung in bezug auf die Mitarbeiter nicht zu erkennen ist. Daraus läßt sich folgern, daß die Geschäftsmodelle und Wettbewerbsstrategien der „Tier Three"-Anbieter unterschiedlich arbeitsintensiv sind, oder daß sich einige Unternehmen ihren Umsatz durch einen vergleichsweise höheren Arbeitseinsatz erkaufen.

4.3.2 Oligopolistische Marktstruktur bei wachsender Bedeutung der Dienstehändler

Einen Einblick in die Entwicklung der Marktanteilsverteilung der US-amerikanischen Diensteanbieter für festnetzbasierte Telefondienste im nationalen Fernnetzbereich erhält man über statistische Marktdaten der FCC, welche die deutliche Marktführerschaft der „Tier One"-Unternehmen gegenüber allen anderen Konkurrenten dokumentieren (s. Abbildung 4-4).[395] Im Jahr 1999 generierten alle US-Fernverkehrsanbieter in Summe über $ 98,2 Milliarden Umsatz, wovon annähernd 75% auf *AT&T, MCI Worldcom* und *Sprint* entfielen. Führend in dieser Gruppe ist der ehemalige Incumbent, der 1999, also 14 Jahre nach seiner Entflechtung, ca. 41% Marktanteil besaß. Betrachtet man die Historie der Marktanteilsentwicklung, so wird jedoch deutlich, daß *AT&T* in den vergangenen Jahren bei „Interstate"- und „Intrastate"-Telefondiensten im Fernnetzbereich regelmäßig Marktanteile eingebüßt hat. Zum Zeitpunkt der Unternehmensentflechtung im Jahr 1984 hatte der führende Anbieter mit $ 34,9 Milliarden Umsatz noch einen Marktanteil von über 90% aller Umsätze. Sein auf weniger als die Hälfte geschrumpfter Anteil im Jahr 1999 entspricht in absoluten Zahlen zwar einem auf ca. $ 39,9 Milliarden gestiegenen Umsatz, was einer jährlichen Wachstumsrate zwischen 1984 und 1999 von durchschnittlich knapp 1% entspricht. Konkurrierende Unternehmen konnten aber offenkundig weitaus höhere, relative Umsatzzuwächse jährlich erzielen und dementsprechend Marktanteile gegenüber dem Incumbent regelmäßig aufholen. Eine bedeutende Rolle spielen in dieser Entwicklung natürlich die zwei Hauptkonkurrenten *MCI Worldcom* und *Sprint*, die schnell zu den Marktführern neben *AT&T* aufgestiegen sind und 1999 mit 23,8% (*MCI Worldcom*) und 9,9% (*Sprint*) beträchtliche Marktanteile bei den Fernverbindungsumsätzen besaßen. Ein wichtiger Grund für ihr beachtenswertes Wachstum in den vergangenen Jahren waren zahlreiche Unternehmenszusammenschlüsse und somit der Einkauf ganzer Kundenstämme und entsprechender Umsatzvolumina von außen. So hatte *MCI Worldcom* bis Ende 1999 68 Netzbetreiber und Dienstehändler innerhalb der vorangegangenen 15 Jahren gekauft, und bis Anfang 2001 plante man sogar eine Fusion mit dem Konkurrenten *Sprint* zu realisieren, die jedoch scheiterte.[396]

Wie den Marktdaten der FCC zu entnehmen ist, vermochten allerdings auch die sonstigen Diensteanbieter ihre Marktposition auszubauen, wenngleich sie – wie angesichts der in Kapitel 4.3.1 genannten Marktanteile der nach den Marktführern nächstgrößten Diensteanbieter deutlich wird – einzeln betrachtet nur geringe Anteile am gesamten Marktumsatz jährlich besaßen. In Summe gelang es den „Tier Two"- und „Tier Three"-Wettbewerbern jedoch ihren Marktanteil seit der Ent-

---

[395] Vgl. zu der Darstellung der Marktanteilsentwicklung ähnlich Gerpott 1998: 154f. Es ließe sich auch die Entwicklung bei internationalen Gesprächsverbindungen analysieren, wobei sich aber im Vergleich zu der hier dargelegten Längschnittsanalyse im Hinblick auf Fernverbindungen innerhalb der USA kein tendenziell anderes Bild ergibt. Vgl. zu internationalen Telefonumsätzen FCC 1999b: 27 (Tab. 5.1).

[396] Vgl. Dries 2000: 30.

Abbildung 4-4: Marktanteile bei Umsätzen mit "Interstate" und „Intrastate Toll Services" im Zeitraum von 1984 bis 1999[a]

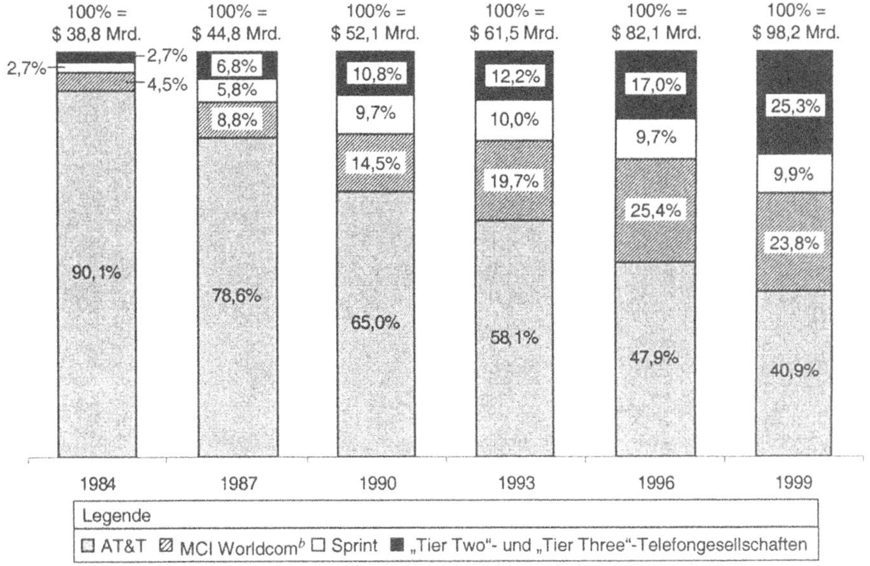

Herfindahl-Hirschman-Index[c]	
• 1984: 0,8155	• 1993: 0,3795
• 1987: 0,6298	• 1996: 0,2823
• 1990: 0,4527	• 1999: 0,2355[d]

a) Ohne „Intrastate"-Fernverbindungsumsätze von ILECs.

b) Die in den Jahren vor 1998 von *MCI* und *Worldcom* getrennt ausgewiesenen Umsätze sind hier vereint dargestellt.

c) Index = Summe der quadrierten Marktanteile aller Anbieter.

d) Eigene Berechnung des Herfindahl-Hirschman-Index auf Grundlage der von der FCC für 1999 angegebenen Umsatzdaten von 35 Netzbetreibern und Dienstehändlern.

Quelle: FCC 2000a: 11-6 (Tab. 11.3); FCC 2000c: 7f. (Tab. 1.4); eigene Analysen.

flechtung *AT&T's* stetig auszubauen, wobei sie 1999 mehr als ein Viertel aller Marktanteile (25,3%) erobern konnten. Die Marktkonzentration auf die drei „Tier One"-Anbieter hat sich hierdurch beachtlich reduziert, was sich mit Hilfe des Herfindahl-Hirschman-Index (HHI) verdeutlichen läßt.[397] Diese Meßzahl errechnet sich aus der Summe der quadrierten Marktanteile aller Anbieter:

397 Vgl. zu seinem Ursprung bei Hirschman 1964: 761, und zu seiner Konzeption und Anwendung bei Kaufer 1980: 524-530; Schmalensee 1989: 966f.; Kaserman/Mayo 1995: 238-241; Shaw 1998: 54f.

$$HHI = \sum_{i=1}^{n} s_i^2$$

wobei s_i den Marktanteil des i-ten Unternehmens beziffert und n die Anzahl aller Unternehmen in der Branche angibt. Der Index gibt im Rahmen einer industrieökonomischen Beziehungsanalyse von Marktstruktur und -ergebnis (s. Kapitel 3.3.1) darüber Auskunft, inwieweit die Verfügungsmacht über alle in einer Branche eingesetzten Ressourcen auf viele oder wenige Anbieter konzentriert ist. Im US-Markt für festnetzbasierte Telefondienste im Fernnetzbereich hatte der Index zum Zeitpunkt der Entflechtung des bis 1984 unangefochtenen Netzbetreibers *AT&T* erwartungsgemäß einen hohen Wert von 0,8155, was auf einen stark monopolistisch strukturierten Markt hindeutet. Bis 1999 fiel der Angebotskonzentrationsindex allerdings um mehr als zwei Drittel auf einen Wert von 0,2355 (s. Abbildung 4-4).[398]

Die Konzentrationsverringerung der Fernverbindungsumsätze auf die drei „Tier One"-Anbieter kann in Anbetracht der bereits genannten Marktanteile der größten „Tier Two"-Fernverkehrsanbieter, welche gegenüber *AT&T*, *MCI Worldcom* und *Sprint* alle zu vernachlässigen sind, kaum ein Erfolg von nur wenigen Unternehmen sein, sondern eher von einer stark wachsenden Gesamtzahl alternativer IXCs und Toll Resellers. Diese Annahme beruht auf der Erkenntnis, daß die Marktkonzentration, wie sie der HHI mißt, bei steigender Anzahl n der Diensteanbieter bzw. einer größer werdenden Streuung der Marktanteile s_i abnimmt. Es ist allerdings auch bekannt, daß eine wachsende Anzahl von Wettbewerbern mit individuellen Marktanteilen kleiner 1% (quadrierter Wert von $s_i = 0{,}0001$) keine merkliche Einflußnahme auf den HHI mehr hat, was gleichfalls für den reziproken Wert des HHI zur Messung der tatsächlichen Marktstruktur gilt.[399] Dieser bemißt sich für das Jahr 1984 auf 1,22 und für 1999 auf 4,24, was soviel heißt, daß 1984 (1999) nur 1 (4) Telefondiensteanbieter im Markt anbieten würden, wenn sie gleich groß wären. Die Äquivalenzzahlen der mit jeder Streuung der Marktanteile kompatiblen Anzahl gleichgroßer Unternehmen bestätigen, daß 15 Jahre nach der Entflechtung *AT&T's* der US-Markt für Fernverkehrstelefondienste stark oligopolistisch mit wenigen großen Diensteanbietern organisiert ist.[400]

Zurückkommend auf den verbleibenden Marktanteil in 1999 von immerhin mehr als 25% neben den Umsatzanteilen der drei großen oligopolistischen „Tier One"-Wettbewerber stellt sich die Frage, welches Geschäftsmodell die vielen sich dahinter verbergenden „Tier Two"- und „Tier Three"-Diensteanbieter vertreten. Bis jetzt konnte noch keine Aussage getroffen werden, ob eher Netzbe-

---

[398] Von seiner Konzeption her kann der HHI gesetzt den Fall, daß ein Monopolist 100% Marktanteil besitzt, in der Dezimalschreibweise nicht größer als 1 werden.

[399] Vgl. zu der Argumentation Kaufer 1980: 526-530.

[400] Zu diesem Ergebnis gelangt auch die nach MTS, WATS und „Virtual Network Services" differenzierte HHI-Untersuchung der Jahre 1984 bis 1993 von MacAvoy 1996: 83-103.

treiber oder Dienstehändler den relativ kleinen, aber stetig wachsenden Beitrag zur Verminderung der Marktkonzentration repräsentieren. Zur Klärung dieser Frage wird auf die öffentlich zugänglichen „Carrier Locator Reports“ der FCC zurückgegriffen.[401] Die sechs bei der Regulierungskommission erhältlichen Reports listen für den gesamten US-amerikanischen TK-Markt insgesamt 2.637 unabhängige und abhängige Anbieter von TK-Diensten für das Jahr 1993, 2.847 für 1994, 3.058 für 1995, 3.832 für 1996, 3.604 für 1997 und 4.144 für das Jahr 1998 namentlich auf. Dabei sieht die Entwicklung von IXCs und Toll Resellers für festnetzgebundene Fernverbindungen isoliert betrachtet wie in Abbildung 4-5 dargestellt aus.

Abbildung 4-5: Anzahl der „Interexchange Carriers“ und „Toll Resellers“ von 1993 bis 1998

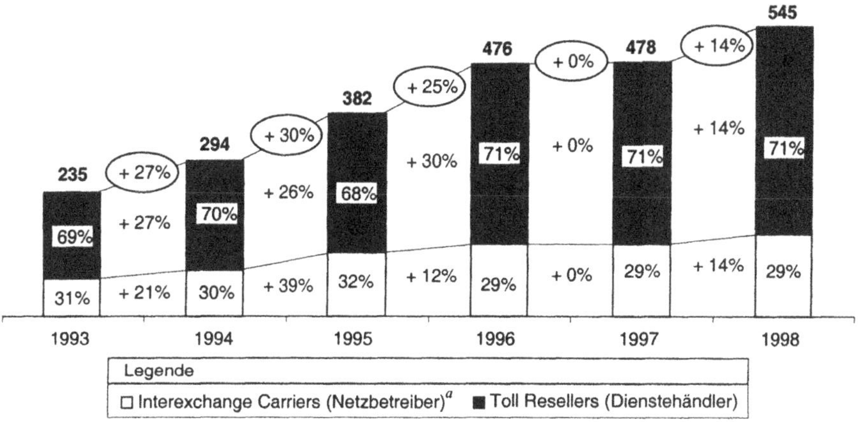

a) Alle TK-Fernverkehrsnetzbetreiber der USA mit Ausnahme der „Tier One“-Unternehmen und deren Tochtergesellschaften.

Quelle: FCC 1994: Tab. 3; FCC 1995: Tab. 3; FCC 1996b: Tab. 3; FCC 1997b: Tab. 3; FCC 1999a: Tab. 3; FCC 2000b: Tab. 3; eigene Analysen.

Die Zahl der Netzbetreiber und der Dienstehändler ist danach von 1993 bis 1996 stark gewachsen. Der Wachstumseinbruch von 1996 auf 1997 mag als Folge des zu dieser Zeit verabschiedeten Telekommunikationsgesetzes über die endgültige Marktliberalisierung interpretiert werden. Es ist zu vermuten, daß die vorübergehende Unsicherheit über die wettbewerbspolitische Umsetzung der Gesetzesvorgabe durch die Regulierungskommission den Unternehmern Anlaß gab, Expansionspläne und Unternehmensgründungen vorerst abwartend zu behandeln. Bereits 1998 scheint die

---

[401] Für eine Erläuterung s. oben Fußnote 393. Leider war Mitte des Jahres 2000 der „Carrier Locator Report“ mit den Angaben für das Jahr 1999 von der FCC noch nicht veröffentlicht, so daß die nachfolgenden Analysen im Gegensatz zu der vorangegangenen Marktanteilsanalyse jeweils nur bis in das Jahr 1998 reichen.

Unentschlossenheit überwunden zu sein, was sich an der dann wieder steigenden Zahl von Netzbetreibern und Dienstehändlern ablesen läßt.

Das in Summe beachtliche Wachstum der Anzahl von Unternehmen über den beobachteten Zeitraum erklärt die oben aufgezeigten Marktanteilsgewinne der „Tier Two"- und „Tier Three"-Anbieter. Offensichtlich gelingt es den vielen neuen Netzbetreibern und Dienstehändlern fortlaufend, noch nicht individuell bediente Marktsegmente zu identifizieren, wodurch sie nicht nur den etablierten Wettbewerbern stetig Umsatzanteile abnehmen, sondern auch neue Nachfrage nach innovativen und zielgruppenspezifischen Angeboten generieren. Der Beitrag der beiden Typen von Diensteanbietern zu dieser Entwicklung scheint jedoch unterschiedlich groß zu sein, wenn man berücksichtigt, daß in jedem Beobachtungsjahr mehr als doppelt so viele Dienstehändler wie Netzbetreiber im Markt tätig waren. Das mag seine Ursache darin haben, daß ein Markteintritt und -ausstieg als Dienstehändler wegen geringerer Marktbarrieren flexibler und schneller vonstatten geht, als in der strategischen Position eines Netzbetreibers (s. Kapitel 2.1.2.2 u. 3.2.2.2). Eine genauere Analyse der Dynamik der Dienstehändler soll über die Richtigkeit dieser Annahme Aufschluß geben.

4.3.3 Dynamik und Eigenständigkeit der Dienstehändler

Die von der FCC veröffentlichten „Carrier Locator Reports" bieten neben Aufschlüssen über die jährliche Anzahl geschäftstätiger Netzbetreiber und Dienstehändler auch „...remarkable insights into entry and exit in the interexchange markets and, in particular, into the role of resellers in the maintenance of long-distance competition."[402] Beispielsweise erfährt man, daß sich unter den 388 im Jahr 1998 operierenden Dienstehändlern für „Interstate" und „Intrastate Toll Services" 150 Unternehmen befanden, die gerade erst die Geschäftstätigkeit als Dienstehändler aufgenommen haben (s. Abbildung 4-6). Das entspricht einem Anteil von 39% und veranschaulicht eine bemerkenswerte Markteintrittsdynamik bei offenbar niedrigen Markteintrittsbarrieren. Die entsprechenden Werte für die vorhergehenden Jahre waren ähnlich hoch und betragen 33% für das Jahr 1997, 41% für 1996, 34% für 1995 und 38% für 1994.

Im Vergleich zu den Marktaustritten gab es in der Längsschnittanalyse unter den Dienstehändlern zu jedem Jahreswechsel deutlich mehr Eintritte von neu gegründeten Unternehmen oder von Tochtergesellschaften etablierter Anbieter, als Austritte in Form von Konkursen, Übernahmen, Zusammenschlüssen und Geschäftsveränderungen. Nur von 1996 auf 1997 wurden in beide Richtungen etwa gleich viele Veränderungen gezählt. Es traten 111 Dienstehändler im Jahr 1997 auf, die 1996

[402] Burton et al. 1999: 30.

Abbildung 4-6: Veränderung der Zahl der Dienstehändler für „Interstate" und „Intrastate Toll Services" von 1993 bis 1998

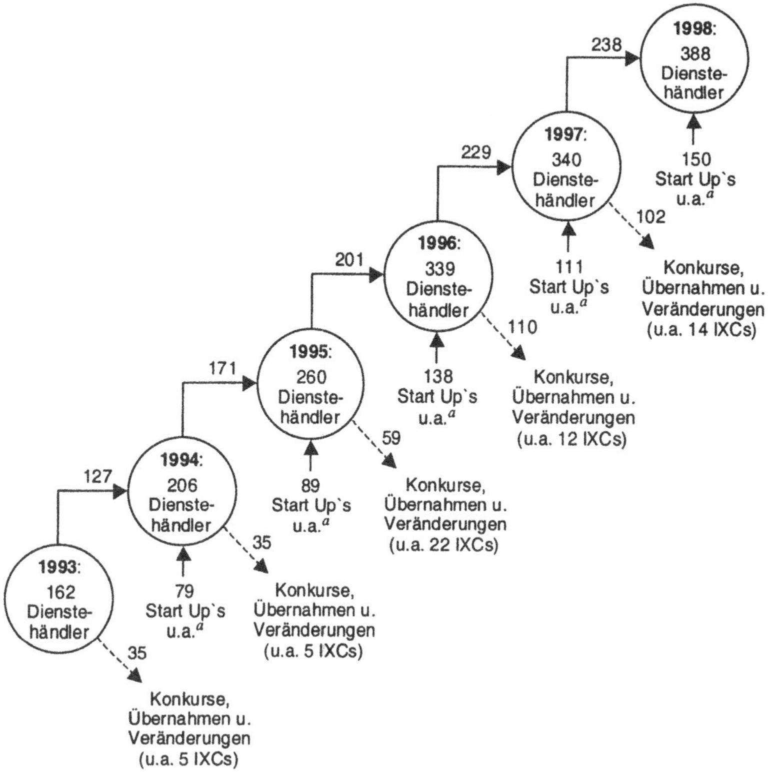

a) Es kann nicht ausgeschlossen werden, daß sich unter den neuen Dienstehändlern (= Start Up's) einige wenige Unternehmen befinden, die zuvor bereits ein anderes Geschäftsmodell verfolgten und somit keine echten Unternehmensneugründungen sind.

Quelle: FCC 1994: Tab. 3; FCC 1995: Tab. 3; FCC 1996b: Tab. 3; FCC 1997b: Tab. 3; FCC 1999a: Tab. 3; FCC 2000b: Tab. 3; eigene Analysen.

nicht präsent waren. In umgekehrter Richtung sind 110 Dienstehändler im „Carrier Locator Report" von 1996 genannt, die in der Aufstellung für 1997 nicht mehr auftauchen.[403] 12 dieser Unternehmen haben sich von einem Dienstehändler ohne Basisinfrastruktur zu einem Netzbetreiber weiterentwickelt und werden somit fortan der Gruppe der IXCs zugerechnet. Solche Entwicklungen sind

---

[403] Die Zahl der Marktaustritte ist vor allem deshalb so hoch, weil 48 *Dial & Save*-Unternehmen unter der Holding *Telco Communications* in dem 1996er Report genannt werden, aber nach der Übernahme der Holdinggesellschaft durch *Excel* in dem Report für 1997 nicht mehr aufgelistet sind.

auch in den übrigen Jahren zu beobachten. Von den 1993 und 1994 genannten Dienstehändlern gehören ein Jahr später jeweils 5 Unternehmen der Gruppe der IXCs mit zumindest teilweise eigener Basisinfrastruktur im Fernnetzbereich an. Von 1995 auf 1996 vollziehen sogar 22 Unternehmen den Wandel von einem Dienstehändler zu einem Netzbetreiber, was zu diesem Zeitpunkt immerhin 37% aller gezählten Veränderungen ausmacht. Von 1997 auf 1998 sind es noch einmal 14 Dienstehändler, die ihr Geschäftsmodell zu dem eines Netzbetreibers verändern.

Insgesamt treten also Dienstehändler tatsächlich oftmals als reine „Rebiller" in den Markt für festnetzbasierte Telefondienste ein, ehe sie sich mit Investitionen in selbst betriebene Vermittlungseinrichtungen und Basisinfrastruktur zu Switch-based Dienstehändlern und dann zu Netzbetreibern weiterentwickeln. Der Zeitraum für diese Entwicklung beträgt bei vielen Telefongesellschaften, die diese Markteintrittsstrategie verfolgen, nicht mehr als drei Jahre.[404] 6 Unternehmen waren zwar mindestens vier Jahre lang als Dienstehändler erfaßt, ehe sie 1997 zu der Gruppe der Netzbetreiber wechselten, aber immerhin jeweils zwei Unternehmen nur ein, zwei und drei Jahre. Noch prägnanter fällt das Bild unter den Dienstehändlern aus, welche von 1997 auf 1998 Netzbetreiber wurden: Von den 14 Unternehmen wurden fünf bzw. vier Dienstehändler gerade ein bzw. zwei Jahr(e) vorher als solche gegründet. Ein weiteres Unternehmen war zurückblickend bis 1993 drei Jahre lang als Dienstehändler gemeldet und jeweils zwei Unternehmen vier bzw. mehr als vier Jahre. Bei so kurzen Zeitspannen der wettbewerbsstrategischen Positionierung als Dienstehändler ohne Basisinfrastruktur ist zu vermuten, daß es bereits im Augenblick der Unternehmensgründung das erklärte Ziel dieser Unternehmen war, möglichst schnell in die Rolle eines Netzbetreibers hineinzuwachsen. Das Geschäft als reiner Wiederverkäufer für Fernverkehrsdienste wurde demnach nur als Einstiegsmöglichkeit genutzt, um sich ohne große Netzinvestitionen umgehend einen Kundenstamm erarbeiten und erforderliche Vertriebsressourcen und -kompetenzen aneignen zu können. Unterstellt man als Lebenszyklus eines TK-Unternehmens die zeitliche Abfolge der vier Phasen (1) Unternehmensgründung, (2) Wachstum, (3) Reife sowie (4) Niedergang bzw. Neuausrichtung, dann kann für eine Vielzahl von Dienstehändlern konstatiert werden, daß ihr vertriebsorientiertes Geschäftsmodell die Gründungsphase im Lebenszyklus eines Netzbetreibers ausmacht.[405]

In bezug auf die wirtschaftliche und unternehmensrechtliche Eigenständigkeit der Dienstehändler und mögliche strategische Abhängigkeiten von anderen Telefongesellschaften ist festzuhalten, daß 1997 mindestens 127 der aufgeführten 340 Dienstehändler Tochtergesellschaften anderer TK-Unternehmen waren, deren Kerngeschäft das einer RBOC oder einer anderen ILEC, also eines ehe-

---

[404] Das geht aus den „Carrier Locator Reports" hervor, wenn man die Jahre zusammenzählt, die die Unternehmen mit einer Veränderung hin zu einem IXC in 1997 und 1998 vorher als Toll Resellers aufgeführt waren.

[405] Folglich ist Grundwald/Schwellbach 1999: 194 zu widersprechen, die den Aufbau und Betrieb von Netzinfrastrukturen als Schwerpunkt der Gründungsphase eines Netzbetreibers mit kommerziellen Diensteangebot sehen. Zu den genannten Lebenszyklusphasen eines Unternehmens s. Mintzberg 1991: 286-303; Gomez/Zimmermann 1993: 153-158; Schulte-Zurhausen 1999: 307f.

mals monopolistischen Netzbetreibers im Ortsnetzbereich ist.[406] In der Konsequenz einer solchen Konstellation ist die strategische Aufgabe der Unternehmensführung von operativen Aufgaben der geschäftsführenden Bereiche getrennt. Der strategische Verantwortungsbereich unterliegt der Muttergesellschaft des Dienstehändlers, die als Management-Holding den aufbauorganisatorischen und rechtlichen Rahmen zur Führung ihrer Tochtergesellschaften bildet. Der operative Verantwortungsbereich fällt hingegen dem Dienstehändler zu, dessen Geschäftsbereich als erfolgsverantwortliches Profit-Center geführt wird.[407]

Es ist anzunehmen, daß das Telefondiensteangebot der von lokalen Netzbetreibern abhängigen Dienstehändler ausschließlich „Intrastate Toll Services" beinhaltet, da der Geschäftsbereich der „Interstate Toll Services" den monopolistischen Muttergesellschaften bis 1996 wettbewerbsrechtlich verschlossen war und auch in den Jahren danach bis Mitte 2000 noch kein ILEC eine Zulassung für nationale und internationale Ferngespräche erhielt (s. Kapitel 4.1.2).[408] In diesem Fall können die im Ortsnetzverkehr verankerten Muttergesellschaften über ihre Dienstehändler ihren Kunden komplementär zu dem Kerngeschäft lokaler Verbindungen auch regionale Telefonverbindungen anbieten, ohne den Netzausbau regional forcieren zu müssen. Eine solche aufbauorganisatorische Verflechtung von Diensteangeboten über Unternehmensgrenzen hinweg bietet natürlich die Möglichkeit einer verdeckten Quersubventionierung des „Intrastate"-Geschäftsbereichs über die Monopol-Einnahmen im lokalen Ortsnetzverkehr. Außerdem bleiben einem organisatorisch untergeordneten Dienstehändler für „Intrastate Toll Services" teilweise oder ganz die Aufwendungen für die Kundenakquisition erspart, weil ihm über das Kerngeschäftsfeld der Holdinggesellschaft im Bereich der „Local Services" ein vorhandener Kundenstamm „zugespielt" werden kann. Vor dem Hintergrund der im 5. Kapitel dargestellten Erfolgsfaktorenforschung ist die empirische Analyse des wettbewerbsstrategischen Erfolgspotentials von solchen Dienstehändlern, auf die eine jeweils übergeordnete Muttergesellschaft einen beherrschenden Einfluß ausübt, wenig sinnvoll, da keine erschöpfende Trennung der Unternehmensdaten von den Muttergesellschaften möglich ist. Ergebnisse zu strategischen Erfolgskorrelaten würden in ihrer Aussagekraft verzerrt, was zu falschen Rückschlüssen führen kann. Die Analyse von wirtschaftlichen Erfolgsdeterminanten der US-Dienstehändler für festnetzbasierte Telefondienste im „Interstate" und „Intrastate"-Fernnetzbereich

---

[406] Das geht aus den Auskünften über zugeordnete Muttergesellschaften und deren Einordnung in die verschiedenen Gruppen von Unternehmen der TK-Industrie in dem „Carrier Locator Report" von 1997 (s. FCC 1999a) hervor. An den Stellen, an denen keine Angaben über vermutete Muttergesellschaften zu finden waren, wurde als zusätzliche Informationsquelle zur Erforschung von strategischen Abhängigkeiten in der Aufbauorganisation die computerlesbare Datenbank „Gale Business Resources – Company Profiles" von *The Gale Group* herangezogen.

[407] Gerpott 1998: 204f. beschreibt die Besonderheiten einer Holding am Beispiel der *Deutschen Telekom*.

[408] Von dem Augenblick an, in dem den einstigen RBOCs und anderen ILECs allerdings die Erlaubnis zum Angebot von festnetzbasierten Telefondiensten im nationalen und internationalen Fernnetzbereich unternehmensindividuell erteilt wird, ist die Gründung weiterer „Resale"-Tochtergesellschaften durch RBOCs/ILECs zur Aufnahme eines entsprechenden Diensteangebotes wegen der vorteilhaften, geringen Kapitalintensität einer Geschäftsausweitung mit hoher Wahrscheinlichkeit zu erwarten; vgl. dazu Standard & Poors 1997: 10; Laffont/Tirole 2000: 28.

in der empirischen Erfolgsfaktorenuntersuchung sollte sich demnach auf Unternehmen fokussieren, die bezüglich ihres strategischen Managements eigenständig sind.

4.4 Regulierungs- und Marktstrukturvergleich USA versus Deutschland

Der US-amerikanische TK-Markt bietet mit seiner lang zurückreichenden Historie der sukzessiven Wettbewerbsöffnung die Möglichkeit, aus der Untersuchung einzelwirtschaftlicher Erfolgs- oder Mißerfolgsentwicklungen Analogieschlüsse für wettbewerbsstrategische Fragestellungen von Unternehmen in verhältnismäßig jungen TK-Märkten zu ziehen.[409] Das gilt auch für Dienstehändler im deutschen Markt für festnetzbasierte Telefondienste im Fernnetzbereich, wobei die Marktstruktur in Deutschland in ihrer Entwicklung seit Anfang 1998 Gemeinsamkeiten mit der US-amerikanischen Marktstruktur nach 1984 erkennen läßt, die ein entsprechendes Vorgehen grundlegend rechtfertigen. Gleichwohl ist zwischen den unterschiedlichen Regulierungsansätzen im Übergang vom Monopol zum Wettbewerb in beiden Ländern zu unterscheiden. Während die in Deutschland verfolgte Ordnungspolitik im Markt für festnetzbasierte Telefondienste, die sich im TKG von 1996 widerspiegelt, eher als Gesetzgebung einer *sofortigen, vollständigen* Deregulierung sowohl des Ortsnetz- als auch des Fernnetzbereichs kennzeichnen läßt, entspricht die US-amerikanische Ordnungspolitik, die in der jüngeren Vergangenheit auf der „Modification of Final Judgement" von 1982 und dem Telecommunications Act von 1996 beruht, eher einer Gesetzgebung der *graduellen* Deregulierung, welche aufgrund politischer Sachzwänge zunächst nur zu einer Liberalisierung des Fernverkehrs und erst 12 Jahre später auch zu der des Ortsnetzverkehrs geführt hat.[410]

Die Tatsache, daß man dennoch nicht von gänzlich unterschiedlichen Regulierungsstrukturen in dem 1998 liberalisierten Markt für festnetzbasierte Telefondienste in Deutschland und in dem bereits seit 1984 in ersten Schritten liberalisierten Markt in den USA sprechen kann, gründet auf drei Argumentationslinien:

1) Trotz der im TKG gesetzlich verankerten Liberalisierung des Ortsnetzverkehrs in Deutschland steht der tatsächlichen Marktöffnung in diesem Bereich 2 ½ Jahre nach Inkrafttreten des Gesetzes fortwährend eine Wettbewerbsbeschränkung entgegen, die faktisch eher auf eine *graduelle* Deregulierung wie in den USA als auf eine sofortige, vollständige Deregulierung schließen läßt. Von wettbewerbsbeschränkender Bedeutung sind die Umstände, daß (a) über die Entgelte für das Überlassen einer Teilnehmeranschlußleitung der *Deutschen Telekom* gegenüber einem

[409] Pospischil 1998a: 745 nennt in diesem Zusammenhang drei, allerdings nicht näher mit Marktinformationen untermauerte Gründe, warum der TK-Markt in den USA für Vergleichsanalysen von höchstem Interesse sein dürfte: (1) Größe des Marktes gemessen an der Anzahl und Vielfalt der Wettbewerber und deren Dienste, (2) Transparenz hinsichtlich einfach zugänglicher Geschäftsanalysen der TK-Unternehmen und Marktbeobachtungen von Behörden und Verbänden, sowie (3) Führungsrolle der USA als Schrittmacher technischer Innovationen. Auf die Eignung der in den USA gemachten Deregulierungserfahrungen speziell zur Begründung von ordnungspolitischen Maßnahmen in anderen Ländern verweist Windthorst 1998a: 281.

[410] Die unterschiedlichen Ansätze einer *sofortigen, vollständigen* versus einer *graduellen* Deregulierung erläutert Wieland 1985: 135-147.

Wettbewerber auf Basis eines analytischen Kostenmodells erst über ein Jahr nach der Marktöffnung (für die Dauer von zwei Jahren) entschieden wurde und (b) der festgesetzte Betrag der Höhe nach mit einem monatlichen Mietpreis von DM 25,40 (zuzüglich eines einmaligen Entgelts für die Neuschaltung ohne Montage in Höhe von DM 196,55) über dem Betrag liegt, den der Incumbent von seinen Endkunden für einen analogen Standardanschluß verlangen darf (DM 21,39).[411]

2) Die Wettbewerbsbeschränkungen für regionale „Intrastate"-Telefondienste in den USA wurden auf Bundesstaatenebene noch vor dem Erlaß des amerikanischen Telekommunikationsgesetzes von 1996 schrittweise aufgehoben. Diese Entwicklung (s. Kapitel 4.1.2 und 4.2) ist als zügige Komplettierung der nach 1984 auf den Weg gebrachten Marktliberalisierung zu beurteilen und relativiert im Vergleich zu der vermeintlich sofortigen, vollständigen Deregulierung des deutschen Marktes für Telefondienste die auf den ersten Blick strickte Trennung der Marktöffnung des Ortsnetzverkehrs von der des Fernverkehrs in den USA.

3) Die ordnungspolitischen Grundsätze bei zwei wesentlichen Regulierungsmaßnahmen sind in beiden Ländern gleichgerichtet. Erstens fallen in den USA wie in Deutschland der eigenständige Betrieb von Basisinfrastruktur sowie das Angebot des Sprachtelefondienstes für die Öffentlichkeit auf Basis eigener Vermittlungseinrichtungen unter eine diskrimierungsfrei gestaltete *Lizenzierung*. Zweitens gilt in beiden Ländern die Regelung eines *offenen Netzzugangs* als maßgebliche Voraussetzung für einen chancengleichen funktionsfähigen Wettbewerb für Netzbetreiber und *Switch-based* Dienstehändler, wobei dem in Deutschland über die NZV geregelten Grundangebot mit einem Zusammenschaltungsentgelt von durchschnittlich 2,04 Pfennig pro Minute bis Juni 2001 (s. Kapitel 2.1.1.1 und 2.2.1) in den USA das von der FCC erlassene Konzept eines Mindestangebots mit je nach US-Bundesstaat variierenden Durchschnittspreisen zwischen 0,8 und 1,6 Pfennig pro Minute gegenübersteht.[412]

Unterschiede zwischen der deutschen und der US-amerikanischen TK-Regulierung bestehen vor allem im Hinblick auf die *Gesetzgebungskompetenz*, die in Deutschland ausschließlich auf Bundesebene und in den USA darüber hinaus auch auf Einzelstaatenebene angesiedelt ist, sowie im Hinblick auf die Konzeption des *Universaldienstes*, der in Deutschland ausschließlich als Sicherungsinstrument bei mangelndem Wettbewerb und in den USA zudem als wohlfahrtsökonomisches Lenkungsinstrument verstanden wird.[413] Beide Aspekte führen jedoch im Ergebnis zu keinen grundsätzlich unterschiedlichen Marktstrukturen bzw. Wettbewerbsbedingungen in den USA und in Deutschland, was speziell die Überführung etwaiger Lehren aus Erfolgs- und Mißerfolgsentwicklungen von Dienstehändlern im US-amerikanischen Markt auf Fragen der wettbewerbsstrategischen Positionierung von Dienstehändlern in Deutschland in Frage stellen würde. Es ist vielmehr festzuhalten, daß sich das Marktstrukturergebnis bezüglich des kommerziellen Telefon-

---

[411] Vgl. zu dem festgesetzten Nettoentgelt für das Überlassen eines Teilnehmeranschlusses RegTP 1999a: 52f. und Gerpott/Winzer 2000: 529-533. Die Einschätzung, daß der für den Zugang zu den Teilnehmeranschlußleitungen der *Deutschen Telekom* zu zahlende Preis ursächlich für die geringe Wettbewerbsintensität im Ortsnetzbereich verantwortlich ist, wird auch von der Monopolkommission 1999: 21f. u. 23f. geteilt. Zu dem schwach entwickelten Wettbewerb im Ortsnetz in Deutschland s. auch oben Kapitel 2.1.1.1.

[412] S. zu den Erkenntnissen rechtsvergleichend Moritz/Neus 1997: 242-244 und Windthorst 1998b: 341.

[413] Vgl. Moritz/Neus 1997:240f.; Kubicek 1997: 1-3; Windthorst 1998b: 341-345

dienstegeschäfts im Fernnetzbereich sowohl in den USA nach 1984 als auch zeitversetzt in Deutschland nach 1998 übereinstimmend als eine „Dominant-Firm-Structure“ präsentiert, in der ein den Markt dominierender Netzbetreiber effektivem Wettbewerb ausgesetzt ist, ohne daß jedoch eine Vielzahl konkurrierender Diensteanbieter über eine wesentliche Marktmacht verfügt.[414]

Auch die einzelnen Kriterien der Marktstruktur, welche den Grad der Wettbewerbsintensität in dem jeweiligen Markt determinieren, entwickeln sich in gleichgerichteter Weise. Das betrifft

- den jeweils starken Anstieg der Anzahl neu in den Markt drängender Diensteanbieter (s. Abbildung 3-2 und Abbildung 4-5),
- den kontinuierlich fortschreitenden Marktanteilsverlust des jeweiligen Incumbents (s. Abbildung 3-3 und Abbildung 4-4) und
- die jeweils von einem (wenn auch unterschiedlich starken) Rückgang geprägte Preisentwicklung bei nationalen und internationalen Fernverbindungen im Gegensatz zu der von gleichbleibenden bzw. steigenden Preisen geprägten Entwicklung bei lokalen Verbindungen (s. Abbildung 3-4 und Abbildung 4-2).

Einzig und allein die besondere *Mittelstandsförderung* in der US-amerikanischen TK-Industrie findet in der deutschen Ordnungspolitik keine besondere Berücksichtigung.[415] Hervorzuheben ist unter diesem Stichwort die im US-amerikanischen Telekommunikationsgesetz von 1996 gesetzlich festgeschriebene Pflicht für marktbeherrschende Ortsnetzbetreiber, ihr Telefondiensteangebot für den Wiederverkauf verbindlich zu öffnen, und zwar gemäß § 252 des Gesetzes zu „...wholesale rates on the basis of retail rates charged to subscribers for the telecommunications service requested, excluding the portion thereof attributable to any *marketing*, *billing*, *collection*, and *other costs* (...).“[416] Diese Passage deutet unzweifelhaft auf eine gezielte Wettbewerbsförderung von in der Regel mittelständisch geprägten Switchless Dienstehändlern hin, welche die genannten Wertaktivitäten, um deren Kosten die Bezugspreise für Wiederverkaufsangebote von Telefondiensten herabgesetzt werden müssen, in ihrem Geschäftsmodell exakt abbilden. Ruft man sich darüber hinaus in Erinnerung, daß die FCC bereits im Jahr 1976 bei der erstmaligen Zulassung des Dienstehandels im Fernverbindungsbereich unmißverständlich zwischen Switch-based und Switchless Dienstehändlern unterschieden hat, ohne allerdings eines der beiden Geschäftsmodelle in der rechtlich-politischen Diskussion zu begünstigen (s. oben Kapitel 4.2), dann wird deutlich, daß eine grundlegende Ordnungspolitik zugunsten von Switchless Dienstehändlern in den USA mit ihrem Ausgangspunkt im Fernnetzbereich faktisch auch schon weit vor Erlaß des Telecommunications Act von 1996 stattgefunden hat.

---

[414] Vgl. zu der „Dominant-Firm-Structure“ Kiessling 1998: 63.

[415] Unterschiede bei der Förderung kleiner und mittelgroßer Diensteanbieter in den zwei nationalen TK-Industrien sowie in bezug auf den Wiederverkauf von TK-Diensten beschreiben a. Moritz/Neus 1997: 244.

[416] Zitiert nach Huber et al. 1996: 19.

In Deutschland unterliegt der Switchless Dienstehandel – wie oben in Kapitel 2.3.1 bereits dargelegt – keiner vergleichbaren Ordnungspolitik. Trotz einer formellen Verpflichtung für den Incumbent zur Zusammenarbeit mit Switchless Dienstehändlern gemäß § 4 TKV existiert weder im Fern- noch im Ortsnetzbereich eine allgemeinverbindliche oder detaillierte Regelung von entsprechenden Großhandelspreisen beim Einkauf von fertigen Telefondiensten. Der Schwerpunkt der rechtlich-politischen Schutzmaßnahmen liegt zweifelsfrei bei der Förderung des Geschäftsmodells von Switch-based Dienstehändlern im Fernnetzbereich, die als Betreiber eines öffentlichen TK-Netzes stark von den günstigen und verbindlich geregelten Interconnection-Tarifen für einen besonderen Netzzugang beim Incumbent nach § 35 TKG profitieren. Diese unterschiedliche ordnungspolitische Begünstigung von Switch-based und Switchless Dienstehändlern in Deutschland, die sich in den USA nicht wiederfindet, muß bei Vergleichsanalysen des wirtschaftlichen Erfolges von Dienstehändlern in beiden Ländern (wie bei der nun folgenden Erfolgsfaktorenuntersuchung) berücksichtigt werden. Sie kann nämlich Ursache von unterschiedlichen Marktentwicklungen in den USA und in Deutschland in bezug auf den Markteintritt und die Wettbewerbsfähigkeit von Dienstehändlern sein. Etwaige Analogieschlüsse aus dem US-amerikanischen Markt für den Dienstehandel in Deutschland dürften vornehmlich Aussagekraft für wettbewerbsstrategische Fragestellungen speziell von Switch-based Dienstehändlern haben, welche in beiden nationalen TK-Industrien einem eher vergleichbaren Ordnungsrahmen unterworfen sind.

5. Empirische Untersuchung strategischer Erfolgsfaktoren

Im folgenden werden Determinanten des wirtschaftlichen Erfolges ausgewählter Dienstehändler für festnetzbasierte Telefondienste im Fernnetzbereich der USA zwischen 1992 und 1997 empirisch untersucht. Es soll auf diese Weise gelingen, die auf Basis der grundlegenden Konzeptansätze des strategischen Managements theoretisch erarbeiteten Erkenntnisse über eine vorteilhafte wettbewerbsstrategische Positionierung von Dienstehändlern zu überprüfen.

In der wirtschaftswissenschaftlichen Literatur lassen sich mehr als zwei Dutzend empirische Studien zu Bestimmungsgrößen des unternehmerischen Erfolges von Diensteunternehmen in der TK-Industrie finden, auf deren Erkenntnisse sowie konzeptionelle Unterschiede zu der eigenen empirischen Untersuchung in Kapitel 5.1 zunächst eingegangen wird. Anschließend erfolgt in Kapitel 5.2 eine Erläuterung des hier gewählten Forschungsdesigns in bezug auf die Grundgesamtheit der untersuchten Dienstehändler, die gewählten Untersuchungsjahre und die genutzten Informationsquellen. Die Messung des wirtschaftlichen Erfolges der Dienstehändler findet dann in Kapitel 5.3 anhand verschiedener Erfolgsindikatoren statt, wobei sich im Ergebnis zwei Gruppen von Dienstehändlern mit unterschiedlichem wirtschaftlichen Erfolgsniveau definieren lassen. Zur Identifikation ihrer Erfolgsbestimmungsgrößen (Synonym: Erfolgsfaktoren oder Strategievariablen oder strategische Stellgrößen) werden im folgenden Kapitel 5.4 mögliche Variablen konzeptionell strukturiert, als gruppenspezifische Mittelwerte zur Aufdeckung von Erfolgsassoziationen empirisch erhoben und abschließend als Prädiktoren sowohl in einer bivariaten Korrelationsanalyse als auch in einer multiplen, schrittweisen Regressionsanalyse im Hinblick auf ihre tatsächliche Erfolgsrelevanz untersucht (quasi-kausale Wirkungsanalyse). Die Diskussion der Ergebnisse mit Blick auf die strategische Unternehmensführung der Dienstehändler in Kapitel 5.5 schließt den Gang der empirischen Untersuchung ab.

5.1 Stand der bisherigen wirtschaftswissenschaftlichen empirischen Forschung

Die Anzahl empirischer Arbeiten, die sich mit dem Erfolg unternehmerischen Handelns und der Analyse entsprechender Erfolgsbestimmungsgrößen in der TK-Industrie auseinandersetzen, ist nicht klein. Tabelle 5-1 gibt einen Überblick über 31 Publikationen, die die Frage nach Erfolgsfaktoren in der TK-Diensteindustrie direkt oder indirekt aufgreifen.

Tabelle 5-1: Empirisch fundierte Untersuchungen zu Erfolgsdeterminanten von Diensteanbietern im Markt für festnetzbasierte Telefondienste

Autor(en)	Datenbasis	Beobach-tungszeit-raum	Inhalt der Untersuchung	Ergebnisse für das strategische Management
• **Nadiri/ Schanker-man (1981)**	Bell-Gesell-schaften von *AT&T*	1947 – 1976	Regressionsanalyse zwischen der Produktivität als der abhängigen Variablen und drei Produktionsfaktoren (Arbeit, Kapital, Material) sowie dem Forschungs- und Entwicklungsaufwand als den unabhängigen Variablen.	JA: Ansteigende Substitution der Arbeit durch Kapital; Skaleneffekte und technische Neuerungen begründen Kostenvorteile.
• **Denny et al. (1981)**	1 lokaler Netzbetreiber in Kanada (*Bell Canada*)	1952 – 1976	Produktionsökonomische Herleitung der Produktivität und Analyse des Wirkungszusammenhangs mit Skaleneffekten, der Aufgabe kostenmarginaler Preissetzung und des technischen Fortschritts bei Übertragungstechnik.	INDIREKT: Produktivität wird von Skaleneffekten positiv beeinflusst.
• **Denny et al. (1983)**	3 lokale Netzbetreiber in Kanada	1967 – 1979	Produktionsökonomische Analyse der Produktivität in Abhängigkeit von Arbeits-, Kapital- und Materialinput.	NEIN: Rein deskriptiv.
• **Mathios/ Rogers (1989)**	1 ehemals monopolistischer Netzbetreiber (*AT&T*)	1983 – 1987	Regressionsanalyse zwischen dem Preisniveau im Fernverbindungsbereich als der abhängigen Variablen und jeweils zwei absatzmarkt- und regulierungsspezifischen Indikatoren als den unabhängigen Variablen.	INDIREKT: Preiskampf ist eine Folge der Ablösung der Rate-of-Return- durch die Price-Cap-Regulierung
• **Elixmann (1990)**	1 ehemals monopolistischer Netzbetreiber in Deutschland (*Deutsche Bundespost*)	1962 – 1986	Produktionsökonomische Analyse der Produktivität in Abhängigkeit von Arbeits-, Kapital- und Materialinput.	INDIREKT: Skaleneffekte begründen leichte und technische Neuerungen starke Kostenvorteile. Keine Verbundeffekte zwischen Orts- und Fernnetz.
• **Majumdar (1992)** • **Banker et al. (1993)**	39 lokale Netzbetreiber in den USA	1981 – 1987	Produktionsökonomische Zerlegung der Unternehmensprofitabilität in vier Produktivitätskennzahlen. Dynamische Trendanalyse der Profitabilität und der adäquaten Produktivitätsmaße vor dem Hintergrund der fortschreitenden US-Marktliberalisierung.	INDIREKT: Produktivität als Stellgröße der Unternehmensstrategie verbessert sich bei Marktliberalisierung.

(Fortsetzung auf der nächsten Seite)

• **Armstrong/ Fuhr (1993)**	ca. 600 lokale Netzbetreiber in den USA	mehrere Jahre Ende der 80er	Regressionsanalyse zwischen den fixen Betriebskosten von TK-Netzen als der abhängigen Variablen und vier Kostentreibern (Kundendichte pro verlegte Meile Netzleitung, Alter der Betriebseinrichtungen, Anzahl Telefonanschlüsse, Dummy-Variable für Unternehmensgröße) als den unabhängigen Variablen.	JA: Geographischer Fokus auf vergleichsweise ländliche Absatzmärkte führt zu Kostennachteilen.
• **Gerpott/ Pospischil (1993)**	8 ehemals monopolistische Netzbetreiber verschiedener Länder	1985 – 1990	Benchmarkinganalyse auf Basis quantitativ meßbarer Werte: Kapitalproduktivität, Personalproduktivität, Investitionsquote, Digitalisierungsgrad der Vermittlungsstellen, Telefondienstumsatz pro Anschluß, Telefonminuten pro Anschluß, Telefonnetz-Mitarbeiter pro 1000 Anschlüsse.	INDIREKT: Verbesserung der Kostenposition und Verstärkung der Kundenorientierung ist von Vorteil.
• **Majumdar/ Venkataraman (1993)**	40 lokale Netzbetreiber in den USA	1973 – 1987	Regressionsanalyse zwischen dem Anteil digitalisierter Vermittlungstellen als der abhängigen Variablen und vier unabhängigen Variablen (Anteil Telefonanschlüsse für Geschäftskunden, Bevölkerungsdichte im Absatzmarkt, Umsatzrentabilität, Marktanteil an Vermittlungsstellen).	JA: Die schnelle Adoption digitalisierter Vermittlungstechnik fördert den Unternehmenserfolg.
• **Kashlak/ Joshi (1994)**	7 lokale Netzbetreiber (RBOC) in den USA	1984 – 1990	Erforschung der Diversifikationsstrategien in Abhängigkeit der Produktdiversifikation und der geographischen Diversifikation auf der einen Seite und der Bevölkerungsdichte im Absatzmarkt und der Abhängigkeit von regionalen Regulierungsbehörden auf der anderen Seite.	NEIN: Rein deskriptiv.
• **Oniki et al. (1994)**	1 ehemals monopolistischer Netzbetreiber in Japan (*NTT*)	1958 – 1987	Produktionsökonomische Zerlegung der Produktivität in Abhängigkeit von Arbeits-, Kapital- und Materialinput. Dynamische Trendanalyse der produktiven Leistungseffizienz im Zuge der fortschreitenden Marktliberalisierung.	NEIN: Rein deskriptiv.
• **Majumdar (1995a)**	40 lokale Netzbetreiber in den USA	1978 – 1987	Regressionsanalyse zwischen zwei aggregierten Outputgrößen im Produktionsprozeß (gemessen mittels DEA[a]) als den abhängigen Variablen und der Anteilsentwicklung digitalisierter Vermittlungsstellen sowie vier weiterer in- und outputorientierter Erfolgsbestimmungsgrößen (verlegte Netzleitungen nach Meilen, Marktanteil an Vermittlungsstellen, Anteil Telefonanschlüsse für Geschäftskunden, Bevölkerungsdichte im Absatzmarkt) als den unabhängigen Variablen.	JA: Die schnelle Adoption digitalisierter Vermittlungstechnik fördert den Unternehmenserfolg.

(Fortsetzung auf der nächsten Seite)

• **Majumdar (1995b)**	40 lokale Netzbetreiber in den USA	1973 – 1987	Produktionsökonomische Analyse statistisch signifikanter Unterschiede bei der Verfolgung der mittels DEA[a] modellierten Output-Maximierungs- und Kosten-Minimierungs-Strategie im Zeitverlauf.	NEIN: Rein deskriptiv.
• **Banker et al. (1995)**	43 lokale Netzbetreiber in den USA	1988 – 1991	Produktionsökonomische Zerlegung der Unternehmensprofitabilität in vier Produktivitätskennzahlen. Dynamische Trendanalyse der Profitabilität und der adäquaten Produktivitätsmaße im Zuge der fortschreitenden US-Marktliberalisierung.	INDIREKT: Produktivität als Stellgröße der Unternehmensstrategie verbessert sich bei Marktliberalisierung.
• **Gille (1995)**	31 Netzbetreiber weltweit (davon 5 Mobilfunk- und 2 TV-Kabelnetzbetreiber)	1990 – 1993	Vergleichende Analyse der Umsatz- und Gesamtkapitalrentabilität als Erfolgsindikatoren und qualitative Diskussion des Erfolgs bzw. ` isserfolgs von drei Netzbetreibern aus der Stichprobe bzw. ihres gewählten Geschäftsmodells im Vergleich zu der Bewertung durch den Kapitalmarkt.	INDIREKT (sehr vage): Technologiewandel verlangt Marktorientierung über Formen der Differenzierung.
• **Sueyoshi (1996)** • **Sueyoshi (1997)**	1 ehemals monopolistischer Netzbetreiber in Japan (*NTT*)	1953 – 1992	Produktionsökonomische Analyse der mittels DEA[a] modellierten Produktivität, zusammengesetzt aus 8 Einzelproduktivitäten.	INDIREKT: Produktivität als Stellgröße der Unternehmensstrategie verbessert sich bei Marktliberalisierung.
• **Banker et al. (1996)**	43 lokale Netzbetreiber in den USA	1975 – 1990	Produktionsökonomische Zerlegung der Unternehmensprofitabilität in zwei Produktivitätskennzahlen. Dynamische Trendanalyse der Profitabilität und der adäquaten Produktivitätsmaße im Zuge der fortschreitenden US-Marktliberalisierung.	INDIREKT: Produktivität als Stellgröße der Unternehmensstrategie verbessert sich bei Marktliberalisierung.
• **Gerpott (1997a)**	7 lokale Netzbetreiber (RBOC) in den USA	1984 – 1994	Regressionsanalyse zwischen drei Erfolgsindikatoren als den abhängigen Variablen (Umsatzrentabilität, Kapitalumschlag, Marktwert-Buchwert-Verhältnis) und 16 Erfolgsbestimmungsgrößen der Bereiche Umsatz-/Geschäftsstruktur, Kostenstruktur, Personal-/Kapitalproduktivität und TK-Netzmerkmale als den unabhängigen Variablen.	JA: Verfolgung einer hybriden Strategie (Kostenführerschaft und Differenzierung) begründet Wettbewerbsvorteile.
• **Mixon/ Hsing (1997)**	1 ehemals monopolistischer Netzbetreiber (*AT&T*)	1984 – 1994	Regressionsanalyse zwischen dem Marktanteil bei Telefondiensten im Fernnetzbereich als der abhängigen Variablen und den drei Erfolgsbestimmungsgrößen Preisniveau gegenüber Wettbewerbern (*MCI* und *Sprint*), Einführung der Price-Cap-Regulierung und Werbung als den unabhängigen Variablen.	JA: Der Marktanteil wird eher von der Preissetzung und -regulierung als von der Werbeintensität beeinflusst.

(Fortsetzung auf der nächsten Seite)

• **Majumdar (1997)**	45 lokale Netzbetreiber in den USA	1988 – 1993	Regressionsanalyse zwischen der mittels DEA[a] modellierten Produktivität (Outputgrößen: lokale, intraLATA und interLATA Verbindungen; Inputgrößen: Anzahl Vermittlungsstellen, Anschlußleitungen und Mitarbeiter) als der abhängigen Variablen und 13 Erfolgsbestimmungsgrößen der Bereiche Regulierungsumfeld, technologischer Fortschritt, Ressourceneinsatz & Umsatzstruktur sowie Kostenstruktur & Eigentumsverhältnisse als den unabhängigen Variablen.	INDIREKT: Produktivität als Stellgröße der Unternehmensstrategie verbessert sich bei Ablösung der Rate-of-Return- durch die Price-Cap-Regulierung.
• **Majumdar/ Venkataraman (1998)**	40 lokale Netzbetreiber in den USA	1973 – 1987	Regressionsanalyse zwischen dem Anteil digitalisierter Vermittlungstellen als der abhängigen Variablen und 7 unabhängigen Variablen der Bereiche TK-Netzmerkmale, Bevölkerungsdichte & Kundenstruktur im Absatzmarkt, Imitationsbestrebungen der Wettbewerber bei Ausstattung mit Vermittlungsstellen sowie Geschäftsstruktur & Produktivität.	JA: Die schnelle Adoption digitalisierter Vermittlungstechnik fördert den Unternehmenserfolg.
• **Banker et al. (1998)**	40 lokale Netzbetreiber in den USA	1988 – 1992	Regressionsanalyse zwischen fünf Kostengrößen als den abhängigen Erfolgsindikatoren (direkte und indirekte Betriebskosten, Abschreibungen, Marketing & Kundendienst, Verwaltung) und fünf unabhängigen Variablen der Geschäftsstruktur (Diversifikation der Kundengruppen gemäß Telefonanschlüssen, Verhältnis lokal vs. fern vermittelter Telefongespräche, Größe des Absatzmarktes nach Bundesstaaten), der Kapitalproduktivität (Gesprächsverbindungen pro Vermittlungsstelle) und des TK-Netzwerkes (Anteil digitalisierter Telefonanschlüsse).	JA: Ein diversifizierter Marktangang begründet Kostenvorteile.
• **Majumdar (1998)**	39 lokale Netzbetreiber in den USA	1975 – 1990	Produktionsökonomische Analyse auf Basis eines statischen Unternehmensvergleichs (für 1990) von drei, mittels DEA[a] gemessenen Produktivitätsmaßen, einer anschließenden dynamischen Trendanalyse der Produktivitätsentwicklung im Zuge der fortschreitenden US-Marktliberalisierung und einer Regression zwischen einer der gemessenen Produktivitäten als der abhängigen Variablen und dem Unternehmenswachstum (Umsatz) sowie einer Kontrollvariablen (Erhebungsjahr) als den unabhängigen Variablen.	JA: Steigende Produktivität als Stellgröße der Unternehmensstrategie ist nicht das Ergebnis von Unternehmenswachstum, sondern eines effizienten Ressourceneinsatzes.

(Fortsetzung auf der nächsten Seite)

• **Resende (1999)**	36 lokale Netzbetreiber in den USA	1989 – 1994	Produktionsökonomische Entwicklung der Produktivität und Analyse des Wirkungszusammenhangs mit Regulierungsmaßnahmen (Regression).	INDIREKT: Produktivität als Stellgröße der Unternehmensstrategie verbessert sich *nicht* bei Ablösung der Rate-of-Return- durch die Price-Cap- und Incentive-Regulierung.
• **Roycroft (1999)**	5 lokale Netzbetreiber in den USA (Töchter von *Ameritech*)	1989 – 1994	Regressionsanalyse zwischen der Produktivität als der abhängigen Variablen und zwei regulierungsspezifischen Dummy-Variablen sowie zwei weiteren Variablen der Übertragungs- und Vermittlungstechnik als den unabhängigen Variablen.	INDIREKT: Produktivität als Stellgröße der Unternehmensstrategie verbessert sich bei Ablösung der Rate-of-Return- durch die Price-Cap- und Incentive-Regulierung.
• **Grunwald/ Schwellbach (1999)**	6 ehemals monopolistische und 6 alternative Netzbetreiber verschiedener Länder	1998	Benchmarkinganalyse mit subjektiven Einschätzungen zu fünf grob skizzierten Erfolgsfaktoren: Strategie (Dimensionen: Zeit, Kosten/Profitabilität, Kundennutzen), Aufbauorganisation, Ablauforganisation, Personalmanagement und Unternehmenskultur.	INDIREKT (sehr vage): Unternehmensorganisation ist nach Marktgegebenheiten auszurichten; Kernkompetenzen sind zu berücksichtigen.
• **Fraquelli/ Vannoni (2000)**	5 ehemals monopolistische Netzbetreiber in Europa	1989 – 1993	Produktionsökonomische Zerlegung der Unternehmensprofitabilität in vier Produktivitätskennzahlen. Dynamische Trendanalyse der Profitabilität und der adäquaten Produktivitätsmaße im Zuge der fortschreitenden Marktliberalisierung.	INDIREKT: Produktivität als Stellgröße der Unternehmensstrategie verbessert sich bei Marktliberalisierung.
• **Knoll (2000)**	6 ehemals monopolistische Netzbetreiber in Europa und den USA	1991 – 1994	Benchmarkinganalyse auf Basis quantitativ meßbarer Werte: Digitalisierungsgrad des Ortsnetzes, verlegte Glasfaserkabel, Umsatz, Gewinn und Investitionen pro Telefonanschluß, Umsatz pro Mitarbeiter, Umsatzrentabilität, Investitionsquote, F&E-Anteil am Umsatz, Anschlüsse pro Mitarbeiter.	NEIN: Rein deskriptiv.
• **Rushdi (2000)**	1 ehemals monopolistischer Netzbetreiber in Australien (*Telstra*)	1980 – 1997	Produktionsökonomische Analyse der Produktivität im Zuge der fortschreitenden Marktliberalisierung.	INDIREKT: Produktivität als Stellgröße der Unternehmensstrategie verbessert sich bei Marktliberalisierung.

a) DEA steht für "Data Envelopment Analysis" und bezeichnet ein deterministisches, nicht-parametrisches Verfahren zur Schätzung von Produktionsfunktionen.

Die Sichtung der bislang vorliegenden empirischen Studien führt zu folgenden Feststellungen:

1) Datenbasis:
Querschnittsanalysen, welche speziell den TK-Dienstehandel in den Mittelpunkt des Erkenntnisinteresses rücken, liegen bislang nicht vor. Die vorhandenen Studien in der wirtschaftswissenschaftlichen Literatur bauen regelmäßig auf empirischen Daten von Netzbetreibern auf. Gegenstand der Untersuchungen sind hauptsächlich – insbesondere bei der Vielzahl von Majumdar mit teilweise wechselnden Koautoren durchgeführten Studien (Majumdar 1992, 1995a, 1995b, 1997, 1998; Majumdar/Venkataraman 1993, 1998; Banker et al. 1993, 1995, 1996, 1998), aber auch bei Nadiri/Schankerman (1981), Armstrong/Fuhr (1993), Kashlak/Joshi (1994), Gerpott (1997a), Resende (1999) und Roycroft (1999) – lokal und regional ansässige, US-amerikanische Netzbetreiber. Diese Akzentsetzung läßt sich dadurch erklären, daß in den USA sowohl die nationale als auch die regionalen Regulierungsinstitution(en) seit Jahren detailliert Daten zu dieser Gruppe von Telefondiensteanbietern mit eigener Basisinfrastruktur veröffentlichen, die von Kennzahlen der Geschäftstätigkeit bis hin zum regelmäßigen Abdruck der vollständigen Bilanzen reichen. Erstaunlich ist allerdings in diesem Zusammenhang, daß es bis dato nicht auch diverse Analysen für US-amerikanische Fernverkehrsnetzbetreiber gibt. Die Datensammlung von Behörden und Verbänden hinsichtlich dieser Gruppe von Unternehmen ist seit der Zerschlagung von *AT&T* im Jahre 1984 zumindest hinsichtlich der Gruppe der „Tier One"-Wettbewerber reichhaltig angewachsen. Einzig Mathios/Rogers (1989) mit ihrer Preisniveauanalyse in Abhängigkeit der Regulierungspolitik im Fernverbindungsbereich sowie Mixon/Hsing (1997) mit ihrer Marktanteilsanalyse in Abhängigkeit von der Preissetzung und -regulierung sowie von der Werbeintensität nutzen solche Daten. Hier ist allerdings anzumerken, daß ihre Studie – genauso wie Denny et al. (1981), Elixmann (1990), Oniki et al. (1994), Sueyoshi (1996, 1997) und Rushdi (2000) – keine Querschnittsanalyse einer Vielzahl von Diensteanbietern bietet, so daß der Unternehmenserfolg des beobachteten Fernverkehrsnetzbetreibers im Vergleich zu anderen Anbietern unklar bleibt.

2) Beobachtungszeitraum:
Der jeweils gewählte Beobachtungszeitraum der Untersuchungen umfaßt in der Regel Zeitabschnitte, in denen der relevante Markt nur teilweise oder gar nicht für den Wettbewerb zugänglich war. Die Ableitung etwaiger Empfehlungen für unternehmerisches Handeln in der TK-Industrie in den empirischen Untersuchungen erfolgt somit unter fehlender Berücksichtigung von Wettbewerbsbedingungen und verliert an Aussagekraft für Unternehmen, deren Vermarktungsanstrengungen bereits durchgehendem Wettbewerb unterliegen. Selbst die Querschnittsanalysen von Majumdar (1992, 1998), Banker et al. (1993, 1995, 1996) und Fraquelli/Vannoni (2000), die explizit den Zusammenhang von Deregulierungsmaßnahmen und Produktivitätsverbesserungen etablierter Netzbetreiber in den Vordergrund ihres Erkenntnisinteresses rücken, beziehen sich durchweg auf Zeiträume, in denen sich keine umfassende Deregulierung des jeweils

relevanten Marktes vollzogen hat.[417] Demzufolge ist es auch nicht schlüssig nachvollziehbar, daß etwaige Verbesserungen der produktiven Leistungseffizienz der vorwiegend untersuchten Ortsnetzbetreiber eine Folge der fortschreitenden Deregulierung in den USA sein sollen, wenn in dem jeweils gewählten Beobachtungszeitraum (bis maximal Anfang der 90er Jahre) das Kerngeschäft der Netzbetreiber – das der „Local Services" im Ortsnetzbereich – gar nicht dereguliert wurde, sondern lediglich der US-amerikanische Fernnetzbereich (s. Kapitel 4.1.2). Bezüglich der Länge des jeweils gewählten Beobachtungszeitraums ist anzumerken, daß sich mit Ausnahme von Grundwald/Schwellbach (1999) alle Studien auf Zeitintervalle von mindestens vier Jahren beziehen.

3) Einbezogene Bestimmungsgrößen des Unternehmenserfolges:
Die Zahl der in einer Studie jeweils untersuchten Stellgrößen, die möglicherweise den Erfolg unternehmerischen Handelns von TK-Diensteanbietern ausmachen, ist typischerweise gering. Die Autoren der aufgelisteten Untersuchungen versuchen mehrheitlich produktionsökonomisches Verbesserungspotential beim TK-Netzbetrieb aufzudecken.[418] Auf diese Weise konnten zwar bereits mehrfach die positiven Auswirkungen der Nutzung moderner Übertragungs- und Vermittlungstechnik (Majumdar/Venkataraman 1993, 1998; Majumdar 1995a) sowie der Verwirklichung von Größenvorteilen im Produktionsprozeß zur Bereitstellung von TK-Diensten (Nadiri/Schankerman 1981; Denny et al. 1981, 1983; Elixmann 1990; Majumdar 1995b; Oniki et al. 1994, Sueyoshi 1996, 1997) nachgewiesen werden. Empirische Studien, in denen aber über die Produktionseffizienz hinaus regelrecht ein ganzer Katalog strategischer Stellgrößen für den Unternehmenserfolg analysiert wird, sind mit Ausnahme von Gerpott (1997a) und Banker et al. (1998) sowie ansatzweise von Majumdar (1997) nicht zu finden.[419] Diese drei neueren Untersuchungen diskutieren sowohl unternehmensinterne als auch absatzmarktbezogene Erfolgsfaktoren und setzen sich mit der gewählten multivariaten Analysemethode von Gerpott/Pospischil (1993) und Knoll (2000) sowie insbesondere von Grunwald/Schwellbach (1999) ab, welche im Stile von Benchmarkinganalysen u.a. subjektive Beobachtungen aus der Unternehmenspraxis beschreiben und maximal vergleichende Messungen quantifizierbarer Unter-

---

[417] Das gilt auch für die regulierungsspezifischen Querschnittsanalysen von Majumdar 1997, Resende 1999 und Roycroft 1999, wobei diese Studien eher differenziert die Ablösung der Rate-of-Return-Regulierung durch die Price-Cap- und Incentive-Regulierung analysieren, anstatt ganz allgemein einen möglichen Zusammenhang zwischen Produktivitätssteigerungen und fortschreitender Deregulierung nachweisen zu wollen.

[418] Übersichten über weitere, überwiegend ältere Studien, die mit aggregierten Kostenfunktionen vornehmlich den Nachweis von Skaleneffekten führen, findet man bei Fuss 1983: 6f.; Baumol et al. 1988: 496; Panzar 1989: 51-56; Heuermann 1989: 300; Waverman: 1989; 83-90; Elixmann 1990: 1f.; Sueyoshi 1996: 1331.

[419] Die Studie von Majumdar 1997 kann deshalb nur unter Einschränkungen als umfangreiche Erfolgsfaktorenstudie gewertet werden, weil sie trotz der Berücksichtigung einer breiten Vielzahl von strategischen Stellgrößen als unabhängige Variablen ausschließlich Effekte von drei regulierungsspezifischen Variablen auf die gewählte abhängige Variable der Produktivität interpretiert.

nehmensdaten durchführen.[420] Übereinstimmende Ergebnisse der drei genannten Untersuchungen, die nicht in Zusammenhang mit der Produktionseffizienz beim TK-Netzbetrieb stehen und somit prinzipiell auch Aussagekraft für wettbewerbsstrategische Fragestellungen von Dienstehändlern im deutschen Markt für festnetzbasierte Telefondienste haben können, betreffen vor allem zwei Aspekte der absatzmarktbezogenen Geschäftsstruktur (Diversifikation und Zielgruppenfokus) sowie einen der Kostenstruktur (Marketingausgaben):[421]

- Die *Diversifikation* des Diensteportfolios in die (unverbundene) Richtung des Mobilfunkmarktes besitzt bei Gerpott (1997a) einen positiven, signifikant hohen Einfluß auf den Unternehmenserfolg und ist somit als vorteilhaft zu erachten. Banker et al. (1998) bestätigen das Ergebnis, indem sie einen Zusammenhang zwischen der (verbundenen) Positionierung als Mehrproduktunternehmen und vergleichsweise niedrigen Kosten des Geschäftsbetriebes nachweisen.[422]
- In bezug auf den *Zielgruppenfokus* bei der TK-Dienstevermarktung beobachtet Gerpott (1997a) bei vergleichsweise erfolgreichen Netzbetreibern eine Fokussierung auf Geschäftskunden. Der potentielle Erfolgsfaktor eines hohen Geschäftskundenanteils erreicht jedoch keine statistische Signifikanz für die Erklärung von Erfolgsunterschieden, weshalb die ausgeprägte Zielgruppenfokussierung nicht zwingend von Vorteil ist. Bestätigt wird diese Schlußfolgerung sowohl in der Untersuchung von Majumdar (1997), in der kein quasi-kausaler Zusammenhang zwischen einem relativ hohen Anteil von verlegten Anschlußleitungen für Geschäftskunden und der Produktionseffizienz nachgewiesen werden kann, als auch in der von Banker et al. (1998), in der im Umkehrschluß zu Majumdar (1997) eine breite Verteilung der verlegten Anschlußleitungen auf eine Vielzahl von Zielgruppen vorteilhafte Kostensenkungspotentiale nach sich zieht.[423]
- Der vermeintliche Erfolgsfaktor relativ hoher *Marketingausgaben* für Werbung und andere verkaufsfördernde Maßnahmen ist bei Gerpott (1997a) weder für relativ erfolgreiche Netzbetreiber von herausragender Bedeutung noch für die Erklärung von Erfolgsunterschieden von statistisch signifikanter Relevanz. In ähnlicher Weise bekräftigt die Studie von Majumdar (1997) die Erkenntnis, daß hohe Marketingausgaben allein für die Steigerung des Unternehmenserfolges keinen bedeutenden Beitrag leisten können: Trotz eines positiv korrelierten Zusammenhangs zwischen der unabhängigen Marketing- und Vertriebskostenquote und der abhängigen Variablen der Produktivität mangelt es der Ursache-Wirkungs-Kette an statistischer Signifikanz. Das Ergebnis steht schließlich auch in Einklang mit der empirischen Studie von Mixon/Hsing (1997).[424]

---

[420] Vor- und Nachteile des Benchmarking speziell von TK-Unternehmen reflektieren Tölösi/Lajtha 2000.

[421] Vgl. zu den Ergebnissen Gerpott 1997a: 247-250; Majumdar 1997: 567-573; Banker et al. 1998: 267-270.

[422] Ergänzend ist darauf zu verweisen, daß auch Kashlak/Joshi 1994 den Diversifikationsgrad von Netzbetreibern untersuchen, ohne jedoch eine für das strategische Management relevante Handlungsanweisung aus ihren Analysen abzuleiten.

[423] Zu Fragen der Gestaltung des Zielgruppenfokus im Rahmen der strategischen Unternehmensführung tragen partiell auch Armstrong/Fuhr 1993 bei, indem sie infolge von Kostenargumenten einen speziell geographischen Zielgruppenfokus auf ländliche Absatzmärkte bzw. Kunden als nachteilig erachten.

[424] S. Mixon/Hsing 1997: 317.

Es läßt sich festhalten, daß sich aus den in Tabelle 5-1 genannten Untersuchungen für Dienstehändler im deutschen Markt für festnetzbasierte Telefondienste im Fernnetzbereich eher wenig präskriptive Schlußfolgerungen ableiten lassen. Für die Generierung von Analogieschlüssen aus einem vergleichbaren Marktumfeld bedarf es vielmehr einer empirischen Erfolgsfaktorenuntersuchung,

(1) die sich hinsichtlich ihrer *Datenbasis* auf quantitative Unternehmensdaten einer Vielzahl von verschiedenen Dienstehändlern und nicht von (Orts-)Netzbetreibern stützt,

(2) die in einen mehrjährigen *Beobachtungszeitraum* nach einer Marktliberalisierung und nicht in einen vor oder während einer Marktliberalisierung fällt, und

(3) deren Erkenntnisinteresse sich *inhaltlich* auf marktorientierte und ressourcenbasierte Determinanten des wirtschaftlichen Erfolges der Dienstevermarktung und nicht vornehmlich auf die produktive Leistungseffizienz beim Netzbetrieb bezieht.

Diese Aspekte werden in der eigenen Untersuchung nachfolgend beachtet, die somit einen ersten Beitrag zur Gewinnung empirisch abgesicherter Erkenntnisse über die vielfältigen Ausprägungen und Bestimmungsgrößen des Erfolges oder des Mißerfolges von Dienstehändlern für Fernverkehrstelefondienste leisten will. Es handelt sich um eine quantitativ-explorative Analyse[425], deren Aufbau sich unter den drei oben genannten Regressionsanalysen, die aus der Menge der in Tabelle 5-1 aufgeführten empirischen Untersuchungen durch die Diskussion einer Vielzahl von unternehmensinternen und absatzmarktbezogenen Stellgrößen für den Unternehmenserfolg herausragen, eng an die Erfolgsfaktorenstudie von Gerpott (1997a) anlehnt.

5.2 Untersuchte Dienstehändler, Beobachtungszeitraum und Informationsquellen

Bei der Grundgesamtheit untersuchter Dienstehändler wäre es optimal, wenn alle aufgelisteten Toll Resellers in den von der FCC veröffentlichten „Carrier Locator Reports" auf empirisch belegbare Bestimmungsgrößen ihres wirtschaftlichen Erfolges oder Mißerfolges untersucht werden könnten. Das ist allerdings nicht möglich, weil die überwiegende Mehrheit dieser Unternehmen der Gruppe der „Tier Three"-Anbieter angehört, welche mit wenigen Mitarbeitern und geringem Umsatz als kleine Unternehmen in Privatbesitz in der Regel kaum Unternehmensinformationen offenlegen. Um also die Situation unzureichender oder nicht erreichbarer Informationsquellen zu berücksichtigen, und um die Gruppe der zu analysierenden Dienstehändler weitgehend homogen zu gestalten, wur-

[425] Einen Überblick zu den Methoden der empirischen Erfolgsfaktorenforschung erhält man z.B. bei Jacobs 1992: 30-32 oder Grünig et al. 1996: 7f. Prinzipiell unterscheidet man *explorative* Studien von *konfirmatorischen*. Erstere versuchen aus einer Menge möglicherweise erfolgsrelevanter Variablen diejenigen zu identifizieren, welche tatsächlich eine signifikante Beeinflussung des Unternehmenserfolges erzielen. Konfirmatorische Studien erklären hingegen anhand der erhobenen Datenbasis aufgestellte Hypothesen im Hinblick auf strategische Erfolgsbestimmungsgrößen für haltbar oder falsch. Eine Erweiterung dieser methodischen Systematisierung betrifft die Differenzierung der *quantitativen*, auf Zahlen und statistischen Analysen aufbauenden Studien von den *qualitativen*, sich mit dem „Wort" beschäftigenden Fallstudien. Allgemeine Probleme und Entwicklungen in der Methodik der empirischen Strategieforschung faßt Knyphausen-Aufsess 1995: 204-229 zusammen.

den folgende Kriterien bei der Auswahl von Dienstehändlern für die eigene empirische Analyse zugrundegelegt:

(1) Rechtsform einer börsennotierten Aktiengesellschaft

Dieses Kriterium hilft die Probleme unzureichender Unternehmensinformationen von Dienstehändlern in Privatbesitz zu überwinden. Eine Sekundärdatenerhebung von wirtschaftlichen Erfolgsindikatoren sowie verschiedener Erfolgsbestimmungsgrößen ist bei Aktiengesellschaften („Corporations") wegen ihrer Offenlegungspflicht von Unternehmensinformationen möglich. Dabei muß ein analysierter Dienstehändler nicht zwangsläufig über den gesamten Beobachtungszeitraum hinweg an einer Börse notiert gewesen sein und zusätzlich Unternehmensdaten publiziert haben.[426] Eine befriedigende Informationsbasis bietet sich bereits bei solchen Unternehmen, welche nur einige wenige Jahre gegen Ende des Beobachtungszeitraums börsennotiert und gleichzeitig offenlegungspflichtig waren, weil die gebotenen Unternehmensinformationen in den entsprechenden Jahresberichten neben dem jeweils aktuellen Berichtsjahr auch mehrere zurückliegende Jahre miteinbeziehen. Dennoch verbleibende Informationslücken können weitgehend über direkte Nachfrage und öffentlich zugängliche Literatur vergleichsweise einfach geschlossen werden.

(2) Keine Unternehmensneugründungen

Die zu untersuchenden Unternehmen sollten vor Beginn des Beobachtungszeitraums bereits mehrjährig als Dienstehändler geschäftstätig gewesen sein. Auf diese Weise finden sich in den zu erhebenden Datenreihen über den wirtschaftlichen Erfolg und die Investitionstätigkeiten der Dienstehändler nur selten Ausreißerwerte, wie es bei Unternehmensneugründungen typischerweise der Fall sein könnte.

(3) Unabhängigkeit im strategischen Management

Das Erfordernis einer Unabhängigkeit der Dienstehändler von anderen Telefondiensteanbietern bezüglich Entscheidungen des strategischen Managements wurde bereits in Kapitel 4.3.3 diskutiert.

(4) Kerngeschäft in Branchenklassifizierung SIC 4813

Die durchgängige Zugehörigkeit der zu analysierenden Dienstehändler zu der vierstelligen „Standard Industrial Classification" (SIC) 4813 gewährt die dienstespezifische Homogenität der

---

[426] Die US-amerikanische Börsenaufsichtsbehörde SEC („Securities and Exchange Commission") verlangt von börsennotierten Aktiengesellschaften keine Berichterstattung von Unternehmensdaten und -veränderungen, wenn entweder die ausgegebenen Aktien der Gesellschaft im Besitz von weniger als 300 Aktionären sind, oder wenn die Gesellschaft weniger als 500 Aktionäre hat und gleichzeitig in den letzten drei Geschäftsjahren jeweils ein Gesamtvermögen mit einem Wert geringer als $ 10 Millionen besaß. Vgl. SEC 1999: 5.

Abbildung 5-1: Aufgliederung der „Standard Industrial Classification" SIC 48

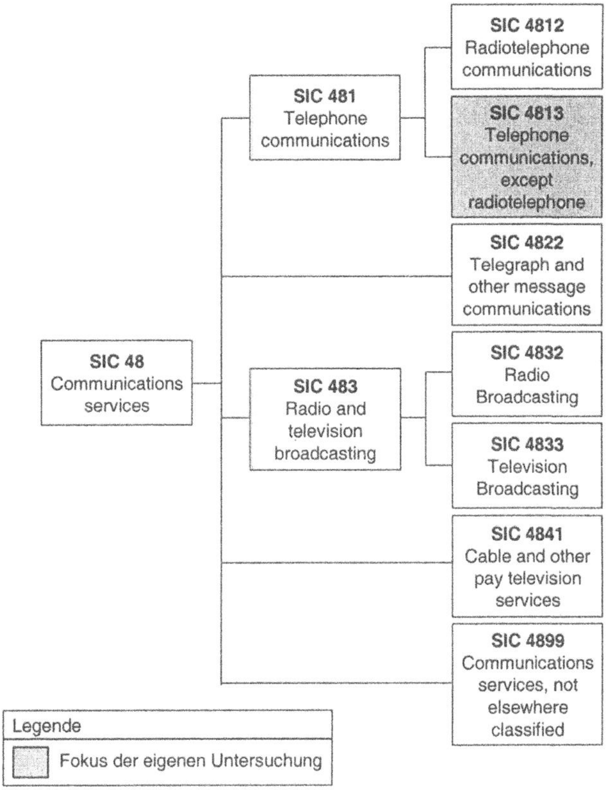

Quelle: In Anlehnung an US Dept. of Commerce 1997: C-1.

Grundgesamtheit. Damit ist gewährleistet, daß alle Dienstehändler vorrangig „Telephone Communications Except Radiotelephone" vermarkten.[427] Bei einer weniger strengen Anforderung an die definitorische Branchenzugehörigkeit auf der weiter gefaßten Ebene zweistelliger Klassifizierungscodes würden die untersuchten Dienstehändler zwar auch ein- und derselben

[427] Definition SIC 4813: „Establishments primarily engaged in furnishing telephone voice and data communications, except radiotelephone and telephone answering services. Also includes establishments engaged in leasing telephone lines or other methods of telephone transmission, such as microwave or satellite facilities and fiber optic lines, and reselling the use of such methods to others. Excludes establishments primarily engaged in furnishing radiotelephone communications and those furnishing telephone answering services." Vgl. US Dept. of Commerce 1997: C-1. Das System der vierstelligen SIC-Codes wurde 1997 von dem sechsstelligen „North American Industry Classification System" NAICS abgelöst. Eine nachträgliche Zuordnung der in dieser empirischen Studie zwischen 1992 und 1997 untersuchten Dienstehändler zu dem neueren System ist nicht möglich.

Branche angehören (SIC 48: „Communications Services"), jedoch möglicherweise zu verschiedenen strategischen Gruppen mit heterogenen Diensteangeboten zählen (s. Abbildung 5-1). Prinzipiell verlieren aber empirische Analysen über Unternehmen, welche innerhalb einer grob definierten Branche vielfältigen Unternehmensgruppen mit jeweils partiell unterschiedlichen Rahmenbedingungen der Geschäftstätigkeit angehören, an Aussagekraft.[428]

Für die Auswahl von Dienstehändlern nicht erheblich war, ob das Unternehmen als Switchless oder Switch-based Dienstehändler im Markt operiert. Auf diese Weise werden solche Dienstehändler nicht aus der Grundgesamtheit ausgeschlossen, die sich über den Erhebungszeitraum von einem Dienstehändler ohne eigene Vermittlungsstellen zu einem mit Vermittlungsstellen entwickeln und somit beide Geschäftsmodelle vertreten. Auf der anderen Seite entsteht dadurch allerdings eine Unschärfe in der Homogenität der zu untersuchenden Unternehmen bezüglich der individuell verschiedenen Profile von Ressourcen und Kernkompetenzen. Dieses Problem kann aber bei der Ergebnisinterpretation der empirischen Studie berücksichtigt und somit reduziert werden.

Die Gruppe der empirisch zu untersuchenden Unternehmen, welche die o.a. Auswahlkriterien erfüllen, umfaßt 12 Toll Resellers der USA. Dazu wurden die 340 potentiell geeigneten Unternehmen im „Carrier Locator Report" der FCC von 1997, abzüglich der 127 Unternehmen, welche als Tochtergesellschaften in Abhängigkeit anderer Diensteanbieter agieren, in der Online-Datenbank „US Business Directory" von *infoUSA* nachgeschlagen und auf die Auswahlkriterien hin überprüft.[429] Namen, wichtige Daten der Unternehmensgeschichte (auch jenseits des Beobachtungszeitraums) sowie einige wesentliche Merkmale der auf Basis dieses Auswahlprozesses ausgesuchten Dienstehändler, welche 1997 mehr als ein Drittel (= ca. 37%) des von der FCC ausgewiesenen Umsatzvolumens aller Toll Resellers repräsentierten[430], sind der Kurzcharakterisierung in Tabelle 5-2 zu entnehmen.

---

[428] Vgl. Cubbin 1988: 24f.

[429] In bezug auf die Branchenzugehörigkeit SIC 4813 wurde eine Ausnahme gemacht: Das Kerngeschäftsfeld des Unternehmens *FaxSav* umfaßt „Facsimile Transmission Services" und wird abweichend von den anderen ausgesuchten Dienstehändlern dem Code SIC 4822 zugeordnet. Weil aber Faxverbindungen gegenüber (Sprach-) Telefonverbindungen nur eine andere Form der Nutzung festverlegter Fernverkehrsnetze sind, und weil *FaxSav* seitens der FCC regelmäßig als Toll Reseller geführt wird, besteht kein zwingender Grund, den Dienstehändler nicht in die Grundgesamtheit der empirischen Studie mitaufzunehmen.

[430] Vgl. FCC 2000c: 243 (Tab. 5.13).

Tabelle 5-2: Kurzcharakterisierung der untersuchten Dienstehändler im US-amerikanischen Markt für festnetzbasierte Telefondienste im Fernnetzbereich

Dienstehändler	Wesentliche Unternehmensdaten und Merkmale
• ***ACC***	⇒ 1982 gegründet als Dienstehändler unter dem Namen *A.C. Teleconnect*; 1987 Namensänderung zu *ACC*; Firmensitz in Rochester, NY ⇒ Im Beobachtungszeitraum Switch-based Dienstehändler mit Tochtergesellschaften in Kanada und Großbritannien ⇒ Vermarktet Sprach- und (ansatzweise) Datendienste im Fernstreckenbereich an Universitäten/ Hochschulen, mittelständische Unternehmen und Privatkunden ⇒ Mitte 1998 erst mit *Teleport* fusioniert und dann von *AT&T* übernommen; europäische Niederlassungen Ende 1999 von *WorldXchange* gekauft
• ***Equalnet Communications***	⇒ 1990 gegründet und seit 1995 börsennotierte Gesellschaft mit Unternehmenssitz in Houston, TX ⇒ Bis Ende 1996 Switchless Dienstehändler, ab dem Geschäftsjahr 1997 durch eine Firmenakquisition Switch-based ⇒ Vermarktet wenige (Sprach-)Telefondienste hauptsächlich an mittelständische Geschäftskunden ⇒ 1998 finanzielle Probleme und Einleitung des Konkursverfahrens (operativ tätig unter Gläubigerschutz)
• ***Excel Communications***	⇒ 1988 als Switchless Dienstehändler mit Sitz in Dallas, TX gegründet; seit 1996 börsennotiert ⇒ Durch die Akquisition mit *Telco Communications* in 1997 Entwicklung zu einem Switch-based Dienstehändler; nach Umsatz Nr. 5 im Markt für „Interstate" und „Intrastate Toll Services" in den USA. ⇒ Besonderes Merkmal: Vertriebskonzept „Multi-Level-Marketing" zur Gewinnung von Privatkunden ⇒ Seit 1998 mit *Teleglobe* fusioniert
• ***Executive Telecard***	⇒ Switchless Dienstehändler mit Gründungsjahr 1987 und Sitz in Washington DC; Börsengang in 1989 ⇒ Fokus im Beobachtungszeitraum auf internationale Calling Cards und andere Telefondienste für die Zielgruppe „Business Travelers" ⇒ Seit 1998 strategische Umorientierung in Richtung Netzbetreiber unter dem Namen *eGlobe*
• ***FaxSav***	⇒ 1989 als Switch-based Dienstehändler unter dem Namen *Digitran* gegründet; Sitz in Edison, NJ; Börsengang und Namenswechsel im Jahr 1996 ⇒ Bietet vornehmlich Geschäftkunden in den USA Fax-Dienste über leitungsvermittelnde Telefonnetze an; seit 1997 Forcierung des Dienstegeschäfts über paketvermittelnde TK-Netze (Internet Protokoll) ⇒ Seit Unternehmensgründung andauernde Geschäftsverluste; firmiert heute unter *Netmoves*

(Fortsetzung auf der nächsten Seite)

• ***Group Long Distance***	⇒ 1988 gegründeter Switchless Dienstehändler; lediglich übergangsweise durch eine Firmenakquisition im Jahr 1996 Switch-based ⇒ Unternehmenssitz in Fort Lauderdale, FL; Börsennotierung seit 1997 ⇒ Bietet primär im Südosten der USA ein umfangreiches Diensteportfolio an
• ***National Telephone & Communications (NTC)***	⇒ 1988 errichteter Switchless Dienstehändler als Tochtergesellschaft von *Incomnet* (Gründung 1974) mit Sitz in Woodland Hill, CA ⇒ Weitere Töchter von *Incomnet* stellen optische Geräte und Linsen sowie Software her, wobei das Telefongeschäft der Holding überwiegt ⇒ Vertriebsschwerpunkt ist „Multi-Level-Marketing" zur Akquisition vornehmlich privater Kunden ⇒ 1998 Einbringung von *NTC* in ein neues, eigenständiges TK-Unternehmen
• ***Network Long Distance***	⇒ 1987 gegründet als *Harmoney Street Capital* mit dem Unternehmenszweck einer Beteiligungsgesellschaft; Ende 1990 Kauf des TK-Dienstehändlers *M.M.Ross* (Gründung bereits 1979) und Umorientierung zum Telefondienstegeschäft ⇒ 1991 Namensänderung in *Network Long Distance* mit Sitz in Newport News, VA; Switch-based Dienstehändler ⇒ Gehört seit Mitte 1998 zu dem Netzbetreiber *IXC Telecommunications*
• ***Network Plus***	⇒ Switch-based Dienstehändler mit Gründungsjahr 1990 (anfänglich Switchless) und Unternehmenssitz in Quincy, MA; Aktien im Besitz der Unternehmensinhaber, keine Börsennotierung ⇒ Bedient Mittelständler an der Ostküste der USA mit einem breiten Diensteportfolio ⇒ Seit 1998 durch Vereinbarungen von langfristigen Verfügungsrechten über TK-Netzleitungen Entwicklung in Richtung eines Netzbetreibers, der auch zunehmend im Großhandel mit Übertragungsleistungen tätig wird
• ***Telegroup***	⇒ 1989 gegründeter Call-Back-Anbieter, der sich zu einem Switch-based Dienstehändler mit Unternehmenssitz in Fairfield, IA entwickelt hat; Börsennotierung seit 1997 ⇒ Schwerpunkt des Geschäfts: Internationale und nationale Ferngespräche mit Zielgruppenfokus Privat- und kleine Geschäftskunden; diverse Direktinvestitionen in Europa und Asien ⇒ Seit 1998 starke Entwicklung in Richtung eines internationalen Netzbetreibers; 1999 Aufkauf durch *Primus Telecommunications*
• ***Tel-Save***	⇒ 1989 gegründet und bis 1995 Switchless, dann Switch-based Dienstehändler; Sitz in New Hope, PA; Börsennotierung seit 4.Quartal 1995 ⇒ Im Beobachtungszeitraum Wahl von *AT&T* als wichtigster vertikal vorgelagerter Kooperationspartner ⇒ Seit 1998 strategische Neuausrichtung im Vertriebsbereich über exklusiven Zugang zu der Kundenbasis von *AOL*

(Fortsetzung auf der nächsten Seite)

• ***Total Tel USA Communications***	⇒	1959 gegründet als *Faradyne Electronics* und seit 1982 im TK-Markt
	⇒	Unternehmenssitz des heutigen Switch-based Dienstehändlers mit eigener IN-Plattform in Little Falls, NJ; Name seit 1991
	⇒	Vollsortimenter in New York City für Geschäftskunden und im Südosten der USA auch für Privatkunden
	⇒	Ab 1998 verstärkter Fokus auf Positionierung als Großhändler von Vermittlungsdiensten

Die ausgewählten Dienstehändler stellen teilweise ein verkleinertes Abbild der Menge aller Wiederverkäufer von Telefondiensten dar. Das betrifft beispielsweise den oftmals zu beobachtenden Weg der Unternehmensentwicklung von einem Dienstehändler ohne eigene Vermittlungsstellen zu einem mit Vermittlungsstellen (s. Kapitel 4.3.3). Dieser läßt sich in der ausgesuchten Grundgesamtheit bei *Equalnet*, *Excel*, *Network Plus* und *Tel-Save* beobachten. Ein für Dienstehändler typischer Unternehmensstart als internationaler Call-Back-Anbieter (s. Kapitel 2.1.2.2) ist bei *Telegroup* auszumachen. Die Mehrheit der anderen Dienstehändler begann das Geschäft dagegen als Wiederverkäufer von *AT&T*-Basisdiensten und weitete anschließend mehr oder weniger schnell das Diensteangebot auf höherwertige Telefondienste aus, auch in Kooperation mit alternativen Netzbetreibern. Eine Einordnung der ausgesuchten Dienstehändler in die Betriebsgrößenklassifizierung US-amerikanischer Telefondiensteanbieter erfolgt weiter unten in Kapitel 5.3.1 bei der Erörterung ihrer jeweiligen Umsatzentwicklung.

Ein Zeitraum, in dem alle Dienstehändler der Studie mehr als ein Jahr als börsennotierte Aktiengesellschaften im Markt operierten oder – im Fall von *Network Plus* – auf freiwilliger Basis Jahresberichte publizierten, ist die Zeitspanne von 1992 bis 1997. Erfolgskorrelate im Dienstehandel werden demzufolge für diese 6 Jahre empirisch untersucht, wobei ein Erhebungsdesign, bei dem Daten für 12 Dienstehändler über 6 Jahre erfaßt werden können, angesichts kurzer Lebenszyklen im Dienstehandel (s. Kapitel 4.3.3) durchaus nicht als anspruchslos einzustufen ist. Diese Einschätzung wird auch dadurch gestützt, daß bereits ein Jahr nach Ende des gewählten Beobachtungszeitraums die Mehrheit der 12 Unternehmen in ihrer jeweiligen Unternehmenskonstellation, in der sie zwischen 1992 und 1997 im Markt operierten, nicht mehr existierten. Die Art der in Tabelle 5-2 jeweils kurz umrissenen Veränderungen nach 1997 reicht von Aufkäufen durch Wettbewerber über die Einleitung eines Konkursverfahrens bis hin zur Aufnahme des Geschäfts als Netzbetreiber über entsprechende Investitionen oder Fusionen. Ein Grund für diese gesamtheitlich abrupten Änderungen ist vermutlich im rechtlich-politischen Marktumfeld des Telecommunications Act von 1996 zu sehen, dessen Erlaß an das Ende des empirischen Beobachtungszeitraums fällt. In diesem Zusammenhang lassen sich die Unternehmensveränderungen als Reaktion auf die verschärften Wettbewerbsbedingungen interpretieren.

Die Daten, auf denen die empirischen Analysen basieren, sind in erster Linie den jährlichen Finanzlageberichten („Form 10-K") der Dienstehändler gegenüber der US-Börsenaufsichtsbehörde entnommen. Allerdings bieten darin nicht alle Dienstehändler den gleichen Detaillierungsgrad in bezug auf die quantitative und qualitative Unternehmensanalyse an, so daß zur Überbrückung von Informationslücken weitere Datenquellen genutzt werden. Hierzu gehören:

- Moody's – OTC Industrial Manuals 1993 – 1998;
- Dow Jones News Retrieval – Financial Profiles;
- Hoover's Company Profile Database;
- Gale Business Resources – Company Profiles;
- Phillips Telephone Industry Directories 1995 –1999;
- America's Network Directory 1998;
- FCC Statistics of Communications Common Carriers 1992/93 – 1997/98;
- Internet-Auftritte der Dienstehändler;
- Telefonische Nachfrage bei den Unternehmen.

5.3 Vergleich des wirtschaftlichen Erfolges der untersuchten Dienstehändler

Zur Operationalisierung des Unternehmenserfolges können prinzipiell jahresabschluß- und/oder kapitalmarktorientierte Erfolgsindikatoren herangezogen werden. Mit beiden Gruppen von Beurteilungsmaßstäben sind allerdings Probleme verbunden, die keine vollständig zuverlässige Auskunft über den Unternehmenserfolg der jeweils analysierten Unternehmen erlauben. Während man bei den jahresabschluß- und somit vergangenheitsorientierten Erfolgsindikatoren die Gefahr der Verfälschung aufgrund unterschiedlicher Bewertungsmethoden in den Jahresabschlüssen sowie die mangelnde Berücksichtigung des gegenwärtigen und zukünftigen Geschäftsrisikos mit Blick auf die Geschäftsfinanzierung, anstehende Investitionen, die Dividendenpolitik und die Gewinnerwartungen kritisiert, werden bei den kapitalmarkt- und somit eher zukunftsorientierten Erfolgsindikatoren die aufzustellenden modelltheoretisches Prämissen bezüglich eines effizienten und vollständiger Information unterliegenden Kapitalmarktes beanstandet.[431] Neben diesen beiden weitgehend objektiven Alternativen zur Messung des Unternehmenserfolges gibt es zudem noch eine dritte eher subjektive, semi-quantitative Methode, bei der mit Hilfe von unternehmensinternen und/oder -externen Auskunftspersonen der Unternehmenserfolg im Rahmen von vergleichenden „Ratings" abgefragt wird. Bei diesem Verfahren ist jedoch die Validität der Ergebnisse wegen bewußter Falschangaben

[431] Zu Vor- und Nachteilen von jahresabschluß- und kapitalmarktorientierten Erfolgsindikatoren heißt es bei Knyphausen-Aufsess 1995: 217 in der Zusammenfassung seiner diesbezüglichen Literaturanalyse, „(...) daß es bislang offenbar keinen hinreichend vertrauenserweckenden (finanziellen) Performance-Maßstab gibt." Einen guten Einblick in die Diskussion von Erfolgsindikatoren gewinnt man z.B. auch bei Schmalensee 1989: 960-966; Chakravarthy 1986: 440-445 u. 453-456, Schüle 1992: 102-105, Gerpott 1993: 193-209 oder Jenner 2000b: 327-330, und speziell in bezug auf TK-Diensteanbieter bei Xavier 1991: 138-141.

oder aufgrund von ungewollten Wahrnehmungsverzerrungen der Auskunftspersonen kritisch zu betrachten.[432]

Die eigene Erfolgsanalyse stützt sich nachfolgend auf jahresabschlußorientierte Erfolgsindikatoren, unter denen allgemein in empirischen Studien Meßgrößen wie Umsatzwachstum, Umsatzrentabilität, Eigenkapitalrentabilität, Gewinn, Gesamtkapitalrentabilität, Umsatz und Gewinnwachstum in der genannten Reihenfolge am häufigsten zur Anwendung gelangen.[433] Hier wird speziell die Entwicklung von zwei Rentabilitätskennzahlen analysiert, also von prozentual ausgedrückten Beziehungszahlen, welche eine absolute Erfolgsgröße zu einer anderen absoluten Größe in Beziehung setzen.[434] Untersucht werden nach einer einleitenden Beschreibung der Umsatzverläufe der Dienstehändler die Entwicklungen ihrer Umsatzrentabilität und die ihrer Gesamtkapitalrentabilität. Eine solche jahresabschlußorientierte Rentabilitätsanalyse ermöglicht eine Relativierung des Erfolges unternehmerischen Handelns und ermöglicht einen zwischenbetrieblichen Erfolgsvergleich. Eine ergänzende Messung von kapitalmarktorientierten Erfolgsindikatoren ist aufgrund der zeitlich nur kurz zurückreichenden oder im Beobachtungszeitraum vollständig ausgebliebenen Börsennotierung der Mehrheit der untersuchten Dienstehändler und der damit zusammenhängenden Schwierigkeit bzw. Unmöglichkeit einer Datenbeschaffung von Börsenkursdaten nicht durchführbar. Die wenigen vorliegenden Informationen über die Wertentwicklung von börsennotierten Aktien der untersuchten Dienstehändler finden dennoch in einer abschließenden Plausibilitätsüberprüfung der auf Basis der jahresabschlußorientierten Erfolgsindikatorenmessung gewonnenen Erkenntnisse Berücksichtigung.

5.3.1 Entwicklungen des Umsatzes

Der jährlich erzielte Umsatz gilt als einer der wichtigsten Einflußfaktoren auf das Betriebsergebnis eines Unternehmens.[435] Abbildung 5-2 zeigt den Umsatzverlauf der Dienstehändler von 1992 bis 1997. Man erkennt, daß alle untersuchten Dienstehändler zu Beginn des Beobachtungszeitraums als „Tier Three"-Anbieter im Fernverkehrsmarkt für festnetzbasierte Telefondienste mit weniger als $ 100 Millionen Umsatz agierten. Lediglich *ACC* stach mit einem Umsatzerlös von bereits über $ 80 Millionen im Jahr 1992 hervor, während die übrigen Dienstehändler zwischen $ 2,4 und nur wenig mehr als $ 20 Millionen Umsatz erzielten. In den Jahren nach 1992 gelang es den sechs Dienstehändlern *ACC*, *Excel*, *NTC*, *Telegroup*, *Tel-Save* und *Total Tel* ihren Umsatz soweit zu steigern, daß

---

[432] S. dazu Gerpott 1993: 209-228; Gerpott 1999c: 171-173; Jenner 2000b: 329.

[433] Vgl. Daschmann 1994: 74f., der diese Feststellung auf eine Auswertung von 75 Studien der Erfolgsfaktorenforschung mit insgesamt 56 verschiedenen Meßgrößen für den Unternehmenserfolg stützt.

[434] Zur Rentabilitätsanalyse auf der methodischen Grundlage relativer Kennzahlen s. Born 1994: 447f.; Luffman et al. 1996: 80; Coenenberg 1997: 700f.; Schult 1997: 96; Küting 1999: 295-300.

[435] Vgl. Schult 1997: 100.

Abbildung 5-2: Umsatzverlauf der Dienstehändler von 1992 bis 1997 in Millionen $

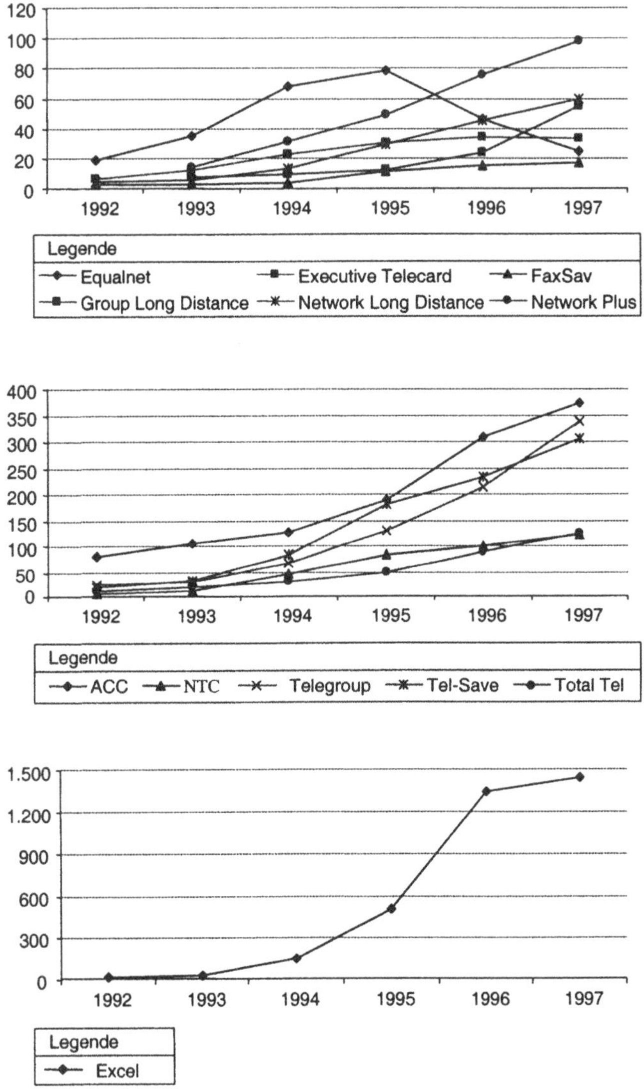

Quelle: Form 10-K; Moody's OTC Industrial Manuals; Hoover's Company Profile Database.

sie im Laufe des Untersuchungszeitraums die Umsatzgröße von $ 100 Millionen überschritten.[436] Sie zählten im Jahre 1997 folglich zu den „Tier Two"-Anbietern der USA, während die übrigen Dienstehändler *Equalnet*, *Executive Telecard*, *FaxSav*, *Group Long Distance*, *Network Long Distance* und *Network Plus* über die gesamte Zeit von 1992 bis 1997 „Tier Three"-Anbieter blieben. Nahe an die „Tier One"-Anbieter kam lediglich der Dienstehändler *Excel* heran, der mit $ 1,45 Milliarden erzielten Umsatzerlösen in 1997 nach *AT&T*, *MCI*, *Sprint* und *Worldcom* zum fünftgrößten Telefondiensteanbieter im Fernnetzbereich der USA aufstieg. *Excel* nimmt somit unter den zu analysierenden Dienstehändlern hinsichtlich der Umsatzentwicklung eine Ausnahmeposition ein. Aus der Perspektive prozentualer Wachstumsgrößen (s. Tabelle 5-3) entspricht der Wachstumspfad des Unternehmens einem durchschnittlichen Umsatzanstieg von 127% pro Jahr. Eine von verschiedenen Erklärungen für diese außergewöhnliche Entwicklung bieten zwei Unternehmenseinkäufe, die in ihrer Größenordnung über einzelne Unternehmensakquisitionen der anderen Dienstehändler weit hinausreichen. Mitte 1997 übernahm *Excel* den bis dahin in Privatbesitz befindlichen Dienstehändler *Telco Communications* sowie das angeschlossene Unternehmen *Long Distance Wholesale*. Deren Umsätze, die im Geschäftsjahr 1997 in der genannten Reihenfolge $ 379 Millionen bzw. $ 176 Millionen betrugen, sind in den vorliegenden Zahlen ab 1996 pro forma enthalten.

In bezug auf die durchschnittliche jährliche Wachstumsrate konnten allerdings auch die anderen beobachteten Dienstehändler Erfolge verbuchen. Die FCC-Marktstatistiken dokumentieren als Vergleichsgröße ein am Umsatz aller Fernverkehrsanbieter gemessenes durchschnittliches Marktwachstum pro Jahr von 9%. Die neben *Excel* ausgewählten Dienstehändler wuchsen zum Vergleich von 1992 bis 1997 im Durchschnitt jedes Jahr zwischen 35% und 86% und somit um ein Vielfaches schneller als der Gesamtmarkt für „Interstate" und „Intrastate Toll Services". Einzig und allein *Equalnet* entwickelte sich beim Umsatz mit durchschnittlich 6% pro Jahr langsamer als der Marktdurchschnitt. Ursache dafür ist nach anfänglichem Wachstum ein Umsatzeinbruch, welcher sich bei dem Dienstehändler in den Jahren nach 1995 mit negativen Wachstumsraten von –41% und –47% bemerkbar machte und von dem Unternehmen unter anderem mit langwierigen Problemen bei der Umstellung seiner Geschäftsprozesse auf einen neues Abrechnungssystem erklärt wird. Auch *Executive Telecard* weist von 1996 auf 1997 eine negative Entwicklung aus, die aber mit –3% weitaus weniger einschneidend war. Dennoch besitzen beide genannten Unternehmen in der Konsequenz dieser Wachstumsschwächen mit 6% bzw. 37% die schlechtesten Durchschnittswerte beim jährlichen Umsatzwachstum, zwischen die sich alleine noch der Dienstehändler *ACC* mit einem Durchschnittswachstum in Höhe von 35% plaziert.

[436] Bei *ACC* ist zu berücksichtigen, daß der Dienstehändler einen vergleichsweise großen Anteil seines Umsatzes über ausländische Direktinvestitionen erzielt. Allerdings ist das Unternehmen auch bei einer isolierten Betrachtung der in den USA generierten Umsätze (1997: $ 121 Millionen) als „Tier Two"-Anbieter zu klassifizieren.

Tabelle 5-3: Prozentuale Umsatzveränderungen der Dienstehändler zwischen 1992 und 1997

Dienstehändler	Umsatz (in Tsd. US $)		CAGR[a] 1992-1997	Extremwerte Wachstum	
	1992	1997		Maximum	Minimum
ACC	81.680	372.613	35%	63%	19%
Equalnet	18.950	24.876	6%	92%	-47%
Excel	24.167	1.454.352	127%	393%	8%
Executive Telecard	6.985	33.123	37%	82%	-3%
FaxSav	2.421	17.418	48%	238%	7%
Group Long Distance[b]	7.784	54.341	63%	132%	23%
NTC	5.535	121.800	86%	304%	21%
Network Long Distance	4.263	59.609	69%	124%	32%
Network Plus[b]	14.425	98.209	62%	113%	31%
Telegroup	23.846	337.432	70%	131%	25%
Tel-Save	17.668	304.768	77%	159%	29%
Total Tel	11.736	123.286	60%	79%	38%

a) Geometrisches Mittel der Wachstumsrate im Beobachtungszeitraum ("Compound Annual Growth Rate").
b) Keine Umsatzangaben für 1992 erhältlich, so daß die Umsatzbetrachtung im Jahr 1993 beginnt.

Quelle: Form 10-K; Moody's OTC Industrial Manuals; Hoover's Company Profile Database.

Zu beachten ist hier, daß aufgrund der beschriebenen Umsatzentwicklungen *Excel* nicht zwangsläufig zu einer Gruppe erfolgreicher Dienstehändler in der Grundgesamtheit gehört und *Equalnet, Executive Telecard* sowie *ACC* oder womöglich alle am Ende des Beobachtungszeitraums immer noch als „Tier Three"-Anbieter operierenden Dienstehändler zu einer Teilgruppe vermeintlicher Wachstumskrisen-Unternehmen zählen. Ganz allgemein ermöglicht erst eine Rentabilitätsanalyse im Unterschied zu einer Analyse absolut bemessener Erfolgsgrößen eine aussagekräftige, vergleichende Beurteilung der wirtschaftlichen Erfolgspositionen von analysierten Unternehmen.

5.3.2 Entwicklungen der Rentabilität

Die pro Dienstehändler jährlich erhobene Umsatzrentabilität („Operating Profit Margin" o. „Sales Margin") stellt das erzielte ordentliche Betriebsergebnis („Operating Profit") und den generierten Umsatz („Revenue") einander gegenüber:[437]

$$\text{Umsatzrentabilität} = \frac{\text{ordentliches Betriebsergebnis}}{\text{Umsatzerlöse}} (\cdot 100\%)$$

[437] Zur Konzeption u. Interpretation der Umsatzrentabilität s. Buzzell/Gale 1989: 22f.; Born 1994: 452; Bartram 1996: 395f.; Luffman et al. 1996: 83; Schult 1997: 100; Coenenberg 1997: 705; Weber 1998: 84-86; Küting 1999: 307f.

Die Umsatzrentabilität zeigt somit an, wie hoch der betriebliche Gewinnanteil vor Ertragsteuern und Zinsaufwand bezogen auf den Umsatz ist. Sie ermöglicht eine Aussage über die von betriebsfremden und außerordentlichen Aktivitäten unbeeinflußte Erfolgsträchtigkeit des unternehmerischen Handelns in dem Kerngeschäftsfeld eines jeden Dienstehändlers, oder mit anderen Worten ausgedrückt, eine Berechnung des je Geldeinheit Umsatz verbleibenden Gewinnbeitrages im Rahmen der Vermarktung derjenigen Leistungen, welche den eigentlichen Betriebszweck ausmachen (hier: Vermarktung festnetzbasierter Telefondienste im Fernnetzbereich). Unberücksichtigt bleibt allerdings das Kapitalvolumen, das zur Erzielung des Betriebsergebnisses eingesetzt wird. Demzufolge erlaubt die Umsatzrentabilität keine Aussage darüber, inwieweit sich ein Unternehmen hohe Umsatzerlöse in seinem Kerngeschäft durch einen vergleichsweise hohen Kapitaleinsatz erkauft hat.[438] Tabelle 5-4 sind die Umsatzrentabilitäten der 12 untersuchten Dienstehändler zu entnehmen.

In der Gesamtheit fällt auf, daß bei der Mehrheit der Dienstehändler im Jahr 1997 die Umsatzrentabilität (genauso wie die noch zu erörternde Gesamtkapitalrentabilität) stark in den Bereich negativer Werte absank. Diese Entwicklung dürfte erneut ein Indiz für Maßnahmen diverser Geschäftsumstrukturierungen sein, die bei den Dienstehändlern 1997 als Antwort auf die erwartete Wettbewerbsintensivierung infolge des 1996er Telecommunications Act im Mittelpunkt des strategischen Managements standen. Der Negativtrend des Jahres 1997 kann also u.a. als Zeichen eines deregulierungsbedingten Rentabilitätsdrucks interpretiert werden.[439]

Auf einzelwirtschaftlicher Untersuchungsebene zeigt sich, daß diejenigen Dienstehändler, die im 6-Jahreszeitraum von 1992 bis 1997 nicht die obere Wachstumsschwelle einer „Tier Three"-Telefongesellschaft überwinden konnten, mit Ausnahme von *Executive Telecard* gleichfalls eine negative durchschnittliche Umsatzrentabilität erwirtschafteten. Dabei sticht speziell *FaxSav* mit einem Durchschnittswert von –80,9% und dauerhaften Einzelwerten in stark negativen Wertebereichen hervor, was mit Abstand die schlechteste Entwicklung und ein Indiz dafür ist, daß dem Unternehmen die Umsetzung des Umsatzwachstums in nachhaltigen Gewinn größtmögliche Probleme bereitete. *FaxSav* kann von seiner Umsatzrentabilität her als Dauerkrisen-Unternehmen bezeichnet werden. Unter den vier anderen „Tier Three"-Anbietern mit im Durchschnitt negativen Umsatz-

---

438 Die Frage nach dem eingesetzten Kapital in Relation zum Erfolg des unternehmerischen Handelns wird allerdings bei der Analyse der Gesamtkapitalrentabilitäten weiter unten in diesem Kapitel aufgegriffen.

439 Vgl. dazu a. den in Kapitel 4.3.2 erörterten Wachstumseinbruch bei der Zahl neuer Marktteilnehmer von 1996 auf 1997 und die in Tabelle 5-2 genannten Geschäftsveränderungen der Dienstehändler nach 1997. Zu ergänzen ist allerdings, daß prinzipiell auch andere Faktoren (z.B. Kapazitätsausbau, Vorleistungspreiserhöhungen, Preiskampf bei Endkunden) den Rentabilitätsrückgang im Jahr 1997 hervorgerufen haben können. Gegen solche alternativen Erklärungsversuche spricht aber, daß im Markt für Festnetztelefonie 1997 (a) ein im Vergleich zum Vorjahr stabiles Preisniveau gemäß den Marktinformationen von Standard & Poors 1997: 9f. und Abbildung 4-2 erkennbar war, (b) die untersuchten Dienstehändler in ihren Form 10-K ex-post auf keine Fehlmengenkalkulationen beim Einkauf ihrer Vorprodukte hingewiesen haben und es (c) bei einem Anstieg aller vermittelten Fernverbindungsminuten von 8% bei „Interstate Toll Services" und von 9% bei „Intrastate Toll Services" (zum Vergleich 1996: jeweils 8%) gemäß der Marktdaten von FCC 2000a: 12-3 (Tab. 12.1) zu keinem Einbruch der Nachfrage gekommen sein dürfte.

rentabilitäten weisen dynamisch betrachtet *Equalnet* (im Mittel –15,7%) und *Group Long Distance* (im Mittel –9,3%) eine kontinuierliche Verschlechterung ihrer Jahreswerte auf. Bei *Network Long Distance* (im Mittel –0,3%) und *Network Plus* (im Mittel –1,6%) ist eine schwankende Trendentwicklung zu beobachten, was auch auf *Executive Telecard* als einzigen „Tier Three"-Anbieter in der Grundgesamtheit mit durchschnittlich positiver Umsatzrentabilität (im Mittel 3,4%) zutrifft. Eine stetige Entwicklung auf gleichbleibend hohem Niveau zeigt keiner der 6 „Tier Three"-Anbieter in der Grundgesamtheit.

Unter den 6 Dienstehändlern, deren Wachstumsprozeß die Schwelle von $ 100 Millionen Umsatz zwischen 1992 und 1997 mehr oder weniger schnell überschritten hat, lassen nur die drei Dienstehändler *Excel*, *Tel-Save* und *Total Tel* gleichfalls die unternehmerische Fähigkeit eines effizienten Managements ihrer Kostenpositionen erkennen, was die erhobenen Daten in zweifacher Hinsicht dokumentieren: Die drei Dienstehändler besitzen eine Umsatzrentabilität auf einem vergleichsweise hohen Niveau von durchschnittlich mehr als 2,8% und demonstrieren dabei zumindest über 5 aufeinanderfolgende Jahre hinweg gleichgewichtig verlaufende Wertentwicklungen. Die drei Dienstehändler *ACC*, *NTC* und *Telegroup*, die zu „Tier Two"-Anbietern aufgestiegen sind, besitzen hingegen mit mittleren Umsatzrentabilitäten von –0,1%, –6,6% und 0,7% relativ schlechte Werte. In der Trendanalyse kann aber *ACC* zumindest über fünf Jahre hinweg einen steigenden Verlauf aufweisen, wohingegen bei *NTC* und *Telegroup* eine schwankender Rentabilitätstrend zu erkennen ist.

Für die Beurteilung der Erfolgsträchtigkeit eines Unternehmens bietet die Umsatzrentabilität eine wichtige Meßgröße, die aber – wie bereits betont – keine Aussage über die Verzinsung des insgesamt eingesetzten Kapitals erlaubt. Zur Berücksichtigung des Vermögens, welches u.a. für die Erzielung des Umsatzes von einem Unternehmen eingesetzt wurde, ist zusätzlich die Gesamtkapitalrentabilität („Capital Yield" oder „Rate of Return") als zweiter Erfolgsindikator heranzuziehen. Sie kennzeichnet den Jahresüberschuß oder -fehlbetrag aus der Verrechnung aller Aufwands- und Ertragskomponenten („Net Income") zuzüglich der Fremdkapitalzinsen („Interest Expense") bezogen auf das eingesetzte Kapital bzw. auf die Bilanzsumme („Total Assets"):[440]

$$\text{Gesamtkapitalrentabilität} = \frac{\text{Jahresüberschuß/ - fehlbetrag + Fremdkapitalzinsen}}{\text{Gesamtkapital}} (\cdot 100\%)$$

Die Kennzahl gibt die Höhe des Geldbetrages an, den das Unternehmen verwenden könnte, um seinen Kapitalgebern ein Entgelt für die Kapitalüberlassung zu zahlen. Sie spiegelt somit die Ergiebigkeit der Vermögensverwendungen aus Sicht der Eigen- und Fremdkapitalgeber wider.

[440] Zu der Konzeption und Interpretation der Gesamtkapitalrentabilität s. Buzzell/Gale 1989: 22f.; Born 1994: 450; Bartram 1996: 401f.; Luffman et al. 1996: 81f.; Schult 1997: 98; Coenenberg 1997: 705; Weber 1998: 80-83; Küting 1999: 301-304.

Dabei werden in dem Zähler der Rentabilitätskennzahl üblicherweise die Fremdkapitalzinsen zu dem Jahresüberschuß hinzugerechnet, weil man davon auszugehen hat, daß auch etwaige Zinszahlungen für Fremdverschuldungen von dem investierten Kapital erwirtschaftet werden müssen. Bei einer solchen Verfahrensweise hat die Struktur des eingesetzten Kapitals gemäß der bilanziellen Herkunftsunterscheidung in Eigen- und Fremdkapital keinen Einfluß mehr auf die Rentabilitätskennzahl, weshalb sich der Erfolgsindikator für einen Vergleich sowohl mit Branchen- oder Kapitalmarktrenditen als auch mit Renditen anderer Wettbewerber gegenüber der Eigenkapitalrentabilität besser eignet. Bei der Berechnung von Eigenkapitalrentabilitäten würde zudem die Schwierigkeit auftreten, bilanzielle Sonderposten zwischen Eigen- und Fremdkapital aufteilen zu müssen, ohne die angemessene Anteilsverteilung zu kennen.[441]

Die in Tabelle 5-4 aufgelisteten Gesamtkapitalrentabilitäten der Dienstehändler ergeben ein ähnliches Bild wie das der individuellen Umsatzrentabilitäten. Unter den Dienstehändlern, die während des Beobachtungzeitraums durchgängig „Tier Three"-Wettbewerber mit mehrheitlich unvorteilhaften Umsatzrentabilitäten waren, zeigt erneut nur ein Unternehmen eine durchschnittlich positive Rentabilitätskennzahl. Es handelt sich um *Network Plus* mit einer mittleren Gesamtkapitalrentabilität von 9% bei allerdings fallender Tendenz der Einzelwerte. Der Dienstehändler *Executive Telecard*, der bei der vorangegangenen Analyse der Umsatzrentabilitäten noch positiv abschneiden konnte, erzielte in bezug auf die durchschnittliche Gesamtkapitalrentabilität einen deutlich negativen Wert von –8%. Ähnlich erging es den verbleibenden vier „Tier Three"-Wettbewerbern *Equalnet* (im Mittel –19,7%), *FaxSav* (im Mittel –128,2%), *Group Long Distance* (im Mittel –11,3%) und *Network Long Distance* (im Mittel 0,3%), wenn auch mit großen Wertunterschieden der insgesamt aber unvorteilhaften Rentabilitätskennzahlen.

Excel, *Tel-Save* und *Total Tel* fielen bei der Analyse ihrer durchschnittlichen Umsatzrentabilitäten durch vorteilhafte, stetige Werte auf, was sich bei der Analyse ihrer Gesamtkapitalrentabilitäten mit Durchschnittswerten von 15,2%, 19,2 % und 4,8% in der genannten Reihenfolge fortsetzt. Die zwei anderen „Tier Two"-Anbieter *ACC* und *Telegroup* besitzen bei jeweils schwankenden Einzelwerten eine mittlere Gesamtkapitalrentabilität von 3,7% respektive –1,9%. Somit konnte *ACC* bei einer unvorteilhaften mittleren Umsatzrentabilität zumindest eine positive Verzinsung des investierten Kapitals erreichen. Die Entwicklung von *Telegroup* dokumentiert hingegen ein umgekehrtes Bild einer zumindest gering positiven durchschnittlichen Umsatzrentabilität bei einer klar negativen Gesamtkapitalrentabilität.

---

[441] Zur Vorteilhaftigkeit der Gesamtkapitalrentabilität bei Vergleichsanalysen s. Born 1994: 450; Bartram 1996: 402; Schult 1997: 98; Weber 1998: 81f.

Tabelle 5-4: Umsatz- und Gesamtkapitalrentabilität der Dienstehändler von 1992 bis 1997

Dienstehändler	Rentabilitäts-kennzahl	1992	1993	1994	1995	1996	1997	Mittel-wert
ACC	• Umsatzrentabilität	7%	-11%	-7%	0%	5%	5%	-0,1%
	• Gesamtkapitalrentabilität	4%	20%	-11%	0%	6%	4%	3,7%
Equalnet	• Umsatzrentabilität	3%	3%	4%	-13%	-23%	-69%	-15,7%
	• Gesamtkapitalrentabilität	11%	21%	6%	-23%	-73%	-61%	-19,7%
Excel	• Umsatzrentabilität	-1%	11%	18%	15%	16%	10%	11,6%
	• Gesamtkapitalrentabilität	-12%[b]	27%	27%	22%	25%	2%	15,2%
Executive Telecard	• Umsatzrentabilität	10%	11%	-1%	10%	7%	-17%	3,4%
	• Gesamtkapitalrentabilität	6%	8%	-35%	18%	7%	-51%	-8,0%
FaxSav	• Umsatzrentabilität	-127%	-128%	-103%	-35%	-51%	-42%	-80,9%
	• Gesamtkapitalrentabilität	-86%	-332%	-146%	-85%	-52%	-69%	-128,2%
Group Long Distance[a]	• Umsatzrentabilität	—	5%	5%	3%	-18%	-41%	-9,3%
	• Gesamtkapitalrentabilität	—	53%	16%	8%	-40%	-94%	-11,3%
NTC	• Umsatzrentabilität	-41%	-14%	8%	6%	4%	-2%	-6,6%
	• Gesamtkapitalrentabilität	-30%[b]	-11%[b]	30%	22%	8%	-7%	2,1%
Network Long Distance	• Umsatzrentabilität	3%	-1%	3%	4%	2%	-13%	-0,3%
	• Gesamtkapitalrentabilität	9%[b]	13%[b]	9%[c]	7%	2%	-39%	0,3%
Network Plus[a]	• Umsatzrentabilität	—	0%	9%	-8%	-2%	-7%	-1,6%
	• Gesamtkapitalrentabilität	—	1%	25%	20%	7%	-8%	9,0%
Telegroup[a]	• Umsatzrentabilität	6%	-2%	-1%	5%	0%	-4%	0,7%
	• Gesamtkapitalrentabilität	—	-9%	-2%	12%	1%	-11%	-1,9%
Tel-Save	• Umsatzrentabilität	8%	10%	11%	10%	9%	-28%	3,4%
	• Gesamtkapitalrentabilität	39%[b]	29%[b]	26%	15%	8%	-2%	19,2%
Total Tel	• Umsatzrentabilität	-3%	8%	5%	5%	1%	1%	2,8%
	• Gesamtkapitalrentabilität	-2%	12%	6%	8%	1%	3%	4,8%
Spannweite zwischen max. und min. Wert	• Umsatzrentabilität	137%	139%	121%	50%	67%	79%	
	• Gesamtkapitalrentabilität	125%	385%	176%	107%	98%	97%	
Mittelwert	• Umsatzrentabilität	-13%	-9%	-4%	0%	-4%	-17%	
	• Gesamtkapitalrentabilität	-7%	-14%	-4%	2%	-8%	-28%	
Standard-abweichung	• Umsatzrentabilität	42%	38%	32%	14%	18%	23%	
	• Gesamtkapitalrentabilität	33%	102%	48%	30%	30%	34%	

a) Die Werte für das Jahr 1992 waren nicht/nur teilweise recherchierbar.

b) Näherungswert: Im Zähler der Rentabilität sind keine Fremdkapitalzinsen miteinbezogen, deren Werte nicht zu erheben waren. Ein prüfender Vergleich der Rentabilitätswerte mit und ohne Einbeziehung von Fremdkapital-zinsen in den übrigen Jahren zeigt jedoch, daß ein Ausklammern der Zinsen prinzipiell zu keiner oder nur zu einer sehr geringen Wertdifferenz führt und das Rentabilitätsniveau sich in keiner Weise grundlegend ändert.

Quelle: Form 10-K; Moody's OTC Industrial Manuals; Hoover's Company Profile Database.

Die Tatsache, daß es bei einigen der betrachteten Dienstehändler zu einem Vorzeichenwechsel zwischen ihrer erwirtschafteten Umsatz- und Gesamtkapitalrentabilität kommt, läßt sich über die unterschiedlichen Erfolgsgrößen im Zähler der Kennziffern erklären. Das bei der Umsatzrentabilität herangezogene ordentliche Betriebsergebnis stellt den durch die Verfolgung des Betriebszwecks erzielten Gewinn dar. Das Jahresergebnis (= Jahresüberschuß/-fehlbetrag) im Zähler der Gesamtkapitalrentabilität kennzeichnet hingegen den insgesamt erwirtschafteten Gewinn des Unternehmens in der Art, wie er auch in die Bilanz eingeht. Bei der Berechnung dieser Erfolgsgröße werden neben dem vorgeschalteten ordentlichen Betriebsergebnis weitere Erträge und Aufwendungen aus Steuern, Restrukturierungsmaßnahmen, Akquisitionen, Finanzgeschäften etc. berücksichtigt, die als Finanzergebnis sowie außerordentliches Ergebnis das ordentliche Betriebsergebnis überkompensieren können. Hierbei kann aus einem positiven Betriebsergebnis ein negatives Jahresergebnis werden und umgekehrt, was entsprechend für die Umsatz- und Gesamtkapitalrentabilität gilt.[442]

Für die Gesamtheit aller paarweise erhobenen Umsatz- und Gesamtkapitalrentabilitäten der Jahre 1992 bis 1997 in Tabelle 5-4 ist schließlich mit einer Pearson´schen Produktmomentkorrelation von $r = 0{,}86$ ($p < 0{,}01$; $N = 69$) eine statistisch signifikant hohe Interkorrelation festzustellen. Das deutet daraufhin, daß höhere Werte der Umsatzrentabilität auch ein höheres Niveau der Gesamtkapitalrentabilität erwarten lassen. Die weitgehende Überlappung der beiden Erfolgsindikatoren (es werden fast 74% [$= r^2$] der Variation der Gesamtkapitalrentabilität über die Variation der Umsatzrentabilität linear erklärt) läßt sich zudem dahingehend interpretieren, daß die Dienstehändler in der Stichprobe den größten Teil ihres Kapitalvermögens für ihren eigentlichen Betriebszweck der Vermarktung von festnetzbasierten Telefondiensten im Fernnetzbereich verwendet haben und der für Finanzanlagegeschäfte und andere Aktivitäten eingesetzte Anteil des Kapitalvermögens gering ausfiel.

5.3.3 Unterscheidung von erfolgreichen und krisenbehafteten Dienstehändlern

Das Vorhaben, Assoziationen zwischen Erfolgsindikatoren und potentiellen Erfolgsdeterminanten zu analysieren, setzt voraus, daß erkennbare Erfolgsunterschiede bestehen. Als grundsätzliches Ergebnis der vorangegangen Erhebung der individuellen Umsatz- und Gesamtkapitalrentabilitäten zeigt sich, daß diese Bedingung erfüllt ist. Die Differenz zwischen der niedrigsten und höchsten Umsatz- bzw. Gesamtkapitalrentabilität ist in allen Jahren des Beobachtungszeitraums sehr groß (s. Tabelle 5-4). Sie liegt bei dem zuerst genannten Erfolgsindikator zwischen 50 und 137 und bei dem

---

[442] Vgl. zu der Umkehrung des Vorzeichens in Abhängigkeit der zwei unterschiedlich definierten Erfolgsgrößen und etwaiger Fehlinterpretationen daraus Bartram 1996: 398. Die Höhe der Fremdkapitalzinsen im Zähler der Gesamtkapitalrentabilität wird an dieser Stelle als weiterer Einflußfaktor auf das Vorzeichen des Erfolgsindikators vernachlässigt, weil – wie bereits in den Anmerkungen zu Tabelle 5-4 festgehalten wurde – die entsprechenden Werte unter den untersuchten Dienstehändlern ihrer Höhe nach im Vergleich zu dem ebenfalls im Zähler der Gesamtkapitalrentabilität stehenden Jahresüberschuß/-fehlbetrag sehr gering ausfallen.

zweiten zwischen 97 und 385 Prozentpunkten.[443] Die Differenzwerte dokumentieren somit ihrer Höhe nach deutliche Unterschiede bei den Ausprägungen der beiden Erfolgsindikatoren, zu deren Erklärung u.a. unterschiedliche Wettbewerbsstrategien der Dienstehändler herangezogen werden können.

Abbildung 5-3: Positionierung der Dienstehändler anhand ihrer Rentabilitäts-Mittelwerte im Beobachtungszeitraum von 1992 bis 1997

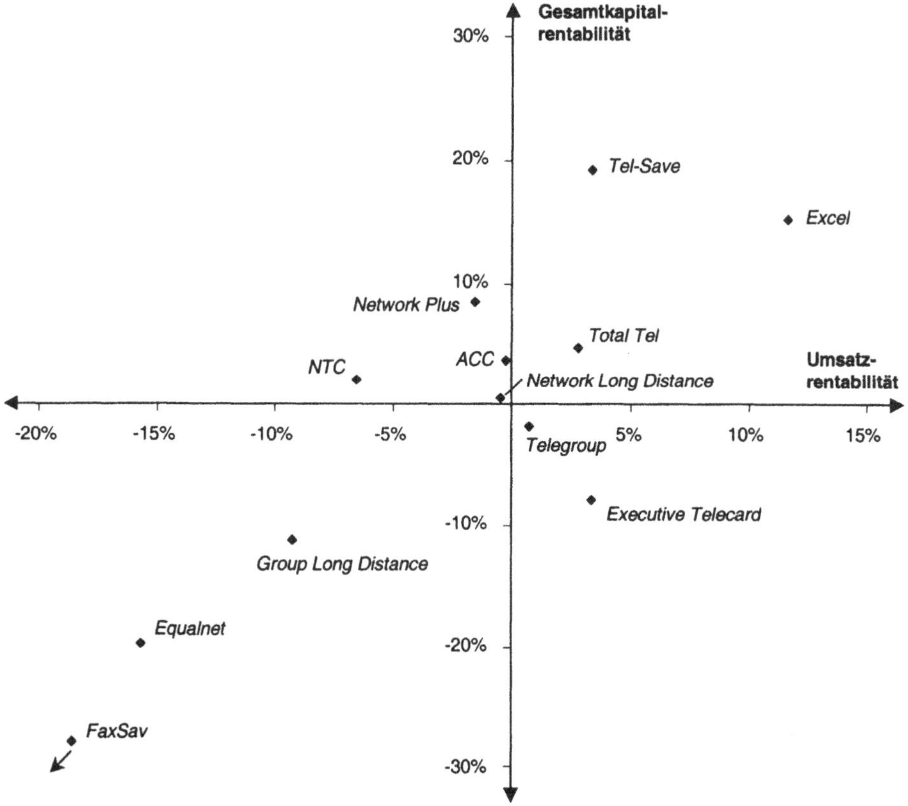

In Abbildung 5-3 sind die 12 analysierten Dienstehändler entsprechend ihrer vorangegangenen durchschnittlichen Umsatz- und Gesamtkapitalrentabilität in einer zweidimensionalen Matrix abge-

[443] Selbst wenn man die stark negativen Daten von *FaxSav* ausklammert, ergeben sich bei der Umsatzrentabilität noch Differenzwerte zwischen 25 und 79 sowie bei der Gesamtkapitalrentabilität zwischen 45 und 98 Prozentpunkten.

tragen.[444] Die Positionierungsmatrix veranschaulicht, daß die drei Dienstehändler *Excel*, *Tel-Save* und *Total Tel* während des Beobachtungszeitraums hinsichtlich der zwei Erfolgsindikatoren den übrigen untersuchten Dienstehändlern überlegen waren. Ihre Positionen liegen im oberen, rechten Quadranten, der sich im Vergleich zu den anderen Quadranten durch jeweils positive Wertebereiche der Erfolgsindikatoren auszeichnet. Sie werden nachfolgend als Teilgruppe der *erfolgreichen* Diensthändler klassifiziert, womit sie sich insbesondere von den Dienstehändlern *FaxSav*, *Equalnet* und *Group Long Distance* abheben. Diese Unternehmen liegen in der Positionierungsmatrix im unteren, linken Quadranten und weisen dementsprechend negative Durchschnittswerte hinsichtlich der Rentabilitätskennzahlen auf. Das bedeutet die schlechteste Positionierung, so daß die drei Unternehmen die Teilgruppe der *krisenbehafteten* Dienstehändler bilden. Tabelle 5-5 enthält die durchschnittlichen Ausprägungen der zwei untersuchten Erfolgsindikatoren in der jeweils betrachteten Gruppe sowie die entsprechenden p-Werte des t-Tests auf signifikant abweichende Mittelwertunterschiede.

Tabelle 5-5: Mittelwertunterschiede der Rentabilitätskennzahlen zwischen erfolgreichen und krisenbehafteten Dienstehändlern

Gruppe	**Mittelwert**	
	Umsatzrentabilität	Gesamtkapitalrentabilität
• *Erfolgreiche Dienstehändler*[a]	5,9%	13,0%
• *Krisenbehaftete Dienstehändler*[b]	−36,9%	−56,6%
Irrtumswahrscheinlichkeit p	0,01	0,06

a) *Excel*, *Tel-Save* und *Total Tel*. Anzahl der in die jeweilige Mittelwertberechnung eingegangenen Werte für 1992 bis 1997: N=18.

b) *Equalnet*, *FaxSav* und *Group Long Distance*. N=17.

Um die Erfolgsklassifizierung anhand des Betriebsvergleichs der Dienstehändler auf ihre Validität hin zu überprüfen, lassen sich zusätzlich Vergleichszahlen aus dem Branchenumfeld heranziehen. Die Analyse soll klären, ob die Dienstehändler einen jeweils als vorteilhaft erklärten Mittelwert einer weiter oder anders gefaßten Gruppe von Wettbewerbern erreichen konnten oder nicht.[445] Als typische Umsatzrentabilität eines Wiederverkäufers von Telefondiensten in Fernverkehrsnetzen wird beispielsweise von einem Fachexperten ein Maßstab von 8,5% kalkuliert, wobei die zu beobachtenden Werte je nach Erfolg eines Dienstehändlers innerhalb einer Spanne von −8% bis 25% stark variieren können.[446] Im Vergleich dazu besitzen alle oben als krisenbehaftet eingestuften Dien-

[444] S. methodisch kongruent die empirische TK-Studie von Gille 1995: 70.

[445] Zu der methodischen Unterscheidung von Betriebs- und Normvergleich s. Schult 1997: 37. Vor- und Nachteile von Branchendurchschnittswerten als Vergleichsmaßstäbe erörtert Gerpott 1994: 67.

[446] Die Zahlenangaben gehen auf Arvig 1996: 8 zurück, wobei nicht ersichtlich wird, auf welchen Annahmen und/oder empirischen Beobachtungen in den USA die Werte beruhen.

stehändler durchschnittliche Umsatzrentabilitäten, die noch unterhalb des als kleinstmöglich erachteten Wertes liegen. Die drei als erfolgreich klassifizierten Dienstehändler liegen dagegen alle innerhalb des geschätzten Wertebereichs, wobei speziell der Durchschnittswert von *Excel* sogar über dem idealtypischen Vergleichsmaßstab liegt. Die vergleichende Einordnung bestätigt also die Ergebnisstabilität der vorgenommenen relativen Erfolgsklassifizierung, genauso wie ein Vergleich mit den zwischen 1992 und 1997 erzielten Rentabilitäten in der Gruppe der „Tier One"-Wettbewerber.[447] Zwar kann in diesem Fall die durchschnittliche Umsatzrentabilität der Gruppe erfolgreicher Dienstehändler in Höhe von 5,9% nicht an den gemessenen Vergleichsmaßstab von 19,7% heranreichen, jedoch konnten die erfolgreichen Dienstehändler hinsichtlich der Verzinsung ihres investierten Kapitals die „Tier One"-Anbieter überflügeln. Deren durchschnittliche Gesamtkapitalrentabilität im Beobachtungszeitraum betrug lediglich 4,9%, also mehr als 8 Prozentpunkte weniger als die entsprechende durchschnittliche Rentabilität erfolgreicher Dienstehändler in Höhe von 13%. Die stark negativen Rentabilitätswerte der krisenbehafteten Dienstehändler sind hingegen in beiden Fällen weit von einer Annäherung an das Niveau der „Tier One"-Anbieter entfernt.

Eine weitere Plausibilitätsprüfung kann über die zukunftsorientierten Erfolgserwartungen der Kapitalanleger an der Börse erfolgen, welche sich in den Kursentwicklungen der ausgegebenen Aktien widerspiegeln.[448] Problematisch ist dabei allerdings, daß sich unter den analysierten Dienstehändlern mit *ACC*, *Executive Telecard* und *Total Tel* nur drei Unternehmen befinden, die über den ganzen Beobachtungszeitraum börsennotiert waren. Die Aktien von *Network Plus* wurden hingegen zu gar keinem Zeitpunkt öffentlich gehandelt. *Telegroup* und *Group Long Distance* führten erst 1997 einen IPO („Initial Public Offering") durch, und die Dienstehändler *Excel* und *FaxSav* im Jahr 1996. Berücksichtigt man dennoch die mehr oder weniger kurzfristige Entwicklung durchschnittlicher Aktienpreise, dann stellt man fest, daß die Aktien der als krisenbehaftet eingestuften Dienstehändler *Equalnet*, *FaxSav* und *Group Long Distance* auch in der Bewertung des Kapitalmarktes negativ abschnitten. Die Aktie von *Equalnet* fiel von ihrem Ausgabepreis im März 1995 in Höhe von \$ 11 stetig auf einen durchschnittlichen Kurs von \$ 1 $^{11}/_{16}$ im Quartal des Bilanzstichtages 1997. *FaxSav* sank von der Erstnotierung im Oktober 1996 in Höhe von \$ 8 auf \$ 3,19 als Durchschnittspreis im Quartal der Geschäftsbilanzierung 1997. *Group Long Distance* schließlich notierte nach Ausgabe der Aktien im März 1997 für einen Anfangspreis von \$ 5,40 im Durchschnitt desselben Jahres bei einem Kurs von \$ 4 $^{9}/_{16}$. Genau entgegengesetzt verliefen die Börsenkurse der erfolgrei-

[447] Die Kennzahlen der „Tier One"-Telefongesellschaften sind Standard & Poors 1997: 26 entnommen, ergänzt um eigene Berechnungen.

[448] So zieht z.B. Gerpott 1997a: 242-244 das zukunfts- und kapitalmarktorientierte Marktwert-Buchwert-Verhältnis als Erfolgsindikator in seiner empirischen Studie heran. Einen Nachweis, daß die Aktienkursentwicklung von börsennotierten TK-Dientseanbietern der USA tatsächlich zeitnah auf wettbewerbsstrategisch relevante Marktinformationen reagiert und somit prinzipiell eine Aussagekraft für die zukünftigen Erfolgserwartungen gegenüber dem jeweils beobachteten Unternehmen besitzt, führen Green/Lehn 1995 in ihrer empirischen Studie über die Kapitalwertentwicklung der US-amerikanischen RBOCs zwischen September 1992 und Januar 1994.

chen Dienstehändler *Excel*, *Tel-Save* und *Total Tel*. Die Aktie des zuerst genannten Unternehmens startete beim IPO im Mai 1996 bei $ 15 und erreichte im Quartalsdurchschnitt zum Zeitpunkt der Bilanzierung 1997 einen Wert von $ 21 $^{17}/_{32}$. Die Aktien von *Tel-Save* wurden im Oktober 1995 bei einer Erstnotierung von $ 4,59 gehandelt und stiegen auf einen durchschnittlichen Preis von $ 21 $^{3}/_{16}$ im Quartal des Bilanzstichtages 1997. Der Börsenwert pro Aktie von *Total Tel* stieg zwischen 1992 und 1997 im Jahresdurchschnitt von $ 4 $^{3}/_{8}$ auf $ 22. Die vergleichende Verlaufsbetrachtung der Börsenkurse bestätigt somit die oben getroffene Unterscheidung zwischen erfolgreichen und krisenbehafteten Dienstehändlern.

5.4 Analysen zur Identifikation von kritischen Erfolgsfaktoren

Erfolgsfaktoren kennzeichnen diejenigen Gestaltungsvariablen des strategischen Managements, die auf den Erfolg des unternehmerischen Handelns maßgeblich Einfluß ausüben können. In Abgrenzung zu dem in Kapitel 3.1 erörterten Konzept der Erfolgspotentiale sind Erfolgsfaktoren *allgemeine*, für alle Wettbewerber gültige Strategievariablen, wohingegen Erfolgspotentiale jeweils die Gesamtheit der *unternehmensbezogenen* Ausprägungen gegebener Erfolgsfaktoren beschreiben.[449] In diesem Abschnitt erfolgt zunächst eine konzeptionelle Strukturierung der in der Studie erfaßten Erfolgsfaktoren bzw. unabhängigen Strategievariablen, ehe anhand des Vergleichs ihrer gruppenspezifischen Mittelwerte zwischen den als erfolgreich und den als krisenbehaftet klassifizierten Dienstehändlern strategische Verhaltensmuster mit Erfolgsrelevanz (im Sinne eines Erfolgspotentials) aufgedeckt werden. Der Abschnitt endet mit der Analyse von bivariaten und multivariaten Erfolgskorrelaten auf Basis der Daten aller 12 einbezogenen Dienstehändler, bei der aus der Menge der unabhängigen Variablen die tatsächlich *kritischen* Erfolgsfaktoren mit einer statistisch signifikant hohen Einflußnahme auf die erhobenen Erfolgsindikatoren herausgefiltert werden.[450]

5.4.1 Konzeptionelle Einordnung der erfaßten unabhängigen Strategievariablen

Die Zusammenstellung der zu untersuchenden Strategievariablen sollte bestimmte Anforderungen erfüllen. Um insbesondere die theoretisch-konzeptionelle Fundierung möglicher Wettbewerbsvorteile nicht aus den Augen zu verlieren, sollten die Größen zweifelsohne einer quantitativ empirischen Unterlegung konzeptioneller Argumentationslinien der strategischen Managementforschung dienen. Das heißt, die Diskussion ihrer Wirkungszusammenhänge muß auf einen oder mehrere

---

449 Vgl. zu der Definition von Erfolgsfaktoren Leidecker/Bruno 1984: 23f., die als Urheber ihrer Einführung in die strategische Managementforschung gelten, oder auch Buzzell/Gale 1989: 35-38. Den Zusammenhang der Begriffe Erfolgsfaktor und Erfolgspotential kann man nachlesen bei Wolfrum 1993: 102f. u. 114; Daschmann 1994: 5-11; Grünig et al. 1996: 5; Krüger/Schwarz 1999: 75.

450 Das hier gewählte, auf statistischen Analysemethoden basierende Verfahren zur Identifikation von kritischen Erfolgsfaktoren von Dienstehändlern setzt sich insbesondere von dem Vorgehen von Knoll 2000: 163-170 ab, der kritische Erfolgsfaktoren von etablierten Netzbetreibern in der TK-Industrie ausschließlich verbal aus branchenspezifischen Überlegungen ableitet.

umweltbezogene und/oder ressourcenbasierte Wettbewerbsvorteile abstellen können. Dieses Erfordernis ist speziell im Hinblick auf Ressourcen- und Kompetenzvorteile schwierig, weil deren Quantifizierung oftmals an der mangelnden Transparenz der Beziehung zwischen einer eingesetzten Ressource und ihrer Ergebniswirkung scheitert. Ressourcenbasierte Wettbewerbsvorteile werden deshalb in den nachfolgenden Analysen weniger aus Input-Variablen abgeleitet, die unmißverständlich Auskunft über die eingesetzte Ressourcen- und Kompetenzposition eines analysierten Unternehmens geben. Sie werden vielmehr in Verbindung mit absatzmarktorientierten Output-Variablen diskutiert, auf deren Grundlage somit Rückschlüsse auf existente Ressourcen- und Kompetenzvorteile indirekt begründet werden.[451]

Eine andere Anforderung an die Zusammenstellung der zu untersuchenden Erfolgsbestimmungsgrößen betrifft die Annahme, daß aufgrund des besonderen Geschäftsmodells und der besonderen Betriebsgrößenverhältnisse von Dienstehändlern bestimmte Erfolgs- oder Mißerfolgsfaktoren existieren, die sich von denen der Netzbetreiber mit kommerziellem Diensteangebot unterscheiden. Deshalb ist es notwendig, neben generellen branchenunspezifischen Variablen (z.B. Umsatz pro Mitarbeiter) auch industriespezifische Variablen zu prüfen, die in erster Linie in bezug auf Dienstehändler sinnvoll sind (z.B. Konzentration der Lieferantenbeziehungen).

Schließlich sind die Strategievariablen in Anlehnung an die allgemein zu beobachtende Klassifikation in bereits vorliegenden Studien der Erfolgsfaktorenforschung zu gruppieren. Auf diese Weise können die Ergebnisse über festgestellte Erfolgskorrelate mit den Ergebnissen anderer Studien in der TK-Industrie verglichen werden (s. Kapitel 5.1). Die Einordnung der unabhängigen Strategievariablen erfolgt dementsprechend in vier Gruppen:[452] (a) Umsatz- und Geschäftsstrukturvariablen, (b) Kostenstrukturvariablen, (c) Personal- und Kapitalproduktivitätsvariablen sowie (d) TK-Netzmerkmale.

---

[451] Die angesprochene Intransparenz gehört zu dem konstituierenden Merkmal der mangelnden Imitierbarkeit einer strategisch bedeutsamen Ressource. Würden sich die Determinanten eines ressourcenbasierten Wettbewerbsvorteils seinem Besitzer oder einem Imitator eindeutig erschließen, dann könnte die entsprechende Ressource nicht als erfolgswirksame Ursache für einen strategischen Wettbewerbsvorteil eingestuft werden. Vgl. dazu Barney 1991: 107 sowie oben Kapitel 3.3.1. Zu dem gewählten Vorgehen bei der Ergebnisinterpretation s. analog die empirische Studie aus dem Luftverkehrsmarkt von Bongartz 1998: 388.

[452] Damit wird den Beobachtungen von Gerpott 1997a: 245 über die Vielzahl der in der einschlägigen Literatur diskutierten Strategievariablen gefolgt.

Tabelle 5-6: Erfaßte unabhänigige Strategievariablen als mögliche Erfolgsbestimmungsgrößen

Dimension	Bezeichnung	Datenquelle(n)[a]	Bezug zu anderen TK-Studien
Umsatz-/ Geschäftsstruktur	(1) *Anteil mittelständischer Geschäftskunden* (in % der Gesamtkundenzahl)	Form 10-K, Moody`s	Majumdar/Venkataraman (1993), Majumdar (1995a), Gerpott (1997a), Banker et al. (1998) u.a.
	(2) *Konzentration des Diensteportfolios* (Index)	Form 10-K, Phillips	Majumdar (1992), Banker et al. (1993, 1995, 1998), Kashlak/Joshi (1996), Gerpott (1997a) u.a.
	(3) *Horizontaler Diversifikationsgrad* (Index)	Form 10-K, Phillips	(wie 2)
	(4) *Umsatz mit international vermittelten Verbindungen* (in % vom Gesamtumsatz)	FCC Statistics, Form 10-K	Majumdar (1997), Banker et al. (1998)
	(5) *Telefonumsatz pro international abgehender Verbindungsminute* (in $)	FCC Statistics, Form 10-K	Mixon/Hsing (1997)
	(6) *Vertriebskanalfokussierung* (Index)	Form 10-K	ohne vergleichbaren Bezug
	(7) *Kundenbeschwerden* (Index)	FCC Scorecard	ohne vergleichbaren Bezug
	(8) *Direktinvestitionen im Ausland* (binäre Dummy-Variable)	Form10-K	ohne vergleichbaren Bezug
Kostenstruktur	(9) *Herstellungskostenquote* (in % von Gesamtkosten)	Form 10-K, Moody`s	Gerpott (1997a)
	(10) *Marketing-, Vertriebs- und Verwaltungskostenquote* (in % von Gesamtkosten)	Form 10-K, Moody`s	Mixon/Hsing (1997), Gerpott (1997a)
	(11) *Abschreibungsquote der Sachanlagen* (in % von Anschaffungskosten)	Form 10-K; Moody`s	Armstrong/Fuhr (1993), Starkey/Pelt (1995)
Personal-/ Kapitalproduktivität	(12) *Kapitalumschlag* (Umschlagskoeffizient des Sachanlagevermögens)	Form 10-K, Moody`s	Gerpott/Pospischil (1993), Gerpott (1997a)
	(13) *Umsatz pro Mitarbeiter* (in Tsd. $)	Form 10-K, Moody`s, America`s, Phillips, Gale	Gerpott/Pospischil (1993), Starkey/Pelt (1995), Gerpott (1997a), Tölösi/Lajtha (2000) u.a.
TK-Netzmerkmale	(14) *Betrieb von Vermittlungsstellen* (binäre Dummy-Variable)	Form 10-K	ohne vergleichbaren Bezug
	(15) *Konzentration der Lieferantenbeziehungen* (Index)	Form 10-K	ohne vergleichbaren Bezug

a) Angaben in der Reihenfolge ihrer Wichtigkeit. Zu den Datenquellen s. Kapitel 5.2. Abkürzungen hier: *Moody's* = Moody`s – OTC Industrial Manuals; *Phillips* = Phillips Telephone Industry Directories; *FCC Statistics* = FCC Statistics of Communications Common Carriers; *FCC Scorecard* = FCC Common Carrier Scorecard (s. FCC 1996c, 1997b, 1998); *America's* = America`s Network Directory; *Gale* = Gale Business Resources – Company Profiles.

In Tabelle 5-6 sind 15 verschiedene Variablen, die aus den genutzten Datenquellen extrahiert werden konnten, nach den vier Gruppen sortiert aufgelistet. Es ist zu vermuten, daß sie signifikant das Erfolgsniveau des unternehmerischen Handelns der Dienstehändler beeinflussen, wobei über die Richtung und Stärke der jeweiligen Erfolgswirkung bei Dienstehändlern an dieser Stelle noch keine gesicherten Aussagen möglich sind.

5.4.1.1 Umsatz- und Geschäftsstrukturvariablen

Umsatz- und Geschäftsstrukturvariablen geben die Zusammensetzung der erzielten Umsätze und der bearbeiteten Dienstefelder sowie Kundensegmente eines Dienstehändlers wieder und weisen so auf die wettbewerbsstrategische Ausgestaltung seiner Marktpositionierung hin. Sie geben einen Hinweis darauf, inwieweit und mit welchen Mitteln die Dienstehändler nach Produkten und Zielgruppen differenzierte Teilmärkte penetriert haben. Folgende acht Aspekte der Umsatz- und Geschäftsstruktur von Dienstehändlern wurden erfaßt (s. Variablen 1 bis 8 in Tabelle 5-6):

1. Der *Anteil mittelständischer Geschäftskunden* an der Gesamtkundenzahl spiegelt die mehr oder weniger entschiedene Positionierung eines Dienstehändlers im Zielgruppensegment kleiner und mittelgroßer Unternehmen wider.[453] Die Kennzahl hat eine besondere Relevanz für Dienstehändler, weil man ihnen eine schwerpunktmäßige Kundenansprache von mittelständischen Geschäftskunden zuschreiben kann: Die „Telecommunications Resellers Association" TRA hat in einer Umfrage für das Geschäftsjahr 1998 ermittelt, daß auf Privatkunden bei mehr als 50% aller Dienstehändler in den USA nur ein Anteil von weniger als 20% am Gesamtumsatz entfällt und dementsprechend Geschäftskunden ganz allgemein überdurchschnittlich stark in der Umsatzstruktur eines Dienstehändlers vertreten sind.[454] Auch für die Grundgesamtheit der Dienstehändler in dieser Studie wurde mit 65,21% ein relativ hoher Anteil, speziell von mittel-

[453] Die Abgrenzung eines mittelständischen Kunden erfolgt unter den analysierten Dienstehändlern anhand der monatlichen Rechnungssumme der in Anspruch genommenen Telefondienste. Mittelgroße Geschäftskunden werden demnach mehrheitlich als Nachfrager mit einer Rechnungssumme zwischen $ 200 und 5.000 definiert. *Tel-Save* grenzt die mittelständische Zielgruppe alternativ über deren Mitarbeiteranzahl (< 200) ab. Einzelne Datenlücken bei der Datenerhebung wurden durch rückwärtiges Fortschreiben der Zeitreihen auf Basis des an die Datenlücke angrenzenden Wertes geschlossen. Speziell bei *Excel* enthielten die Forms 10-K keine Informationen über den Anteil mittelständischer Kunden; die Werte wurden geschätzt und über telefonisches Nachfragen bei der Abteilung für Presse- und Öffentlichkeitsarbeit von *Excel* auf Plausibilität hin überprüft.

[454] Vgl. TRA 1999: 11. Die Grundgesamtheit der Befragung von Dienstehändlern durch die TRA für das Geschäftsjahr 1998 beträgt 502 Unternehmen (inkl. lokaler und Mobilfunk-Dienstehändler) und erfaßt somit einen großen Teil der insgesamt im Dienstehandel in den USA tätigen Anbieter (gemäß FCC 2000b: i ca. 1.250 Unternehmen).

ständischen Geschäftskunden gemessen (s. M_1 in Tabelle 5-7), was bei Netzbetreibern nicht unbedingt zu erwarten ist.[455]

2. Bei der Strategievariablen *Konzentration des Diensteportfolios* geht es um die Spannbreite des Diensteportfolios der Dienstehändler. Der Index ist als Kehrwert der jeweiligen Angebotskonzentration in vier Gruppen festnetzbasierter Telefondienste kalkuliert:[456]

Diensteportfolio-Konzentrationsindex = 1/[(Basisdienste im Angebot/Gesamtheit Basisdienste)^2 + (Mehrwertdienste im Angebot/Gesamtheit Mehrwertdienste)^2 + (kundenbezogene Anwendungen im Angebot/Gesamtheit kundenbezogener Anwendungen)^2 + (sonstige Dienste im Angebot/Gesamtheit sonstiger Dienste)^2]

Die Werte des Index bewegen sich zwischen 25 als Maximum, was einer Konzentration auf das Angebot lediglich eines Mehrwertdienstes gleichkommt, und 0,25 als Minimum, was einem vollständigen Angebotsportfolio aller 15 möglichen Dienste entspricht. Abbildung 5-4 veranschaulicht verschiedene Indexausprägungen in Abhängigkeit von der Anzahl angebotener Dienste, wobei eine potentielle Funktion in das Diagramm eingezeichnet ist, die den Zusammenhang vergleichsweise gut abbildet (R^2 = 0,87; N = 132).[457] Den konkaven Verlauf der Indexkurve zwischen den beiden Extremwerten mit einer deutlichen Verdichtung der möglichen Wertausprägungen in eher niedrigeren Wertebereichen (von etwa < 5) kann man so interpretieren, daß ein Anbieter nach bereits geringfügiger Ausweitung seines Spektrums angebotener Telefondienste als diversifiziert gilt. Die Aufnahme weiterer Dienste in das Sortiment erhöht dann nur noch unterproportional die Wahrnehmung als weiter diversifiziertes Unternehmen. Weiterhin kann bei besonders hohen Indexwerten (> 5) mit Sicherheit von einem engen

---

455 Netzbetreiber konzentrieren sich in der Marktpraxis unter Vernachlässigung mittelständischer Geschäftskunden eher auf den Massenmarkt der Privatkunden und das Geschäftssegment der großen Geschäftskunden, wobei Gerpott 1997a: 246 in diesem Kontext für die RBOCs in den USA festgestellt hat, daß Geschäftskunden ganz allgemein im Durchschnitt etwa ein Drittel aller Kunden der Unternehmen ausmachen (operationalisiert über den Anteil Geschäftskundenanschlüsse an Telefonanschlüssen insgesamt).

456 Zu der Gesamtheit festnetzbasierter Telefondienste s. Kapitel 2.1.1.2. Die Indexkalkulation an dieser Stelle beruht auf vier möglichen *Basisdiensten* (Festnetztelefonie als Call-by-Call oder Pre-Selection, Festnetztelefonie mit Direktanschluß, Calling Card, Internet-by-Call), fünf *Mehrwertdiensten* (IN-Dienste, Server-Dienste, Mailboxen, Directory Assistance, Individualisierte Rechnungsstellung), drei *kundenbezogenen Anwendungen* (CTI-Lösungen, Videoconferencing, andere) und drei möglichen *sonstigen Diensten* außerhalb des Kerngeschäfts festnetzbasierter Telefondienste im Fernstreckennetz (Mietleitungen, lokale Festnetztelefonie, Mobilfunk). Einzelne Informationslücken über das Diensteportfolio der Dienstehändler wurden bei der Datenerhebung mit Hilfe des Durchschnittswertes aller Unternehmen der Stichprobe in dem betroffenen Erhebungsjahr geschlossen.

457 Strenggenommen ist die Berechnung einer solchen Funktion nicht zulässig, weil (1) die durch den Index abgebildete Anzahl der angebotenen Telefondienste kein stetiges, sondern ein *diskretes* Merkmal ist, und (2) der Zusammenhang zwischen der Anzahl angebotener Telefondienste und den Indexwerten nicht eindeutig, sondern bei Zuordnung verschiedener Indexwerte zu einer bestimmten Anzahl angebotener Telefondienste *mehrdeutig* ist. Die Indexkurve muß also mehr als Trendlinie zur besseren Veranschaulichung, denn als statistisch haltbare Funktion angesehen werden. Die Fallzahl N = 132 beinhaltet zudem nicht die Gesamtheit möglicher Merkmalskombinationen, umfaßt aber insbesondere alle Kombinationen in den für die Veranschaulichung wichtigen Randbereichen.

und gleichfalls flachen Dienstesortiment ausgegangen werden, wohingegen in niedrigeren Wertebereichen die Unterscheidung zwischen breit vs. eng und tief vs. flach (s. Kapitel 2.2.3) in bezug auf die horizontale und vertikale Dimension des Dienstesortiments eher unscharf wird.[458] Für die hier untersuchten Dienstehändler wurde ein Durchschnittswert von 5,74 gemessen, der ein Indiz für enge und flache Sortimente bietet (s. M_2 in Tabelle 5-7).

Abbildung 5-4: Konzentrationsindex des Diensteportfolios in Abhängigkeit von der Anzahl angebotener Dienste

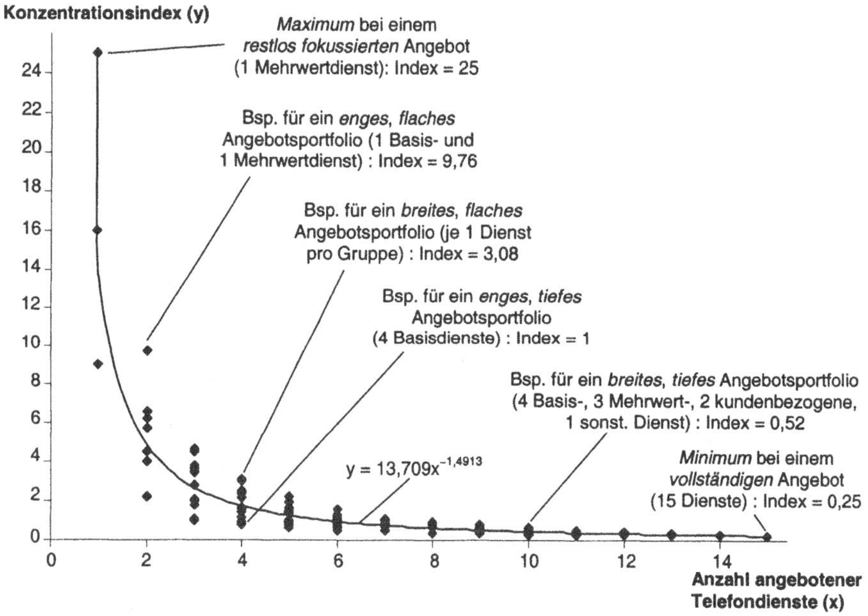

[458] Beispielsweise besitzt ein Dienstehändler mit einem Angebot aller vier Basisdienstevarianten ein enges und gleichfalls tiefes Sortiment mit einem Indexwert von 1. Vermarktet der Dienstehändler zusätzlich drei Mehrwertdienste und zwei kundenbezogene Anwendungen sowie Mobilfunktelefonie, dann ist sein Sortiment (von nun insgesamt 10 Diensten) nicht mehr als eng und tief, sondern als *breit* und tief zu klassifizieren. Diese Sortimentsveränderung läßt sich aber aus der entsprechenden Veränderung des Indexwertes, der dabei lediglich um einen halben Punkt auf 0,52 fällt, kaum ablesen. Gleiches gilt in bezug auf die andere Sortimentsdimension: Würde der Dienstehändler einen Basis- und einen Mehrwertdienst anstatt der vier Basisdienste vermarkten, müßte sein Sortiment nicht mehr als eng und tief, sondern als eng und *flach* eingestuft werden. Der Indexwert steigt in diesem Fall nur um wenig mehr als zwei Punkte von 1 auf 3,08, was angesichts der breiten Skala bis 25 wiederum eine relativ geringe Wertveränderung darstellt.

3. Der *horizontale Diversifikationsgrad* ergänzt die vorangegangene Variable und gibt darüber Auskunft, ob ein Dienstehändler seine Vermarktungsanstrengungen entweder auf das Angebot von Telefondiensten nur einer der vier grob strukturierten Dienstegruppen beschränkt oder Dienste mehrerer Gruppen anbietet.[459] Die Maßzahl errechnet sich als einfacher Bruch aus der Anzahl der im Sortiment abgedeckten Dienstegruppen geteilt durch die Gesamtzahl der Dienstegruppen (also geteilt durch vier) und kann die Werte 1 (= alle vier Geschäftsbereiche abgedeckt), ¾ , ½ und ¼ (= nur einen Geschäftsbereich abgedeckt) annehmen. Je höher also der Wert ausfällt, um so breiter ist das Portfolio eines Dienstehändlers angelegt, was – vor allem in Verbindung mit einem niedrigen Konzentrationsgrad – auf eine horizontale Diversifikationsstrategie schließen läßt. Im umgekehrten Fall eines vergleichsweise niedrigen Indexwertes kann man von einem eher engen Portfolio angebotener Dienste ausgehen, was – wieder insbesondere in Kombination mit einem niedrigen Konzentrationsgrad – bei Erfolg des Unternehmens auf Ressourcen- und Kompetenzvorteile über eine vertikale Diversifikationsstrategie hindeutet. In dieser Studie beträgt der Durchschnittswert der Dienstehändler 0,59 (s. M_3 in Tabelle 5-7).

4. Der *Umsatz mit international vermittelten Verbindungen* im Verhältnis zu dem gesamten Jahresumsatz zeigt, inwieweit die Vermarktungsbemühungen der Dienstehändler auf Kunden mit grenzüberschreitenden Kommunikationsflüssen ausgerichtet sind. Eine solche Zielgruppe umfaßt in erster Linie Unternehmen mit international verteilten Standorten und/oder Mitarbeitern, die berufsbedingt in erheblichem Ausmaß international reisen. Diese Gruppe spielt aber nach der o.a. TRA-Umfrage eine nur untergeordnete Rolle für Dienstehändler. Danach entfällt auf international tätige Kunden bei 75% der befragten Dienstehändler lediglich ein Umsatzanteil von weniger als 20%.[460] Der verbleibende Umsatz neben dem der internationalen Kunden beziehungsweise neben dem für international vermittelte Verbindungen wird höchstwahrscheinlich aus dem Handel mit nationalen Telefonverbindungen erwirtschaftet, wenngleich eine exakte Anteilsverteilung für die analysierten Dienstehändler aus den Datenquellen nicht zu ermitteln war. Der durchschnittliche Anteil des Umsatzes mit international vermittelten Gesprächen unter den 12 ausgewählten Dienstehändlern dieser Studie beläuft sich ebenfalls auf einen relativ geringen Wert in Höhe von 25,81% (s. M_4 in Tabelle 5-7).

---

459 Andere empirische Diversifikationsmaße nutzen z.B. Kashlak/Joshi 1994: 608, die für RBOCs das Verhältnis vierstelliger zu zweistelliger SICs messen, oder Banker et al. 1998: 263f., die von der Zuordnung verlegter Telefonanschlüsse im Ortsnetzbereich auf verschiedene Zielgruppen und Dienste auf den Diversifikationsgrad von Ortsnetzbetreibern schließen. Durchschnittswerte für die Gesamtheit der jeweils untersuchten Netzbetreiber sind nicht angegeben.

460 Vgl. TRA 1999: 12.

5. In Ergänzung zu der vorangegangenen Variablen wird der *Telefonumsatz pro international abgehender Verbindungsminute* in US-Dollar erfaßt.[461] Diese Stellgröße dokumentiert die Preisaggressivität eines Dienstehändlers, welche auf besonders vorteilhaften Kostenstrukturen und/oder günstigen Bezugskonditionen von Übertragungsleistungen bzw. von Telefondiensten der wertschöpfungsmäßig vorgelagerten Netzbetreibern bzw. Dienste*groß*händlern basieren kann. Implizit weist sie auch auf die Wettbewerbsintensität im internationalen Telefondienstegeschäft hin. Die hier analysierten Dienstehändler erzielten im Durchschnitt einen Umsatz von $ 0,82 pro international abgehender Verbindungsminute (s. M_5 in Tabelle 5-7), wohingegen sich der Wert aller US-amerikanischen Telefongesellschaften unabhängig von ihrem jeweiligen Geschäftsmodell im 6-Jahresdurchschnitt zwischen 1992 und 1997 auf etwa $ 0,71 belief.[462]

6. Die Strategievariable *Vertriebskanalfokussierung* ist analog zu dem Konzentrationsindex des Diensteportfolios konzipiert und setzt sich als Indexwert aus dem Umfang genutzter Kanäle sowohl im direkten als auch indirekten Vertriebswegebereich zusammen:[463]

   Vertriebskanal-Konzentrationsindex = 1/[(genutzte direkte Vertriebskanäle/Gesamtheit direkter Vertriebskanäle)^2 + (genutzte indirekte Vertriebskanäle/Gesamtheit indirekter Vertriebskanäle)^2]

   Die Wertausprägungen des Index, deren Zusammenhangsmuster mit der Anzahl erschlossener Vertriebskanäle in Abbildung 5-5 über eine potentielle Funktion visualisiert ist (R^2 = 0,93; N = 15)[464], liegen zwischen dem Maximum 9, bei dem sich der beobachtete Dienstehändler ausschließlich auf einen direkten oder indirekten Vertriebskanal konzentriert, und dem Minimum 0,5, bei dem der Dienstehändler über alle 6 erreichbaren Vertriebskanäle seine Dienste vermarktet. Ein auf wenige Absatzwege konzentrierter Vertriebskanal-Mix (= hoher Indexwert), wie er bei einem Durchschnittswert von 4,11 für alle Dienstehändler der Grundgesamtheit der Untersuchung anzunehmen ist (s. M_6 in Tabelle 5-7), läßt bei erfolgreichen Dienstehändlern

---

461 Auch hier wäre es wie bei der vorhergehenden Variablen wünschenswert, den Umsatz pro Verbindungsminute im *nationalen* Kontext zu messen. Aus Gründen der mangelnden Datenverfügbarkeit mußte jedoch auf die Analyse verzichtet werden. Fehlende Angaben in den zur Datenerhebung herangezogenen FCC Statistics wurden mit dem angegebenen branchenweiten Querschnittswert „Total Reporting US Carriers" geschlossen.

462 Das geht aus eigenen Berechnungen auf Basis der jährlichen FCC Statistics in dem angegebenen Zeitraum hervor.

463 Vgl. zu der Übersicht und Erklärung von Vertriebskanälen oben Abbildung 2-11 sowie Kapitel 3.3.2.3. Die Gesamtheit *direkter* Vertriebskanäle besteht aus den drei Absatzwegen eigene Shops, Vertriebsrepräsentanten und Telesales, die der *indirekten* Vertriebskanäle aus den drei Absatzwegen Vermittler, Multiplikatoren und Multi-Level-Marketing.

464 Diese Funktion dient analog zu der beim Diensteportfolio-Konzentrationsindex ausgewiesenen Funktion nur der Veranschaulichung und ist aus den oben in Fußnote 457 genannten Gründen statistisch nicht unproblematisch.

sowohl auf Kostenvorteile in der Vertriebsorganisation[465] als auch auf besondere marktzugangsbezogene Kernkompetenzen bei der Kundenakquisition (s. Kapitel 3.3.3.2) schließen. Generell nutzen US-amerikanische Dienstehändler zu 64% schwerpunktmäßig direkte Vertriebskanäle.[466]

Abbildung 5-5: Index der Vertriebskanalfokussierung in Abhängigkeit von der Anzahl erschlossener Vertriebskanäle

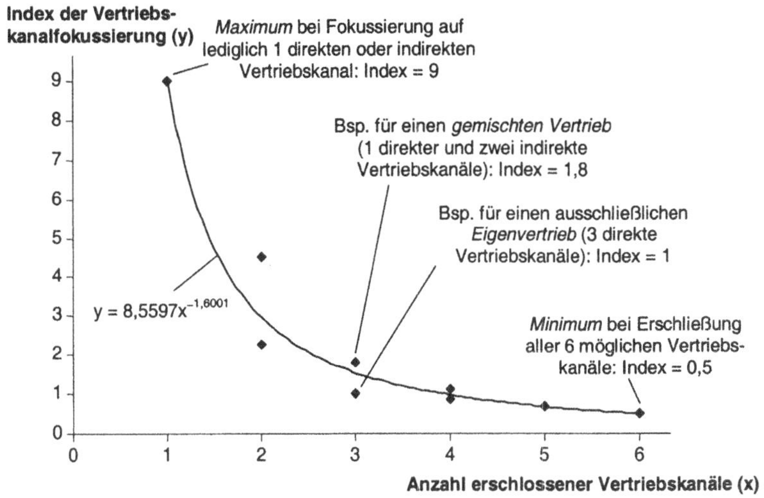

7. Bei den *Kundenbeschwerden* handelt es sich um die Anzahl schriftlicher oder telefonischer Eingaben von Endverbrauchern bei der „Consumer Protection Branch" der FCC, jeweils bezogen auf den Umsatz (gemessen in Millionen $) des betroffenen Dienstehändlers. Der Index wird von der FCC seit 1995 für diejenigen Unternehmen veröffentlicht, deren Vermarktungsbemühungen zu mehr als 20 (1995) bzw. zu mehr als 50 (1996 und 1997) Beanstandungen im Jahr führten.[467] Je höher der Indexwert (von Null an aufwärts) ausfällt, um so mehr Eingaben sind

---

[465] Kostenvorteile werden dabei vorzugsweise mit *indirekten* Vertriebskanälen in Verbindung gebracht (s. oben Kapitel 3.3.2.3 und dort Fußnote 293). Der genaue Schwerpunkt der Vertriebsorganisation läßt sich jedoch aus dem entwickelten Index der Vertriebskanalfokussierung nicht ablesen. Dazu bedarf es bei einer Interpretation der erhobenen Werte vielmehr weiterer qualitativer Informationen über den tatsächlichen Vertriebsschwerpunkt der beobachteten Unternehmen, mit Ausnahme der zuverlässigen Erkenntnis, daß mit einem sehr niedrigen Indexwert (< 0,9) auf jeden Fall eine Erschließung mindestens eines Absatzweges in jeder der zwei Gruppen möglicher Vertriebskanäle und somit eine gemischte Vertriebskanalstrategie verbunden ist.

[466] Vgl. TRA 1999: 8.

[467] Die analysierten Daten entstammen – abweichend von den in Kapitel 5.2 genannten Quellen – FCC 1996c: 20-22, FCC 1997c: 30-32 und FCC 1998: 38f., ergänzt um eigene Berechnungen an den Stellen, an denen die FCC die Indexwerte aus Gründen des Datenschutzes nur auf Basis grober Umsatzangaben ermittelt hat.

bei der FCC für das jeweils untersuchte Unternehmen registriert worden. Schwerpunkt der Beschwerden sind dabei – in der Reihenfolge ihrer Bedeutung – Praktiken der illegalen Kundenabwerbung („Slamming"), mutmaßlich ungerechtfertigte Rechnungsforderungen in Verbindung mit der Nutzung eines Service 0900, zu hohe Abrechnungen in Verbindung mit sonstigen festnetzbasierten Telefondiensten sowie ungebetene Telefon- und Fax-Werbekampagnen. Der Index bietet somit einen Einblick in die Aggressivität von Maßnahmen der Kundenakquisition sowie in die qualitative Zuverlässigkeit der Rechnungsstellung der Dienstehändler. Er belief sich im Beobachtungszeitraum über die analysierten Dienstehändler hinweg auf durchschnittlich 1,07 (s. M_7 in Tabelle 5-7), wohingegen der vergleichbare Wert für *alle* US-Telefondiensteanbieter mit mehr als 50 Beschwerden im Jahr 1997 beispielsweise bei (nur) 0,3 lag.[468]

8. Der Erfolgsfaktor der getätigten *Direktinvestitionen im Ausland*, welcher als binäre Dummy-Variable konzipiert ist (1 bei getätigten Direktinvestitionen und 0 ohne Investitionen), informiert über den Internationalisierungsstatus des Geschäfts eines jeden Dienstehändlers. Der potentielle Erfolgsfaktor gibt zudem indirekt Auskunft über die finanziellen Ressourcen eines Unternehmens und deutet außerdem auf etwaige Überschußverwertungen physischer und immaterieller Ressourcen hin, welche über Strategien der Internationalisierung zum Unternehmenserfolg beitragen können.[469] Der Durchschnitt aller untersuchten Dienstehändler der Studie fiel mit 0,26 gering aus (s. M_8 in Tabelle 5-7).

Die deskriptiven Statistiken und Interkorrelationen der 8 unabhängigen Strategievariablen der Umsatz- und Geschäftsstruktur sind in Tabelle 5-7 aufgeführt. Die vergleichsweise niedrige Fallzahl der erhobenen Werte für die Variable Kundenbeschwerden (s. N_7 in Tabelle 5-7) ist auf den bereits oben angesprochenen Umstand zurückzuführen, daß die entsprechenden Indexwerte erst seit 1995 von der FCC erhoben werden und demzufolge nur die jeweils 12 Werte der Jahre 1995 bis 1997 in die Studie aufgenommen werden konnten. Zur Sicherstellung einer breiteren Datenbasis in der noch

---

[468] Vgl. FCC 1998: 39.

[469] Dazu muß man sich in Erinnerung rufen, daß aus der Ressourcenperspektive der strategischen Managementforschung das Vorhandensein von unausgelasteten Ressourcen und Kompetenzen zur Verfolgung internationaler Diversifikationsmaßnahmen motiviert. S. oben Kapitel 3.3.4.2.

Tabelle 5-7: Deskriptive Statistiken und bivariate Korrelationen der erhobenen Strategievariablen der Umsatz- und Geschäftsstruktur im Zeitraum 1992 bis 1997

	Variable	M[a]	S	N	Pearson's r/Spearman's Rho[b] 1.	2.	3.	4.	5.	6.	7.	8.
1.	*Anteil mittelständischer Geschäftskunden*	65,21	38,86	72	–	0,11	–0,05	0,14	–0,24*	–0,26*	0,21	0,57***
2.	*Konzentration des Diensteportfolios*	5,74	5,46	72	0,08	–	–0,86***	0,05	0,29*	0,34**	0,70***	0,25*
3.	*Horizontaler Diversifikationsindex*	0,59	0,16	72	–0,01	–0,80***	–	–0,40**	–0,17	–0,24+	–0,37*	0,06
4.	*Umsatz mit international vermittelten Fernverbindungen*	25,81	26,47	51	–0,15	0,28*	–0,47**	–	0,03	–0,17	–0,16	0,26+
5.	*Telefonumsatz pro international abgehender Verbindungsminute*	0,82	0,32	72	–0,15	0,47***	–0,26*	0,22	–	0,32*	0,04	0,06
6.	*Vertriebskanalfokussierung*	4,11	2,85	58	–0,13	0,61***	–0,26*	0,02	0,43**	–	0,11	–0,37**
7.	*Kundenbeschwerden*	1,07	2,96	36	–0,18	0,37*	–0,38*	–0,01	0,30+	0,41*	–	–0,24
8.	*Direktinvestitionen im Ausland*	0,26	0,44	72	–0,58***	–0,25*	–0,03	0,31*	0,06	–0,37**	–0,40**	–

a) M = (arithmetischer) Mittelwert; S = Standardabweichung; N = Fallzahl.

b) Werte oberhalb der Hauptdiagonalen = Pearson'sche Produktmomentkorrelation; Werte unterhalb der Hauptdiagonalen = Spearman'sche Rangkorrelation. Aufgrund paarweiser z.T. fehlender Angaben gilt: $36 \leq N \leq 72$.

+ $p < 0{,}1$ * $p < 0{,}05$ ** $p < 0{,}01$ *** $p < 0{,}001$ (zweiseitiger Test).

folgenden Regressionsanalyse zwischen den Werten der zwei abhängigen Erfolgsindikatoren und denen der verschiedenen Strategievariablen als unabhängige Erfolgsfaktoren wird die Variable in diese Analyse nicht miteinbezogen. Sie findet allein bei dem Vergleich der Strategievariablen unter den als erfolgreich und den als krisenbehaftet klassifizierten Dienstehändlern Berücksichtigung. Entsprechend wird mit dem Indikator des horizontalen Diversifikationsgrades verfahren, dessen Ausschluß aus der Regressionsanalyse wegen seiner sehr hohen Korrelation mit dem Diensteportfolio-Konzentrationsindex zur Vermeidung von Multikollinearitätsproblemen vorgenommen wird (s. r_{23} in Tabelle 5-7). Diese Assoziation ist darauf zurückzuführen, daß beide Variablen teilweise definitorisch voneinander abhängig sind. So zieht ein hoher Diensteportfolio-Konzentrationsindex, der auf ein Sortiment von nur wenigen Telefondiensten hinweist, einen geringen Grad der horizontalen Diversifikation nach sich. Umgekehrt setzt ein hoher Grad der horizontalen Diversifikation, der eine Positionierung des beobachteten Dienstehändlers in verschiedenen Geschäftsbereichen andeutet, die Sortimentsaufnahme mehrerer Telefondienste voraus, was zu einem niedrigen Diensteportfolio-Konzentrationsindex führt.

5.4.1.2 Kostenstrukturvariablen

Für die Abbildung von Kostenstrukturaspekten konnten drei Indikatoren erfaßt werden (s. Variablen 9 bis 11 in Tabelle 5-6):

1. Bei der *Herstellungskostenquote* werden in Relation zu den gesamten Betriebskosten diejenigen Betriebskosten anteilsmäßig erhoben, die bei der produktionstechnischen Bereitstellung und Abwicklung der Telefondienste anfallen („Cost of Service" oder „Cost of Sales") und auf die Bruttoverdienstmarge („Gross Profit" = verbleibender Umsatz nach Abzug der Herstellungskosten) der Dienstehändler mindernd einwirken. Maßgeblich sind dies – in der Reihenfolge ihrer Bedeutung – (a) Kosten für Netzzugangsentgelte („Equal Access Charges") und den Einkauf von Übertragungsleistungen bzw. Telefondiensten, (b) für den Betrieb von Vermittlungsstellen und (c) für die Rechnungserstellung. Kosten für den Betrieb von Basisinfrastrukturen fallen bei Dienstehändlern demgegenüber natürlich nicht an. Die genannten Kosten dominieren in der Regel die Betriebskostenstruktur sowohl eines Switch-based als auch eines Switchless Dienstehändlers, was bei einer Durchschnittsquote von 66,82% für alle 12 analysierten Dienstehändler deutlich wird (s. M_1 in Tabelle 5-8).[470] Eine relativ hohe Kostenquote im Vergleich zu den übrigen Kostenarten gilt dabei als Indiz für eine starke Abhängigkeit des Unternehmenserfolges eines beobachteten Dienstehändlers von seinen vorgelagerten Netzbetreibern bzw. Dienste-

[470] Vgl. dazu auch oben in Kapitel 2.1.2.1 die Abbildung 2-6 sowie in Kapitel 2.1.2.2 die Abbildung 2-7, aus denen sowohl die anteilsmäßige Aufgliederung der Herstellungskosten in die einzelnen Untergruppen als auch die Dominanz der Kostenart gegenüber allen anderen, der gewöhnlichen Geschäftstätigkeit zuzuschreibenden Kostenarten ersichtlich wird.

großhändlern (betrifft die Bezugskosten für Vorprodukte); sie kann aber beispielsweise auch auf bestehende Kostennachteile infolge ineffizient genutzter physischer Ressourcen hinweisen (betrifft die Betriebskosten der Infrastruktur und Abrechnungssysteme).

2. Die Strategievariable *Marketing-, Vertriebs- und Verwaltungskostenquote* betrifft im wesentlichen Werbekosten und Kosten der Verkaufsförderung, Aktivitäten der Kundenbetreuung, Provisionszahlungen an geschäftsvermittelnde Vertriebspartner sowie in der Geschäftsverwaltung angefallene Personal- und Mietkosten („Selling, General and Administrative Expenses"), die zusammen in Beziehung zu den gesamten Betriebskosten gesetzt werden.[471] Weist ein Dienstehändler dabei eine vergleichsweise hohe Kostenquote auf, dann muß das nicht zwangsweise einen Kostennachteil anzeigen. Ebenfalls kann der hohe Wert Ausdruck einer erfolgreichen Markendifferenzierung im Wettbewerb sein, wenn die Quote in besonderen Maße von Werbeausgaben getrieben ist, oder die Kostenquote wird hinsichtlich der Provisionszahlungen an gebundene Vertriebspartner durch einen alleinigen Vertriebsschwerpunkt im Fremdvertrieb angefacht. Prinzipiell ist davon auszugehen, daß bei einem durchschnittlichen US-amerikanischen Dienstehändler etwa die Hälfte der erhobenen Kostenquote speziell auf Marketing- und Vertriebsaktivitäten entfällt.[472] Die gesamte Kostenquote betrug unter den hier herangezogenen Dienstehändlern im Mittel 24,24% (s. M_2 in Tabelle 5-8).

3. Die *Abschreibungsquote* ist als akkumulierte Abschreibungen über die abgelaufene Nutzungsdauer des Sachanlagevermögens („Accumulated Depreciation") im Verhältnis zu den Anschaffungskosten der Sachanlagen („Gross Property, Plant and Equipment") definiert, wobei ein Abzug der ersten Größe von der zweiten Größe prinzipiell den bilanziellen Restbuchwert des Sachanlagevermögens („Net Property, Plant and Equipment") ergibt.[473] Die Erfolgsbestimmungsgröße legt das Alter der eingesetzten abschreibungsfähigen Wirtschaftsgüter offen („Vintage of Capital"), welches einen Einfluß auf die Produktivität der Produktionsmittel hat und auf diesem Wege ressourcen- und kostenbasierte Wettbewerbsvor- oder -nachteile begründen kann. Prinzipiell gilt: Je höher der Wert ist, desto älter sind die abschreibungsfähigen Wirt-

---

[471] Wünschenswert wäre hier eine Trennung der Kosten für Marketing- und Kundendienstaufwendungen, welche größtenteils einen variablen Charakter besitzen, von denen für die Geschäftsverwaltung, die einen stark fixen Kostencharakter haben. Entsprechende Informationen ließen sich jedoch aus den herangezogenen Quellen nicht durchgängig entnehmen.

[472] Diese Erkenntnis ist der TRA-Umfrage von 1998 entnommen: Der prozentuale Anteil der Marketing- und Vertriebsausgaben in Verhältnis zum Umsatz lag annähernd gleich verteilt bei der Hälfte aller befragten US-Dienstehändler bei kleiner oder größer 12%, während der analoge Anteil für allgemeine Verwaltungsausgaben bei einem fast identischen Wert von ca. 10% lag. S. TRA 1999: 28 u. 30.

[473] Wegen des hohen Fixkostencharakters speziell der Abschreibungen besteht bei dieser Kostenart eine nur begrenzte Relation zu den Umsatzerlösen, weshalb der Anschaffungswert der abschreibungspflichtigen Güter als Bezugsgröße genutzt wird. S. zu diesem Vorgehen Born 1994: 397 und als Beispiel einer entsprechenden Umsetzung in einer empirischen TK-Studie Armstrong/Fuhr 1993: 81, in der allerdings keine Werte mit Blick auf die untersuchten Netzbetreiber offengelegt werden.

schaftsgüter bzw. die physische Ressourcenbasis des Dienstehändlers.[474] Die Durchschnittsquote der analysierten Dienstehändler belief sich auf 29,40% (s. M_3 in Tabelle 5-8).

Tabelle 5-8 zeigt die deskriptiven Statistiken der drei erhobenen Strategievariablen der Kostenstruktur und die wechselseitigen Interkorrelationen der Variablen. Der überaus hohe negative Zusammenhang zwischen der Herstellungskostenquote und der Marketing-, Vertriebs- und Verwaltungskostenquote (s. r_{12} in Tabelle 5-8) ist auf eine definitorische Abhängigkeit der Kostenquoten voneinander zurückzuführen, weil sich beide Quoten gemeinsam mit weiteren, hier nicht näher untersuchten prozentualen Betriebskostenanteilen für z.B. Abschreibungen oder Restrukturierungsmaßnahmen immer auf 100% aufsummieren müssen. Aus Multikollinearitätsgesichtspunkten wird – analog zu dem im vorangegangenen Kapitel erörterten Umgang mit der sehr hohen Interkorrelation zwischen Diensteportfolio-Konzentrationsindex und horizontalem Diversifikationsgrad – speziell die Marketing-, Vertriebs- und Verwaltungskostenquote in der Regressionsanalyse weiter unten ausgeschlossen.

Tabelle 5-8: Deskriptive Statistiken und bivariate Korrelationen der erhobenen Strategievariablen der Kostenstruktur im Zeitraum 1992 bis 1997

					Pearson's *r* /Spearman's *Rho*[b]		
	Variable	**M**[a]	**S**	**N**	1.	2.	3.
1.	*Herstellungskostenquote*	66,83	12,19	64	–	−0,86***	−0,15
2.	*Marketing-, Vertriebs- und Verwaltungskostenquote*	27,24	12,07	63	−0,83***	–	−0,04
3.	*Abschreibungsquote der Sachanlagen*	29,40	15,51	60	−0,19	−0,02	–

a) M = (arithmetischer) Mittelwert; S = Standardabweichung; N = Fallzahl.

b) Werte oberhalb der Hauptdiagonalen = Pearson'sche Produktmomentkorrelation; Werte unterhalb der Hauptdiagonalen = Spearman'sche Rangkorrelation. Aufgrund paarweiser z.T. fehlender Angaben gilt: $58 \leq N \leq 63$.

$^{+}p < 0,1$ $^{*}p < 0,05$ $^{**}p < 0,01$ $^{***}p < 0,001$ (zweiseitiger Test).

5.4.1.3 Personal- und Kapitalproduktivitätsvariablen

Personal- und Kapitalproduktivitätsvariablen geben das Verhältnis von Ausbringungsmengen der Produkteinheiten (hilfsweise gemessen über den Umsatz) zu Einsatzmengen der Arbeitskraft und

[474] Verzerrungen hinsichtlich der Vergleichbarkeit der Werte können durch unterschiedlich lang angesetzte Nutzungsdauern der abschreibungsfähigen Wirtschaftsgüter auftreten. Die untersuchten Dienstehändler geben bei durchgängiger Anwendung der linearen Abschreibungsmethode folgende Zeitspannen in den Form 10-K an: Für Abrechnungssysteme, Vermittlungsstellen und andere Produktionsgüter: 5 – 15 Jahre; für Software bei der Rechnungsstellung, im Call Center-Betrieb und für diverse Bürofunktionen: 3 – 10 Jahre; für Computer und Büroausstattungen: 3 –10 Jahre.

des Produktivkapitals wieder und sind „als eine Erscheinungsform technischer Rationalität“[475] zu verstehen. Generell spielt die Produktivität von TK-Unternehmen im Schrifttum eine traditionell große Rolle.[476] Hier wurden folgende zwei Variablen erhoben (s. Variablen 12 u. 13 in Tabelle 5-6):

1. Die Variable *Kapitalumschlag* ist definiert als Quotient aus Umsatz und Sachanlagevermögen. Sie soll erfassen, inwieweit das eingesetzte Produktivkapital einen hohen oder niedrigen Umsatz hervorgebracht hat, oder entgegengesetzt, inwieweit zur Erzielung des Umsatzes viele oder wenige Produktionsmittel eingesetzt werden mußten. Erfolgreiche Dienstehändler mit vergleichsweise hohen Umschlagskoeffizienten und einer dementsprechend vorteilhaften Kapitalproduktivität haben umfangreich in effiziente Produktionsmittel investiert. Solche Investitionen können von der digitalisierten Vermittlungstechnik über leistungsfähige Fakturierungssoftware bis hin zu einem modernen Vertriebssteuerungssystem diverse Ressourcen betreffen. Der mittlere Umschlagskoeffizient der untersuchten Dienstehändler fiel im Beobachtungszeitraum mit 18,1 (s. M_1 in Tabelle 5-9) im Vergleich zu entsprechenden Werten von Netzbetreibern mit ihrem kapitalintensiveren Geschäftsmodell (i.d.R. > 40) gering aus.[477]

2. Die Variable *Umsatz pro Mitarbeiter*, gemessen in Tausend US-Dollar, gilt als Produktivitätsmaß des Arbeitseinsatzes der Mitarbeiter. Die Zahl der Mitarbeiter wurde dabei gemäß der Angaben der untersuchten Dienstehändler durchweg für einen Stichtag am Ende des jeweiligen Bilanzjahres erhoben. Vorteilhaft hohe Werte können ihre Ursache u.a. in besonderen Fähigkeiten und der Leistungskraft der Mitarbeiter bei der Erfüllung ihrer Aufgaben oder in einer Angebotsfokussierung auf besonders hochpreisige Mehrwertdienste haben, während sich Dienstehändler mit unterdurchschnittlichen Werten ihren Umsatz möglicherweise über einen hohen Mehreinsatz an Personal erkaufen. Außerdem beeinflußt der Sachverhalt, daß einige Dienstehändler u.a. durch den eigenständigen Betrieb von Vermittlungsstellen eine größere Wertschöpfungstiefe aufweisen als andere Dienstehändler, die Höhe des Produktivitätsmaßes.[478] Im Durchschnitt erwirtschafteten die hier analysierten Dienstehändler mit ihrem schwerpunktmäßig im Teilmarkt auf Dienste- und Vertriebsebene verankerten Geschäftsmodell $ 402.900

---

[475] Küting 1999: 297.

[476] Zu den vielfältigen empirischen Studien, welche sich auf einzelwirtschaftlicher Untersuchungsebene mit Produktivitätsfragen von Diensteanbietern festnetzbasierter Telefondienste beschäftigen, s. oben Kapitel 5.1 und dort Tabelle 5-1. Eine rein konzeptionelle Diskussion der Produktivität in der TK-Industrie vor dem Hintergrund der „Price Cap Regulation“ findet man bei Starkey/Pelt 1995. Länderübergreifend erforschen Madden/Savage 1999 die Produktivität nationaler TK-Industrien.

[477] Die Vergleichwerte in bezug auf Netzbetreiber kann man bei Gerpott/Pospischil 1993: 378. und Gerpott 1997a: 246 nachlesen.

[478] Zur Interpretation der Arbeitsproduktivität s. a. Weber 1998: 106-109.

pro Mitarbeiter (s. M_2 in Tabelle 5-9). Vergleichbare Werte von Netzbetreibern sind um mehr als die Hälfte kleiner (i.d.R. < $ 145.000).[479]

Zwischen den zwei erhobenen Strategievariablen der Produktivität besteht ein positiver, aber mit Blick auf die Pearson`sche Produktmomentkorrelation nicht signifikant hoher Zusammenhang (s. r_{12} in Tabelle 5-9). Es ist folglich anzunehmen, daß etwaige Substitutionen des Faktors Arbeit durch den Faktor Kapital nicht kennzeichnend für die Geschäftsaktivitäten der Dienstehändler der Grundgesamtheit sind.

Tabelle 5-9: Deskriptive Statistiken und bivariate Korrelationen der erhobenen Strategievariablen der Personal- und Kapitalproduktivität im Zeitraum 1992 bis 1997

				Pearson's *r* /Spearman's *Rho*[b]	
Variable	M[a]	S	N	1.	2.
1. *Kapitalumschlag*	18,12	18,08	60	–	0,21
2. *Umsatz pro Mitarbeiter*	402,93	298,27	60	0,38**	–

a) M = (arithmetischer) Mittelwert; S = Standardabweichung; N = Fallzahl.

b) Werte oberhalb der Hauptdiagonalen = Pearson'sche Produktmomentkorrelation; Werte unterhalb der Hauptdiagonalen = Spearman'sche Rangkorrelation. Aufgrund paarweiser z.T. fehlender Angaben gilt: N = 58.

⁺ p < 0,1 * p < 0,05 ** p < 0,01 *** p < 0,001 (zweiseitiger Test).

5.4.1.4 TK-Netzmerkmale

Als TK-Netzvariablen, die auf das Ausmaß eigener Netzinfrastrukturen und den Umfang vertikaler Vertragsbeziehungen eines Dienstehändlers hindeuten, wurden erfaßt (s. Variablen 14 u. 15 in Tabelle 5-6):

1. Die binäre Dummy-Variable ***Betrieb von Vermittlungsstellen*** informiert darüber, ob ein Dienstehändler eigene Infrastrukturen an Vermittlungseinrichtungen im Beobachtungszeitraum betrieben hat oder nicht (bei einem Wert von 1 war er in dem entsprechenden Jahr Switch-based, bei 0 Switchless Dienstehändler). Die Entscheidung kann Auswirkungen auf das realisierbare Diensteangebot, die Dienstequalität, die vertikalen Vertragsbeziehungen zu Vorproduktlieferanten und den Personal- und Kapitalbedarf haben. Der Durchschnittswert aller Dienstehändler im 6-Jahreszeitraum betrug 0,50 (s. M_1 in Tabelle 5-10).

2. Die ***Konzentration der Lieferantenbeziehungen*** legt die Spannbreite der Kooperationsverbindungen eines Dienstehändlers zu vertikal vorgelagerten Netzbetreibern und/oder Switch-based

[479] Vgl. Gerpott/Pospischil 1993: 378; Gerpott 1997a: 246.

Dienstehändlern offen, bei denen das beobachtete Unternehmen Übertragungsleistungen im Teilmarkt auf Netzebene bzw. Telefondienste im Teilmarkt auf Dienste- und Vertriebsebene mehr oder weniger günstig einkauft. Die Variable ist als Index auf Basis der Grundgesamtheit der im Beobachtungszeitraum bestehenden vier US-amerikanischen „Tier One"-Diensteanbieter mit flächendeckenden Fernstreckennetzen (*AT&T*, *MCI*, *Sprint* und *Worldcom*) sowie der Gruppe sonstiger Netzbetreiber und Diensteanbieter konzipiert, über die sich der Umsatz bei der Beschaffung von Übertragungsleistungen im Fall von Switch-based Dienstehändlern bzw. von Telefondiensten im Fall von Switchless Dienstehändlern verteilt:

Konzentrationsindex der Lieferantenbeziehungen = (Umsatzanteil der über *AT&T* abgewickelten Dienste)^2 + (Umsatzanteil der über *MCI* abgewickelten Dienste)^2 + (Umsatzanteil der über *Sprint* abgewickelten Dienste)^2 + (Umsatzanteil der über *Worldcom* abgewickelten Dienste)^2 + (Umsatzanteil der über sonstige Netzbetreiber bzw. Diensteanbieter abgewickelten Dienste)^2

Die Indexwerte bewegen sich zwischen dem maximalen Wert von 1, wenn ein Dienstehändler seinen gesamten Bedarf an Vorprodukten bei lediglich einem Lieferanten bezieht, und dem minimalen Wert von 0,2 im Fall einer Gleichverteilung der bezogenen Vorprodukte auf die vier „Tier One"-Diensteanbieter und die Gruppe der sonstigen Lieferanten (also je 20% Umsatzanteil). Mit einem mittleren Indexwert von 0,74 konzentrierten sich die untersuchten Dienstehändler in der Studie weitgehend auf ein oder zwei Zulieferer (s. M_2 in Tabelle 5-10).

Ein signifikanter Zusammenhang zwischen den beiden Variablen der Gruppe der TK-Netzmerkmale ist nicht erkennbar (s. r_{12} in Tabelle 5-10), was ursächlich darauf zurückgeführt werden kann, daß im Beobachtungszeitraum zwischen 1992 und 1997 bei einer für Switchless und Switch-based Dienstehändler jeweils begrenzten Anzahl in Frage kommender Vorproduktlieferanten die zur Auswahl stehenden Unternehmen in der Regel dieselben waren: Die führenden Netzbetreiber *AT&T*, *MCI*, *Sprint* und *Worldcom* haben ihre Bandbreitenkapazitäten außer für eigene kommerzielle Telefondienste sowohl im Teilmarkt auf Netzebene in Form von besonderen Netzzugangs-/Zusammenschaltungsleistungen und Übertragungsleistungen auf spezifizierten Fernverbindungsstrecken als auch im Teilmarkt auf Dienste- und Vertriebsebene in Form von fertigen Telefondiensten vermarktet.

Tabelle 5-10: Deskriptive Statistiken und bivariate Korrelationen der erhobenen TK-Netzmerkmale im Zeitraum 1992 bis 1997

Variable	M^a	S	N	Pearson's r/Spearman's Rho[b] 1.	2.
1. *Betrieb von Vermittlungsstellen*	0,50	0,50	72	–	–0,09
2. *Konzentration der Lieferantenbeziehungen*	0,74	0,25	57	–0,15	–

a) M = (arithmetischer) Mittelwert; S = Standardabweichung; N = Fallzahl.
b) Werte oberhalb der Hauptdiagonalen = Pearson'sche Produktmomentkorrelation; Werte unterhalb der Hauptdiagonalen = Spearman'sche Rangkorrelation. Aufgrund paarweiser z.T. fehlender Angaben gilt: N = 57.

$^+$ p < 0,1   * p < 0,05   ** p < 0,01   *** p < 0,001   (zweiseitiger Test).

5.4.2 Vergleich der Strategievariablen unter erfolgreichen und krisenbehafteten Dienstehändlern

Zur Aufdeckung der kritischen Erfolgsfaktoren im Dienstehandel ist zunächst die Frage zu klären, inwieweit sich die Durchschnittswerte der erhobenen Strategievariablen zwischen den als erfolgreich eingestuften und den als krisenbehaftet klassifizierten Dienstehändlern voneinander abheben. In dem Fall, daß signifikant große Unterschiede zwischen einzelnen Mittelwerten im Beobachtungszeitraum bestehen, kann man bestimmte Erfolgsassoziationen ableiten. Tabelle 5-11 veranschaulicht die erhobenen Mittelwertunterschiede der beiden Unternehmensgruppen.

5.4.2.1 Erfolgsassoziationen der Umsatz- und Geschäftsstrukturvariablen

Hinsichtlich der *Umsatz- und Geschäftsstrukturvariablen* weisen die erfolgreichen Dienstehändler im Vergleich zu den krisenbehafteten Dienstehändlern – bei jeweils signifikant voneinander abweichenden Mittelwerten im Beobachtungszeitraum – (a) einen kleineren Anteil mittelständischer Geschäftskunden, (b) eine geringere Konzentration des Diensteportfolios und damit verbunden einen höheren horizontalen Diversifikationsgrad, (c) eine ausgeprägtere Vertriebskanalfokussierung sowie (d) weniger registrierte Kundenbeschwerden auf.

Anteil mittelständischer Geschäftskunden: Die als erfolgreich eingestuften Dienstehändler akquirieren offenbar weitaus weniger kleine und mittelgroße Geschäftskunden als die krisenbehafteten Unternehmen (s. Variable (1) in Tabelle 5-11). Mit einem Anteil mittelständischer Geschäftskunden von nahezu 65% aller gewonnenen Kunden entsprechen sie jedoch dem generell anzutreffenden strategischen Verhalten der Dienstehändler für festnetzbasierte Telefondienste in den USA, schwer-

Tabelle 5-11: Mittelwertunterschiede der unabhängigen Variablen zwischen erfolgreichen und krisenbehafteten Dienstehändlern im Zeitraum von 1992 bis 1997

Strategievariablen	**Mittelwert[a] der Gruppe...**	
	erfolgreicher Dienstehändler[b]	krisenbehafteter Dienstehändler[c]
Umsatz-/Geschäftsstruktur		
(1) *Anteil mittelständischer Geschäftskunden*	64,72** *(39,39)*	97,17** *(2,98)*
(2) *Konzentration des Diensteportfolios*	4,51* *(4,60)*	8,30* *(5,34)*
(3) *Horizontaler Diversifikationsgrad*	0,66** *(0,15)*	0,51** *(0,15)*
(4) *Umsatz mit international vermittelten Verbindungen*	21,63 *(21,02)*	38,41 *(36,63)*
(5) *Telefonumsatz pro international abgehender Verbindungsminute*	0,85 *(0,19)*	0,82 *(0,15)*
(6) *Vertriebskanalfokussierung*	5,79** *(3,30)*	3,13** *(1,53)*
(7) *Kundenbeschwerden*	0,15[+] *(0,19)*	3,80[+] *(5,19)*
(8) *Direktinvestitionen im Ausland*	0,00 *(0,00)*	0,11 *(0,32)*
Kostenstruktur		
(9) *Herstellungskostenquote*	70,60[+] *(16,35)*	61,59[+] *(13,58)*
(10) *Marketing, Vertriebs- und Verwaltungskostenquote*	28,14 *(17,38)*	29,29 *(12,15)*
(11) *Abschreibungsquote der Sachanlagen*	28,75 *(20,10)*	25,29 *(14,80)*
Personal-/Kapitalproduktivität		
(12) *Kapitalumschlag*	24,06 *(22,74)*	22,07 *(22,21)*
(13) *Umsatz pro Mitarbeiter*	493,53 *(274,67)*	404,96 *(493,24)*
TK-Netzmerkmale		
(14) *Betrieb von Vermittlungsstellen*	0,50 (0,51)	0,44 (0,51)
(15) *Konzentration der Lieferantenbeziehungen*	75,86 (22,53)	78,81 (16,98)

a) Wert ohne Klammern: Mittelwert; Wert in Klammern: Standardabweichung.

b) Teilgruppe der als erfolgreich klassifizierten Dienstehändler: *Excel*, *Tel-Save* und *Total Tel*. Aufgrund z.T. fehlender Angaben gilt: $9 \leq N \leq 18$.

c) Teilgruppe der als krisenbehaftet klassifizierten Dienstehändler: *Equalnet*, *FaxSav* und *Group Long Distance*. Aufgrund z.T. fehlender Angaben gilt: $9 \leq N \leq 18$.

[+] $p < 0,1$ * $p < 0,05$ ** $p < 0,01$ *** $p < 0,001$ (zweiseitiger Test).

punktmäßig (mittelständische) Geschäftskunden im Rahmen der kommerziellen Vermarktungsanstrengungen zu fokussieren (s.Kapitel 5.4.1.1). Der demzufolge nicht ungewöhnliche und grundsätzlich hohe Kundenanteil mittelständischer Endkunden unter den als erfolgreich klassifizierten Dienstehändlern fällt dennoch statistisch signifikant niedriger als der der krisenbehafteten Dienstehändler aus, weil letztere mit über 97% einen außergewöhnlich hohen Anteil kleiner und mittelgroßer Geschäftskunden aufweisen.

Eine dermaßen extreme Zielgruppenorientierung trägt ganz offensichtlich zu nachhaltigem Mißerfolg des unternehmerischen Handelns bei, obwohl mittelständische Geschäftskunden tendenziell als erfolgversprechendes Marktsegment mit vergleichsweise hohen Ertragserwartungen pro Kunde (vor allem im Vergleich zu Privatkunden) bei eher niedriger Wettbewerbsintensität gelten (s. Kapitel 3.2.2.4). Außerdem kann die effiziente Durchdringung eines einzelnen Kundensegmentes bei ausreichender Größe des Segmentes die Erzielung von Skaleneffekten fördern. Eine mögliche Erklärung für den dennoch aufgetretenen Mißerfolg der krisenbehafteten Diensthändler in diesem Punkt könnte hingegen darauf beruhen, daß eine ausschließliche Ausrichtung der kommerziellen Dienstevermarktung an den Kundenbedürfnissen nur einer Zielgruppe keine ertragsteigernden Verbundeffekte über Geschäftssynergien zwischen mindestens zwei penetrierten Marktsegmenten eröffnet, was ein grundlegendes Ziel von Diversifikationsmaßnahmen darstellt (s. Kapitel 3.3.4.1). Ein anderer Grund für den Mißerfolg könnte darin liegen, daß die ausschließlich auf mittelständische Geschäftskunden fokussierten Dienstehändler eine – ungeachtet des genauen Diensteangebotes – mangelnde Wechselbereitschaft der kleinen und mittelgroßen Betriebe verkannt haben und dementsprechend weniger erfolgreich Kunden akquirieren als Dienstehändler mit breiterer Zielgruppenausrichtung. Schließlich ist die Vermutung anzustellen, daß bei den krisenbehafteten Dienstehändlern übermäßig viele Forderungsausfälle infolge eines vergleichsweise hohen Liquiditäts- und Konkursrisikos von kleinen und mittelgroßen Betrieben zu dem Mißerfolg beigetragen haben.[480]

Konzentration des Diensteportfolios: In bezug auf wettbewerbsstrategische Sortimentsentscheidungen im Dienstehandel ist Tabelle 5-11 zu entnehmen, daß erfolgreiche und krisenbehaftete Dienstehändler im Durchschnitt sowohl ein signifikant unterschiedlich konzentriertes Diensteportfolio (s. Variable (2) in Tabelle 5-11) als auch einen erkennbar voneinander abweichenden horizontalen Diversifikationsgrad (s. Variable (3) in Tabelle 5-11) aufweisen. Dabei besitzen die als weniger erfolgreich klassifizierten Dienstehändler aufgrund ihres hohen Diensteportfolio-Konzentrationsindex von 8,30 zweifelsohne ein enges und flaches Telefondienstesortiment (vgl. dazu Abbildung

---

[480] In diesem Zusammenhang ist den Form 10-K zusätzlich die Information zu entnehmen, daß die als erfolgreich klassifizierten Dienstehändler im Jahr 1997 (1996) einen durchschnittlichen Forderungsausfall hinsichtlich ihrer erbrachten Leistungen in Prozent vom Umsatz in Höhe von 1,3% (0,7%) einbüßen mußten, während der analoge Wert bei der Teilgruppe der als krisenbehaftet eingestuften Dienstehändler 1997 (1996) bei durchschnittlich 5,2% (4,1%) lag.

5-4), was mit ihrem niedrigen horizontalen Diversifikationsgrad von 0,51 in Einklang steht. Bei erfolgreichen Dienstehändlern kann man demgegenüber angesichts eines um fast die Hälfte kleineren Diensteportfolio-Konzentrationsindex von 4,51 zwar nicht unbedingt von einer Vollsortiments-, aber mit Sicherheit von einer Mehrproduktstrategie sprechen. In Verbindung mit dem vergleichsweise hohen Diversifikationsgrad auf horizontaler Geschäftsbereichsebene von 0,66 ist es im Ergebnis plausibel anzunehmen, daß sich eine Sortimentsausweitung in einem angestammten Produktsegment (z.B. von dem Basisdiensteangebot in Richtung des verbundenen Geschäftsbereichs der IN-basierten Mehrwertdienste) und/oder eine Erweiterung der kommerziellen Geschäftsaktivitäten in Richtung benachbarter, unverbundener TK-Märkte wie dem Mobilfunkmarkt grundlegend positiv auf den Unternehmenserfolg auswirkt. Die erfolgreichen Dienstehändler „entfliehen" somit teilweise dem wettbewerbsintensiven Kerngeschäft der reinen Festnetztelefonie und besetzen über Maßnahmen der vertikalen und horizontalen Produktdiversifikation weitere Marktsegmente mit mutmaßlich geringerer Wettbewerbsintensität und höheren Verdienstmargen. Auf diese Weise realisieren sie zudem Verbundeffekte über den diensteübergreifenden Einsatz sowohl von rechnergestützten Ressourcen (Vermittlungsstellen, IN-Plattform, Abrechnungssysteme, Call Center etc.) als auch von erschlossenen Vertriebskanälen, was beides zu Kostenvorteilen im Wettbewerb führt (s. Kapitel 3.2.2.2 u. 3.3.2.3).

Vertriebskanalfokussierung: Ein weiteres Erfolgskorrelat ergibt sich aus der beobachteten Vertriebswegewahl (s. Variable (6) in Tabelle 5-11): Während sich die Teilgruppe der erfolgreichen Dienstehändler im Beobachtungszeitraum mit einem durchschnittlichen Vertriebskanal-Konzentrationsindex von 5,79 vorzugsweise auf eine oder zwei Alternativen von Distributionskanälen beschränkt hat, verteilten sich die zu erbringenden Vertriebsleistungen bei der Teilgruppe der krisenbehafteten Dienstehändler angesichts eines durchschnittlichen Indexwertes von 3,13 eher auf zwei und mehr Kanäle (vgl. dazu Abbildung 5-5). Der Erfolg der Vermarktungsanstrengungen des Dienstehandels im Teilmarkt auf Dienste- und Vertriebsebene läßt sich demnach auch auf ein konzentriertes Vertriebswegesystem zurückführen, bei dem

- die Vertriebsressourcen in den wenigen erschlossenen Absatzkanälen oder in lediglich einem, das gesamte Geschäftsmodell prägenden Absatzkanal gut ausgelastet sind und
- die zur Auswahl stehenden Vertriebspartner zwecks Aufbau von Marktmacht in jedem Kanal möglichst durchgängig an das eigene Unternehmen gebunden werden, soweit es sich um einen Schwerpunkt im indirekten Vertrieb handelt.

Im Gegensatz dazu läßt sich Mißerfolg ursächlich auf den Aufbau eines mehrgleisigen Vertriebskanal-Mix zurückführen, wobei erfolgshemmende Kannibalisierungseffekte bei der Kundenakquisition zwischen den einzelnen Vertriebskanälen und eine kostenintensive Vertriebsunterstützung und -kontrolle der Vielzahl ausgewählter direkter und/oder indirekter Kanäle für den mangelnden Erfolg mutmaßlich ausschlaggebend sind. Ergänzt werden kann an dieser Stelle, daß der Schwerpunkt der ausgeprägten Vertriebskanalkonzentration der als erfolgreich klassifizierten Dienstehändler im

Beobachtungszeitraum vorwiegend im fremd organisierten, indirekten Vertrieb angesiedelt war, wodurch die Unternehmen wahrscheinlich positive Kostenvorteile in der Vertriebsdurchführung realisieren konnten.[481]

Kundenbeschwerden: Tabelle 5-11 liefert schließlich mit Blick auf die Umsatz- und Geschäftsstrukturvariablen auch ein Indiz dafür, daß eine „den guten Sitten" entsprechende Kundenakquisition und/oder eine verläßliche Dienstequalität mit Blick auf die Rechnungsstellung den Unternehmenserfolg maßgeblich beeinflussen kann (s. Variable (7) in Tabelle 5-11): Die erfolgreichen Dienstehändler weisen mit einem durchschnittlichen Indexwert für Kundenbeschwerden in Relation zum erzielten Umsatzvolumen in Höhe von 0,15 einen deutlich niedrigeren Wert auf, als die krisenbehafteten Dienstehändler mit einem durchschnittlichen Indexwert von 3,80. Bezieht man diesen Befund auf die Aggressivität der Kundengewinnung, die sich in dem Kundenbeschwerden-Index widerspiegelt, dann erscheinen „gemäßigte" Kundenakquisitionsmaßnahmen ohne (bewußten oder unbedachten) Rückgriff auf wettbewerbswidrige Praktiken der Kundenansprache am besten geeignet, nachhaltige Loyalität der Kunden im Wettbewerb zu gewinnen. Gleichfalls kann das Ergebnis dahingehend interpretiert werden, daß eine Akzentuierung einer qualitätsvollen Rechnungsstellung mit größerer Sicherheit den Unternehmenserfolg fördert, als eine auf „schnellen" Umsatz bedachte Kundenakquisition unter Vernachlässigung gleichlaufender Investitionen in ausreichende und zuverlässige Ressourcen bei der Diensteabrechnung. Bedenkt man, daß die geringe Unternehmensprofitabilität infolge schlechter Qualität der Rechnungsstellung auch ex-post kaum Investitionen in ein leistungsfähigeres Abrechnungssystem und/oder in die Reorganisation der kundenorientierten Prozeßabläufe (Fakturierung, Rechnungsprüfung, Mahnwesen, Service-Hotline etc.) zur Reduktion der Anzahl der Kundenbeschwerden erlauben dürfte, dann offenbart sich an dieser Stelle ein bidirektionaler Wirkungszusammenhang: Ein geringes Unternehmenserfolgsniveau erschwert Investitionen in den Ausbau der notwendigen Ressourcen und Organisationsstrukturen, was wiederum zu einer Erhöhung der Kundenbeschwerden führt.

Insgesamt machen die Ausführungen zu den Strategievariablen der Umsatz- und Geschäftsstruktur deutlich, daß das wettbewerbsstrategische Verhaltensmuster

- einer „maßvoll" auf die Zielgruppe der kleinen und mittelgroßen Geschäftskunden ausgerichteten Nischenstrategie
- mit stark gebündelten Vertriebsressourcen auf wenige Absatzkanäle sowie

---

[481] So hat *Excel* im Beobachtungszeitraum bis inklusive 1996 ausschließlich über den indirekten Vertriebskanal Multi-Level-Marketing den Kontakt zu den Endkunden hergestellt. Auch *Tel-Save* bediente sich bis 1996 exklusiv eines indirekten Vertriebsweges, dem der Vermittler. Lediglich *Total Tel* als drittes erfolgreich eingestuftes Unternehmen der Grundgesamtheit hat sich bereits ab 1995 neben dem indirekten Distributionskanal der Vermittler auch für einen in Eigenregie organisierten Vertriebsweg, dem der Vertriebsrepräsentanten, entschieden. S. zu den unterschiedlichen Vertriebskanälen und ihren Vor- und Nachteilen oben Kapitel 3.3.2.3.

- mit Formen der Differenzierung über ein diversifiziertes Diensteangebot und einer qualitätsvollen Rechnungsstellung

den Unternehmenserfolg der Toll Resellers mit vorteilhaften Umsatz- und Gesamtkapitalrentabilitäten im Beobachtungszeitraum sehr wahrscheinlich positiv beeinflußt hat. Eine Konzentration der kommerziellen Dienstevermarktung auf internationale Verbindungsrouten bzw. Kunden mit grenzüberschreitenden Kommunikationsflüssen im Rahmen der Umsatzstruktur (s. Variable (4) in Tabelle 5-11) oder ein unmittelbares Engagement im Ausland über internationale Direktinvestitionen im Rahmen der Geschäftsstruktur (s. Variable (8) in Tabelle 5-11) ist hingegen kein Bestandteil des strategischen Verhaltensmusters von besonders erfolgreichen Dienstehändlern und läßt somit auch keine Erfolgsrelevanz an dieser Stelle erkennen. Gleichfalls spielen Fragen der Preisaggressivität und damit verbunden eine eventuell anzustrebende Kostenführerschaft, hilfsweise operationalisiert über den Telefonumsatz pro international abgehender Verbindungsminute (s. Variable (5) in Tabelle 5-11), keine herausragende Rolle im strategischen Verhaltensmuster erfolgreicher Dienstehändler.

5.4.2.2 Erfolgsassoziationen der sonstigen Strategievariablen

Unter den drei herangezogenen Strategievariablen der *Kostenstruktur* erweisen sich nur die erhobenen Durchschnittswerte der Herstellungskostenquote (s. Variable (9) in Tabelle 5-11) zwischen der Teilgruppe der erfolgreichen und der der krisenbehafteten Dienstehändler als statistisch signifikant voneinander abweichend: Die als erfolgreich eingestuften Unternehmen weisen mit einer Quote von 70,60% einen sehr hohen Anteil an Herstellungskosten gegenüber allen anderen Kosten des eigentlichen Betriebszweckes auf, wohingegen die Quote bei den als krisenbehaftet klassifizierten Dienstehändlern mit fast 10 Prozentpunkten weniger „nur“ 61,59% beträgt. Hinsichtlich der Bezugskosten für Vorprodukte als den prinzipiell größten Kostentreiber unter den drei beim Geschäftsmodell eines Dienstehändlers anfallenden Blöcken an Herstellungskosten (s. Kapitel 5.4.1.2) läßt sich das Ergebnis dahingehend interpretieren, daß ein zunehmender Unternehmenserfolg im Dienstehandel regelmäßig mit einer überproportional steigenden Abhängigkeit von vertikal vorgelagerten Netzbetreibern bzw. Dienste*groß*händlern einhergeht. Die Tatsache, daß die Vorproduktlieferanten ihre Einflußmöglichkeit auf die Rentabilität und somit auf den Erfolg der Dienstehändler zur Marktverdrängung im Beobachtungszeitraum offensichtlich nicht genutzt haben (beispielsweise durch willkürlich überteuerte Preise für Übertragungsleistungen und fertige Telefondienste), findet eine Erklärung in den allem Anschein nach wirksamen rechtlich-politischen Schutzmaßnahmen für den Dienstehandel in den USA (s. Kapitel 4.2 u. 4.4) und/oder in möglicherweise langjährigen, auf Vertrauen aufbauenden Kooperationsbeziehungen im Carriers'Carrier-Geschäft.

In einer weiteren Überlegung können die unterschiedlich hoch ausgeprägten Herstellungskostenquoten auch rein rechnerisch über den damit verbundenen mehr oder weniger geringen Anteil der sonstigen, eher fixen Betriebskosten für Marketing & Vertrieb, Verwaltung, Abschreibungen und für andere betriebliche Maßnahmen (z.B. Restrukturierungen) erklärt werden. Etwaige Interpretationen dieser Art sind allerdings sehr vage, solange die genauen Anteile der anderen Kostenarten nicht bekannt sind. Weitgehend ausgeschlossen werden kann an dieser Stelle nur, daß die relativ hohe Herstellungskostenquote der erfolgreichen Dienstehändler das Ergebnis von parallel niedrigen Kosten für werbe- und verkaufsfördernde Maßnahmen ist. In einem solchen Fall müßte aller Voraussicht nach auch ein signifikant hoher Mittelwertunterschied der Marketing-, Vertriebs- und Verwaltungskostenquoten zwischen den erfolgreichen und krisenbehafteten Dienstehändlern bestehen, was de facto nicht der Fall ist (s. Variable (10) in Tabelle 5-11).[482] Es ist eher denkbar, daß die relativ hohe Herstellungskostenquote der als erfolgreich klassifizierten Dienstehändler in engem Zusammenhang mit einem parallel niedrigen Betriebskostenanteil in der Vertriebsdurchführung steht. Dagegen spricht zwar erneut die geringe Abweichung der Marketing-, Vertriebs- und Verwaltungskostenquoten zwischen den zwei Unternehmensgruppen. Gestützt wird diese These aber über die stark ausgeprägte und grundlegend kostensparende Vertriebskanalfokussierung der erfolgreichen Dienstehändler (s. dazu die Diskussion von Variable (6) in Kapitel 5.4.2.1).

Wendet man sich den Strategievariablen der *Personal- und Kapitalproduktivität* und den *TK-Netzmerkmalen* zu, so sind keine weiteren signifikant unterschiedlichen Mittelwerte zwischen erfolgreichen und krisenbehafteten Dienstehändlern feststellbar. Hervorzuheben sind in diesem Zusammenhang zwei Einzelergebnisse.

(1) Die Tatsache, daß die Strategievariable Kapitalumschlag (s. Variable (12) in Tabelle 5-11) bzw. die erhobene Häufigkeit, mit der das im Sachanlagevermögen gebundene Kapital durch die Umsatzerlöse umgeschlagen wurde, *keine* erkennbare Abweichung zwischen den zwei Teilgruppen der verglichenen Dienstehändler aufweist, führt zu der Erkenntnis, daß Fragen der produktiven Leistungseffizienz der eingesetzten Ressourcen eine nur untergeordnete Rolle für den Erfolg im Dienstehandel spielen. Bedenkt man, daß das Geschäftsmodell eines Dienstehändlers per se nur geringe Investitionen in Produktionsmittel erfordert, dann ist dieses Ergebnis nicht überraschend. Für einen Netzbetreiber, dessen Geschäftsmodell den investitionsintensiven Aufbau eigener Basisinfrastruktur vorsieht, spielen strategische Fragen der Produktivität in der Unternehmenspraxis eine weitaus größere Rolle für den Unternehmenserfolg, wie oben in Kapitel 5.1 bei der Erörterung von bereits vorliegenden empirischen TK-Studien deutlich wurde. Die mangelnde Relevanz der Kapitalproduktivität für den Erfolg im Dienstehandel erkennt man übrigens auch, wenn man auf die Strategievariablen der Kostenstruktur zurückblickt: Hier deuten die nahe beieinander liegenden Quoten der Abschreibungen im Verhältnis zu

---

[482] Dabei ist in Anlehnung an Tabelle 5-8 oben in Kapitel 0 daran zu erinnern, daß die Herstellungskostenquote mit der Marketing-, Vertriebs- und Verwaltungskostenquote aufgrund der wechselseitigen definitorischen Verkettung der beiden Kostenstrukturvariablen prinzipiell stark korreliert.

den Anschaffungskosten der zwei Teilgruppen von Dienstehändlern an, daß das Alter der jeweils abschreibungsfähigen Produktionsmittel, das Unterschiede bei der produktiven Leistungseffizienz offenlegen kann, nur unwesentlich voneinander abweicht (s. Variable (11) in Tabelle 5-11).

(2) Aus den erhobenen Werten bezüglich des Betriebs von Vermittlungsstellen (s. Variable (14) in Tabelle 5-11) geht hervor, daß die zwei Teilgruppen der analysierten Unternehmen keine erkennbaren Unterschiede bei ihrer Einordnung als Switch-based oder Switchless Dienstehändler für festnetzbasierte Telefondienste zeigen. Jede Teilgruppe präsentiert außerdem mit Werten von 0,50 und 0,44 eine ausgewogene Summe an Jahren der Geschäftstätigkeit als Dienstehändler *ohne* und als Dienstehändler *mit* eigenständig betriebenen Fernvermittlungsstellen, so daß die in Kapitel 5.2 befürchtete Heterogenität der näher zu betrachtenden Unternehmen hinsichtlich individuell verschiedener Ressourcenausstattungen hier weitgehend ausgeschlossen werden kann.

Im Hinblick auf die statistisch nicht signifikant große Differenz der durchschnittlichen Umsatzwerte pro Mitarbeiter (s. Variable (13) in Tabelle 5-11) ist noch anzumerken, daß speziell unter den als krisenbehaftet klassifizierten Dienstehändlern die Standardabweichung weit über den erhobenen Mittelwert hinausreicht und demnach große Wertunterschiede unter den Unternehmen der Teilgruppe vorliegen müssen. Tatsächlich weist speziell *Group Long Distance* aufgrund von verhältnismäßig umfangreichen Outsourcing-Maßnahmen einige, das Ergebnis unverhältnismäßig stark beeinflussende Ausreißerwerte auf, deren beachtliches Maximum sich 1997 auf knapp über $ 2 Millionen beläuft, was mehr als das Vierfache des erhobenen Mittelwertes aller krisenbehafteten Dienstehändler ist.[483] Eine Ausblendung des Unternehmens aus der Grundgesamtheit würde auf jeden Fall zu einer Ablehnung der Nullhypothese auf mangelnde Signifikanz der Mittelwertunterschiede führen. Aufgrund der bereits per se geringen Anzahl von Dienstehändlern in den zwei Teilgruppen von Unternehmen der Grundgesamtheit wird davon jedoch abgesehen.

Als Fazit ist festzuhalten, daß die Aspekte der Kostenstruktur, der Produktivität und TK-Netzmerkmale das strategische Verhaltensmuster von erfolgreichen Dienstehändlern nicht erkennbar prägen und somit die im vorangegangenen Kapitel genannten Aspekte der Umsatz- und Geschäftsstruktur als Erfolgsbestimmungsgrößen bzw. Erfolgsfaktoren im Dienstehandel dominieren.

---

[483] *Group Long Distance* hat im Beobachtungszeitraum (genauso wie *Equalnet* und *Tel-Save*) die vergleichsweise personalintensive Kundenbetreuung ausgelagert. Darüber hinaus wird das Inkasso und die Vertriebspartnerprovisionierung bei dem Dienstehändler von einem Outsourcing-Partner durchgeführt.

5.4.3 Korrelate zwischen Strategievariablen und Erfolgsindikatoren

In einem ergänzenden Analyseschritt zur Erklärung von Erfolgsunterschieden des Dienstehandels im Markt für festnetzgebundene Telefondienste im Fernnetzbereich erfolgt – in Anlehnung an Gerpott (1997a) – die Identifikation von signifikanten Erfolgskorrelaten im Rahmen einer Untersuchung von *bivariaten Korrelationen* zwischen den Erfolgsindikatoren und den Strategievariablen sowie einer *schrittweisen Regression* der abhängigen Erfolgsindikatoren der Umsatz- und Gesamtkapitalrentabilität auf die unabhängigen Strategievariablen. Auf diese Weise läßt sich eine explorative Auswahl unter den unabhängigen Variablen anhand der statistischen Bedeutsamkeit ihres Erklärungsbeitrages zu den Erfolgsunterschieden treffen. Dabei wurden nicht – wie bei dem vorherigen Analyseschritt – ausschließlich die Unternehmensdaten der als erfolgreich und als krisenbehaftet eingestuften Dienstehändler in die jeweilige Analyse einbezogen, sondern die Daten aller 12 Unternehmen der Grundgesamtheit berücksichtigt. Weiterhin wurde jeweils die Kontrollvariable *Beobachtungsjahr* eingeführt, die mögliche Zeitreihentrends in der Datenbasis „auffangen" soll und beispielsweise die im Zeitverlauf ansteigende Wettbewerbsintensität oder andere nicht weiter differenzierte Einflüsse auf den Erfolg des unternehmerischen Handelns abbildet.[484] Schließlich wurden die drei Strategievariablen, die den horizontalen Diversifikationsgrad, das Ausmaß der Kundenbeschwerden und den Anteil der Marketing-, Vertriebs- und Verwaltungskosten an den gesamten Betriebskosten anzeigen, aus den in Kapitel 5.4.1.1 respektive 5.4.1.2 erläuterten Gründen speziell aus der schrittweise durchgeführten Regressionsanalyse ausgeschlossen.

Die *bivariaten Korrelationen* zwischen den zwei Erfolgsindikatoren und den 15 Strategievariablen sind Tabelle 5-12 zu entnehmen, die alle Pearson`schen Produktmomentkorrelationen der jeweils paarweise untersuchten Werte enthält. Außerdem ist die Korrelation der Kontrollvariablen *Beobachtungsjahr* mit den zwei Rentabilitätskennzahlen in der Tabelle aufgeführt. Die Kontrollvariable wirkt danach zwar negativ auf die gewählten Erfolgsindikatoren, was auf einen steigenden Rentabilitätsdruck bei zunehmender Wettbewerbsintensität schließen läßt. Der Zusammenhang ist aber – genauso wie bei den multivariaten Analysen unten in diesem Kapitel – weder in bezug auf die Umsatz- noch auf die Gesamtkapitalrentabilität statistisch signifikant (s. Variable (0) in Tabelle 5-12).

Unabhängige Strategievariablen, die mit lediglich *einer* der beiden jahresabschlußorientierten Erfolgsindikatoren auf einem statistisch signifikanten Niveau korrelieren, finden sich nur mit Blick auf die Umsatzrentabilität. Als „Erfolgstreiber" mit positiver oder negativer Wirkung erweisen sich hier der Anteil mittelständischer Geschäftskunden, die Konzentration des Diensteportfolios und der horizontale Diversifikationsgrad.

---

[484] Vgl. zu der Verfahrensweise Gerpott 1997a: 247.

Tabelle 5-12: Bivariate Korrelationen aller erhobenen Strategievariablen mit der Umsatz- und Gesamtkapitalrentabilität im Zeitraum 1992 bis 1997

Strategievariablen	**Erfolgsindikatoren**[a]	
	Umsatz-rentabilität	Gesamtkapital-rentabilität
(0) *Beobachtungsjahr*	–0,01	–0,08
Umsatz-/Geschäftsstruktur		
(1) *Anteil mittelständischer Geschäftskunden*	–0,29*	–0,20
(2) *Konzentration des Diensteportfolios*	–0,24*	–0,18
(3) *Horizontaler Diversifikationsgrad*[b]	0,25*	0,15
(4) *Umsatz mit international vermittelten Verbindungen*	–0,37**	–0,35*
(5) *Telefonumsatz pro international abgehender Verbindungsminute*	0,09	0,01
(6) *Vertriebskanalfokussierung*	0,18	0,17
(7) *Kundenbeschwerden*[c]	–0,59***	–0,51**
(8) *Direktinvestitionen im Ausland*	0,08	0,02
Kostenstruktur		
(9) *Herstellungskostenquote*	0,51***	0,50***
(10) *Marketing-, Vertriebs- und Verwaltungskostenquote*[b]	–0,34**	–0,30*
(11) *Abschreibungsquote der Sachanlagen*	–0,04	–0,14
Personal-/Kapitalproduktivität		
(12) *Kapitalumschlag*	0,22	0,21
(13) *Umsatz pro Mitarbeiter*	–0,07	–0,12
TK-Netzmerkmale		
(14) *Betrieb von Vermittlungsstellen*	–0,30*	–0,26*
(15) *Konzentration der Lieferantenbeziehungen*	–0,12	–0,01

a) Ausgewiesene Werte: Pearson'sche Produktmomentkorrelation, für die aufgrund paarweiser z.T. fehlender Angaben gilt: 36 ≤ N ≤ 70.

b) Strategievariable wurde zur Multikollinearitätsvermeidung aus der schrittweisen multivariaten Regressionsanalyse in Tabelle 5-13 ausgeschlossen.

c) Strategievariable wurde zugunsten einer breiten Datenbasis aus der schrittweisen multivariaten Regressionsanalyse in Tabelle 5-13 ausgeschlossen.

+ p < 0,1   * p < 0,05   ** p < 0,01   *** p < 0,001   (zweiseitiger Test).

Die erste Strategievariable, der *Anteil mittelständischer Geschäftkunden*, weist dabei einen stark negativen Einfluß auf (s. Variable (1) in Tabelle 5-12). Demnach dürften diejenigen Dienstehändler nachhaltige Umsatzrentabilitätsvorteile erreichen, denen es gelingt, neben einzelnen Gruppen mittelständischer Geschäftskunden als bevorzugte Zielgruppen auch wesentliche Marktanteile unter großen Geschäftskunden und/oder im Massenmarkt der Privatkunden zu gewinnen. Es ist anzunehmen, daß eine ausschließliche Zielgruppenansprache der Vielzahl kleiner und mittelgroßer Betriebe der unterschiedlichen Branchen einer Wirtschaft zu einer unverhältnismäßig kostenintensiven Kundenakquisition bei mutmaßlich überzogenen Umsatzerwartungen führt.

Die zweite Strategievariable mit Einfluß auf die Umsatzrentabilität, der *Diensteportfolio-Konzentrationsindex*, wirkt ebenfalls stark negativ (s. Variable (2) in Tabelle 5-12). Ein eingeschränktes Dienstesortiment impliziert demzufolge die Erzielung vergleichsweise niedriger Umsatzmargen. In umgekehrten Sinn formuliert bedeutet das, daß eine Mehrproduktstrategie mit Investitionen in verbundene und/oder unverbundene Geschäftsbereiche über das Kerngeschäft der Festnetztelefonie hinaus für Dienstehändler eine gute Möglichkeit der Rentabilitätsverbesserung darstellt.

In diesem Kontext übt auch der *horizontale Diversifikationsgrad* als dritter Erfolgstreiber der Umsatzrentabilität, der gemäß seiner Darstellung oben in Kapitel 5.4.1.1 mit der Strategievariable des Diensteportfolio-Konzentrationsindex` eng verknüpft ist, eine positive Rentabilitätswirkung aus (s. Variable (3) in Tabelle 5-12). Es genügt demnach für einen Dienstehändler von festnetzbasierten Telefondiensten zur nachhaltigen Erfolgserzielung nicht, seine Vermarktungsanstrengungen nur auf einen Geschäftsbereich auszurichten (z.B. auf den der Basisdienste). Eine solche geringe Sortimentsbreite vereinfacht zwar ganz allgemein den Einstieg in einen neuen Markt, ermöglicht jedoch mittel- bis langfristig keine Erzielung von Verbundvorteilen in der Produktpolitik und führt offensichtlich zu Mißerfolg im Wettbewerb.

Weitere unabhängige Strategievariablen, die mit *beiden* jahresabschlußorientierten Erfolgsindikatoren statistisch signifikant korrelieren, sind der Umsatz mit international vermittelten Verbindungen, die Anzahl Kundenbeschwerden, die Herstellungskostenquote, die Marketing-, Vertriebs- und Verwaltungskostenquote sowie der Betrieb von Vermittlungsstellen.

Der erzielte *Umsatz mit international vermittelten Verbindungen* wirkt dabei in statistisch signifikant hohem Maße rentabilitätsmindernd (s. Variable (4) in Tabelle 5-12). Dieser Befund läßt sich insbesondere dahingehend interpretieren, daß es dem Dienstehandel im Beobachtungszeitraum offensichtlich nicht gelungen ist, das von Incumbents und anderen marktmächtigen Netzbetreibern geschützte zwischenstaatliche Accounting Rate System „aufzubrechen“, um günstige Einkaufspreise für TK-Übertragungsleistungen auf international spezifizierten Fernverbindungsstrecken durchzusetzen.[485] Dienstehändler, die dennoch am Wettbewerb um Geschäfts- und Privatkunden mit grenzüberschreitenden Kommunikationsflüssen teilnehmen und ihren Umsatz schwerpunktmäßig über die Vermarktung von internationalen Telefondiensten zu erwirtschaften versuchen, müssen dementsprechend u.a. aufgrund der hohen Preise beim Einkauf von Vorprodukten rentabilitäsmindernde Wettbewerbsnachteile in Kauf nehmen.

Im Hinblick auf den *Kundenbeschwerden-Index* zeigt das Korrelationsergebnis, daß eine hohe Anzahl von Beanstandungen der gewonnen Kunden eine stark negative Beeinflussung der Umsatz- und Gesamtkapitalrentabilität nach sich zieht (s. Variable (7) in Tabelle 5-12). Ruft man sich in Erinnerung, daß abgesehen von Praktiken der unzulässigen Kundenabwerbung vor allem falsche Abrechnungen der von den Kunden bezogenen Telefondienste zu Beschwerden und in der Folge vermutlich auch zur Kundenabwanderungen führen, dann können Dienstehändler genau dann eine mittel- bis langfristig Rentabilitätssteigerung erreichen, wenn sie im Rahmen ihrer Investitionsstrategie in besonderem Maße auf den Ausbau von zuverlässigen Abrechnungssystemen und -prozessen im Kundendienst achten.

Die *Herstellungskostenquote* besitzt einen stark positiven Einfluß auf beide Erfolgsindikatoren (s. Variable (9) in Tabelle 5-12). Die Kostenstruktur bzw. die Geschäftstätigkeit ist zwecks Rentabilitätsverbesserung im Dienstehandel demnach so zu steuern, daß die Herstellungskosten der zur Umsatzerzielung abgesetzten Leistungen alle anderen, eher fixen Betriebskostenarten überragen, auch wenn damit die latent bestehende Einflußnahme der Lieferanten von Übertragungsleistungen oder fertigen Telefondiensten auf die Rentabilität der Dienstehändler über den Hebel der Vorproduktpreise in der Regel zunimmt.

Zu dieser Erkenntnis paßt auch der Befund, daß eine hohe *Marketing-, Vertriebs- und Verwaltungskostenquote*, die in ihrer Definition von der Herstellungskostenquote gemäß der Erläuterung oben in Kapitel 5.4.1.2 untrennbar ist, eine signifikant negative Rentabilitätsbeeinflussung zur Folge hat (s. Variable (10) in Tabelle 5-12). Es ist somit plausibel anzunehmen, daß hohe Aufwendungen allein für Marketing- und Vertriebsaktivitäten, die möglicherweise weder dienste- noch zielgruppenorientiert eingesetzt werden, keine nachhaltige Umsatz- und Gesamtkapitalrentabilitätsverbesserung nach sich ziehen.

---

[485] Zum Accounting Rate System als zwischenstaatliches Verrechnungspreissystem s. oben Kapitel 2.1.1.1 und dort Fußnote 47 sowie Kapitel 4.2 und dort Fußnote 386.

Die Veränderung des Geschäftsmodells eines Switchless Dienstehändlers in Richtung eines Switch-based Dienstehändlers durch die Errichtung *eigenständig betriebener Vermittlungsstellen*[486] mündet ebenso in einem Rückgang der Umsatz- und Gesamtkapitalrentabilität (s. Variable (14) in Tabelle 5-12). Infolgedessen kann die These einer Vorteilhaftigkeit von kapitalintensiven Investitionen in eigene Vermittlungseinrichtungen mit einer gesonderten IN-Plattform, die hauptsächlich auf der damit verbundenen Möglichkeit einer unabhängigen Gestaltung von höherwertigen und kundenindividuell zugeschnittenen Telefondiensten basiert (s. oben Kapitel 3.2.3.2 u. 3.4), mit Blick auf die Umsatz- und Gesamtkapitalrenditeentwicklung der untersuchten Dienstehändler zwischen 1992 und 1997 nicht aufrechterhalten werden.

Insgesamt erweisen sich im Vergleich zu den im vorherigen Kapitel erörterten Strategievariablen, deren zielgerichtete Gestaltung das strategische Verhaltensmuster von erfolgreichen Dienstehändlern besonders stark kennzeichnete,

- die Zielgruppenansprache, die Dienstesortimentsgestaltung (= Konzentration des Diensteportfolios und horizontaler Diversifikationsgrad) und der Kundendienst bezüglich der Umsatz- und Geschäftsstruktur sowie
- die Herstellungskostenquote bezüglich der Kostenstruktur

erneut als signifikante „Erfolgstreiber“, was ihre Bedeutung für das strategische Management unterstreicht. Zusätzlich wurden in der Analyse von bivariaten Erfolgskorrelationen

- der erzielte Umsatz mit international vemittelten Fernverbindungen unter den Umsatz- und Geschäftsstrukturvariablen,
- die Marketing-, Vertriebs- und Verwaltungskostenquote unter den Kostenstrukturvariablen und
- die Geschäftsvariation Switch-based vs. Switchless Dienstehändler unter den TK-Netzmerkmalen

als signifikante Erfolgsdeterminanten identifiziert.

Tabelle 5-13 informiert schließlich über das Ergebnis der multivariaten Analysen und enthält alle ermittelten Regressionskoeffizienten (Beta-Gewichte) derjenigen Strategievariablen, deren Einbeziehung in mindestens einer der beiden schrittweisen Regressionsrechnungen eine zusätzliche, statistisch signifikante Erhöhung von R^2 bewirkt hat. Im ganzen zeigen die multivariaten Betrachtungen, daß die durch teilweise unterschiedliche Strategievariablen erklärten Varianzanteile der

[486] Eine Veränderung in umgekehrter Richtung ist prinzipiell auch möglich, entspricht aber nicht der Unternehmenspraxis. Eine Ausnahme in der Stichprobe der untersuchten Dienstehändler ist das Unternehmen *Group Long Distance*, das sich nach der anfänglichen Geschäftstätigkeit im Beobachtungszeitraum von 1992 bis 1995 als Switchless Dienstehändler durch die Übernahme des Switch-based Dienstehändlers bzw. „Call Back Facility Providers“ *Gulf Communications Services* übergangsweise im Jahr 1996 zu einem Switch-based Dienstehändler wandelte, den Betrieb der eingekauften Vermittlungseinrichtungen im Jahr 1997 aber wieder beendete.

Tabelle 5-13: Schrittweise multivariate Regression der unabhängigen Strategievariablen auf die abhängigen Erfolgsindikatoren im Zeitraum von 1992 bis 1997

	Erklärende Strategievariablen[a]	**Erfolgsindikatoren**[b] Umsatzrentabilität	Gesamtkapitalrentabilität
(0)	*Beobachtungsjahr*	–0,15	–0,16
(1)	*Anteil mittelständischer Geschäftskunden*	–0,36**	–
(2)	*Konzentration des Diensteportfolios*	–0,40**	–0,61***
(6)	*Vertriebskanalfokussierung*	–	0,37**
(9)	*Herstellungskostenquote*	0,47***	0,34**
(11)	Abschreibungsquote der Sachanlagen	–	–0,22*
(13)	*Umsatz pro Mitarbeiter*	–	–0,37**
(14)	*Betrieb von Vermittlungsstellen*	–0,27*	–
	Determinationskoeffizient R^2	0,66***	0,67***
	F-Wert	18,53	15,06
	Durbin-Watson-Testgröße *d*	2,15	0,75[c]
	Fallzahl N	43	43

a) Aufgeführt sind alle diejenigen unabhängigen Strategievariablen, die in einer pro Erfolgsindikator schrittweise durchgeführten multivariaten Regressionsanalyse einen statistisch signifikanten ($p < 0,1$) zusätzlichen Erklärungsbeitrag für den Erfolg leisten konnten. Zu der Gesamtheit der unabhängigen Strategievariablen s. Tabelle 5-6. Ausgeschlossen wurden davon in der Regressionsrechnung die Variablen *horizontaler Diversifikationsgrad*, *Kundenbeschwerden* und *Marketing-, Vertriebs- und Verwaltungskostenquote* (zur Begründung s. Kapitel 5.4.1.1 u. 5.4.1.2). Zusätzlich eingeführt wurde die Kontrollvariable *Beobachtungsjahr*, die hier ebenfalls aufgeführt ist.

b) Ausgewiesene Werte: Partielle standardisierte Regressionskoeffizienten, die pro Erfolgsindikator in der schrittweisen Regression ermittelt wurden.

c) Der Wert weist auf positive Autokorrelation hin, so daß die Signifikanztests der Regressionsrechnung mit Blick auf die Gesamtkapitalrentabilität keine Aussagekraft haben und im Ergebnis zu verwerfen sind.

$^+ p < 0,1$ $* p < 0,05$ $** p < 0,01$ $*** p < 0,001$ (zweiseitiger Test).

Erfolgsindikatoren in Höhe von 66% hinsichtlich der Umsatzrentabilität und 67% hinsichtlich der Gesamtkapitalrentabilität wenig voneinander abweichen und mindestens auf dem 0,1%-Niveau signifikant sind (s. Determinationskoeffizienten R^2 in Tabelle 5-13). Allerdings liegt im Hinblick auf die schrittweise Regression der Gesamtkapitalrentabilität auf die unabhängigen Strategievariablen eine Fehlspezifikation der Regressionsgleichung und infolgedessen positive Autokorrelation vor. Das belegt die Berechnung der Durbin-Watson-Testgröße im Intervall zwischen 0 und 4 (s. Testgrößen *d* in Tabelle 5-13). Mit einem Wert von $d = 0,75$ liegt die Prüfgröße im Ablehnungsbereich der Nullhypothese auf fehlende Autokorrelation, was zur Folge hat, daß die Signifikanztests im

Rahmen der Regressionsrechnung fehlerhaft sind und somit keine Aussagekraft besitzen.[487] Dementsprechend wird in der gesamthaften Betrachtung von Erfolgsfaktoren des Dienstehandels an dieser Stelle ausschließlich das Regressionsergebnis hinsichtlich des Erfolgsindikators der Umsatzrentabilität berücksichtigt. Hier besteht angesichts einer Durbin-Watson-Testgröße d in Höhe von 2,15 weder positive (= d wesentlich kleiner als 2) noch negative (= d wesentlich größer als 2) Autokorrelation, so daß kein Anlaß besteht, das Ergebnis bezüglich der Vollständigkeit der erklärenden Strategievariablen und/oder der Linearität der Gleichungsform anzuzweifeln.

Die schrittweise Regression der Umsatzrentabilität auf die Strategievariablen bestätigt das gerade erörterte Ergebnis der bivariaten Korrelationen. Die Befunde machen abermals deutlich, daß eine

- alleinige Kundenansprache von mittelständischen Geschäftskunden (s. Variable (1) in Tabelle 5-13),
- eine geringe Spannbreite des Diensteportfolios (s. Variable (2) in Tabelle 5-13),
- eine Betriebskostenverteilung zu Lasten der Herstellungskosten (s. Variable (9) in Tabelle 5-13) und
- eine rückwärtsgerichtete Wertschöpfungsausdehnung über den eigenständigen Betrieb von Vermittlungsstellen (s. Variable (14) in Tabelle 5-13)

nicht als Ansatzpunkte zur Rentabilitätsverbesserung im Dienstehandel gelten können, sondern in signifikant hohen Maße erfolgsmindernd wirken. Allein die Strategievariable *Umsatz mit international vermittelten Verbindungen* erweist sich in der schrittweisen multivariaten Regressionsanalyse nicht mehr als signifikante zusätzliche Bestimmungsgröße der Umsatzrendite. Dies liegt u.a. an der Auspartialisierung aller, die Signifikanztests prinzipiell verfälschender Drittvariablen in der multivariaten Betrachtungsweise, was im Hinblick auf den Umsatz mit international vermittelten Verbindungen den von dieser Strategievariablen wechselseitig abhängenden horizontalen Diversifikationsgrad (s. r_{34} oben in Tabelle 5-7) sowie das Ausmaß an Direktinvestition im Ausland (s. r_{84} oben in Tabelle 5-7) betrifft. [488]

[487] Der untere Ablehnungbereich von H_0 auf fehlende Autokorrelation beginnt laut Durbin-Watson-Statistik bei Testwerten $d < d_u = 1{,}23$ (gilt für N = 40; p ≤ 0,05) bzw. alternativ bei $d < d_u = 1{,}29$ (gilt für N = 45; p ≤ 0,05). Analog dazu fängt der obere Ablehnungsbereich bei $d > 4 - d_o = 2{,}22$ (gilt für N = 40; p ≤ 0,05) bzw. alternativ bei $d > 4 - d_o = 2{,}23$ (gilt für N = 45; p ≤ 0,05) an.

[488] Weil speziell der horizontale Diversifikationsgrad als mögliche Bestimmungsgröße von Erfolgsunterschieden in der schrittweisen Regressionsrechnung per se nicht berücksichtigt wurde, bezieht sich die Anmerkung hier mehr auf die Effekte von Strategievariablen, die ihrerseits mit dem horizontalen Diversifikationsgrad stark korrelieren (betrifft in Anlehnung an die Produktmomentkorrelationen in Tabelle 5-7 vier weitere Variablen) und auf diesem Wege den Signifikanztest in bezug auf den Umsatz mit international vermittelten Verbindungen eher *indirekt* verfälschen.

5.5 Diskussion der Ergebnisse

5.5.1 Methodische Anmerkungen

Die vorangegangenen Analysen zur empirischen Fundierung kritischer Erfolgsfaktoren von Dienstehändlern im US-amerikanischen Markt für „Interstate"- und „Intrastate"-Telefondienste haben zu Resultaten geführt, die zweifelsohne in ihrer Aussagekraft Grenzen unterworfen sind. Vier Aspekte sind kritisch zu reflektieren:

(1) *Datenbasis*: Problematisch dürfte die Einengung der Analysen auf eine kleine Teilmenge der 1997 mehr als 340 Unternehmen umfassenden Gruppe der Toll Resellers in den USA (s. oben Abbildung 4-5) sein, wodurch die Aussagen über Erfolgsfaktoren nicht zwangsweise Anspruch auf Allgemeingültigkeit erheben können. Die Stichprobe umfaßt ausschließlich Dienstehändler, die Unternehmensdaten über einen längeren Zeitraum der US-Börsenaufsichtsbehörde offengelegt haben. Mit dem überwiegenden Rückgriff auf diese öffentlich zugänglichen Informationen kann prinzipiell auch die Verläßlichkeit der getroffenen Aussagen über Erfolgsfaktoren angezweifelt werden, wenn die abgegebenen Finanzlageberichte losgelöst von dem eigentlichen strategischen Verhalten der Dienstehändler bilanzpolitisch gestaltet worden sein sollten.

(2) *Erfolgsoperationalisierung*: Bei der Operationalisierung des Unternehmenserfolges der beobachteten Dienstehändler erfolgte eine weitgehend einseitige Quantifizierung über jahresabschluß-/vergangenheitsorientierte Kenngrößen, wodurch eine kapitalmarkt-/zukunftsorientierte Erfolgsquantifizierung ausgespart wurde und die Validität der Differenzierung in vermeintlich „gute" und „schlechte" Dienstehändler somit bezweifelbar ist.

(3) *Erfolgsfaktorenanalyse*: Methodisch wurde mit der Verwendung eines parametrischen Testverfahrens und einer multivariaten Regressionsanalyse ein statistische, auf Mittelwerten beruhende Ermittlung kritischer Erfolgsfaktoren vorgenommen, die keine vertiefende Betrachtung von Einzelfallsituationen bei strategischen Entscheidungen der beobachteten Dienstehändler einschließt. Es besteht also die generelle Gefahr, weitere/andere unternehmensspezifische Erfolgsfaktoren übersehen zu haben.

(4) *Kausale Ergebnisinterpretation*: Es wurde unterstellt, daß die Strategievariablen als Gestaltungsparameter des strategischen Managements in ihren unterschiedlichen Ausprägungen den Unternehmenserfolg der beobachteten Dienstehändler ursächlich beeinflussen, obwohl diese Kausalrichtung den Ergebnissen nicht unmittelbar zu entnehmen ist. Es wäre demnach auch denkbar, daß die aufgestellten Kausalketten in umgekehrter Richtung verlaufen und einzelne Ausprägungen von Strategievariablen das Ergebnis bestimmter Erfolgskonstellationen sind. Durch den Querschnittscharakter der statistischen Analysen bleiben zudem etwaige Zeitverzögerungen in den Wirkungszusammenhängen unberücksichtigt.

Um vor allem hinsichtlich des letzten Aspekts mit einer größeren Gewißheit annehmen zu können, daß die erörterten Wirkungszusammenhänge zwischen den tatsächlich erfolgbestimmenden Strategievariablen und den Erfolgsindikatoren in der unterstellten Kausalrichtung verlaufen, kann die Analyse aus Kapitel 5.4.2 in diesem Punkt um eine quasi-Längsschnittperspektive ergänzt werden.[489] Zunächst ist zu überprüfen, ob die beiden Teilgruppen der als erfolgreich und als krisenbehaftet klassifizierten Dienstehändler sich in ihrer Umsatz- und Gesamtkapitalrentabilität auch in einer enger gefaßten Zeitspanne der Jahre 1996 und 1997, also am Ende des ursprünglich gewählten Beobachtungszeitraums, erkennbar voneinander abheben. Das findet bei Mittelwerten der Umsatzrentabilität (Gesamtkapitalrentabilität) in Höhe von 1,5% (6,2%) unter den erfolgreichen und –40,7% (–64,3%) unter den krisenbehafteten Dienstehändlern, die mindestens auf dem 1%-Niveau (0,1%-Niveau) signifikant unterschiedlich sind, seine Bestätigung. Nun sind die Mittelwertunterschiede der in Tabelle 5-11 als signifikant unterschiedlich befundenen Strategievariablen zwischen den beiden Teilgruppen der Unternehmen für die Jahre 1992 bis 1995 zu ermitteln, also am Anfang des ursprünglich gewählten Beobachtungszeitraums und für eine Zeitspanne *vor* den Jahren der Erfolgsindikatorenmessung. Ein Signifikanztest der Unterschiede liefert schließlich identische Resultate gegenüber denen aus Tabelle 5-11, mit einer Ausnahme: In der quasi-Längsschnittanalyse erweisen sich die Herstellungskostenquoten nicht mehr als signifikant voneinander verschieden.[490] Diese Abweichung kann aber insofern wenig an dem Ergebnis über tatsächlich erfolgbestimmende Erfolgsfaktoren verändern, weil selbst der ursprünglich signifikante Mittelwertunterschied in Kapitel 5.4.2.2 mehr definitorisch in Verhältnis zu den sonstigen Betriebskosten als wirklich inhaltlich-kausal im Kontext eines erfolgsrelevanten wettbewerbsstrategischen Verhaltensmusters interpretiert wurde.

5.5.2 Praxisimplikationen der empirischen Befunde

Akzeptiert man die aufgestellten kausalen Interpretationen der statistisch gewonnenen Befunde, dann läßt sich zur Ableitung von Schlußfolgerungen für die Unternehmenspraxis zunächst wiederholen, daß es insbesondere *absatzmarktbezogene Umsatz- und Geschäftsstrukturvariablen* sind, die wichtige „Hebel" zur Erfolgsbeeinflussung im Dienstehandel darstellen. Analog zu den oben in Kapitel 5.1 erörterten Befunden von Gerpott (1997a), Majumdar (1997) und Banker et al. (1998) über Erfolgsfaktoren der kommerziellen Telefondienstevermarktung von Netzbetreibern, die bezüglich der Dienstesortimentsgestaltung, der Marketing- und Vertriebskosten und der Zielgruppenorientierung weitgehend übereinstimmen, gilt auch für Toll Resellers:

---

[489] Diese Analyselogik wurde hier von Gerpott 1997a: 248 übernommen.

[490] Strenggenommen erweisen sich auch die Mittelwerte bei den registrierten Kundenbeschwerden in der quasi-Längsschnittsanalyse nicht mehr als signifikant unterschiedlich, wobei die zugrundeliegende Datenbasis der Strategievariable mit nur noch drei Werten pro Teilgruppe der beobachteten Unternehmen aus dem Jahr 1995 weder eine gewisse statistische Stärke besitzt noch als Zeitreihe zu bezeichnen ist.

- Eine *Differenzierungsstrategie* über Maßnahmen der Produktdiversifikation und über eine flexible, zuverlässige Rechnungsstellung bei *gleichzeitig* anzustrebender
- *Kostenführerschaft* über gering bemessene Marketing- und Vertriebsaufwendungen für eine stark (aber nicht exklusiv) fokussierte Zielgruppenansprache und für einen gut organisierten Vertrieb mit nur wenigen Absatzkanälen

ist als besonders erfolgsfördernd zu erachten. Die Gestaltung von *unternehmensspezifischen Produktivitätsaspekten* und von *TK-Netzmerkmalen* verkörpert hingegen eine nur nachgeordnete strategische Handlungsoption zur Erlangung dauerhafter Wettbewerbsvorteile, was den auf Netzbetreiber zugeschnittenen Ergebnissen der Vielzahl in Kapitel 5.1 genannten TK-Studien, die Fragen der produktiven Leistungseffizienz in den Vordergrund ihres Erfahrungsinteresses rücken, widerspricht.

- *Implikationen für Dienstehändler in den USA*

Im Kontext des *US-amerikanischen Telefondienstemarktes* sind die empirischen Ergebnisse vor der sich wandelnden Wettbewerbslandschaft infolge des Telecommunications Act von 1996 zu diskutieren. In Kapitel 4.1.2 wurde dargelegt, daß mit dieser Gesetzgebung die Auflösung der seit 1984 verankerten Zweiteilung des Telefonmarktes mit Monopolstrukturen im Ortsnetzbereich einherging, so daß es lokalen wie nationalen Telefondiensteanbietern seit 1996 prinzipiell gestattet ist, in das jeweils andere Marktsegment vorzudringen und sich auf diesem Wege als vertikal integrierter Vollsortimenter zu positionieren. Diesbezüglich sollten US-amerikanische Dienstehändler zur Verwirklichung der auf Basis der empirischen Ergebnisse geforderten *absatzmarktbezogenen* Sortimentsausweitung die Möglichkeit wahrnehmen, ihren Kunden über eine *verbundene* Produktdiversifikation (s. oben Kapitel 3.3.4.1) komplementär zum bisherigen Portfolio im Fernnetzbereich *lokale Telefondienste* anzubieten. In diesem Marktsegment standen Ende 1998 insgesamt 1.348 ILECs lediglich 54 Local Resellers gegenüber, was auf ein relativ großes Entwicklungspotential des Dienstehandels im US-Ortsnetzbereich hinweist.[491] Außerdem ist entsprechend der empirischen Erkenntnisse eine Strategie der *unverbundenen* Produktdiversifikation (s. oben Kapitel 3.3.4.1) in den *Mobilfunkmarkt* zur erfolgsfördernden Sortimentsausweitung in Betracht zu ziehen, zumal auch dieser TK-Markt in den USA von Dienstehändlern bis dato wenig entwickelt ist, aber besonders für eine *bedarfsbezogene Marktpositionierung* (s. oben Kapitel 3.2.3.2) über gebündelte Diensteange-

---

491 Zu den Zahlenangaben s. FCC 2000b: 2. Für eine Sortimentsausweitung von Toll Resellers in Richtung des Marktsegments lokaler Telefondienste sprechen sich unter Rückgriff auf ordnungspolitische Argumente auch Beard et al. 1998: 325f. aus.

bote mit nur einer, speziell auf die Kundenbedürfnisse abgestimmten Rechnungsstellung unumgehbar wird.[492]

Aus der gegenüber der Marktorientierung ergänzenden *Ressourcen- und Kompetenzperspektive* des strategischen Managements liegt entsprechend der empirischen Ergebnisse und der sich daraus ableitenden Betonung von absatzmarktorientierten Strategievariablen als erfolgversprechende „Hebel" zur Rentabilitätsverbesserung die Empfehlung nahe, vordringlich *marktzugangsbezogene* Kernkompetenzen auszubauen.[493] Auf diese Weise stärken die Dienstehändler ihre Fähigkeiten, Kundenkontakte aufzubauen und zu optimieren, was sich den theoretischen Ausführungen in Kapitel 3.3.3.2 zufolge auf die marktzugangsbezogene Kernkompetenz

- eines *effizienten Vertriebsmanagements,*
- eines *effektiven Markenmanagements* und/oder
- einer *bedarfsgerechten Telefondiensteentwicklung*

beziehen kann. Besonders die zuletzt genannte Kernkompetenz erfordert dabei unter Ressourcengesichtspunkten die Errichtung einer eigenen *IN-Plattform,* mit Hilfe derer sowohl die Einführung höherwertiger Telefondienste und kundenindividuell zugeschnittener Anwendungen als auch die eigentliche Telefondienstespezifikation für die Verwirklichung von Sortimentsausweitungen erleichtert wird (s. Kapitel 2.2.2 u. 3.3.2.2). Hier ist allerdings zu bedenken, daß im Widerspruch zu dieser theoriegeleiteten Argumentation die empirischen Analysen ergeben haben, daß gerade die Veränderung des Geschäftsmodells eines Switchless Dienstehändlers in Richtung eines Switchbased Dienstehändlers durch die Errichtung eigenständig betriebener Vermittlungseinrichtungen nicht erfolgsfördernd ist. Dieser Befund stellt die Vorteilhaftigkeit von kapitalintensiven Investitionen in eigene Vermittlungsstellen mit einer gesonderten IN-Plattform in Frage. Die Tatsache, daß dennoch an der Vorteilhaftigkeit von entsprechenden Ressourceninvestitionen für Dienstehändler festgehalten werden soll, gründet auf der Überlegung, daß es ex-ante nicht nachprüfbar und damit prinzipiell bezweifelbar ist, daß die von den untersuchten Dienstehändlern eingesetzten Vermittlungsstellen im Beobachtungszeitraum zwischen 1992 und 1997 mit Blick auf den technischen Fortschritt überhaupt über eine gesonderte Rechnerintelligenz verfügen konnten oder tatsächlich verfügten.

---

492 Das im Vergleich zu Europa unterdurchschnittliche Wachstum des US-amerikanischen Mobilfunkmarktes ist seit Anfang der 80er Jahre auf die (weltweit einzigartige) Regulierungskonstellation zurückzuführen, daß in verschiedenen geographischen „service areas" der USA jeweils nur ein Mobilfunknetzbetreiber und ein Dienstehändler in duopolistischer Konkurrenz zueinander geschäftstätig sein durften. Dieses Regulierungsarrangement ist seit Mitte der 90er Jahre in Auflösung begriffen, was die Möglichkeit zum Markteintritt weiterer Dienstehändler bietet; vgl. Fullerton 1998: 594-596; Burton et al. 1999: 6-11. Letztere weisen auch auf den Wettbewerbsvorteil des Dienstehandels zur Gestaltung von gebündelten, netzübergreifenden Dienstepaketen hin (s. Burton et al. 1999: 34f.).

493 Zum Erfordernis, ressourcen- und kompetenzbasierte Wettbewerbsvorteile und entsprechenden strategischen Handlungsbedarf aus absatzmarktorientierten Output-Größen indirekt abzuleiten, s. oben Kapitel 5.4.1, und dort insbesondere a. Fußnote 451.

Eine andere Ressource mit besonderer strategischer Relevanz für Dienstehändler könnte ein leistungsfähiges und verläßliches *Abrechnungssystem* sein. Zum einen kann mit einer dienste- und netzübergreifenden Systemlösung für die Rechnungsstellung eine Basis für kundenindividuelle Abrechnungsdienste geschaffen werden (s. Kapitel 3.3.2.4), was der empirisch belegten Forderung nach einer differenzierenden *Produktdiversifikation* entgegenkommt. Zum anderen dienen entsprechende Investitionen der nachhaltigen *Kundenbindung* (s. Kapitel 3.3.3.1), welche – nach den empirischen Ergebnisse dieser Arbeit in bezug auf die Strategievariable *Kundenbeschwerden-Index* zu urteilen – u.a. stark von einer einwandfreien Diensteabrechnung abhängt.

- *Implikationen für Dienstehändler in Deutschland*

Betrachtet man die Übertragbarkeit der statistisch gewonnenen Ergebnisse in die Unternehmenspraxis von Switchless und Switch-based Dienstehändlern im *deutschen Markt für festnetzbasierte Telefondienste*, dann ist zunächst daran zu erinnern, daß etwaige Analogieschlüsse lediglich für Switch-based Dienstehändler möglich sein dürften, weil nur diese Gruppe von Dienstehändlern einer vergleichbaren vorteilhaften Ordnungspolitik unterliegt, wie Dienstehändler in den USA insgesamt (s. Kapitel 4.4). Gleichwohl ergibt sich daraus eine wichtige Implikation für die deutsche *Ordnungspolitik*, den *Switchless Dienstehandel* verstärkt zu fördern. Die US-spezifischen Analysen haben diesbezüglich offengelegt, daß in einem Marktumfeld, in dem sämtliche Dienstehändler gleichermaßen Schutz vor einem etwaigen diskriminierenden Wettbewerbsverhalten marktbeherrschender Vorproduktlieferanten (vor allem Verweigerung oder zu hohe Tarifierung von Vorprodukten) genießen, Dienstehändler ohne Vermittlungsstellen genauso wie Dienstehändler mit Vermittlungsstellen erfolgreich im Wettbewerb bestehen[494] und damit zur ordnungspolitischen Zielsetzung einer hohen Allokationseffizienz im Markt wirkungsvoll beitragen können. Die Geschwindigkeit und Leistungseffizienz, mit der Switchless Dienstehändler zu einer Marktdurchdringung speziell von neuen, innovativen Telefondiensten beitragen können, dürfte dabei angesichts der Konzentration ihrer Ressourcen und Kernkompetenzen an der Schnittstelle zu den Endkunden als besonders hoch einzustufen sein.[495]

---

[494] Unter den drei als *erfolgreich* klassifizierten Dienstehändlern in der empirischen Analyse waren mit *Excel* und *TelSave* immerhin zwei Dienstehändler, die in dem sechsjährigen Beobachtungszeitraum über fünf bzw. vier Jahre hinweg als Switchless Dienstehändler agierten. Demgegenüber gehörte zu den als *krisenbehaftet* eingestuften Dienstehändlern mit *FaxSav* speziell ein Switch-based Dienstehändler, der über den gesamten Beobachtungszeitraum hinweg als Dauerkrisen-Unternehmen (s. Kapitel 5.3.2) bezeichnet werden konnte. Zu den geringen Unterschieden der erfolgreichen und krisenbehafteten Unternehmen bei ihrer Einordnung als Switch-based oder Switchless Dienstehändler s. a. die Erörterung der Strategievariablen *Betrieb von Vermittlungsstellen* oben in Kapitel 5.4.2.2.

[495] Vgl. dazu noch einmal die Wertschöpfungskonzentration der Switchless Dienstehändler im Markt für festnetzbasierte Telefondienste oben in Abbildung 2-5 sowie die Darstellung ihrer Wertaktivitäten und ihrer möglichen Kernkompetenzen in Kapitel 2.2 und 3.3.3.

Für die deutsche Ordnungspolitik bedeutet das, den Incumbent und andere zukünftige marktbeherrschende Telefondiensteanbieter in bestehenden und sich neu formierenden TK-Märkten zur Zusammenarbeit mit Switchless Dienstehändler zu verpflichten. Auf diese Weise ließe sich

- die gegenwärtig noch hohen Marktanteile des Ex-Monopolisten in bestehenden Märkten wie dem für Festnetztelefonie weiter reduzieren und
- eine beschleunigte Dienstepenetration von neuen, innovativen Telefondiensten in (zukünftigen) Wachstumsmärkten sicherstellen.

§ 4 TKV bietet für den Kontrahierungszwang die rechtliche Grundlage. Die Vorschrift müßte allerdings zur Gewährleistung eines gesicherten Netzzugangs der Switchless Dienstehändler – vor allem zum Universalnetz der *Deutschen Telekom* im Markt für festnetzbasierte Telefondienste – um eine verbindliche Entgeltverordnung mit *kostenorientiert* kalkulierten Großhandelspreisen für den *Wiederverkauf* von Fernverbindungen (aber z.B. auch für den von Teilnehmeranschlußleitungen speziell im Ortsnetz) komplettiert werden. Solange diese Voraussetzung nicht erfüllt ist, sollten die Switchless Dienstehändler im deutschen Markt für festnetzbasierte Telefondienste eine zumindest teilweise von Switch-based Dienstehändlern getrennte *Interessenvertretung* anstreben, um den Regulierungsprozeß proaktiv besser beeinflussen zu können. Alternativ sollten Switchless Dienstehändler die *prinzipielle* Überlegung anstellen, die Strategie einer *vertikalen Rückwärtsintegration* zwecks Umwandlung ihres Geschäftsmodells in das eines ordnungspolitisch begünstigten Switch-based Dienstehändlers zu verfolgen, und demzufolge mittels Eigen- oder Fremdfinanzierung Investitionen in selbständig betriebene Teilinfrastrukturen auf Netzebene zu tätigen.

Für bestehende *Switchless Dienstehändler* dürfte aus *wettbewerbsstrategischer* Sicht die Verfolgung einer bereits in Kapitel 3.2.3.2 und 3.4 als vorzugswürdig erwogenen Strategie als *fokussierter Kostenführer* im Fernnetzbereich von Vorteil sein, wofür sich aber aus den empirischen Analysen *keine* unmittelbare Bestätigung ableiten läßt. Die *theoriegeleitete* Argumentation in den genannten Kapiteln betont die vorrangige Notwendigkeit einer eher *engen Zielgruppenausrichtung* auf Kundengruppen, in deren Umfeld noch keine ausgeprägte Wettbewerbsintensität zu erwarten ist. Zur Ansprache solcher Endkunden, die nicht dem Massenmarkt der Privatkunden oder der Gruppe großer Geschäftskunden angehören, sondern eher in branchenspezifischen Nischen (wie z.B. örtlich niedergelassene Rechtsanwaltskanzleien, Arztpraxen, Steuerberater, Speditionen, Reisebüros oder bestimmte verarbeitende Betriebe des Mittelstandes) zu finden sind, ist die Vertriebswegeauswahl stark einzugrenzen. Formen der *Produktdiversifikation* erfolgen in dieser Marktpositionierung nur in den Fällen, in denen die Switchless Dienstehändler ihr Geschäftsmodell des reinen Rebilling auf andere weitgehend standardisierte Telefondienste ohne Probleme übertragen können. Das betrifft zum einen eine verbundene Sortimentserweiterung um die weitgehend fungiblen IN-Mehrwertdienste Service 0800 und Service 0900. Zum anderen kann ein Switchless Dienstehändler für Festnetztelefonie eine unverbundene Diversifikationsstrategie in Richtung solcher Mobilfunkdienste verfolgen, die in ihrer einfachen Gestaltung ohne Zusatzdienste bereits einer breiten Marktakzeptanz unterliegen (insbesondere Zweijahres-Vertragskarten und Guthabenkarten ohne Grundgebühr). Dabei können die Switchless Dienstehändler in beiden Fällen gut ihre überwiegend *marktzugangsbezogenen Kernkompetenzen* (s. Kapitel 3.3.3.2) zur effizienten Kundenakquisition einsetzen.

Mit Blick auf das strategische Management von *Switch-based Dienstehändlern* im deutschen Festnetzmarkt 2 ½ Jahre nach der Marktliberalisierung sind Analogieschlüsse auf Basis der empirischen Erfolgsfaktorenforschung von Dienstehändlern in den USA bis 1997 aufgrund der vergleichbaren länderspezifischen Regulierungs- und Marktstrukturverhältnisse zulässig (s. Kapitel 4.4). Die oben aufgezeigten Implikationen für das strategische Management von US-amerikanischen Dienstehändlern haben also prinzipiell auch für Dienstehändler mit eigenständig betriebenen Vermittlungsstellen in Deutschland Gültigkeit. Dementsprechend findet auch die am Ende der theoretisch-konzeptionellen Erörterungen in Kapitel 3.4 angenommene, speziell auf Switch-based Dienstehändler im deutschen Markt für festnetzgebundene Telefondienste bezogene Vorteilhaftigkeit eines vom Kerngeschäft der Festnetztelefonie ausgehenden *Vordringens in eng verwandte Geschäftsbereiche* im Kontext der empirischen Befunde eine Bestätigung. Die dazugehörige Forderung nach *Erweiterungsinvestitionen* in die Leistungsfähigkeit der Abrechnungssysteme und vor allem in die Rechnerintelligenz bestehender Vermittlungseinrichtungen zur Planung, Einführung und Steuerung von Mehrwertdiensten wie Service 0800/0900, Service 0137, Centrex, VPN etc. und (eventuell auch) von kundenbezogenen, nach CTI-Standards konzipierten Anwendungen mit jeweils technisch verwandten Wertschöpfungsketten gegenüber der reinen Festnetztelefonie ist noch einmal zu unterstreichen. Auf diesem Weg eröffnen sich Switch-based Dienstehändler nicht nur attraktive produkt- und zielgruppenspezifische Marktsegmente mit geringerer Wettbewerbsintensität und höheren Verdienstmargen als im Geschäft mit dem Basisdienst, sondern auch kostensenkende Skalen- und Verbundeffekte über die produktübergreifende, in Summe gesteigerte Vermittlung von Fernverbindungsminuten. Letzteres dürfte den Switch-based Dienstehändlern dann auch im hart umkämpften Basisdienstegeschäft, vor allem in bezug auf Call-by-Call- und Pre-Selection sowie Internet-by-Call, eine anhaltende Wettbewerbsfähigkeit bzw. Niedrigpreispolitik ermöglichen, was durch eine Vertriebskanalstraffung weiter unterstützt wird.

Im Hinblick auf strategische Maßnahmen einer *unverbundenen* Produktdiversifikation ist anzumerken, daß ein Markteintritt speziell in den GSM-Mobilfunkmarkt von einer Vielzahl der im Festnetzmarkt tätigen Switch-based Dienstehändler in Deutschland im Gegensatz zu den in den USA ansässigen Dienstehändlern bereits verwirklicht ist, zumal die Unternehmen oftmals ihren Ursprung in diesem Teilmarkt der TK-Industrie haben (s. Kapitel 2.3.2). Chancen für eine differenzierende Sortimentsausweitung im Wettbewerb bestehen aber in jedem Fall noch uneingeschränkt im UMTS-Markt ab 2002/2003. Die Rahmenbedingungen, daß

- die UMTS-Netzbetreiber zur raschen Rückgewinnung der sehr teuer erworbenen Netzbetreiberlizenzen zum Marktstart schnell Zugang zu bestehenden Kundenstämmen anderer Unternehmen benötigen und somit hohen Kooperationsbedarf aufweisen (dies gilt vor allem für Neueinsteiger wie *Group 3G* ohne Migrationspotential aus einem eigenen Festnetz- oder GSM-Mobilfunk-Kundenstamm),
- die innovative Gestaltung von Mobilfunkdiensten gepaart mit attraktiven mobilen Inhalteangeboten mutmaßlich ein kritischer Diffusionstreiber ist und
- die in den derzeitigen Netzsystemen bestehende Einheit der Sprach- und Datenübertragung und der intelligenten Vermittlung einer Mobilfunkverbindung mit Einführung von UMTS überwunden wird und damit zur Diensteentwicklung und -steuerung kein eigenständiger Netzbetrieb mehr erforderlich ist (s. Kapitel 2.3.1.1),

versprechen gerade für Switch-based Dienstehändler eine attraktive Möglichkeit, über einen Einstieg in den UMTS-Markt die strategisch bedeutsame Umorientierung vom Preis- zum Dienstewettbewerb zur Erlangung nachhaltiger Wettbewerbsvorteile umzusetzen. Die Unternehmen können ihr Geschäftsmodell ein weiteres Mal verwirklichen und als sogenannte „virtuelle Netzbetreiber" tätig werden, indem sie „ (...) eigene SIM-Karten mit eigenem Branding verkaufen, ohne daß der Kunde erkennen kann, über welchen Netzbetreiber seine Dienste letztlich abgewickelt werden."[496] Als Planungsschwierigkeit einer solchen Sortimentsausweitung erweist sich allerdings aus ordnungspolitischer Sicht das Fehlen bindender Vereinbarungen über besondere Netzzugänge zwischen UMTS-Netzbetreibern und Switch-based Dienstehändlern, welche seitens der RegTP bislang nicht vorgesehen sind. Die Diskussion über die UMTS-Lizenzbedingungen hat gezeigt, daß Switch-based Dienstehändler den benötigten Netzzugang bilateral und ohne rechtlich-politische Vorgaben mit den Lizenznehmern der UMTS-Übertragungswegelizenzen aushandeln müssen.[497] Angesichts der prinzipiell großen Abhängigkeit der Switch-based Dinstehändler von ihren Vorproduktlieferanten (s. Kapitel 2.1.2.1) dürfte ohne Änderung dieser ordnungspolitischen Rahmenbedingung zu erwarten sein, daß der Mehrheit der eher jungen Switch-based Dienstehändler mit Ursprung im Festnetzmarkt, die u.a. aufgrund ihres jeweiligen vergleichsweise kleinen Kundenstammes für eine „Exklusivpartnerschaft" mit einem der großen UMTS-Netzbetreiber mutmaßlich nicht in Frage kommen, der Eintritt in den Markt mit mobilen Breitbanddiensten nicht gelingen wird und demzufolge die Wettbewerbsentfaltung nach dem Marktstart nur langsam in Gang kommt.

Allgemein ist festzuhalten, daß nur solche Dienstehändler langfristig anhaltende Rentabilitätssteigerungen verwirklichen werden, die ihre erzielten Überschüsse aus der laufenden Geschäftstätigkeit *kontinuierlich* in die absatzmarktbezogene Erschließung von neuen Kundengruppen und/oder inno-

---

[496] WestLB Panmure 2000: 21. Eine Marktpositionierung als *virtueller Netzbetreiber* werden neben Switch-based Dienstehändlern aus den bestehenden TK-Märkten möglicherweise auch Medienkonzerne wie *Bertelsmann* anstreben; vgl. Siebenhaar/Telgheder 2000: 15.

[497] Vgl. dazu auch oben die Ausführungen zur funktionalitätsbezogenen FMI-Kompetenz „Alles aus einer Hand" in Kapitel 3.3.3.3.

vativen Produktmärkten sowie in den Ausbau entsprechend notwendiger (aber nicht unbedingt strategisch wertvoller) Ressourcen und Kernkompetenzen *re-investieren*. Ausgehend von einem Markteintritt als reiner Wiederverkäufer eines einzelnen TK-Dienstes bedeutet das im Zusammenhang mit der im Theorieteil der Arbeit mehrfach vorgestellten und für die USA in Kapitel 4.3.3 empirisch partiell nachgewiesenen Lebenszyklushypothese von Dienstehändlern, daß die Unternehmen den Schwerpunkt ihrer Geschäftsaktivitäten zunächst auf den Aufbau einer eigenen Kundenbasis legen müssen. Dazu wird es in der sich schnell wandelnden TK-Industrie immer wieder von neuem regulierungsbedingte und/oder technologisch getriebene Marktchancen geben, die einen Markteinstieg erleichtern. Weil aber jeder erreichte Wettbewerbsvorsprung in einem bestimmten Marktsegment und jede erfolgreich vom Markt angenommene Produktidee binnen kurzem von der Konkurrenz kopiert werden kann[498], müssen sich die Neueinsteiger nach der Markteintrittsphase dann allerdings zur Streuung ihres Geschäftsrisikos und zur Erschließung neuer rentabler Wachstumsgeschäfte schrittweise zu einem diversifizierten Mehrproduktunternehmen weiterentwickeln. In Deutschland repräsentieren der Switch-based Dienstehändler *MobilCom* und der Switchless Dienstehändler *debitel* Unternehmen, denen diese dynamische Wachstumsentwicklung bislang geglückt ist. Andere Unternehmen wie die zwei Switch-based Dienstehändler *TelDaFax* und *Drillisch* haben es hingegen weniger verstanden, sich frühzeitig von einem reinen Basisdiensteanbieter im Markt für festnetzbasierte Telefondienste im Fernnetzbereich zu einem stärker diversifizierten und kundenorientierten Mehrproduktunternehmen weiterzuentwickeln, weshalb sie nach ihren anfänglichen Markterfolgen schon bald starke Erfolgseinbußen hinnehmen mußten.

- *Möglichkeit eines Transfers der Implikationen auf Dienstehändler außerhalb der TK-Industrie*

Greift man den Gedanken auf, daß nicht nur in der TK-Industrie Unternehmen regulierungsbedingte und/oder technologisch getriebene Marktchancen in der Vergangenheit genutzt haben, um erfolgreich einen Dienstehandel bei weitgehender Umgehung eigener Produktionsaktivitäten in dem jeweiligem Marktumfeld zu etablieren, dann kann den Befunden dieser Arbeit auch branchenübergreifende handlungsempfehlende Relevanz zukommen. Das setzt allerdings voraus, daß Dienstehändler im Markt für festnetzbasierte Telefondienste und Dienstehändler der Vielzahl anderer Branchen grundsätzlich ähnliche Merkmale aufweisen.

Damit ist zunächst die prinzipielle Art der gehandelten Produkte angesprochen. Die Handelsware muß zur plausiblen Vergleichbarkeit der Geschäftstätigkeit von Dienstehändlern persönlichen (durch menschliche Leistung erbrachte) oder automatisierten (durch rechnerbasierte Systeme er-

---

[498] Das war z.B. nach der äußerst erfolgreichen Einführung von Call-by-Call-Selection durch *MobilCom* oder – mit Blick auf den Mobilfunkmarkt – nach der Einführung von wiederaufladbaren Guthabenkarten ohne Grundgebühr durch *E-Plus* der Fall.

brachte) *Dienstleistungen* entsprechen, deren nutzenstiftende Verrichtung an einem Menschen prozeßorientiert durchgeführt wird.[499]

Ein zweites gemeinsames Merkmal berührt die starke *Abhängigkeit* der Dienstehändler im Markt für festnetzbasierte Telefondienste von ihren Vorproduktlieferanten, die ein rentabilitätsminderndes Risiko der Geschäftstätigkeit darstellt und auch bei Diensthändlern in anderen Branchen erkennbar sein muß. Der Anteil der Bezugskosten für Vorprodukte an der Kostenstruktur eines jeden branchenspezifischen Dienstehändlers bietet dabei einen Indikator zur Prüfung und zum Vergleich der jeweiligen Stärke der Abhängigkeit von Vorproduktlieferanten.

Schließlich ist drittens die grobe Abgrenzung der *wertschaffenden Aktivitäten* ein wichtiges Kriterium zur branchenübergreifenden Vergleichbarkeit von Dienstehändlern und ihrer wettbewerbsstrategischen Fragestellungen. Gegenüber den Endverbrauchern halten Dienstehändler auf jeden Fall den *dauerhaften Kundenkontakt*, was Tätigkeiten der Rechnungsstellung und des Inkassos sowie des Kundendienstes bei Bearbeitung von Vertragsänderungen, Beschwerden oder Informationsanfragen umfaßt. Dienstehändler dürfen dabei nicht mit solchen (Vertriebs-)Unternehmen verwechselt werden, die lediglich gegen Provisionszahlungen Kundenkontakte vermitteln. Gegenüber den Vorproduktlieferanten grenzen sich Dienstehändler dadurch ab, daß sie *keine technischen Investitionen* zum Betrieb der im Produktionsprozeß jeweils benötigten Basisinfrastruktur tätigen oder – wenn zur Dienstleistungserstellung keine technischen Produktionsmittel notwendig sind (z.B. bei Finanzdienstleistungen) – *keine Basisdienstegestaltung* vornehmen.[500]

Für Unternehmen, die unabhängig ihrer Branchenzugehörigkeit den drei aufgestellten Klassifizierungsmerkmalen eines idealtypischen Dienstehändlers genügen, spielen die strategischen Verhaltensweisen der Sortimentsausdehnung um innovative Dienste(merkmale) und der Zielgruppenerweiterung um Kunden mit geringerer Preissensibilität zur Steigerung des Unternehmenserfolges mutmaßlich eine ähnlich große Rolle, wie für Dienstehändler im Markt für festnetzbasierte Telefondienste. Diese These kann anhand der Situation von Dienstehändlern im Energieversorgungsmarkt beispielhaft veranschaulicht werden.[501]

---

[499] Die Systematisierung folgt der bei Meffert/Bruhn 2000: 31-33 vorgestellten Dienstleistungstypologisierung, in die auch festnetzbasierte Telefondienste in Kapitel 1.2 (s. dort Fußnote 15) eingeordnet wurden.

[500] Eine den Ausführungen entsprechende *allgemeine* Wertkette von Händlern in Dienstleistungsmärkten findet man bei Bartholomew 1997: 256f.

[501] Andere Branchen, in denen sich ein zum TK-Dienstehandel vergleichbares Geschäftsmodell etabliert hat, sind z.B. der Markt für *Versicherungsdienstleistungen*, in dem Unternehmen wie *MLP* fremd erstellte Versicherungspolicen unter eigenem Markennamen- und Kundendienstkonzept an das Zielgruppensegment junger Menschen mit akademischer Ausbildung vermarkten, oder der Markt für *Kreditkartenleistungen*, in dem Dienstehändler wie *American Express* oder *Diners Club* neben der Übernahme des bargeldlosen Zahlungsverkehrs für vorgelagerte Bankinstitute vermehrt auch als Zwischenhändler anderer Dienstleistungen wie z.B. für wenig komplexe Versicherungen oder für Reiseveranstaltungen auftreten.

Die immaterielle Handelsware Strom in der Energiewirtschaft ist aufgrund der Gleichzeitigkeit von Stromerzeugung und -verbrauch sowie der Netzgebundenheit von Strom ein merkmalsverwandter Dienst zu Telefondiensten. Die Belieferung mit Strom verläuft mehrstufig von energieerzeugenden Verbundunternehmen über eine Kette von regionalen und lokalen Weiterverteilern bis hin zu den Endverbrauchern.[502] Unter den Marktteilnehmern mit vielfältigen Liefer-/Bezugsverflechtungen sticht das Geschäftsmodell der lokalen Stadtwerke als typisches Geschäftsmodell eines Dienstehändlers hervor. Das erscheint auf den ersten Blick zwar überraschend, weil diese Energiedienstleister bereits vor der Strommarktliberalisierung Ende der 90er Jahre als lokal ansässige monopolistische Inhaber des Endkundenzugangs tätig waren und somit ihr Geschäftsmodell nicht erst – wie das der Dienstehändler in der TK-Industrie – das Ergebnis der Marktliberalisierung selbst ist. Dennoch betreibt die Mehrheit der 950 Stadtwerke in Deutschland im Jahr 2000 keine Eigenerzeugung von Strom, sondern läßt sich bei Beibehaltung des Endkundenkontaktes von vorgelagerten Energieerzeugern/Verbundunternehmen beliefern. Das qualifiziert sie grundsätzlich als Dienstehändler.

Seit der Strommarktliberalisierung steigt nun die Wettbewerbsintensität für die Stadtwerke als Dienstehändler von Strom, weil u.a. ihre Stromlieferanten bei konstant hohen Großhandelspreisen durch vertikale Vorwärtsintegration und Unternehmensaufkäufe selbst in den Endkundenmarkt in direkter Konkurrenz zu den Stadtwerken drängen. An dieser Stelle setzt die in dieser Arbeit empirisch belegte Forderung für Dienstehändler nach strategischer Umorientierung vom Basisdienstegeschäft, was hier mit dem reinen Stromgeschäft gleichzusetzen ist, hin zum Geschäft mit weiteren, höherwertigeren Diensten zur besseren Differenzierung und Realisierung von Größenvorteilen im Endkundenmarkt an. Stadtwerke sollten demzufolge ihren Erfolg einerseits dadurch wahren, daß sie nach dem Leitbild eines „Multi Utility"-Dienstleisters[503] spartenübergreifend auch in die benachbarten Marktsegmente Gas, Wasser und Dampf vordringen (soweit dies noch nicht erfolgt ist), und andererseits energienahe und -ferne neue Geschäftsfelder wie z.B. Stromzählerablesung für Drittunternehmen, Komplettübernahme von Haushaltsnebenkostenabrechnungen, Liegenschaftenverwaltung oder Vermarktung von TK-Diensten erschließen.

Das knapp skizzierte Beispiel aus der Energiewirtschaft soll aufzeigen, daß eine Überführung der hier für Dienstehändler im Markt für festnetzbasierte Telefondienste entwickelten praktischen Handlungsimplikationen auf Unternehmen mit vergleichbaren Geschäftstypen in anderen Branchen *prinzipiell* möglich ist. Da solche inhaltlichen Transfers aber einer detaillierteren vergleichenden Analyse der ordnungspolitischen und wettbewerbsrelevanten Rahmenbedingungen und Marktstrukturen sowie einer Untersuchung der genauen Ressourcen- und Kompetenzposition der jeweili-

---

[502] Zu den Besonderheiten der Handelsware Strom s. Hensing 1998: 111-113. Die Wertschöpfungsorientierte Struktur des Energiemarktes erklären z.B. Drasdo et al. 1998: 465-473 und DG Bank 2000: 60-67.

[503] Vgl. DG Bank 2000: 83.

gen Dienstehändler in anderen Branchen bedürfen (was die vorliegende Arbeit inhaltlich nicht leisten kann), ist an dieser Stelle bereits auf weiteren Forschungsbedarf hinzuweisen, der in Kapitel 6.2 umrissen wird.

5.5.3 Bedeutung der Befunde für die Strategieforschung

Bei der Einführung in die disziplinäre Entwicklung der strategischen Managementforschung zu Anfang von Kapitel 3 wurde der Grundsatz dieser Arbeit betont, keine kritisch prüfende Kommentierung oder Weiterentwicklung der herrschenden Theorie vorzunehmen. Um diesen Grundsatz nicht aus den Augen zu verlieren, werden an dieser Stelle nur zwei weitgehend unkommentierte Schlußbemerkungen über die Bedeutung der Praxisimplikationen der empirischen Befunde für die Strategieforschung gemacht.

Zum einen sind die im vorangegangenen Kapitel aufgestellten Praxisimplikationen für Dienstehändler in den USA und in Deutschland auf Grundlage der empirischen Anlaysen für die Theorie insofern interessant, als sie Hinweise auf die *Vorteilhaftigkeit* einer oben in Kapitel 3.2.3.2 und 3.4 theoretisch-konzeptionell vorgestellten *hybriden Wettbewerbsstrategie* bereithalten. Die offensichtliche Notwendigkeit für Dienstehändler der simultanen Verfolgung einer *differenzierenden* Produktdiversifikation sowie einer *kostensparenden* Zielgruppenfokussierung und Vertriebsorganisationsstraffung widerlegt dabei die generelle Überzeugung, daß sich die von Porter (1980) erörterten generischen Wettbewerbsstrategien einer Differenzierung und einer Kostenführerschaft bei der Bearbeitung eines Gesamtmarktes oder einzelner Teilmärkte gegeneinander ausschließen müssen.[504] Damit stehen die empirischen Befunde der vorliegenden Arbeit vor allem in Einklang mit den Ergebnissen der empirischen TK-Studie von Gerpott (1997a), in der die Erfolgsbestimmungsgrößen von 7 US-amerikanischen lokalen Netzbetreibern (RBOCs) untersucht wurden (s. oben Abbildung 5-1). Diese Studie empfiehlt ebenfalls die Verfolgung einer hybriden Wettbewerbsstrategie zur Erlangung nachhaltiger Wettbewerbsvorteile in der Unternehmenspraxis, allerdings speziell für TK-Netzbetreiber.[505]

Zum anderen unterstreichen die handlungsempfehlenden Praxisimplikationen die in Kapitel 3.4 erörterte *Komplementarität* des *industrieökonomischen* und des *ressourcenbasierten* Ansatzes in der strategischen Managementforschung. Diese Schlußfolgerung beruht darauf, daß die primäre Forderung nach einer *absatzmarktorientierten Sortimentsausweitung* nur bei einem gleichlaufenden *Aufbau* marktzugangsbezogener *Kernkompetenzen* und bei parallelen *Ressourceninvestitionen* in ein

---

[504] Nach Porter 1980: 41-44 müssen sich Unternehmen bei der Verfolgung einer Wettbewerbsstrategie eindeutig für eine Differenzierung oder Kostenführerschaft entscheiden, da der als „Stuck in the Middle" bezeichnete Mittelweg kaum Erfolg verspricht.

[505] Vgl. Gerpott 1997a: 250.

leistungsfähiges Abrechnungssystem sowie in das Gesamtsystem bzw. in Teilkomponenten einer IN-Plattform nachhaltige Wettbewerbsvorteile nach sich ziehen kann. Im umgekehrten kausalen Zusammenhang ist dementsprechend zu betonen, daß die ursächliche Motivation zur Verfolgung einer Produkt- oder Marktdiversifikation – wie sie in Kapitel 3.3.4.1 aus Sicht des Ressourcenansatzes des strategischen Managements vorgestellt wurde – nicht auf die Frage nach dem Vorhandensein bzw. einer erweiterten Verwertung von unausgelasteten Ressourcen reduziert werden kann, sondern immer auch von der umweltzentrierten Attraktivität der im Rahmen der Diversifikation anvisierten Marktsegmente und branchenfremden Industrien abhängen sollte. Mit dieser Schlußfolgerung erweitert die vorliegende Arbeit die Reihe der empirischen Arbeiten, in denen eine Komplementarität beider Strategieansätze bereits erkennbar wurde.[506]

---

[506] S. dazu die Literaturverweise oben in Kapitel 3.4 und dort in Fußnote 352.

6. Fazit

In der vorliegenden Arbeit wurden die Geschäftsaktivitäten von Dienstehändlern im Markt für festnetzbasierte Telefondienste im Fernnetzbereich beschrieben und wettbewerbsstrategische Verhaltensmöglichkeiten dieser Gruppe von Marktteilnehmern zur Verbesserung ihres wirtschaftlichen Erfolges in Theorie und Praxis analysiert. Die Arbeit ergänzt die Literatur über das Management von TK-Unternehmen, die bisher in erster Linie strategische und ordnungspolitische Fragestellungen für Fest- und Mobilfunknetzbetreiber untersucht und den Dienstehandel weithin ausgeklammert hat. Dieser konnte in der Startphase des Wettbewerbs in Deutschland 1998 auf Basis hoher Preisabschläge gegenüber dem Preisniveau des Incumbents beachtliche Markterfolge (primär im Fernnetzbereich) erringen und maßgebliche Wettbewerbsimpulse liefern. In der Wirtschaftspresse und unter Marktexperten gilt das Geschäftsmodell der Dienstehändler dennoch nicht als dauerhaftes Erfolgsmodell. Hauptgrund hierfür ist, daß Dienstehändler bei zunehmender Wettbewerbsintensität ihre anfänglichen Preisvorteile gegenüber marktmächtigen Netzbetreibern schnell wieder einbüßten. Die vorliegende Arbeit kommt hingegen differenzierter zu der Schlußfolgerung, daß bei einer Unterscheidung zwischen Switch-based und Switchless Dienstehändlern als den grundlegenden Geschäftsmodellvarianten im Dienstehandel Unternehmen der ersten Gruppe durchaus langfristig erfolgreich im deutschen Festnetzmarkt bestehen und wachsen können, wohingegen Unternehmen der zweiten Gruppe (vor allem bei unveränderten ordnungspolitischen Rahmenbedingungen) den zunehmenden Verdrängungswettbewerb bestenfalls als Nischenanbieter überleben können.

Nachfolgend werden die in dieser Arbeit erzielten Ergebnisse zusammengefaßt (Kapitel 6.1), bevor sie abschließend in Kapitel 6.2 um Ansatzpunkte für die weitere Forschung ergänzt werden.

6.1 Zusammenfassung

In *Kapitel 2* wurde zunächst ein grundlegendes Verständnis des Geschäftsmodells von Dienstehändlern geschaffen, wobei deren institutionelle Einordnung in die Struktur des Marktes für festnetzbasierte Telefondienste ergeben hat, daß der Schwerpunkt der operativen Geschäftstätigkeit des Dienstehandels im Teilmarkt auf Dienste- und Vertriebsebene, oder mit anderen Worten im kommerziellen Endkundengeschäft liegt. Die Rentabilität von Dienstehändlern wird dabei stark vom Kooperationswillen der den Unternehmen vertikal vorgelagerten Vorproduktlieferanten und vom Vorleistungspreisniveau beeinflußt. Bei *Switch-based* Dienstehändlern, deren Geschäftsmodell neben Marketing & Vertrieb sowie Rechnungsstellung & Kundendienst eine produktionstechnische (Fern-)Vermittlung von Gesprächsverbindungen über eigenständig betriebene Vermittlungseinrichtungen einschließt, betrifft dies die Höhe der Preise für besondere Netzzugangs-/Zusammenschaltungsleistungen und für festgeschaltete TK-Übertragungsleistungen auf spezifizierten Fernverbindungsstrecken. Im Fall von *Switchless* Dienstehändlern, die ohne Investitionen in Teilinfrastrukturen auf Netzebene auskommen und vornehmlich die Rechnungsstellung von gebündelten Verkehrsvolumina diverser Endverbraucher im Rahmen eines eigenständig entwickelten Tarif- und Markennamenkonzeptes anbieten, ist damit die Höhe der Preise für fertige Telefondienste angesprochen. Unterstellt man marktmächtigen Vorproduktlieferanten jeweils ein opportunistisches Wettbewerbsverhalten, dann ist der Unternehmenserfolg beider Typen von Dienstehändlern zwangsläufig von einer Vorgabe kostenorientiert kalkulierter Preise für Vorprodukte durch die RegTP abhängig. Switch-based Dienstehändler werden in Deutschland diesbezüglich vor allem durch ihre rechtsverbindliche Einstufung als Netzbetreiber mit Zugang zu den günstigen, verordneten Interconnection-Tarifen ordnungspolitisch bevorzugt behandelt.

Ein wesentliches Ergebnis dieser Arbeit ist die Absicherung einer in der Praxis seit längerem als erfolgsnotwendig erkannten Umorientierung der strategischen Ausrichtung von Dienstehändlern im Markt für festnetzbasierte Telefondienste vom Preis- zum Dienstewettbewerb. Aus theoretischer Sicht basiert dieses Ergebnis auf der in *Kapitel 3* durchgeführten *industrieökonomischen* Analyse der Branchenumwelt des Dienstehandels im deutschen Festnetzmarkt nach dessen Liberalisierung. Dabei wurde eine stark ausgeprägte Wettbewerbsintensität bei steigender Anzahl von Telefondiensteanbietern und zunehmender Preiserosion aufgedeckt, wobei im mengenmäßig bedeutendsten Marktsegment – dem Basisdienstegeschäft (insbesondere Call-by-Call- und Pre-Selection) – eine Situation unter den Wettbewerbern herrscht, in der sich aus Sicht von Endkunden kein Anbieter mehr von der Konkurrenz differenzierend abhebt. Für eine entsprechende Positionsverbesserung von *Switch-based* Dienstehändlern liegt entsprechend der theoriegeleiteten Erkenntnisse zukünftig eine *hybride Wettbewerbsstrategie* nahe. Sie besteht

- einerseits aus einer *Volumenstrategie* im Basisdienstegeschäft, in deren Zentrum zur Fortsetzung der Niedrigpreispolitik eine Verringerung der Stückkosten pro verkaufter Verbindungsminute durch Skalen- und Verbundeffekte steht, und
- andererseits aus einer *Spezialisierung* durch Vordringen in das Geschäft mit *Mehrwertdiensten* und *kundenbezogenen Anwendungen* zur Bindung bestehender und Gewinnung neuer Kundengruppen mit geringer Preissensibilität sowie zur Positionierung als Mehrproduktunternehmen, was die für die Volumenstrategie notwendigen Skalen- und Verbundeffekte durch eine höhere Auslastung u.a. von Vermittlungsstellen maßgeblich unterstützt.

Mit *Mehrwertdiensten* sind dabei solche Telefondienste und Telefondienstevarianten gemeint, deren innovativer „Mehrwert" für Endkunden neben der reinen festnetzgebundenen Sprachvermittlung auf einer Zwischenspeicherung und Weiterverarbeitung der zu übertragenden Informationen beruht (wie z.B. bei individualisierten Rechnungsstellungen oder netzübergreifenden virtuellen Nebenstellenanlagen). *Kundenbezogene Anwendungen* erfordern aus der Perspektive ihres Anbieters zudem eine beim Endkunden vor Ort zu erbringende Dienstleistung, welche die betriebstechnische Verknüpfung von Endgeräten an der Schnittstelle zwischen Telekommunikation und Informationstechnologie (wie z.B. beim Aufbau eines regional verteilten, rechnerbasierten Call Centers) beinhaltet.

Switchless Dienstehändlern bietet sich zur Verbesserung ihres Unternehmenserfolges im Wettbewerb vornehmlich die Strategie einer fokussierten Kostenführerschaft für den Basisdienst verbunden mit dem Angebot weniger standardisierter höherwertiger Telefondienste (Service 0800/0900) in solchen Zielgruppensegmenten an, die von anderen Marktteilnehmern bei der Telefondienstevermarktung übersehen oder beim Streben nach Marktanteilen als wenig attraktiv eingestuft und folglich vernachlässigt werden. Es ist gleichwohl festzuhalten, daß der Preiskampf im Markt für festnetzbasierte Telefondienste für das Geschäftsmodell speziell von Switchless Dienstehändlern von besonders großer geschäftsgefährdender Bedeutung ist, weil sich die Verdienstmarge der Unternehmen direkt aus der Höhe eines vom Vorproduktlieferanten gewährten Preisabschlages auf die Endkundentarife der gehandelten Telefondienste für erbrachte Vertriebs- und Kundenbetreuungsleistungen ableitet. Unter der Annahme fallender Endkundentarife und konstanter Kosten für die Vertriebsorganisation und die Kundenbetreuung haben Switchless Dienstehändler keine Möglichkeit, dem Margendruck durch kompensierende Preisaufschläge etwa für eine Bereitstellung von Telefondiensten mittels eigenständig betriebener Vermittlungsstellen und einer IN-Plattform wie bei Switch-based Dienstehändlern erfolgreich zu begegnen.

Die theoriegeleiteten Darlegungen von möglicherweise erfolgversprechenden Verhaltensweisen für Dienstehändler aus marktorientiertem Blickwinkel machten deutlich, daß die Verwirklichung von differenzierenden Wettbewerbsvorteilen stark von der unternehmensinternen Existenz strategiekompatibler Ressourcen und Kernkompetenzen abhängt. Die weiterführende Bewertung der Ressourcenposition von Dienstehändlern unter Rückgriff auf den *ressourcenorientierten* Strategieansatz (ebenfalls noch in *Kapitel 3*) führte diesbezüglich zu dem Ergebnis, daß maximal immaterielle und organisatorische Ressourcen wie ein gut eingeführter Markenname, ein zuverlässiges Abrechnungssystem oder die zielgerichtete Nutzung einer IN-Plattform die Entwicklung eines differenzierenden Leistungsspektrums unterstützen und damit als Grundlage für einen ressourceninduzierten Wettbewerbsvorteil dienen. Daneben sind Dienstehändler in der Lage, aus der systematischen Verknüpfung einzelner Ressourcen diverse verläßlichkeits-, marktzugangs- und funktionalitätsbezogene Kernkompetenzen zu entwickeln, die in jeweils unterschiedlicher Weise einen Beitrag zur Erhöhung der Kundenzufriedenheit leisten können. Die Kompetenzhierarchie aus Ressourcen und Kernkompetenzen und damit die Menge an Möglichkeiten zur Ausgestaltung einer kundenorientierten Differenzierungsstrategie ist dabei im Fall von Switch-based Dienstehändlern größer als im Fall von Switchless Dienstehändlern. Dies ist zweifelsohne mit der höheren Wertschöpfungstiefe der zuerst genannten Unternehmen zu erklären.

Die Existenz von *generell* unausgelasteten technischen oder personellen Ressourcen im Sinne von Überschußkapazitäten erklärt schließlich aus Sicht des Ressourcenansatzes ursächlich die Motivation eines Dienstehändlers zur Verfolgung von Diversifikations- und Internationalisierungsmaßnahmen. Gleichzeitig schränken aber andererseits besonders knappe Finanzressourcen bei einer

Vielzahl junger Dienstehändler (gleich welchen Geschäftsmodells) in Deutschland deren strategischen Freiheitsgrade in der Unternehmenspraxis bei der Erschließung weiterer produkt- und marktspezifischer Geschäftsfelder von vornherein ein. Für die bereits seit längerem geschäftstätigen und somit mutmaßlich eher finanzstärkeren Dienstehändler in Deutschland, deren Ursprung oftmals bis zur Liberalisierung des Mobilfunkmarktes Anfang der neunziger Jahre zurückreicht, konnte hingegen festgehalten werden: Eine erweiterte Verwertung von möglicherweise unausgelasteten Ressourcen sollte

- im Fall von *Switch-based* Dienstehändlern vorzugsweise zur einer *verbundenen* Diversifikation in jeweils benachbarte Produktsegmente des Festnetzmarktes zwecks Mehrfachausnutzung der betriebskostenintensiven, physischen und von hoher Spezifität geprägten Vermittlungsstellen führen, was durch internationale Direktinvestitionen bzw. die Gründung von ausländischen Tochtergesellschaften mit gleichem Telefondiensteangebot sinnvoll ergänzt werden kann.
- im Fall von *Switchless* Dienstehändlern, deren „vertriebslastiges" Geschäftsmodell mehr von immateriellen (z.B. Markenname) und organisatorischen (z.B. Vertriebskanalzugänge) und somit von weniger spezifischen Ressourcen geprägt ist, *auch* zu Formen der *unverbundenen* Diversifikation in weitere produkt- oder zielgruppenspezifische Märkte der TK-Industrie und anderer Branchen führen.

Im Anschluß an die überwiegend theoriegeleiteten Ausführungen über strategische Handlungsmöglichkeiten von Dienstehändlern zur Rentabilitätsverbesserung ihrer Geschäftstätigkeit wandte sich *Kapitel 4* den empirischen Analysen zu. Aus der näheren Betrachtung der wettbewerbspolitischen Entwicklung des US-amerikanischen Marktes für festnetzbasierte Telefondienste und der gleichlaufenden Freigabe des Dienstehandels im Fernnetzbereich seit 1976 ging hervor, daß Dienstehändler mit ihrem vertriebsorientierten Geschäftsmodell einen maßgeblichen Beitrag zur *Wettbewerbsbelebung* bei der Transformation eines TK-Marktes von Monopol- zu Wettbewerbsstrukturen liefern können. Ähnlich wurde bereits in Kapitel 2.3 in bezug auf die Liberalisierung des deutschen Mobilfunk- und Festnetzmarktes argumentiert, wobei die Erkenntnisse dort auf noch nicht so lang zurückreichende Marktdaten wie im Fall der USA beruhten.

Die in Fortführung des 4. Kapitels untersuchte Markteintrittsdynamik von US-amerikanischen „Toll Resellers" zwischen 1993 und 1998 ließ weiterhin darauf schließen, daß das Geschäftsmodell des Dienstehandels in der Regel die *Gründungsphase im Lebenszyklus* eines Telefondiensteanbieters mit langfristig eigener Basisinfrastruktur verkörpert. Damit konnte die im Verlauf der theoriegeleiteten Kapitel 2 und 3 mehrfach geäußerte Vermutung bestätigt werden, daß der Markteinstieg als Switchless Dienstehändler einer wenig investitionsintensiven Geschäftsaufnahme zum schnellen Aufbau eines Kundenstammes dient, bevor sich die Unternehmen zu Switch-based Dienstehändlern weiterentwickeln.

Fragt man schließlich nach der Zulässigkeit einer *Überführung von Erkenntnissen* über den Unternehmenserfolg von Dienstehändlern im US-amerikanischen Markt für Festnetztelefonie auf wettbewerbsstrategische Fragestellungen von Dienstehändlern in Deutschland, dann konnte festgehalten werden, daß gewisse Ähnlichkeiten der Regulierungs- und Marktstrukturverhältnisse in den USA nach 1984 und in Deutschland nach 1998 ein solches Vorgehen zwar prinzipiell ex ante nicht ausschließen. Die Benachteiligung von Switchless Dienstehändlern in der deutschen Ordnungspolitik verbietet allerdings explizit für diese Unternehmensgruppe etwaige Analogieschlüsse, weil Switchless Dienstehändler in den USA einer für sie weit günstigeren Regulierungssituation unterliegen. In diesem Zusammenhang ist vor allem das ordnungspolitisch frühzeitig verankerte Wiederverkaufsrecht von Telefondiensten in den USA zu nennen.

Nach Klärung der (wenn auch auf Switch-based Dienstehändler beschränkten) Zulässigkeit von Schlußfolgerungen für wettbewerbsstrategische Verhaltensweisen von Dienstehändlern in Deutschland auf Basis empirischer Analysen US-amerikanischer Unternehmensdaten machte eine Aufarbeitung der bislang vorhandenen empirischen Studien über Erfolgsbestimmungsgrößen in der TK-Industrie zu Beginn von *Kapitel 5* deutlich, daß eine auf Dienstehändler zugeschnittene Erfolgsfaktorenanalyse nicht vorliegt. Daher wurde eine eigene empirische Untersuchung von 12 Dienstehändlern im US-amerikanischen Markt für „Long Distance Telephony" durchgeführt. Dabei wurden für den Beobachtungszeitraum von 1993 bis 1997 die Umsatz- und Gesamtkapitalrentabilitäten der Unternehmen als Kriterien für ihren Unternehmenserfolg sowie die Wertausprägungen von insgesamt 15 absatzmarktbezogenen und unternehmensinternen Strategievariablen als mögliche kritische Erfolgsfaktoren erhoben.

Die Befunde der auf dieser Datenbasis durchgeführten explorativen empirischen Analysen, bei denen

- zur Aufdeckung von strategischen Verhaltensmustern mit Erfolgsrelevanz die Mittelwerte der erfaßten Strategievariablen zwischen einer Teilgruppe extrem erfolgreicher und einer Teilgruppe krisenbehafteter Unternehmen der Grundgesamtheit im Hinblick auf statisitisch signifikante Unterschiede und
- zur Erkundung von Erfolgskorrelaten unter den erhobenen Unternehmensdaten die betrachteten Erfolgsindikatoren (= abhängige Variablen) und die erfaßten Strategievariablen als Erfolgsfaktoren (= unabhängige Variablen) im Hinblick auf bivariate und multivariate Korrelationsmuster

untersucht wurden, bestätigten die zuvor im 3. Kapitel theoretisch gewonnenen Erkenntnisse über eine erfolgversprechende Wettbewerbsstrategie speziell von Dienstehändlern mit eigenständig betriebenen Vermittlungseinrichtungen. Sie verdeutlichten, daß sich nur solche Unternehmen auch langfristig Erfolgspotentiale erhalten können, die Überschüsse aus ihrer operativen Geschäftstätigkeit für die Erschließung von neuen dienste- und kundengruppenspezifischen Geschäftsfeldern einsetzen. Das beinhaltet Maßnahmen der Diversifikation zur Erlangung von marktorientierten und ressourcengetriebenen Wettbewerbsvorteilen, was sowohl eine Sortimentsvertiefung um weitere Dienstevarianten als auch eine Geschäftsausdehnung in angrenzende Märkte mit vergleichbaren Wertschöpfungsketten und ähnlichen Kundenanforderungen wie denen im angestammten Markt für Festnetztelefonie einschließt. Dadurch erzielen Switch-based Dienstehändler als weitgehende Vollsortimenter Skalen- und Verbundeffekte, die wiederum im Basisdienstegeschäft wegen der effizienteren Ressourcenauslastung über eine schnell steigende Anzahl von vermittelten Verbindungsminuten ein Festhalten an relativ niedrigen Tarifen erlauben. Flankiert werden sollte die individuell anzustrebende Diversifikationsstrategie gemäß den explorativen empirischen Analyseergebnissen aus Kapitel 5

- erstens von einer Zielgruppenorientierung, die mehr als nur den vom Dienstehandel typischerweise anvisierten Markt der mittelständischen Geschäftskunden umfaßt,
- zweitens von einem Vertriebskanal-Mix, der auf wenige Absatzwege beschränkt ist,
- drittens von einer Betriebskostenstruktur, deren anteiliger Schwerpunkt auf den Herstellungskosten der zur Erzielung der Umsatzerlöse erbrachten Leistungen liegt, und
- viertens von einer Investitionsstrategie, die vorrangig den Aufbau einer netzübergreifenden IN-Plattform, eines zuverlässigen und flexibel einsetzbaren Abrechnungssystems sowie von marktzugangsbezogenen Kernkompetenzen vorsieht.

Auf Basis der empirischen Befunde läßt sich für die Unternehmenspraxis von US-amerikanischen Dienstehändlern (gleich welchen Geschäftsmodells) mit Ursprung im Festnetzmarkt unmittelbar die Handlungsempfehlung ableiten, in die bis dato stark fragmentierten und wettbewerbsarmen Märkte für lokale Telefondienste sowie für Mobilfunkdienste vorzudringen. Für das strategische Management von speziell *Switch-based* Dienstehändlern im deutschen Markt für festnetzbasierte Telefondienste ergeben sich Anhaltspunkte dafür, die Ressourcen- und Kernkompetenzbasis als Einstiegshebel vor allem in das noch wenig wettbewerbsintensive Geschäft mit IN-basierten Mehrwertdiensten wie Service 0800/0900, Service 0137, Centrex oder VPN zu nutzen. Zudem sollte zukünftig die Geschäftsaufnahme im UMTS-Mobilfunkmarkt als „virtueller Netzbetreiber" mit hoher Priorität vorbereitet werden, was ebenfalls einen wertsteigernden Transfer der Ressourcen und Kernkompetenzen zur Erfo``sverbesserung erlaubt.

6.2 Offene Forschungsfragen

Abschließend ist anzumerken, daß die vorliegende Arbeit als *erste* Analyse wettbewerbsstrategischer Verhaltensweisen von Dienstehändlern zur Verbesserung ihres Unternehmenserfolges unweigerlich weder allen methodischen Ansprüchen gerecht werden konnte noch auf sämtliche Einzelkomponenten einer erfolgversprechenden Marktpositionierung einzugehen vermochte, was auf weiteren Forschungsbedarf hinweist. Beispielsweise wurden in den *empirischen Analysen* keine Erfolgswirkungen

- des Umfangs der von jedem Dienstehändler initiierten Werbemaßnahmen, deren Analyse bei entsprechendem Datenzugang hilfsweise über die Erhebung der jährlichen Werbebudgets gelingen kann,
- der Qualität des jeweiligen Finanzmanagements bei der Steuerung der Finanzressourcen, die sich aus der Gegenüberstellung der kurz- bis mittelfristigen Vermögenspositionen und Verbindlichkeiten (= Liquiditätsdeckungsgrad des Umlaufvermögens) ableiten ließe, und
- des jeweils unterschiedlichen geographischen Absatzmarktschwerpunktes der Dienstehändler, welcher sich auf Basis der individuellen Registrierungen bei den auf US-Bundesstaatenebene angesiedelten Regionalkommission bestimmen ließe,

untersucht. Folglich können in weiteren empirischen Studien entsprechende inhaltliche Erweiterungen vorgenommen werden.

Aus methodischer Sicht sind z.B. ergänzende Untersuchungen auf Basis der *Transaktionskostenökonomie* wünschenswert, mit deren Hilfe strategische Entscheidungen der Dienstehändler über hierarchisch zu organisierende, arbeitsvertragliche Koordinationsformen entlang der Wertschöpfungskette im Kontext etwaiger Transaktionskostenersparnisse überprüft werden können. Das betrifft die Art und den Umfang der vertikalen Wertschöpfungsintegration und von Optionen vertikaler Unternehmenskooperationen an der Schnittstelle sowohl zu vorgelagerten Vorproduktlieferanten als auch zu nachgelagerten Geschäftsvermittlern im Fremdvertrieb. Beispielsweise ist zu untersuchen, welche Gestaltungsform der Leistungsbeziehung zu Vorproduktlieferanten die tendenziell von Problemen geprägte Transaktionsatmosphäre beim Einkauf von TK-Übertragungsleistungen aus Sicht der Dienstehändler erfordert. Die Gestaltungsformen können vom Abschluß von Prozentrahmen- oder Langfristverträgen über Kapitalbeteiligungen an vorgelagerten Netzbetreibern bis hin zur Eigenerstellung der benötigten Übertragungsleistungen reichen. Diese Formen sollten fallweise in Abhängigkeit vom opportunistischen Verhaltenspotential der entsprechenden TK-Übertragungsleistungslieferanten in Kombination mit dem Knappheitsgrad der nachgefragten Leistungen analysiert werden.[507]

Im Hinblick auf den aufgegriffenen *marktorientierten Strategieansatz* ist zukünftig die Frage zu vertiefen, inwieweit sich das wettbewerbsstrategische Verhalten von Dienstehändlern im Ortsnetzbereich von den hier herausgearbeiteten erfolgsfördernden Wettbewerbsstrategien von Dienstehändlern mit Schwerpunkt im Fernnetzbereich unterscheiden muß. Die Thematik gewinnt ab dem Zeitpunkt für Dienstehändler an Bedeutung, ab dem

---

507 Dabei dürfte das paarweise Aufeinandertreffen einer konkreten *Verhaltensannahme* wie Opportunismus und eines bestimmten *Umweltfaktors* wie Knappheit spezifischer Vorleistungen gemäß der *Markt-Hierarchie-Differenzierung* von Williamson 1985: 43-67 für das Entstehen von Transaktionsproblemen verantwortlich sein. Anhaltspunkte zur transaktionskostenökonomischen Analyse von verschiedenen Gestaltungsformen problembehafteter Leistungsverflechtungen entlang der Wertschöpfungskette entwickelt z.B. Picot 1991: 349-353 im Rahmen seiner Überlegungen zur optimalen Leistungstiefe eines Unternehmens.

- zum einen die Ortsnetzbetreiber, welche über die lokal verlegten Anschlußleitungen verfügen, die Fremdvermittlung und den kommerziellen Wiederverkauf von Ortsgesprächen losgelöst vom eigentlichen (Orts-)Netzbetrieb zulassen (müssen) und folglich auch im Ortsnetzbereich eine Zweiteilung der Marktstruktur zwischen einem Teilmarkt auf Netzebene und einem auf Dienste- und Vertriebsebene als konstitutive Voraussetzung für die Etablierung eines lokalen Dienstehandels erkennbar wird,[508] und
- zum anderen die Wettbewerbsintensität und damit verbunden die Anzahl der Ortsnetzbetreiber in Deutschland als potentielle Vorproduktlieferanten für Dienstehändler deutlich ansteigt.

Bei einer entsprechenden Aufarbeitung des Themas dürfte vorab auch zu klären sein, wie das Geschäftsmodell eine lokalen Dienstehändlers technisch und wirtschaftlich genau funktionieren kann, weil sich dazu in der Literatur bislang nur wenig detaillierte Aussagen finden lassen.[509]

Wendet man sich vom Teilmarkt auf Dienste- und Vertriebsebene ab und richtet den Blick auf den Teilmarkt auf Netzebene, dann ergeben sich auch hier marktorientierte Geschäftsmöglichkeiten für Dienstehändler, die in dieser Arbeit nicht tiefergehend in die Analyse eingeschlossen wurden. Eine entsprechende inhaltliche Erweiterung kann das Business-to-Business-Geschäft mit TK-Übertragungsleistungen zum Gegenstand haben, in dem sich in Deutschland bis dato noch kein nennenswerter Dienstehandel speziell von Mitleitungen auf Fernverbindungsstrecken mit relativ hohem Verkehrsaufkommen (ähnlich wie in den USA) etabliert hat. Das ist umso erstaunlicher, als daß besonders im Marktsegement mit Bandbreiten ab 2 Mbit/s Übertragungsgeschwindigkeit eine erste Wettbewerbsintensivierung in Deutschland durch etliche neu in den Markt eingetretene Unternehmen (z.B. *Colt Telecom*, *Level 3*, *MCI Worldcom*) auf der Netzbetriebsebene zu beobachten ist, deren Bandbreitenangebote sich prinzipiell auch über einen Dienstehandel vermarkten ließen.[510]

In bezug auf den *ressourcenbasierten Strategieansatz* und die sich daraus ableitenden Implikationen für Dienstehändler von festnetzbasierten Telefondiensten griff die Untersuchung in weiten Teilen auf vorhandene Erkenntnisse der Literatur zurück, ohne allerdings diverse formal strukturierte Ansätze zur Identifikation und Verwertung speziell von Kernkompetenzen zu berücksichtigen. Hinsichtlich solcher Ansätze wird zwischen „methodisch" orientierten Ansätzen, in denen die Kernkompetenzfindung auf Basis von datenbankgestützten Simulationen, Mitarbeiterbefragungen, Szenario-Entwicklungen und Techniken des Brainstormings erfolgt, und „praxeologisch" orientierten Ansätzen unterschieden, in deren Vordergrund Aspekte der Nutzung von Kernkompetenzen auf Basis von Portfolio- und Geschäftsprozeßanalysen stehen.[511] Für zukünftige Forschungsvorhaben

---

[508] Vgl. dazu a. oben die einführende Darlegung des Teilmarktes auf Netzebene in der TK-Industrie in Kapitel 2.1.1.1

[509] Einen ersten Abgrenzungsversuch der Switch-based Dientehändler im Fernverbindungsbereich von solchen im Ortsnetzbereich unternimmt Walke 1999: 287.

[510] Zur Wettbewerbsintensität unter Übertragungsleistungslieferanten s. oben Kapitel 3.2.2.5 und besonders die in Fußnote 223 aufgeführten Literaturhinweise.

[511] Vgl. zu den Ansätzen die Übersicht von Bounken 2000: 871-876 und die dort genannten Literaturverweise.

erscheint es zweckmäßig, unter Verwendung der Ergebnisse dieser Arbeit vor allem einzelne der simulationsgetriebenen oder auf Mitarbeiterbefragungen beruhenden methodischen Ansätze zu nutzen, die es erlauben, die Ausgestaltung der Kernkompetenzen von Dienstehändlern und ihr Potential zur Erlangung strategischer Wettbewerbsvorteile präziser zu fassen.

In bezug auf die exakte Beurteilung, ob eine identifizierte Kernkompetenz in der Tradition des ressourcenorientierten Strategieansatzes auch tatsächlich strategisch wertvoll ist und dementsprechend einen ressourcenbasierten Wettbewerbsvorteil begründen kann, muß zudem ein stärkeres Gewicht auf die empirische Erforschung des Konstrukts der *Kundenzufriedenheit* im Markt für festnetzbasierte Telefondienste als Ausgangspunkt des Bewertungsverfahrens gelegt werden. Im Vordergrund des Forschungsinteresses sollte die Erkundung der Bestimmungsgrößen der Kundenzufriedenheit – ähnlich dem Vorgehen von Gerpott/Rams (2000, 2001) – und deren kausalen Wirkungsverkettungen mit einzelnen Kernkompetenzen über multivariate Analysemethoden der Statistik stehen. Auf diese Weise kann der nutzenstiftende Beitrag einer jeden Kernkompetenz zur Erhöhung der Kundenzufriedenheit mit größerer Sicherheit bestimmt werden, als in der vorliegenden Arbeit, in der ex-ante keine entsprechenden Wirkungsverkettungen empirisch fundiert analysiert wurden.

Aus *rechtswissenschaftlicher* Perspektive wäre zu untersuchen, inwieweit die gesetzlichen Rahmenbedingungen in der deutschen TK-Industrie beim Zusammenwachsen des Festnetz-, Mobilfunk- und Internetmarktes für zukünftige Switch-based und Switchless Dienstehändler von netzübergreifenden Bündelangeboten bzw. Konvergenzdiensten ausreichenden Wettbewerbsschutz bieten, so daß die Unternehmen nicht von konkurrierenden marktmächtigen Netzbetreibern durch unlauteres Wettbewerbsverhalten aus dem Markt gedrängt werden können. Dabei ist beispielsweise zu klären, ob ein Netzbetreiber wie die *Deutsche Telekom*, der im Markt für Festnetztelefonie über eine marktbeherrschende Stellung nach § 19 GWB verfügt, damit auch automatisch im heranwachsenden Markt für integrierte Festnetz-Mobilfunk-Dienste als marktbeherrschend anzusehen ist, obwohl das Unternehmen im isoliert betrachteten Mobilfunkmarkt keine marktbeherrschende Stellung aufweist.[512] Je nach Sachlage leitet sich daraus

- die Notwendigkeit einer ex-ante Genehmigung der Entgelte des Incumbents für gebündelte Festnetz-Mobilfunk-Dienste nach § 25 TKG sowie
- die Rechtspflicht zur Gewährleistung eines offenen Netzzugangs für alternative Wettbewerber im Hinblick auf *alle* von einem Konvergenzdienst betroffenen Netzplattformen nach § 33 TKG

---

512 Das dahinterliegende Problem, daß *ein und derselbe* (Konvergenz-)Dienst auf *verschiedenen* technischen Netzplattformen erbracht wird und die entsprechenden sachlich relevanten Endkundemärkte einer *unterschiedlichen* Regulierung unterliegen, wurde bislang beispielsweise von Mertens 2000: 81f. in bezug auf *Internet-Telefonie* und von Schütz 1998b: 15-18 in bezug auf *Multimedia-Dienste* über *TV-Breitbandkabel* erörtert. Zur Beurteilung der Marktbeherrschung in Abhängigkeit der Marktabgrenzung s. z.B. Immenga 2000: 196-201.

ab. Das Vorliegen bzw. das Fehlen solcher Verpflichtungen hat wiederum erheblichen Einfluß auf den Erfolg eines auf Arbitragegewinne spekulierenden und auf den offenen Netzzugang zwingend angewiesenen Dienstehandels mit eigener Vermittlungstechnik im Markt für Konvergenzdienste. Die Regelung der Höhe der Vorleistungspreise in bezug auf Interconnection-Leistungen ist dabei solange unproblematisch, wie der Dienstehändler die eingekauften, auf unterschiedlichen Netzplattformen basierenden Übertragungsleistungen technisch selbständig zusammenführt, so daß die einzelnen netzspezifischen Gebührenverordnungen weiterhin Bestand haben können. Die Entgeltregulierung für Zusammenschaltungsleistungen auf Basis einer bereits vom Vorproduktlieferanten realisierten integrierten Netzplattform dürfte hingegen komplexer sein, weil bislang eine Trennung der Kostenrechnung für Telefondienste auf Festnetz- und Mobilfunkbasis strikt vorgeschrieben war[513] und eine integrierte Kostenrechnung als Grundlage zur Festlegung von Interconnection-Gebühren für einen Zugang zu einer FMI-Diensteplattform für Dienstehändler in der Marktpraxis noch nicht erkennbar ist.

Abschließend sind die Ausführungen am Ende von Kapitel 5.5.2 aufzugreifen, nach denen für einen Transfer der erlangten Erkenntnisse über erfolgversprechende strategische Verhaltensweisen von Dienstehändlern im Telefondienstemarkt auf Dienstehändler in anderen Industrien ex-ante *eine Reihe vergleichender, von der Auswahl der Branchen her unterschiedlicher Wettbewerbsanalysen zu Erfolgsfaktoren von Dienstehändlern* durchzuführen sind. Sinnvoll erscheinen hier ähnlich empirisch fundierte Analysen in Märkten wie dem für Energieversorgung (mit den Sparten Strom, Gas, Wasser, Dampf), Finanz- und Versicherungsdienstleistungen, Kreditkartenleistungen, Reiseveranstaltungen, Postdienstleistungen oder Eisenbahnverkehrsdienste. Die Voraussetzung einer Vergleichbarkeit entsprechender Analysen basiert darauf, daß die untersuchten Dienstehändler bei ihrem jeweiligen Kontraktgütergeschäft wesensgleiche Merkmalszüge aufweisen und demnach in starker wirtschaftlicher Abhängigkeit von Vorproduktlieferanten stehen und bei Umgehung der grundlegenden Produktionsstufen im Wertschöpfungsprozeß eine kontinuierliche Kundenbeziehung aufweisen. Sodann ließe sich mit jeder weiteren empirischen Untersuchung sukzessive eine „Institutionenlehre" des Dienstehandels induktiv entwickeln, deren inhaltliche Klammer die Analyse von Erscheinungsformen der Dienstehandelsinstitutionen und ihrer Rolle sowie Probleme in der Distributionswirtschaft sowie die Analyse von erfolgversprechenden strategischen Verhaltensweisen der Dienstehändler sein kann. Es ist zu hoffen, daß die vorliegende Arbeit dafür einen Grundstein gelegt hat.

---

[513] S. a. Pelzel 2001: 145.

Literaturverzeichnis

Aaker, D.A. (1988): Kriterien zur Identifikation dauerhafter Wettbewerbsvorteile. In: Simon, H. (Hrsg.), *Wettbewerbsvorteile und Wettbewerbsfähigkeit*. Stuttgart: Schäffer: 37-46.

Aaker, D.A. (1992): Strategic Market Management, 3. Aufl. New York: Wiley.

Abell, D.F. (1979): Strategic Market Planning. Englewood Cliffs: Prentice-Hall.

Adler, J. (1996): Informationsökonomische Fundierung von Austauschprozessen: Eine nachfrageorientierte Analyse. Wiesbaden: Gabler.

Agarwal, M.K./Goodstadt, B.E. (1997): Gaining competitive advantage in the U.S. wireless telephony market: The marketing challenge. In: *Telematics and Informatics*, 14: 159-171.

Albach, H. (1991): Die Bedeutung neuerer Entwicklungen in der Wettbewerbstheorie für die strategische Unternehmensführung. In: Ordelheide, D./Rudolph, B./Büsselmann, E. (Hrsg.), *Betriebswirtschaftslehre und Ökonomische Theorie*. Stuttgart: Poeschel: 255-272.

Alkas, H. (1999): Rabattstrategien marktbeherrschender Unternehmen im Telekommunikationsbereich. Bad Honnef: Wissenschaftliches Institut für Kommunikationsdienste (hektographiertes Manuskript, VI+71 S.).

Ansoff, H.I. (1966): Management-Strategie. München: Moderne Industrie.

Ansoff, H.I./Declerck, R.P./Hayes, R.L. (1976/1999): From strategic planning to strategic management. Wiederabdruck in: Hahn, D./Taylor, B. (Hrsg.), Strategische Unternehmungsplanung – Strategische Unternehmungsführung, 8. Aufl. Heidelberg: Physica: 105-143.

Armstrong, T.O./Fuhr, J.P. (1993): Cost consideration for rural telephone service. In Telecommunications Policy, 17: 80-83.

Arnold, D. (1992): Modernes Markenmanagement. Wien: Ueberreuter.

Arvig, G. (1996): Long distance opportunities. Vortragsdokumentation, USTA-Konferenz „USTAs small company + long distance seminar", 24.07.1996, Bloomington: United States Telephone Association (hektographiertes Manuskript, 10 S.).

AS-Verlag (2000): Trend Topics: Telefonieren. Hamburg: Axel Springer Verlag, Marketing Anzeigen (hektographiertes Manuskript, 8 S.).

Atlantic-ACM (1998): Telecom mergers and acquisitions: Trends in a consolidating industry 1998-99, executive summary. Boston: Atlantic-ACM (hektographiertes Manuskript, 21 S.).

Backhaus, K. (1999): Industriegütermarketing, 6. Aufl. München: Vahlen.

Backhaus, K./Stadie, E./Voeth, M. (1998): Was bringt der Wettbewerb im Telekommunikationsmarkt?: Erste Erfahrungen aus dem liberalisierten Markt. Münster: Lit.

Badura, A./Schneider, R. (2000): Interconnection – Der Anspruch auf Netzzusammenschaltung in der Praxis. In: Zeitschrift für das gesamte Recht der Telekommunikation, 51: 161-168.

Bain, J.S. (1968): Industrial Organization, 2. Aufl. New York: Wiley.

Bamberger, I./Wrona, T. (1995): Der Ressourcenansatz im Rahmen des Strategischen Managements, Arbeitspapier Nr. 8 des Lehrstuhls Planung und Organisation an der Universität Essen (hektographiertes Manuskript, 18 S.).

Bamberger, I./Wrona, T. (1996): Der Ressourcenansatz und seine Bedeutung für die Strategische Unternehmensführung. In: Schmalenbachs Zeitschrift für betriebswirtschaftliche Forschung, 48: 130-153.

Bank Julius Bär (1999): The New Telcos in Germany. Frankfurt/M.: Julius Bär Research (hektographiertes Manuskript, 129 S.).

Banker, R.D./Chang, H.-H./Majumdar, S.K. (1993): Analyzing the underlying dimensions of firm profitability. In: Managerial and Decision Economics, 14: 25-36.

Banker, R.D./Chang, H.-H./Majumdar, S.K. (1995): The consequences of evolving competition on the components of firms'profits: Recent evidence from the U.S. telecommunications industry. In: Information Economics and Policy, 7: 37-56.

Banker, R.D./Chang, H.-H./Majumdar, S.K. (1996): Profitability, productivity and price recovery patterns in the U.S. telecommunications industry. In: Review of Industrial Organization, 11: 1-17.

Banker, R.D./Chang, H.-H./Majumdar, S.K. (1998): Economies of scope in the U.S. telecommunications industry. In: Information Economics and Policy, 10: 253-272.

Barney, J.B. (1986): Strategic factor markets: Expectations, luck, and business strategy. In: Management Science, 32: 1231-1241.

Barney, J.B. (1991): Firm resources and sustained competitive advantage. In: Journal of Management, 17: 99-120.

Barney, J.B. (2001): Is the resource-based "view" a useful perspective for strategic management research? Yes. In: Academy of Management Review, 26: 41-56.

Barth, K. (1999): Betriebswirtschaftslehre des Handels, 4. Aufl. Wiesbaden: Gabler.

Bartholomew, M.F. (1997): Successful Business Strategies Using Telecommunications Services. Norwood: Artech House.

Bartram, W. (1996): Die Umsatz-Rentabilität – zentrale Kennzahl zur Unternehmensbeurteilung. In: Die Wirtschaftsprüfung, 49: 393-403.

Batt, C.E./Katz, J.E. (1998): Consumer spending behavior and telecommunications services. In: Telecommunications Policy, 22: 23-46.

Baumol, W.J./Panzar, J.C./Willig, R.D. (1988): Contestable Markets and the Theory of Industry Structure, 2. Aufl. San Diego: Harcourt Brace Jovanovich.

Baumol, W.J./Sidak, G. (1994): Toward Competition in Local Telephony. Cambridge: MIT Press.

Bäurle, I. (1996): Ressourcenbasierter Ansatz und Benchmarking: Zwei widersprüchliche Strömungen?, Diskussionsbeitrag Nr. 79 der Wirtschaftswissenschaftlichen Fakultät an der Universität Eichstätt (hektographiertes Manuskript, 16 S.).

Beard, T.R./Kaserman, D.L./Mayo, J.W. (1998): The role of resale entry in promoting local exchange competition. In: Telecommunications Policy, 22: 315-326.

Beattie, P./Albani, K./Murphy, M. (1996): Inside the Other Long-Distance Companies: WorldCom, Frontier, CWI and LCI. Washington DC: Telecom Publishing Group, TPG Research & Reports (hektographiertes Manuskript, X+168 S.).

Benkenstein, M. (1997): Strategisches Marketing: Ein wettbewerbsorientierter Ansatz. Stuttgart: Kohlhammer.

Benzoni, L. (1995): Les relations verticales: Dévelopments théoriques récents et quelques enseignements pour les télécommunications. In: Réseaux CNET, o.Jg. (72-73, dossier: l'économie des télécommunications): 125-141.

Berger, E.G. (1999): Netzbetreiber und Zusammenschaltungen im Telekommunikationsrecht. In: Computer und Recht, 15: 222-229.

Best, M.H. (1990): The New Competition. Cambridge: Harvard University Press.

Bettis, R.A. (1981): Performance differences in related and unrelated diversified firms. In: Strategic Management Journal, 2: 379-393.

Beuerlein, I. (1999): Neuberechnung des Verbraucherpreisindex für Telekommunikationsdienstleistungen auf Basis 1995. In: Statistisches Bundesamt - Wirtschaft und Statistik, 47: 329-336.

BHF-Bank (1998): LHS – Billing und Customer Care: Das Öl der Telekommunikation. Frankfurt/M.: BHF-Bank Aktienresearch (hektographiertes Manuskript, 45 S.).

Blank, L./Kaserman, D.L./Mayo, J.W. (1998): Dominant firm pricing with competitive entry and regulation: The case of IntraLATA toll. In: Journal of Regulatory Economics, 14: 35-53.

BMPT (1993): Mitteilung Nr. 26/1993: Regulierung digitaler zellularer Mobilfunk im Frequenzbereich 1710 – 1880 MHz; hier: E 1-Lizenz. In: Amtsblatt Bundesministerium für Post und Telekommunikation, Nr. 11/93: 229-238.

BMPT (1994): Mitteilung Nr. 43/1994: Regulierung digitaler zellularer Mobilfunk; hier: D 1-Lizenz, D 2-Lizenz. In: Amtsblatt Bundesministerium für Post und Telekommunikation, Nr. 14/94: 406-424.

BMPT (1997): Verfügung 128/1997: E 2-Lizenz. In: Amtsblatt Bundesministerium für Post und Telekommunikation, Nr.14/97: 679-682.

Bock, M./Völcker, S.B. (1998): Regulatorische Rahmenbedingungen für die Zusammenschaltung von TK-Netzen. In: Computer und Recht, 14: 473-483.

Bongartz, U. (1998): Unternehmensspezifische Ressourcen und strategische Gruppen im US-Luftverkehrsmarkt. In: Zeitschrift für Betriebswirtschaft, 68: 381-407.

Born, K. (1994): Bilanzanalyse international. Stuttgart: Schäffer-Poeschel.

Bosshart, O. (1995): Koalitionen als Strategie in Telekommunikationsmärkten am Beispiel des zellularen Mobilfunks. Diss. St. Gallen.

Bounken, R.B. (2000): Dem Kern des Erfolges auf der Spur? State of the Art zur Identifikation von Kernkompetenzen. In: Zeitschrift für Betriebswirtschaft, 70: 865-885.

Briere, D.D. (1990): Long Distance Services: A Buyer's Guide. Norwood: Artech House.

Bühner, R. (1993): Strategie und Organisation, 2. Aufl. Wiesbaden: Gabler.

Bugla, M. (1999): Netzmanagement als Schlüsselinvestition. In: telekom praxis, 76(11): 13-16.

Burton, M.L./Kaserman, D.L./Mayo, J.W. (1999): Resale and the Growth of Competition in Wireless Telephony. Advanced Research Seminar, Rutgers University: Center for Research in Regulated Industries (unveröffentlichtes Manuskript, 41 S.).

Buzzell, R.D./Gale, B.T. (1989): Das PIMS-Programm. Wiesbaden: Gabler.

Camerer, C.F. (1991): Does strategy research need game theory? In: Strategic Management Journal, 12 (special issue, winter): 137-152.

Campbell-Hunt, C. (2000): What have we learned about generic competitive strategy? A meta-analysis. In: Strategic Management Journal, 21: 127-154.

Canibol, P./Schmortte, S. (1999): Preisbrecher in Panik. In: Focus, Nr. 29, 28.06.1999: 200-204.

Cave, M. (1995): The economic consequence of the introduction and regulation of international resale of telecommunications services. In: Lamberton, D.M. (Hrsg.), Beyond Competition: The Future of Telecommunications. Oxford: Elsevier: 227-247.

Cave, M./Waverman, L. (1999): The transformation of international telecommunications. In: Business Strategy Review, 10(1): 21-27.

Chakravarthy, B.S. (1986): Measuring strategic performance. In: Strategic Management Journal, 7: 437-458.

Chatterjee, S./Wernerfelt, B. (1991): The link between resources and type of diversification: Theory and evidence. In: Strategic Management Journal, 12: 33-48.

Chessler, D. (1988): The Effect of Toll Competition on Prices, Costs and Productivity of the Telephone Industry in the United States. Marktanalyse im Auftrag der Canadian Radio-television And Telecommunications Commission, Final Report. Bethesda: David Chessler and Associates (hektographiertes Manuskript, XXI+229 S.).

CIT (1999): Telecommunications Markets in Germany: The Competition Report. Exeter: CIT Publications (hektographiertes Manuskript, VI+307 Seiten).

Cockburn, I.M./Henderson, R.M./Stern, S. (2000): Untangling the origins of competitve advantage. In: Strategic Management Journal, 21: 1123-1145.

Coenenberg, A.G. (1997): Jahresabschluß und Jahresabschlußanalyse, 16. Aufl. Landsberg: Moderne Industrie.

Collis, D.J./Montgomery, C.A. (1995): Competing on resources: Strategy in the 1990s. In: Harvard Business Review, 73(4): 118-128.

CompTel (1999): Uncaging Competition: Reforming Collocation in the 21st Century. Washington DC: Competitive Telecommunications Association (hektographiertes Manuskript, IV+41 S.).

Coyne, K.P. (1988): Die Struktur dauerhafter Wettbewerbsvorteile. In: Simon, H. (Hrsg.), Wettbewerbsvorteile und Wettbewerbsfähigkeit. Stuttgart: Schäffer: 18-29.

Cracknell, D. (1995): The impact of structural changes in telephony prices. In: Lamberton, D. (Hrsg.), The Future of Telecommunications. Oxford: Elsevier: 97-109.

Crandall, R.W. (1988): Surprises from telephone deregulation and the AT&T divestiture. In: American Economic Review, 78: 323-327.

Cubbin, J.S. (1988): Market Structure and Performance – The Empirical Research. Chur: Harwood Academic.

Daschmann, H.-A. (1994): Erfolgsfaktoren mittelständischer Unternehmen. Stuttgart: Schäffer-Poeschel.

Davies, A. (1994): Telecommunications and Politics. London: Pinter.

DC/VATM (1999): Dialog Consult/VATM: Erste gemeinsame Marktanalyse zur Telekommunikation (Abbildungen). Köln/Ratingen: Dialog Consult/Verband der Anbieter von Telekommunikations- und Mehrwertdiensten (hektographiertes Manuskript, 6 S.).

Decina, M./Pattavina, A./Trecordi, V. (1996): Network architecture evolution in the future. In: Froehlich, F.E./Kent, A. (Hrsg.), Encyclopedia of Telecommunications, Vol. 12. New York: Marcel Dekker: 293-325.

Dehmer, R. (1999): Chancen und Risiken des Regulierungsrahmens. In: Oberender, P. (Hrsg.), Die Dynamik der Telekommunikationsmärkte als Herausforderung an die Wettbewerbspolitik. Berlin: Duncker & Humblot: 59-72.

Denny, M./Fontenay, A. de/Werner, M. (1983): Comparing the efficiency of firms: Canadian telecommunications companies. In: Courville, L./Fontenay, A. de/Dobell, R. (Hrsg.), Economic Analysis of Telecommunications. Amsterdam: North-Holland: 115-127.

Denny, M./Fuss, M./Waverman, L. (1981): The measurement and interpretation of total factor productivity in regulated industries, with an application to Canadian telecommunications. In: Cowing, T.G./Stevenson, R.E. (Hrsg.), Productivity Measurement in Regulated Industries. New York: Academic Press: 179-217.

Deutsche Telekom (1999): Das Geschäftsjahr 1999. Bonn: Deutsche Telekom (hektographiertes Manuskript, U7+144 S.).

DG Bank (2000): Der europäische Strommarkt. Frankfurt/M.: DG Bank Branchenzentrum (hektographiertes Manuskript, 110 S.).

Drasdo, P. et al. (1998): Konzentration und Wettbewerb in der deutschen Energiewirtschaft. München: Oldenbourg.

Dreyer, J. (1999): Netzunabhängige Anbieter von Telekommunikations-Dienstleistungen – ein wichtiger Faktor in der Wettbewerbslandschaft. In: Oberender, P. (Hrsg.), Die Dynamik der Telekommunikationsmärkte als Herausforderung an die Wettbewerbspolitik. Berlin: Duncker & Humblot: 89-105.

Dries, F. (2000): Fusion MCI Worldcom/Sprint ist noch nicht in trockenen Tüchern. In: Frankfurter Allgemeine Zeitung, Nr. 75, 29.03.00: 30.

Dt. Bundestag (1996): Gesetzentwurf der Fraktionen der CDU/CSU, SPD und F.D.P. – Entwurf eines Telekommunikationsgesetzes (TKG) und Begründung, Bundestagsdrucksache 13/3609. Bonn: Deutscher Bundestag.

Eggenberger. C./Hauser, C. (1996): Conjoint Measurement zur Gestaltung von internationalen Telefondienstleistungen. In: Schmalenbachs Zeitschrift für betriebswirtschaftliche Forschung. 48: 841-859.

Ehrmann, T. (1999): Markt- und Wertschöpfungsstrukturen in der Telekommunikation. In: Fink, D./Wilfert, A. (Hrsg.), Handbuch Telekommunikation und Wirtschaft. München: Vahlen: 33-48.

Ehrmann, T./ Mellewigt, T. (1997): Die Kostenrechnung des marktbeherrschenden Anbieters als Kernproblem einer effizienten Regulierung im Telekommunikationssektor. In: Schmalenbachs Zeitschrift für betriebswirtschaftliche Forschung, 49: 255-263.

Ehrmann, T./ Steiger, K. (1998): Internationale Investitionen in Telekommunikationsaktivitäten: Kernkompetenzen und finanzwirtschaftliche Aspekte. In: Die Betriebswirtschaft, 58: 243-255.

Elixmann, D. (1990): Econometric estimation of production structures: The case of the German telecommunications carrier. Bad Honnef: Wissenschaftliches Institut für Kommunikationsdienste (hektographiertes Manuskript, I+51 S.).

Elixmann, D. (1996): Internationale Konsortien als neue Spieler in einem liberalisierten Telekommunikationsmarkt. In: Kubicek, H. et al. (Hrsg.), Jahrbuch Telekommunikation und Gesellschaft 1996. Heidelberg: Decker: 50-64.

Equalnet (1999): Annual Report for the fiscal Year ended June 30, 1998 (Form 10-K/A). Houston: Equalnet Communications Corp. (hektorgraphiertes Manuskript, II+ 97 S.).

Ernst, M. (1990): Neue Informations- und Kommunikationstechnologien und marktwirtschaftliche Allokation. München: VVF.

Esch, F.-R./Fuchs, M./Bräutigam, S. (2000): Konzeption und Umsetzung von Markenerweiterungen. In: Esch, F.-R. (Hrsg.), Moderne Markenführung. Wiesbaden: Gabler: 669-704.

Esch, F.-R./Wicke, A. (2000): Herausforderungen und Aufgaben des Markenmanagements. In: Esch, F.-R. (Hrsg.), Moderne Markenführung. Wiesbaden: Gabler: 3-55.

Eschenbach, R./Kunesch, H. (1996): Strategische Konzepte: Management-Ansätze von Ansoff bis Ulrich. Stuttgart: Schäffer-Poeschel.

ETSI (1997): ETSI Technical Report 138 – Network Aspects (NA), 2. Aufl. Valbonne: European Telecommunications Standards Institute (hektographiertes Manuskript, 30 S.).

Fahle, R./Stanossek G. (1999): Dschungelführer ´99. Bonn: Dschungelführer Verlag.

FCC (1974): Regulatory policies concerning resale and shared use of common service and facilities, Docket No. 20097: Notice of inquiry and proposed rulemaking. In: FCC 2d Edition, 49: 644-659.

FCC (1976): Regulatory policies concerning resale and shared use of common service and facilities, Docket No. 20097: Report and order. In: FCC 2d Edition, 60: 261-341.

FCC (1980a): Regulatory policies concerning resale and shared use of common carrier domestic public switched network services, CC Docket No. 80-54: Report and order. In: FCC 2d Edition, 83: 167-198.

FCC (1980b): Regulatory policies concerning resale and shared use of common carrier international communications services, CC Docket No. 80-176: Report and order. In: FCC 2d Edition, 77: 831-862.

FCC (1994): Carrier locator: Interstate service providers, 1. Aufl. Washington DC: Industry Analysis Division, Common Carrier Bureau, Federal Communications Commission (hektographiertes Manuskript, 88 S.).

FCC (1995): Carrier locator: Interstate service providers, 2. Aufl. Washington DC: Industry Analysis Division, Common Carrier Bureau, Federal Communications Commission (hektographiertes Manuskript, 101 S.).

FCC (1996a): International settlement rates, IB Docket No. 96-261: Notice of proposed rulemaking. Washington DC: Federal Communications Commission (hektographiertes Manuskript, 38 S.).

FCC (1996b): Carrier locator: Interstate service providers, 3. Aufl. Washington DC: Industry Analysis Division, Common Carrier Bureau, Federal Communications Commission (hektographiertes Manuskript, 111 S.).

FCC (1996c): Common carrier scorecard, 1. Aufl. Washington DC: Enforcement Division, Common Carrier Bureau, Federal Communications Commission (hektographiertes Manuskript, 25 S.).

FCC (1997a): Distribution of equal access lines and presubscribed lines. Washington DC: Industry Analysis Division, Common Carrier Bureau, Federal Communications Commission (hektographiertes Manuskript, 40 S.).

FCC (1997b): Carrier locator: Interstate service providers, 4. Aufl. Washington DC: Industry Analysis Division, Common Carrier Bureau, Federal Communications Commission (hektographiertes Manuskript, I+142 S.).

FCC (1997c): Common carrier scorecard, 2. Aufl. Washington DC: Enforcement Division, Common Carrier Bureau, Federal Communications Commission (hektographiertes Manuskript, 35 S.).

FCC (1998): Common carrier scorecard, 3. Aufl. Washington DC: Enforcement Division, Common Carrier Bureau, Federal Communications Commission (hektographiertes Manuskript, 51 S.).

FCC (1999a): Carrier locator: Interstate service providers, 5. Aufl. Washington DC: Industry Analysis Division, Common Carrier Bureau, Federal Communications Commission (hektographiertes Manuskript, 255 S.).

FCC (1999b): Long distance market shares fourth quarter 1998. Washington DC: Industry Analysis Division, Common Carrier Bureau, Federal Communications Commission (hektographiertes Manuskript, 33 S.).

FCC (2000a): Trends in telephone service – March 2000. Washington DC: Industry Analysis Division, Common Carrier Bureau, Federal Communications Commission (hektographiertes Manuskript, IV+150 S.).

FCC (2000b): Carrier locator: Interstate service providers, 6. Aufl. Washington DC: Industry Analysis Division, Common Carrier Bureau, Federal Communications Commission (hektographiertes Manuskript, I+288 S.).

FCC (2000c): Statistics of communications common carriers 1999/2000. Washington DC: Industry Analysis Division, Common Carrier Bureau, Federal Communications Commission (hektographiertes Manuskript, XIII+260 S.).

Fisher, F.M. (1989): Games economists play: A noncooperative view. In: Rand Journal of Economics, 20: 113-124.

Fleck, A. (1995): Hybride Wettbewerbsstrategien. Wiesbaden: Gabler.

Fontenay, A. de et al. (1987): Local competition and resale of network services in the USA. In: Telecommunications Policy, 11: 45-57.

Fraquelli, G./Vannoni, D. (2000): Multidimensional performance in telecommunications, regulation and competition: Analysing the European major players. In: Information Economics and Policy, 12: 27-46.

Frazier, G.L./Sheth, J.N. (1994): The vertical integration issue in channels of distribution. In: Dholakia, R.R. (Hrsg.), Advances in Telecommunications Management, 4. Aufl. Greenwich: JAI: 155-164.

Fredebeul-Krein, M. (2000): Die Regulierungspolitik auf dem Markt für Telekommunikationsdienste. Köln: Institut für Wirtschaftspolitik an der Universität Köln.

Fullerton, H.S. (1998): Duopoly and competition: The case of American cellular telephone. In: Telecommunications Policy, 22: 593-607.

Fuss, M.A. (1983): A survey of recent results in the analysis of production conditions in telecommunications. In: Courville, L./Fontenay, A. de/Dobell, R. (Hrsg.), Economic Analysis of Telecommunications. Amsterdam: North-Holland: 3-26.

Gabel, D./Kennet, D.M. (1994): Economies of scope in the local telephone exchange market. In: Journal of Regulatory Economics, 6: 381-398.

Gabel, H.L. (1991): Competitive Strategies for Product Standards. Berkshire: McGraw-Hill.

Gabriel, R./Chamoni, P./Gluchowski, P. (2000): Data Warehouse und OLAP – Analyseorientierte Informationssysteme für das Management. In: Schmalenbachs Zeitschrift für betriebswirtschaftliche Forschung. 52: 74-93.

Gälweiler, A. (1974): Unternehmensplanung. Frankfurt/M.: Herder & Herder.

Gälweiler, A. (1990): Strategische Unternehmensführung, 2. Aufl. Frankfurt/M.: Campus.

Garfinkel, L. (1993): The growth of competition in the US long-distance industry. In: Telecommunications Policy, 17: 323-330.

Garrard, G.A. (1998): Cellular Communications: Worldwide Market Development. Norwood: Artech House.

Gerpott, T.J. (1993): Integrationsgestaltung und Erfolg von Unternehmensakquisitionen. Stuttgart: Schäffer-Poeschel.

Gerpott, T.J. (1994): Intelligentes Benchmarking als Mittel zur Neuausrichtung an Wettbewerb und Markt. In: Booz·Allen & Hamilton (Hrsg.), Gewinnen im Wettbewerb. Stuttgart: Schäffer-Poeschel: 51-78.

Gerpott, T.J. (1996a): Strategische Repositionierung von neuen Festnetzbetreibern und Dienstehändlern im deutschen Telekommunikationsmarkt. In: Information Management, 11(4): 40-51.

Gerpott, T.J. (1996b): Multimedia: Geschäftssegmente und betriebswirtschaftliche Implikationen. In: Wirtschaftswissenschaftliches Studium, 25: 15-20.

Gerpott, T.J. (1997a): Strategische Bestimmungsgrößen des Erfolgs von Telekommunikationsnetzbetreibern. In: Zeitschrift für Betriebswirtschaft, 67: 233-257.

Gerpott, T.J. (1997b): Strategische Allianzen von Festnetzbetreibern im Markt für internationale Telekommunikationsdienste. In: telekom praxis, 74(1): 34-45.

Gerpott, T.J. (1998): Wettbewerbsstrategien im Telekommunikationsmarkt, 3. Aufl. Stuttgart: Schäffer-Poeschel.

Gerpott, T.J. (1999a): Strukturwandel des deutschen Telekommunikationsmarktes. In: Fink, D./ Wilfert, A. (Hrsg.), Handbuch Telekommunikation und Wirtschaft. München: Vahlen: 49-75.

Gerpott, T.J. (1999b): Reregulierung der Telekommunikation in Deutschland? In: Kommunikation & Recht, 2: 49-53.

Gerpott, T.J. (1999c): Strategisches Technologie- und Innovationsmanagement. Stuttgart: Schäffer-Poeschel.

Gerpott, T.J. (2000a): Konsequente Fortsetzung der marktmachtsymmetrischen Regulierung von TK-Netzbetreibern. In: MultiMedia und Recht, 3: 191-195.

Gerpott, T.J. (2000b): Internationalisierungsstrukturen europäischer Telekommunikationsnetzbetreiber. In: Kubicek, H. et al. (Hrsg.), Global @ home – Jahrbuch Telekommunikation und Gesellschaft 2000. Heidelberg: Hüthig: 23-37.

Gerpott, T.J. (2001): Marketing in der Telekommunikationsbranche. In: Tscheulin, D.K./Helmig, B. (Hrsg.), Branchenspezifisches Marketing. Wiesbaden: Gabler: 37-61.

Gerpott, T.J./Massengeil, S.W. (2001): Elektronische Marktplätze für Transportkapazitäten von Telekommunikationsnetzbetreibern. In: Zeitschrift für Betriebswirtschaft, 71: 749-770.

Gerpott, T.J./Pospischil, R. (1993): Internationale Effizienzvergleiche der DBP Telekom. In: Schmalenbachs Zeitschrift für betriebswirtschaftliche Forschung, 45: 366-389.

Gerpott, T.J./Rams, W. (2000): Kundenbindung, -loyalität und -zufriedenheit im deutschen Mobilfunkmarkt. In: Die Betriebswirtschaft, 60: 738-755.

Gerpott, T.J./Rams, W. (2001): Bindung, Loyalität und Zufriedenheit von Geschäftskunden im deutschen Mobilfunkmarkt. In: telekom praxis, 78(2): 11-22.

Gerpott, T.J./Walter, A. (1999): Wenig Bewegung bis 2 Mbit/s. In: Net, 53(11-12): 34-38.

Gerpott, T.J./Winzer, P. (1998): Distributionsstrategien für Telekommunikationsdienste. In: Die Betriebswirtschaft, 58: 481-500.

Gerpott, T.J./Winzer, P. (2000): Kosten von Teilnehmeranschlußleitungen in Deutschland. In: Kommunikation & Recht, 3: 521-533.

Gille, L. (1995): De la télécommunication à la distribution de trafic. In: Réseaux CNET, o.Jg. (72-73, dossier: l'économie des télécommunications): 59-76.

Gomez, P./Zimmermann, T. (1993): Unternehmensorganisation, 2. Aufl. Frankfurt/M.: Campus.

Goodman, P.S. (1999): Bell Atlantic gets New York`s backing in long-distance bid. In: The Washington Post, 20.09.99: E3.

Graack, C. (1997): Telekommunikationswirtschaft in der Europäischen Union. Heidelberg: Physica.

Green, K.C./Lehn, K.M. (1995): The effect of enhanced competition on the equity values of the regional bell operating companies. In. Higgins, R.S./Rubin, P.H. (Hrsg.), Deregulation Telecommunications. New York: Wiley: 193-201.

Greupner, C. (1996): Strategisches Telekommunikations-Marketing. München: Hampp.

Gries, C.-I. (1998): Motive und Strukturen von Unternehmensbeziehungen deutscher Telekommunikationsanbieter. Lohmar: Eul.

Groß, B. (1999): FMI – Herausforderungen und Chancen der Netzintegration. In: telekom praxis, 76(12): 13-16.

Grote, E. (2000): Telekommunikations-Kundenschutzverordung - Kommentar. Heidelberg: Müller.

Grünig, R./Heckner, F./Zeus, A. (1996): Identifikation strategischer Erfolgsfaktoren. In: Die Unternehmung, 50: 3-12.

Grunwald, R./Schwellbach, U. (1999): Strategien und Organisationsgestaltung in der Telekommunikationsbranche. Wiesbaden: Gabler.

Hahn, D. (1998): Konzepte strategischer Führung. In: Zeitschrift für Betriebswirtschaft, 68: 563-579.

Hahn, D. (1999a): Stand und Entwicklungstendenzen der strategischen Planung. In: Hahn, D./Taylor, B. (Hrsg.), Strategische Unternehmungsplanung – Strategische Unternehmungsführung, 8. Aufl. Heidelberg: Physica: 1-27.

Hahn, D. (1999b): US-amerikanische Konzepte strategischer Unternehmensführung. In: Hahn, D./ Taylor, B. (Hrsg.), Strategische Unternehmensplanung – Strategische Unternehmensführung, 8. Aufl. Heidelberg: Physica: 144-163.

Hall, E.H. (1994): A methodological note on diversity measurement. In: Strategic Management Journal, 15: 153-168.

Hall, R. (1992): The strategic analysis of intangible resources. In: Strategic Management Journal, 13: 135-144.

Hamel, G. (1994): The concept of core competence. In: Hamel, G./Heene, A. (Hrsg.), Competence-based Competition. New York: Wiley: 11-33.

Hax, A.C./Majluf, N.S. (1984): Strategic Management. Englewood Cliffs: Prentice-Hall.

Hax, A.C./Majluf, N.S. (1999): Corporate strategy: The core concepts. In: Hahn, D./Taylor, B. (Hrsg.), Strategische Unternehmungsplanung – Strategische Unternehmungsführung, 8. Aufl. Heidelberg: Physica: 165-173.

Heilbock, J.A. (1999): Die Einführung von UMTS/IMT-2000 als dritte Mobilfunkgeneration. In: telekom praxis, 76(2): 33-37.

Helme, S. (1997): An uncertain future for airtime resellers. In: Mobile Communications International, o.Jg. (42): 47-50.

Henderson, R.M./Mitchell, W. (1997): The interactions of organizational and competitive influences on strategy and performance. In: Strategic Management Journal, 18: 5-14.

Hensing, I. (1998): Energiewirtschaft. München: Oldenbourg.

Hermann, H. (1998): Wettbewerbsstrategien alternativer Telekommunikationsunternehmen in Deutschland. Bad Honnef: Wissenschaftliches Institut für Kommunikationsdienste (hektographiertes Manuskript, IV+70 S.).

Heuermann, A. (1989): Die Erfahrungskurve im Telekommunikationsbereich. Berlin: Springer.

Heuermann, A./Neu, W. (1988): Ein Regulierungsrahmen für das Unternehmen Deutsche Bundespost Telekom. Bad Honnef: Wissenschaftliches Institut für Kommunikationsdienste (hektographiertes Manuskript, 96 S.).

Hinterhuber, H.H. (1990): Wettbewerbsstrategie, 2. Aufl. Berlin: de Gruyter.

Hinterhuber, H.H./Friedrich, S.A. (1999): Markt- und ressourcenorientierte Sichtweise zur Steigerung des Unternehmenswertes. In: Hahn, D./Taylor, B. (Hrsg.), Strategische Unternehmungsplanung – Strategische Unternehmungsführung, 8. Aufl. Heidelberg: Physica: 988-1016.

Hinterhuber, H.H./Handlbauer, G./Matzler, K. (1997): Kundenzufriedenheit durch Kernkompetenzen. München: Hanser.

Hinterhuber, H.H./Winter, L.G. (1995): Internationalisierung. In: Corsten, H. (Hrsg.), Lexikon der Betriebswirtschaftslehre, 3. Aufl. München: Oldenbourg: 382-387.

Hirschman, A.O. (1964): The parternity of an index. In: American Economic Review, 54: 761-762

Hoffmann, J. (1999): Investition in den Kunden. In: Frankfurter Allgemeine Zeitung – Verlagsbeilage Telekommunikation, Nr. 39, 16.02.99: B 14.

Homburg, C./Rudolph, B. (1995): Wie zufrieden sind Ihre Kunden tatsächlich? In: Harvard Business Manager, 17(1): 43-50.

Horak, C. (1995): Controlling in Nonprofit-Organisationen, 2. Aufl. Wiesbaden: DUV.

Horn, M./Knieps, G./Müller, J. (1988): Deregulierungsmaßnahmen in den USA: Schlußfolgerungen für die Bundesrepublik Deutschland. Baden-Baden: Nomos.

Hoskisson, R.E. et al. (1999): Theory and research in strategic management: Swings of a pendulum. In: Journal of Management, 25: 417-456.

Huber, P.W./Kellogg, M.K./Thorne, J. (1996): The Telecommunications Act of 1996. Aspen: Aspen Law & Business.

Hungenberg, H. (1998): Strategische Allianzen in der Telekommunikation. In: Schmalenbachs Zeitschrift für betriebswirtschaftliche Forschung, 50: 479-498.

Hurley, A./Rogerson, D. (1997): Pricing Broadband: A Model for Competitive Advantage. London: Ovum (hektographiertes Manuskript, 289 S.).

Illing, G. (1994): Industrieökonomie: Nur eine Spielwiese für Spieltheoretiker?, Diskussionsbeitrag Nr. 71 der Fakultät Sozial- und Wirtschaftswissenschaften an der Universität Bamberg (hektographiertes Manuskript, 24 S.).

Immenga, U. (2000): Relevante Märkte und Marktbeherrschung in der Regulierungspraxis. In: MultiMedia und Recht, 3: 196-201.

ITU (1999): Direction of Traffic, 1999: Executive Summary. Genf: International Telecommunication Union (hektographiertes Manuskript, 15 S.).

Jacobs, S. (1992): Strategische Erfolgsfaktoren der Diversifikation. Wiesbaden: Gabler.

Jacquemin, A. (1986): Industrieökonomik. Frankfurt/M.: Campus.

Jenner, T. (2000a): Hybride Wettbewerbsstrategien in der deutschen Industrie – Bedeutung, Determinanten und Konsequenzen für die Marktbearbeitung. In: Die Betriebswirtschaft, 60: 7-22.

Jenner, T. (2000b): Zur Messung des Unternehmenserfolges. In: Wirtschaftswissenschaftliches Studium, 29: 326-331.

Kaack, J. (1992): Anwendungslösungen in der mobilen Kommunikation als Schritte in Richtung auf das mobile Büro. In: Debitel (Hrsg.), Perspektiven und Tendenzen im Markt der mobilen Kommunikation (hektographiertes Manuskript, 104 S.): 31-44.

Kaack, J. (1996): Spielen Service Provider weiter mit? In: Mobilcom, 7(1): 6-7.

Kaas, K.P. (1995): Marketing zwischen Markt und Hierarchie. In: Kaas, K.P. (Hrsg.), Kontrakte, Geschäftsbeziehungen, Netzwerke (ZfbF-Sonderheft Nr. 35). Düsseldorf: Verlagsgruppe Handelsblatt: 19-42.

Kahal, S.K./Kaserman, D.L./Mayo, J.W. (1996): Is the „dominant firm" dominant? An empirical analysis of AT&T's market power. In: The Journal of Law & Economics, 39: 499-517.

Kahn, A.E./Tardiff, T.J./Weisman, D.L. (2000): The Telecommunications Act at three years: An economic evaluation of its implementation by the Federal Communications Commission. In: Information Economics and Policy, 11: 319-365.

Kaserman, D.L./Mayo, J.W. (1995): Government and Business: The Economics of Antitrust and Regulation. Ft. Worth: Dryden Press.

Kashlak, R.J./Joshi, M.P. (1994): Core business regulation and dual diversification patterns in the telecommunications industry. In: Strategic Management Journal, 15: 603-611.

Kaufer, E. (1980): Industrieökonomik. München: Vahlen.

Keller, K.L. (1998): Strategic Brand Management. Upper Saddle River: Prentice Hall.

Keuter, A. (1994): Wettbewerb und Regulierung im internationalen Telefondienst. Bad Honnef: Wissenschaftliches Institut für Kommunikationsdienste (hektographiertes Manuskript, VI+49 S.).

Kiessling, T. (1998): Optimale Marktstrukturregulierung in der Telekommunikation. Baden-Baden: Nomos.

Kilberth, E./Kilberth, K. (1996): Kernkompetenz Qualitätsorientierung. In: Strasmann,J./Schüller, A. (Hrsg.), Kernkompetenzen. Stuttgart: Schäffer-Poeschel: 65-95.

Kirsch, W. (1997): Strategisches Management: Die geplante Evolution von Unternehmen. München: Kirsch.

Kleinaltenkamp, M. (1987): Die Dynamisierung strategischer Marketing-Konzepte. In: Schmalenbachs Zeitschrift für betriebswirtschaftliche Forschung, 39: 31-52.

Kleinaltenkamp, M. (1993): Typologien von Business-to-Business-Transaktionen – Kritische Würdigung und Weiterentwicklung, Berliner Reihe Arbeitspapier Nr. 1 des Instituts für Allgemeine Betriebswirtschaftslehre der Freien Universität Berlin (hektographiertes Manuskript, II + 30 Seiten).

Kleinaltenkamp, M. (1995): Gestaltung der Distributionsleistung. In: Kleinaltenkamp, M./ Plinke, W. (Hrsg.), Technischer Vertrieb, 1. Aufl. Berlin: Springer: 745-784.

Kleinaltenkamp, M. (1997): Business-to-Business-Marketing. In: Gabler Wirtschafts-Lexikon, 14. Aufl. Wiesbaden: Gabler: 753-762.

Knetsch, W. (1999): Telekommunikation als Schrittmachertechnologie des 21. Jahrhunderts. In: Fink, D./Wilfert, A. (Hrsg.), Handbuch Telekommunikation und Wirtschaft. München: Vahlen: 19-32.

Knoll, T. (2000): Etablierte Netzbetreiber in der Telekommunikationsbranche. Gabler: 2000.

Knyphausen, D. zu (1993): Why are firms different? In: Die Betriebswirtschaft, 53: 771-792.

Knyphausen-Aufsess, D. zu (1995): Theorie der strategischen Unternehmensführung: State of the Art und neue Perspektiven. Wiesbaden: Gabler.

Koch, R. (1999): Funktionen und Anwendungen der Telekommunikation. In: Fink, D./Wilfert, A. (Hrsg.), Handbuch Telekommunikation und Wirtschaft. München:Vahlen: 77-98.

Königshofen, T. (1999): Neue rechtliche Anforderungen an die Sicherheit, den Datenschutz und die Telekommunikationsüberwachung für Betriebe und Behörden. In: Zeitschrift für das gesamte Recht der Telekommunikation, 51: 138-161.

Kreikebaum, H. (1995): Strategische Unternehmensplanung. In: Corsten, H. (Hrsg.), Lexikon der Betriebswirtschaftslehre, 3. Aufl. München: Oldenbourg: 919-924.

Kreikebaum, H. (1997): Strategische Unternehmensplanung, 6. Aufl. Stuttgart: Kohlhammer.

Krüger, R./Tetens, G./Voß, A. (1995): Markteintrittsmöglichkeiten und ordnungspolitische Alternativen für deutsche Telekommunikationsnetzmärkte. Baden-Baden: Nomos.

Krüger, W./Schwarz, G. (1999): Strategische Stimmigkeit von Erfolgsfaktoren und Erfolgspotentialen. In: Hahn, D./Taylor, B. (Hrsg.), Strategische Unternehmungsplanung – Strategische Unternehmungsführung, 8. Aufl. Heidelberg: Physica: 75-104.

Kruse, J. (1993): Lizenzierung und Wettbewerb im Mobilfunk. Berlin: Springer.

Kruse, J. (1995): Das Verhältnis von Diensteanbietern und Netzbetreibern im deutschen Mobilfunk. Hamburg: Steuer- und Wirtschaftsverlag.

Kubicek, H. (1997): Universaldienstregelungen in den USA und in Deutschland – Dikussionsdefizite und Versäumnisse in Deutschland. In: Computer und Recht, 13: 1-11.

Kühn, R./Ruetsch-Keller (1999): Strukturvertrieb als neuer Vertriebsweg. In: Tomczak, T. et al. (Hrsg.), Alternative Vertriebswege. St. Gallen: Thexis: 236-250.

Kühnapfel, J.B. (1995): Telekommunikations-Marketing. Wiesbaden: Gabler.

Küting, K. (1999): Die Bilanzanalyse, 4. Aufl. Stuttgart: Schäffer-Poeschel.

Kutschker, M. (1999): Gestalten oder nicht gestalten? Eine feldtheoretische Ergänzung des Gestaltansatzes. In: Engelhard, J./Oechsler, W.A. (Hrsg.), Internationales Management. Wiesbaden: Gabler: 279-316.

Ladeur, K.-H. (1999): Die Regulierung von Telekommunikation und Medien im Zeitalter ihrer Konvergenz: Das Beispiel des Universal Mobile Telecommunications System (UMTS). In: Zeitschrift für das gesamte Recht der Telekommunikation, 51: 68-75.

Lado, A.A./Zhang, M.J. (1998): Expert systems, knowledge development and utilization, and sustained competitive advantage: A ressource-based model. In: Journal of Management, 24: 489-509.

Laffont, J.-J./Tirole, J. (2000): Competition in Telecommunications. Cambridge: MIT Press.

Langenfurth, M. (2000): Der globale Telekommunikationsmarkt. Frankfurt/M.: Lang.

Leidecker, J.K./Bruno, A.V. (1984): Identifying and using critical success factors. In: Long Range Planning, 17(1): 23-32.

Lochridge, R.K. (1993): Strategien für die achtziger Jahre? In: Oetinger, B. v. (Hrsg.), Das Boston Consulting Group Strategie-Buch. Düsseldorf: Econ: 129-133.

Luffman, G. et al. (1996): Strategic Management, 3. Aufl. Oxford: Blackwell.

MacAvoy, P.W. (1996): The Failure of Antitrust and Regulation to Establish Competition in Long-Distance Telephone Services. Cambridge: MIT Press.

Macharzina, K. (1999): Unternehmensführung, 3. Aufl. Wiesbaden: Gabler.

Madden, G./Savage, S.J. (1999): Telecommunications productivity, catch-up and innovation. In: Telecommunications Policy, 23: 65-81.

Mahoney, J.T./Pandian, J.R. (1992): The resource-based view within the conversation of strategic management. In: Strategic Management Journal, 13: 363-380.

Majumdar, S.K. (1992): Performance in the US telecommunication services industry. In: Telecommunications Policy, 16: 327-338.

Majumdar, S.K. (1995a): Does new technology adoption pay? Electronic switching patterns and firm-level performance in US telecommunications. In: Research Policy, 24: 803-822.

Majumdar, S.K. (1995b): X-efficiency in emerging competitive markets: The case of U.S. telecommunications. In: Journal of Economic Behaviour and Organization, 26: 129-144.

Majumdar, S.K. (1997): Incentive regulation and productive efficieny in the U.S. telecommunications industry. In: Journal of Business, 70: 547-576.

Majumdar, S.K. (1998): On the utilization of resources: Perspectives from the U.S. telecommunications industry. In: Strategic Management Journal, 19: 809-831.

Majumdar, S.K./Venkataraman, S. (1993): New technology adoption in US telecommunications: The role of competitive pressures and firm-level inducements. In: Research Policy, 22: 521-536.

Majumdar, S.K./Venkataraman, S. (1998): Network effects and the adoption of new technology: Evidence from the U.S. telecommunications industry. In: Strategic Management Journal, 19: 1045-1062.

Märkl, P. (1998): Netzzusammenschaltung in der Telekommunikation. Baden-Baden: Nomos.

Mason, E.S. (1949): The current status of the monopoly problem in the United States. In: Harvard Law Review, 62: 1265-1285.

Mathios, A.D./Rogers, R.P. (1989): The impact of alternative forms of state regulation of AT&T on direct-dial, long distance telephone rates. In: Rand Journal of Economics, 20: 437-453.

Maxwell, W. (1998): Practical problems encountered in French telecommunications licensing. In: Communications & Strategies, o.Jg. (22): 57-77.

McGahan, A.M./Porter, M.E. (1997): How much does industry matter, really? In: Strategic Management Journal, 18: 15-30.

MCN (1998): Kundenmanagement im Telekommunikationsmarkt. Bad Homburg: MCN Management Consulting Group (hektographiertes Manuskript, 52 S.).

Mecklinger, R. (1997): Wertschöpfungsketten für die Informationsgesellschaft. In: Kubicek, H. et al. (Hrsg.): Jahrbuch Telekommunikation und Gesellschaft 1997. Heidelberg: Decker: 30-41.

Mehra, A. (1996): Resource and market based determinants of performance in the U.S. banking industry. In: Strategic Management Journal, 17: 307-322.

Mentzl, R./Ludwig, C. (1996): Das Data-Warehouse als Bestandteil eines Database-Marketing-Systems. In: Muksch, H./Behme, W. (Hrsg.), Das Data-Warehouse-Konzept. Wiesbaden: Gabler: 383-405.

Mertens, C. (2000): Regulatorische Behandlung der Internet-Telefonie. In: MultiMedia und Recht, 3: 77-82.

Mestmäcker, E.-J. (1998): Entgeltregulierung, Marktbeherrschung und Wettbewerb im Mobilfunk. In: MultiMedia und Recht, 1 (Beilage zu Nr. 8): 1-19.

Meyer, R. (2000): „Internet by Call“ oder: In fünf Minuten ins Netz. In: Frankfurter Allgemeine Sonntagszeitung, Nr. 10, 12.03.00: 36.

Mintzberg, H. (1991): Mintzberg über Management. Wiesbaden: Gabler.

Mishra, D.P. (1998): The conceptualization and measurement of suppliers' reputation display in asymmetric marketing relationships. In: Journal of Market-Focused Management, 3: 123-150.

Mitchell, B.M./Vogelsang, I. (1991): Telecommunications Pricing. Cambridge: University Press.

Mixon, F.G./Hsing, Y. (1997): The determinants of market share for the 'dominant firm' in telecommunications. In: Information Economics and Policy, 9: 309-318.

Monopolkommission (1999): Wettbewerb auf Telekommunikations- und Postmärkten? – Sondergutachten der Monopolkommission vom 12. November 1999 gemäß § 81 Abs. 3 Telekommunikationsgesetz und § 44 Postgesetz. Baden-Baden: Nomos.

Montgomery, C.A./Wernerfelt, B. (1988): Diversification, Ricardian rents, and Tobin´s q. In: Rand Journal of Economics, 19: 623-632.

Moritz, H.-W./Neus, H.R. (1997): Telekommunikationsgesetz und US Telecommunications Act – Ein Vergleich der ordnungspolitischen Ansätze. In: Computer und Recht, 13: 239-245.

Motz, O./Zydorek, C. (1996): Konzentration oder Wettbewerb? Der Telekommunikationsmarkt in den USA nach der Reform von 1996. In: telekom praxis, 73(6): 31-39.

Mudd, D.R./Starkey, M.Z. (1992): Economic implications of collocation for the exchange access market. In: Telecommunications Policy, 16: 511-526.

Muksch, H. (1996): Charakeristika, Komponenten und Organisationsformen von Data-Warehouses. In: Muksch, H./Behme, W. (Hrsg.), Das Data-Warehouse-Konzept. Wiesbaden: Gabler: 85-115.

Müller, E. (1999): Wer bietet weniger? In: Manager Magazin, 29(9): 182-189.

Müller, P. (1995): Telekommunikation in der Europäischen Union. Freiburg: Haufe.

Müllerleile, C./Tapp, P. (1995): Telemarketing. Fachschriften der Bundesarbeitsgemeinschaft Sozialmarketing, Heft 2, Oberursel (hektographiertes Manuskript, 47 Seiten).

Nadiri, M.I./Schankerman, M.A. (1981): The structure of production, technological change, and the rate of growth of total factor productivity in the U.S. Bell system. In: Cowing, T.G./ Stevenson, R.E. (Hrsg.), Productivity Measurement in Regulated Industries, New York: Academic Press: 219-247.

NARUC (1995): NARUC report on the status of competition in Intrastate telecommunications. Washington DC: National Association of Regulatory Utility Commissioners (hektographiertes Manuskript, 197 S.).

Nett, L. (1998): Tarifpolitik bei Wettbewerb im Markt für Sprachtelefondienst. Bad Honnef: Wissenschaftliches Institut für Kommunikationsdienste (hektographiertes Manuskript, VI+76 S.).

Neumann, K.-H. (1999): Marktzutrittsschranken und Markteintrittsstrategien im deutschen Telekommunikationsmarkt. In: Oberender, P. (Hrsg.), Die Dynamik der Telekommunikationsmärkte als Herausforderung an die Wettbewerbspolitik. Berlin: Duncker & Humblot: 73-88.

Nolte, N. (1996): Das Recht auf Netzzugang nach dem Telekommunikationsgesetz. In: Betriebs-Berater, 51: 2629-2636.

Nuruddin, M. (1996): U.S. long distance markets: 1996 edition. New York: Datapro Information Services Group (hektographiertes Manuskript, V+210 S.).

O.V. (1999a): Teldafax und Debitel stehen offenbar kurz vor einer Fusion. In: Frankfurter Allgemeine Zeitung, Nr. 133, 12.06.99: 24.

O.V. (1999b): TK-Kooperationen: Starke Gemeinschaft. In: Telecom Handel, 10(24): 8-12.

OECD (1997): New Technologies and their Impact on the Accounting Rate System. Paris: Organisation for Economic Co-Operation and Development (hektographiertes Manuskript, 23 S.).

Oetinger, B. von (1983): Wandlungen in den Unternehmensstrategien der 80er Jahre. In: Koch, H. (Hrsg.): Unternehmensstrategien und strategische Planung; ZfbF-Sonderheft Nr. 15. Wiesbaden: Gabler: 42-51.

Oniki, H. et al. (1994): The productivity effects of the liberalization of Japanese telecommunications policy. In: Journal of Productivity Analysis, 5: 63-79.

Palich, L.E./Cardinal, L.B./Miller, C.C. (2000): Curvilinearity in the diversification-performance linkage: An examination of over three decades of research. In: Strategic Management Journal, 21: 155-174.

Panzar, J.C. (1989): Technological determinants of firm and industry structure. In: Schmalensee, R./Willig, R.D. (Hrsg.), Handbook of Industrial Organization – Volume I. Amsterdam: North-Holland: 3-59.

Pelzel, F.R. (2001): Deregulierte Telekommunikationsmärkte. Heidelberg: Physica.

Penrose, E.T. (1959): The Theory of the Growth of the Firm. Oxford: Basil Blackwell.

Perlitz, M. (1997): Internationales Management, 3. Aufl. Stuttgart: Lucius & Lucius.

Pesch, S. (1998): Telekommunikation '98: Wettbewerb, Entscheidungshilfen, Verbraucherrechte. Bonn: Deutscher Industrie- und Handelstag (hektographiertes Manuskript, 41 S.).

Peteraf, M.A. (1993): The cornerstones of competitive advantage: A resource-based view. In: Strategic Management Journal, 14: 179-191.

Picot, A./Burr, W. (1996): Regulierung der Deregulierung im Telekommunikationssektor. In: Schmalenbachs Zeitschrift für betriebswirtschaftliche Forschung, 48: 173-200.

Picot, A./Burr, W. (1997): Zur Leistungsfähigkeit von Regulierungsinstrumenten und Regulierungsinstanzen. In: Schmalenbachs Zeitschrift für betriebswirtschaftliche Forschung, 49: 264-272.

Porter, M.E. (1980): Competitive Strategy. New York: Free Press.

Porter, M.E. (1985): Competitive Advantage. New York: Free Press.

Porter, M.E. (1991): Towards a dynamic theory for strategy. In: Strategic Management Journal, 12 (special issue, winter): 95-117.

Porter, M.E. (1996): What is strategy? In: Harvard Business Review, 74(6): 61-78.

Pospischil, R. (1998a): Fast Internet – An analysis about capacities, price structures and government intervention. In: Telecommunications Policy, 22: 745-755.

Pospischil, R. (1998b): Repositionierung von AT&T – Eine Analyse zur Entwicklung von 1983 bis 1998. Bad Honnef: Wissenschaftliches Institut für Kommunikationsdienste (hektographiertes Manuskript, IV+56 S.).

Prahalad, C.K./Hamel, G. (1990): The core competence of the corporation. In: Harvard Business Review, 68(3): 79-91.

Prahalad, C.K./Hamel, G. (1994): Competing for the Future. Boston: Harvard Business School Press.

Prieger, J. (1998): Universal service and the Telecommunications Act of 1996. In: Telecommunications Policy, 22: 57-71.

Priem, R.L./Butler, J.E. (2001a): Is the resource-based „view“ a useful perspective for strategic management research? In: Academy of Management Review, 26: 22-40.

Priem, R.L./Butler, J.E. (2001b): Tautology in the resource-based view and the implications of externally determined resource value: Further comments. In: Academy of Management Review, 26: 57-66.

Proff, H. (1997): Hybride Strategien. In: Wirtschaftswissenschaftliches Studium, 26: 305-307.

PWC (1999): Telekommunikationsbörse. Frankfurt/M.: PricewaterhouseCoopers (hektographiertes Manuskript, 51 S.).

Raphael, J./Pascale, N. (1994): Retaining customers through strategic design and management of customer support programs. In: Dholakia, R.R. (Hrsg.): Advances in Telecommunications Management, 4. Aufl. Greenwich: JAI: 197-211.

RegTP (1999a): Tätigkeitsbericht 1998/1999 der Regulierungsbehörde für Telekommunikation und Post. Bonn: Regulierungsbehörde für Telekommunikation und Post (hektographiertes Manuskript, XVI+218 S.).

RegTP (1999b): Telekommunikations- und Postmarkt im Jahre 1999. Bonn: Regulierungsbehörde für Telekommunikation und Post (hektographiertes Manuskript, II+42 S.).

RegTP (1999c): Mitteilung Nr. 73: Öffentliche Anhörung über die regulatorische Behandlung von Verbindungsnetzen und öffentlichen Telekommunikationsnetzen im Hinblick auf die Zusammenschaltungsvorschriften des TKG. In: Amtsblatt Regulierungsbehörde für Telekommunikation und Post, Nr. 4/99: 739.

RegTP (1999d): Liste der Vertragspartner der Deutschen Telekom AG für Zusammenschaltungen (ICP), Veröffentlichung nach § 6 Abs. 4 NZV (Stand: Juni 1999). In: Regulierungsbehörde für Telekommunikation und Post, http://www.regtp.de/kurzbuendig/ listintercon.htm, Abruf am 28.08.1999.

RegTP (1999e): Mitteilung Nr. 436/1999: Informationen hinsichtlich des Angebotes von „Call-Back-Diensten“. In: Amtsblatt Regulierungsbehörde für Telekommunikation und Post, Nr. 18/99: 2933.

RegTP (1999f): Verfügung 51/1999: Entscheidung der Präsidentenkammer vom 10. Mai 1999 über das Verfahren zur Vergabe von Lizenzen für Universal Mobile Telecommunications System (UMTS); Mobilkommunikation der dritten Generation. In: Amtsblatt Regulierungsbehörde für Telekommunikation und Post, Nr. 9/99: 1519-1531.

RegTP (1999g): Verfügung 130/1999: Lizenzierung von UMTS/IMT-2000; Mobilkommunikation der dritten Generation; Anhörung nach § 11 Abs. 1 des Telekommunikationsgesetzes (TKG). In: Amtsblatt Regulierungsbehörde für Telekommunikation und Post, Nr. 19/99: 3043-3058.

RegTP (2000a): Verfügung Nr. 46/2000: Interconnection-Grundangebot 2000. In: Amtsblatt Regulierungsbehörde für Telekommunikation und Post, Nr. 8/00: 1364-1372.

RegTP (2000b): Veröffentlichung der Anbieter von Telekommunikationsdienstleistungen (§ 4 TKG) einschließlich Lizenznehmer (§ 6 TKG), Erhebungsstand 23.08.2000. Bonn: Regulierungsbehörde für Telekommunikation und Post (hektographiertes Manuskript, 218 S.).

RegTP (2000c): Liste der Vertragspartner der Deutschen Telekom AG für Zusammenschaltungen (ICP), Veröffentlichung nach § 6 Abs. 4 NZV (Stand: 12.07.2000). In: Regulierungsbehörde für Telekommunikation und Post, http://www.regtp.de/reg_tele/01172/01/ index.html, Abruf am 29.08.2000.

RegTP (2000d): Lizenzklasse 3 – Übertragungswege (Stand: 27.06.2000). In: Regulierungsbehörde für Telekommunikation und Post, http://www.regtp.de/reg_tele/start/in_05-01-03-00-00_m/ index.html, Abruf am 10.07.2000.

RegTP (2000e): Lizenzklasse 4 – Sprachtelefondienst (Stand: 27.06.2000). In: Regulierungsbehörde für Telekommunikation und Post, http://www.regtp.de/reg_tele/start/in_05-01-04-00-00_m/index.html, Abruf am 10.07.2000.

RegTP (2000f): Halbjahresbericht 2000. Bonn: Regulierungsbehörde für Telekommunikation und Post (hektographiertes Manuskript, V+89 S.).

Reiser, M./Holthuis, J. (1996): Nutzenpotentiale des Data-Warehouse-Konzepts. In: Muksch, H./Behme, W. (Hrsg.), Das Data-Warehouse-Konzept. Wiesbaden: Gabler: 117-129.

Resende, M. (1999): Productivity growth and regulation in U.S. local telephony. In: Information Economics and Policy, 11: 23-44.

Röck, C. (2000): Die Diffusion von innovativen netzgebundenen Gütern bei unterschiedlichen Interaktionsnetzen. Frankfurt/M.: Lang.

Rohrbach, P.A. (1995): Developments in the long distance marketplace: The end of an era (and end of a market?). In: Wiley, R.E./Wadlow R.C. (Hrsg.), 13th Annual Institute on Telecommunications Policy and Regulation. New York: Practising Law Institute: 4-8.

Rotemberg, J.J./Saloner, G. (1994): Benefits of narrow business strategies. In: American Economic Review, 84: 1330-1349.

Roycroft, T.R. (1999): Alternative regulation and the efficiency of local exchange carriers: Evidence from the Ameritech states. In: Telecommunications Policy, 23: 469-480.

Rumelt, R.P. (1982): Diversification strategy and profitability. In: Strategic Management Journal, 3: 359-369.

Rumelt, R.P. (1991): How much does industry matter? In: Strategic Management Journal, 12: 167-185.

Rumelt, R.P./Schendel, D./Teece, D.J. (1991): Strategic management and economics. In: Strategic Management Journal, 12 (special issue, winter): 5-29.

Rushdi, A.A. (2000): Total factor productivity measures for Telstra. In: Telecommunications Policy, 24: 143-154.

Sabavala, D.J./Gautschi, D.A. (1994): Strategic implications of structural analysis in a telecommunications market. In: Dholakia, R.R. (Hrsg.): Advances in Telecommunications Management, 4. Aufl. Greenwich: JAI: 29-38.

SBA (2000): Small business size standards. In: Small Business Administration, http://www.sba.gov/Size/Main-What-R-SBSS-html#agri, Abruf am 27.03.2000.

Schaaf, J.M. (2000): Telecom eMarketplaces Unfold. Cambridge: Forrester Research (hektographiertes Manuskript, 17 S.).

Scherer, F.M. (1992): International High-Technology Competition. Harvard: Harvard College.

Schmalen, H. (1995): Preispolitik, 2. Aufl. Stuttgart: Gustav Fischer.

Schmalensee, R. (1981): Economies of scale and barriers of entry. In: Journal of Political Economy, 89: 1228-1238.

Schmalensee, R. (1985): Do markets differ much? In: American Economic Review, 75: 341-351.

Schmalensee, R. (1989): Inter-industry studies of structure and performance. In: Schmalensee, R./Willig, R.D. (Hrsg.), Handbook of Industrial Organization – Volume II. Amsterdam: North-Holland: 951-1009.

Schneider, V. (1999): Staat und technische Kommunikation. Opladen: Westdeutscher Verlag.

Schüle, F.M. (1992): Diversifikation und Unternehmenserfolg. Wiesbaden: Gabler.

Schult, E. (1997): Bilanzanalyse: Möglichkeiten und Grenzen externer Unternehmensbeurteilung, 9. Aufl. Hamburg: Steuer- und Wirtschaftsverlag.

Schulte-Zurhausen, M. (1999): Organisation, 2. Aufl. München: Vahlen.

Schusser, O. (1999): Die Wertschöpfungskette als strategisches Planungsinstrument. In: Der Betriebswirt, 40: 9-16.

Schütz, R. (1998a): FCC kündigt Liberalisierung ihrer „International Settlements Policy" an. In: MultiMedia und Recht, 1(9): XX-XXI.

Schütz, R. (1998b): Breitbandkabel – „Closed Shop" für neue Diensteanbieter? In: MultiMedia und Recht, 1: 11-18.

Schwandt, F. (1996): Internationale Telekommunikation. Berlin: Springer.

SEC (1999): Q&A: Small business and the SEC - A guide to help you understand how to raise capital and comply with the federal securities laws (last update: 07/14/99). In: Securities and Exchange Commission, http://www.sec.gov/smbus/qasbsec.htm, Abruf am 18.03.2000.

Self, R. (1988): Long Distance For Less. Saline: McNaughton & Gunn.

Shankar, B. (1997): Up the value chain. In: Telecommunications, 31(3): 43-44.

Shapiro, C. (1989): The theory of business strategy. In: Rand Journal of Economics, 20: 125-137.

Sharma, S. (1999): Trespass or symbiosis? Dissolving the boundaries between strategic marketing and strategic management. In: Journal of Strategic Marketing, 7: 73-88.

Shaw, J. (1998): Telecommunications Deregulation. Norwood: Artech House.

Siebenhaar, H.-P./Telgheder, M. (2000): UMTS-Geschäft lockt die Medienkonzerne. In: Handelsblatt, Nr. 231, 29.11.00: 15.

Siegmund, G. (1999a): Technik der Netze, 4. Aufl. Heidelberg: Hüthig.

Siegmund, G. (1999b): Intelligente Netze. Heidelberg: Hüthig.

Siemens (1998): Gebühren sparen – aber richtig! Präsentationsunterlage, Siemens AG, Private Kommunikationssysteme, 23.04.98. München: Siemens (unveröffentlichtes Manuskript, 6 S.).

Sievers, M. (1991): The law and economics of IntraLATA competition: 1+ issues and access charge imputation. In: Crew, M.A. (Hrsg.), Competition and the Regulation of Utilities. Boston: Kluwer Academic: 7-31.

Simon, H. (1988): Management strategischer Wettbewerbsvorteile. In: Simon, H. (Hrsg.), Wettbewerbsvorteile und Wettbewerbsfähigkeit. Stuttgart: Schäffer: 1-17.

Späth, G.-M. (1995): Preisstrategien für innovative Telekommunikationsleistungen. Wiesbaden: Gabler.

Staehle, W.H. (1999): Management, 8. Aufl. München: Vahlen.

Stalk, G./Evans, P./Shulman, E. (1992): Competing on capabilities: The new rules of corporate strategy. In: Harvard Business Review, 70(2): 57-69.

Standard & Poors (1997): Telecommunications: Wireline Industry Survey 1997. New York: Standard & Poor`s (hektographiertes Manuskript, 32 S.).

Stanossek, G. (1998): Telecom-Rabatte für Großkunden. In: Funkschau, 69(4): 34-35.

Star Telecom (2000): Reseller-Vertrag. Internes Vertragswerk der Star Telecommunications Deutschland GmbH, Stand: Juli 2000.

Starkey, M.Z./Pelt, J.W. van (1995): Productivity measurement and price cap regulation. In: Telecommunications Policy, 19: 151-160.

Stat. Bundesamt (1999): Statistisches Jahrbuch 1999 für die Bundesrepublik Deutschland. Wiesbaden: Statistisches Bundesamt.

Stehmann, O. (1995): Network Competition for European Telecommunications. New York: Oxford University Press.

Steinbach, C. (1993): Mehrwertdienste. Bergheim: Datacom.

Stephan, J. (1999): Outbound: Jäger und Sammler im Call Center. In: Schrick, K./Dollinger, A. (Hrsg.), Das innovative Call Center. München: Econ.

Strasmann, J./Schüller, A. (1996): Kernkompetenzen – ein integratives Konzept. In: Strasmann,J./Schüller, A. (Hrsg.), Kernkompetenzen. Stuttgart: Schäffer-Poeschel: 7-21.

Stumpf, U./Schwarz-Schilling, C. (1999): Wettbewerb auf Telekommunikationsmärkten. Bad Honnef: Wissenschaftliches Institut für Kommunikationsdienste (hektographiertes Manuskript, X+106 S.).

Sueyoshi, T. (1996): Divestiture of Nippon Telegraph and Telephone. In: Management Science, 42: 1326-1351.

Sueyoshi, T. (1997): Measuring efficiencies and returns to scale of Nippon Telegraph & Telephone in production and cost analyses. In: Management Science, 43: 779-796.

Szyperski, N./Loebbecke, C. (1999): Telekommunikationsmanagement (TKM) als betriebswirtschaftliche Spezialdisziplin. In: Die Betriebswirtschaft, 59: 481-495.

Taylor, W.E./Taylor, L.D. (1993): Postdivestiture long-distance competition in the United States. In: American Economic Review, 83: 185-191.

Teece, D.J./Pisano, G./Shuen, A. (1997): Dynamic capabilities and strategic management. In: Strategic Management Journal, 18: 509-533.

Tewes, D. (1997): Chancen und Risiken netzunabhängiger Service Provider. Bad Honnef: Wissenschaftliches Institut für Kommunikationsdienste (hektographiertes Manuskript, IV+80 S.).

Tietz, B. (1993): Der Handelsbetrieb, 2. Aufl. München: Vahlen.

Tirole, J. (1999): Industrieökonomik, 2., deutschsprachige Aufl. München: Oldenbourg.

Tölösi, P./Lajtha, G. (2000): Towards improved benchmarking indicators. In: Telecommunications Policy, 24: 347-357.

Toth, V.J. (1993): The FCC's hard line on international resale. In: Business Communications Review, 23(4): 54-57.

TRA (1999): Reseller Membership Survey and Statistics. Washington DC: Telecommunications Resellers Association (hektographiertes Manuskript, 33 S.).

Turpin, E. (1995): Quelques enseignements de la théorie des jeux pour les télécommunications. In: Réseaux CNET, o.Jg. (72-73, dossier: l'économie des télécommunications): 101-123.

Uberoi, A. (1999): Billing-Konzepte für neue Dienste. In: Funkschau, 70(19): 24-26.

US Dept. of Commerce (1997): Annual Survey of Communications Services: 1997. Washington DC: U.S. Department of Commerce.

Varadinek, B. (2000): Telekom-Rechnung auch bei Call-by-Call. In: Frankfurter Allgemeine Zeitung, Nr. 5, 07.01.00: 20.

Voeth, M. (1997): Evaluation von Nachfragebedürfnissen im Telekommunikationsmarkt. In: Kubicek, H. et al. (Hrsg.), Jahrbuch Telekommunikation und Gesellschaft 1997. Heidelberg: Decker: 120-130.

Vogelsang, I. (1996): Deregulierung und Infrastruktur im Bereich der Telekommunikation in den USA. In: Berger, H. (Hrsg.), Wettbewerb und Infrastruktur in Post- und Telekommunikationsmärkten, Baden-Baden: Nomos: 137-149.

Voigt, K.-I. (1993): Strategische Unternehmensplanung: Grundlagen - Konzepte - Anwendung. Wiesbaden: Gabler.

Volck, S. (1997): Die Wertkette im prozessorientierten Controlling. Wiesbaden: Gabler.

Walke, T. (1999): Markteintritt in lokale Telekommunikationsmärkte. Aachen: Mainz.

Ward, E.P. (1998): World-class Telecommunications Service Development. Boston: Artech House.

Waverman, L. (1989): U.S. interexchange competition. In: Crandall, R.W./Flamm, K. (Hrsg.), Changing the Rules. Washington DC: Brookings: 62-113.

Weber, H.K. (1998): Rentabilität, Produktivität und Liquidität: Größen zur Beurteilung und Steuerung von Unternehmen, 2. Aufl. Wiesbaden: Gabler.

Wehling, M. (1999): Anreizsysteme im Multi-Level-Marketing. Stuttgart: Schäffer-Poeschel.

Weinhaus, C.L. (1988): Behind the Telephone Debates. Norwood: Ablex.

Weisman, D.L./Zhang, M. (1997): Opportunities vs incentives to discriminate in the US telecommunications industry. In: Telecommunications Policy, 21: 309-316.

Weißenberger, B.E. (1998): Zur Bedeutung von Vertrauensstrategien für den Aufbau und Erhalt von Kundenbindung im Konsumgüterbereich. In: Schmalenbachs Zeitschrift für betriebswirtschaftliche Forschung, 50: 614-640.

Welfens, P.J.J./Graack, C. (1996): Telekommunikationswirtschaft: Deregulierung, Privatisierung und Internationalisierung. Berlin: Springer.

Wernerfelt, B. (1984): A resource-based view of the firm. In: Strategic Management Journal, 5: 171-180.

Wernerfelt, B. (1995): The resource-based view of the firm: Ten years after. In: Strategic Management Journal, 16: 171-174.

Wernerfelt, B./Montgomery, C.A. (1986): What is an attractive industry? In: Management Science, 32: 1223-1230.

Wernerfelt, B./Montgomery, C.A. (1988): Tobin' q and the importance of focus in firm performance. In: American Economic Review, 78: 246-250.

Westerbusch, R. (1998): Qualitätsmanagementsysteme. Braunschweig: Vieweg.

WestLB Panmure (1998): Markt- und Unternehmensanalyse Telekommunikation Deutschland. Düsseldorf: WestLB Research (hektographiertes Manuskript, 154 S.).

WestLB Panmure (2000): UMTS: Der Countdown läuft. Düsseldorf: WestLB Research (hektographiertes Manuskript, 172 S.).

Wichert-Nick, D. von (1999): Wettbewerb im lokalen Telekommunikationsmarkt. Baden-Baden: Nomos.

Wieland, B. (1985): Die Entflechtung des amerikanischen Fernmeldemonopols. Berlin: Springer.

Wienands, W.I. (1999): Verkürzter Entwicklungszyklus von neuen Telekommunikationsdiensten durch SS7-Entwicklungswerkzeuge. In: telekom praxis, 76(1): 15-20.

Wiencke, W. (1999): Call-Center-Praxis, 2. Aufl. Stuttgart: Schäffer-Poeschel.

Will, T. (1995): Wettbewerbsstrategien. In: Corsten, H. (Hrsg.), Lexikon der Betriebswirtschaftslehre, 3. Aufl. München: Oldenbourg: 1042-1048.

Windthorst, K. (1998a): Regulierungsansätze im deutschen und US-amerikanischen Telekommunikationsrecht (I). In: Computer und Recht, 14: 281-285.

Windthorst, K. (1998b): Regulierungsansätze im deutschen und US-amerikanischen Telekommunikationsrecht (II). In: Computer und Recht, 14: 340-345.

Winterscheid, B.C./McNabb, S. (1996): From national to global product development competence in the telecommunications industry: Structure and process in leveraging core capabilities. In: Sanchez, R./Heene, A./Thomas, H. (Hrsg.), Dynamics of Competence-based Competition. Oxford: Elsevier: 279-298.

Winzer, P. (2000): Kostenorientierte Bestimmung von Preisen für den Zugang zu Telekommunikationsnetzen marktbeherrschender Unternehmen. Frankfurt/M.: Lang.

Wolf, T. (1995): Marketing-Konzeption für Telekommunikationssysteme. Wiesbaden: DUV.

Wolfrum, U. (1993): Erfolgspotentiale – Kritische Würdigung eines zentralen Konzepts der strategischen Unternehmensführung. München: Kirsch.

Wuermeling, U. (2000): RegTP: Entgeltgenehmigung und Marktbeherrschung bei Resale-Angeboten. In: MultiMedia und Recht, 3: 243-248.

Xavier, P. (1991): Performance indicators for public telecommunications operators: Will they improve performance? In: Telecommunications Policy, 15: 137-150.

Zahn, E. (1995): Kompetenzbasierte Strategien. In: Corsten, H./Reiß, M. (Hrsg.), Handbuch Unternehmensführung. Wiesbaden: Gabler: 355-369.

Zanger, C. (1995): Diversifikation. In: Tietz, B. (Hrsg.), Handwörterbuch des Marketing, 2. Aufl. Stuttgart: Schäffer-Poeschel: 515-530.

Deutsche Gesetzes- und Verordnungstexte

Fernabsatzgesetz [FernAbsG] (2000), veröffentlicht in: BGBL 2000 I Nr. 28 v. 29.09.2000, S. 897.

Telekommunikations-Datenschutzverordnung [TDSV] (1996), veröffentlicht in: BGBL 1996 I Nr. 34 v. 18.07.1996, S. 982.

Telekommunikationsgesetz [TKG] (1996), veröffentlicht in: BGBL 1996 I Nr. 39 v. 31.07.1996, S. 1120.

Telekommunikations-Lizenzgebührenverordnung [TKLGebV] (1997), veröffentlicht in: BGBL 1997 I Nr. 54 v. 31.07.1997, S. 1936.

Telekommunikations-Kundenschutzverordnung [TKV] (1997), veröffentlicht in: BGBL 1997 I Nr. 83 v. 1812.1997, S. 2910.

Verordnung über besondere Netzzugänge/Netzzugangsverordnung [NZV] (1996), veröffentlicht in: BGBL 1996 I Nr. 53 v. 23.10.1996, S. 1568.

Stichwortverzeichnis

Made in the USA
Las Vegas, NV
12 November 2024

11565031R00174